2019年湖南省教育厅高水平研究生教材《MTI旅游英语翻译读本》
2018年吉首大学精品教材《旅游英语翻译读本》
2020年湖南省教育厅普通高等学校教学改革项目“服务性学习视阈下《旅游英语》课程教学改革与实践”之结题成果

旅游翻译读本

主　编　蒋　林　余叶子
副主编　张可人　李艳琴　金骆彬
　　　　傅振修　庹楚菡　李依婷
　　　　高　原　蒋诗洋

南京大学出版社

前　言

随着经济的进一步发展和人们生活水平的不断提高，旅游尤其是跨境旅游日趋频繁，与旅游相关的翻译活动亦得到了快速发展。我国许多高校的外国语院系纷纷开设旅游翻译课程，致力于培养从事旅游翻译的专门人才。国内从事旅游翻译理论与实践研究的历史也有近半个世纪之久，但一直缺乏系统、全面的梳理，给关注旅游翻译研究的学习者和研究者带来了极大的不便。这是编写本教材的重要背景和缘由。

编者对国内外关于旅游翻译的研究文献进行了收集和整理，在认真研读的基础上按理论研究与实践研究两大类型确定了入选篇目。本教材在编写过程中坚持两大原则：

一、坚持理论与实践相结合的原则

编写时，既注意收集具有理论价值尤其具有理论原创性的论著，同时也注意收集有关翻译技巧的文章。既有高屋建瓴的理论性论说，又有翻译名家在实践过程中的真知灼见。

二、坚持权威性和时效性相结合的原则

编写时，一方面注重选文来源的权威性，选文一般来自翻译界认可度较高的刊物发表的文章或出版社出版的著作；另一方面，注重选文的时效性，旨在充分反映本领域最新的研究成果。

本教材分上篇“理论篇”和下篇“实践篇”两部分，共计十四章。上篇分八章，包括旅游翻译概论、目的论视角下的旅游翻译研究、传播学视角下的旅游翻译研究、接受美学视角下的旅游翻译研究、变译理论视角下的旅游翻译研究、认知图式视角下的旅游翻译研究、语料库视角下的旅游翻译研究和跨文化视角下的旅游翻译研究。下篇分六章，即旅游资料翻译研究、旅游公示语翻译研究、旅游景点名称翻译研究、中西菜肴翻译研究、自然景观翻译研究和人文景观翻译研究。每章均由“导论”“选文”“问题研讨”和“延伸阅读”构成。在每个章节中，先由“导论”说明本章的核心问题，指明获得相关知识的途径；接着，通过“导言”直接指向“选文”；三篇“选文”之后安排“问题研讨”，启发学习者对相关问题进行思考和讨论；最后是“延伸阅读”，为学习者的进一步阅读提供参考，引导对相关知识的深入探究。本教材旨在启发学习者的思维，培养学习者发现问题和解决问题的意识和能力。

本教材的编写得到了选文作者的大力支持与无私帮助，没有这些支持与帮助，本教材的编写与出版也就无从谈起。所有选文作者及选文来源等信息在文中的“导言”和书后的“参考文献”中均加以注明。编者在编写时除了对个别选文格式和字句做了少许调整外，基本保留了其发表或出版时的原有格式。同时，出于篇幅上的考虑，亦删除了附在原文中的注释及其后的参考文献。本教材的选材难度适中，适用于英语专业、翻译专业的本科生和研究生，按每周两个学时设计，教师可根据自己的教学需要进行必要的取舍或增补。

本教材是我主持的 2019 年湖南省教育厅高水平研究生教材《MTI 旅游英语翻译读本》、2018 年吉首大学精品教材《旅游英语翻译读本》以及吉首大学张家界学院余叶子老师主持的2020年湖南省教育厅普通高等学校教学改革项目“服务性学习视阈下旅游英语课程教学改革与实践”(编号HNJG-2020-1318)的结题成果之一。本教材同时获得了以下基金项目经费的资助:2019年湖南省哲学社会科学基金一般项目“基于语料库的《楚辞》英译多维研究”(编号19YBA281)、2018年湖南省学位与研究生教育教改研究重点项目“面向MTI的旅游翻译语料库的研制与应用研究”(编号JG2018A032)、2019年湖南省教育厅科学研究重点项目“面向翻译本科专业的旅游翻译语料库的研制与应用研究”(编号09YJC740068)。

本教材由我和余叶子组织、统筹,并具体负责对每个章节进行审阅、校对、修改和润色,其中部分章节的“选文”“导论”“导言”“问题研讨”和“延伸阅读”由我们撰写或遴选。我指导的几位吉首大学MTI教育中心研究生参与了前期相关章节部分资料的收集和文字转录工作,具体分工如下:李艳琴负责的是传播学部分,张可人负责的是目的论和语料库部分,金骆彬负责的是接受美学部分,庹楚菡负责的是旅游资料部分,高原负责的是认知图式部分,李依婷负责的是变译理论部分,傅振修负责的是跨文化部分,蒋诗洋负责的是旅游景点名称部分。需要说明的是,在正式编写时对原来的目录结构进行了较大的调整,李艳琴和张可人二人完成的相关章节的“导论”内容在最后定稿时也部分地被采用。

因编者水平有限,书中难免有疏漏或错误之处,敬请各位专家不吝指正!

蒋 林

2020年9月10日

目　录

上篇　理论篇

下篇 实践篇

上篇　理论篇

第一章　旅游翻译概论

导　论

中国正在全面走向国际化:不断地与世界接轨、与世界融合、与世界同步。因而,旅游业必须实现国际化。据世界旅游组织预测,到 2030 年,中国有望成为世界上第一大旅游目的地。旅游翻译已成为促进中国国际旅游业发展一项不可或缺的活动。

文化是旅游的灵魂,旅游需要文化,旅游过程中的诸多环节,都渗透了丰富的文化内涵。在一切旅游资源中,除了它本身的自然景观所具有的欣赏价值外,还注入了一些特殊的民族风情和历史文化事件,带有浓重的文化内涵和感情色彩。而中西方文化差异相当之大,辐射的范围包括人们的生活方式、行为方式、思维方式、语言方式、历史习俗、等级观念、道德规范、审美情趣、政治法律等,这些差异无时无刻不表现在旅游资料的翻译中。旅游资料含有丰富的文化内涵和民族特色,涉及大量的文化信息。把握好旅游资料中的文化因素,是旅游翻译的关键。旅游翻译必须提供足够的信息,通过对风景名胜的介绍、宣传,激发人们对旅游、参观的兴趣,增加游客对中国历史文化的了解,给读者带来美的感受,使之产生一睹为快的欲望。

本章三篇选文探讨的范围包括旅游翻译的界定,旅游翻译的地位和标准,以及旅游翻译的研究范畴等。在全球化背景下,旅游翻译作为一种应用性翻译,实现理论创新和突破的迫切性已经摆在我们的面前。作为旅游翻译者,我们需要顺应旅游业的发展趋势,增强自身的专业素质和能力,培养专业翻译的学养和能力,准确地传达旅游资料中的文化信息,传递中国旅游景观的文化底蕴,树立有中国特色的旅游品牌。

选文一

旅游翻译:定义、地位与标准

吕和发　周剑波

导　言

此文选自《上海翻译》2008年第1期。选文从定义、地位和标准三个层面对旅游翻译展开了探讨。第一部分定义旅游翻译并分析旅游翻译实践,提出全球化语境下的旅游翻译在整合营销传播理论的指导下,关注的不再是个别语句、语篇,还高度关注实现旅游信息服务、共同的营销大目标,涉及不同功能的动态和静态旅游信息系统,及其内部各个语篇的功能和具体目的间的关联。第二部分讨论了旅游翻译的地位和角色。旅游翻译人员的理想工作业态应是提供旅游信息服务的团队核心成员之一,参与到整合营销传播——从策划提出到评估总结的每一步运作。第三部分指出旅游翻译实践的多样性、翻译人员背景的多样性、促销和传播目标的多样性以及交际传播效果的精确性要求旅游翻译不仅应遵循原则性的翻译标准,还需要可操作的实施标准。

国际旅游促销或旅游信息服务都离不开翻译。"旅游翻译,由于其特殊性、多样性与复杂性,仍不为我们翻译工作者所熟悉和掌握。"(黄友义,2007)旅游业具有带动、促进众多行业发展的特殊功能和作用,承担着建立跨文化沟通和理解的历史使命,开展旅游翻译研究具有现实意义和特殊的学术意义。

1. 旅游翻译:定义与实践

陈刚教授对旅游翻译作了以下定义:旅游翻译应是为旅游活动、旅游专业和行业进行的翻译(实践),属于专业翻译。概括地说,旅游翻译是一种跨语言、跨社会、跨时空、跨文化、跨心理的交际活动。同其他类型的翻译相比,它在跨文化、跨心理交际特点上表现得更为直接、更为突出、更为典型、更为全面(2004:59)。这个定义较为准确、全面地体现了旅游翻译实践的特点和理论依托。

依据旅游翻译自身的特点,陈刚教授对这个"专业翻译"进行了以下分类:

(1) 翻译手段分类:导译;口译(视传、交传、同传);笔译;机器翻译。

(2) 语言和符号分类:语内翻译;语际翻译;符际翻译。

(3) 译出语/译出文本和译入语/译入文本分类:本族语—外族语;外族语—本族语。

(4) 翻译题材分类:专业翻译;一般性翻译;文学翻译。

(5) 翻译方式分类:全译;部分翻译,包括节译、摘译、阐译、改译、编译、参译、译述、综述/译、译写等。

(6) 旅游翻译者分类:口译人员;笔译人员。

(7) 职业性质分类：机构翻译；旅行社职业翻译；旅行社全职导游；旅行社兼职导游；自由职业导游。

(8) 工作区域(或业务范围)分类：旅行社职业翻译；地方导译；全程导译；定点导游；国际导游。(2004:60-63)

对于旅游翻译题材、体裁分类，陈刚教授重点指出了导游翻译涉及的导译内容与形式，并进行了深入浅出、理论联系实际的论述。

从宏观层面来看旅游翻译的功能、方法、工作业态、文本类别，不难发现它们其实都属于旅游促销和信息服务的大系统，彼此之间共存互动、相辅相成。

进入21世纪以来，旅游业促销和信息服务无不以整合营销传播理论为指导。“整合营销传播是指将与企业市场营销有关的一切传播活动进行的一元化整合。整合营销传播一方面把广告、促销、公关、直销、CI、包装、新闻、媒体等一切传播活动都涵盖于营销活动的范围之内，另一方面则使企业能够将统一的传播资讯以整合的形式最有效地传达给目标消费群体或个人。其主旨是以通过企业与顾客的多渠道、多层面、多形式沟通满足顾客信息需求，确定企业统一的促销策略，协调使用各种不同的传播手段，发挥不同传播工具的优势，从而使企业实现促销宣传的低成本化，以高强冲击力形成促销高潮，实现企业促销和营销战术和战略目标。”(跃驰咨询网，2007)整合营销传播理论在旅游业的应用不仅影响了“文本”内容、语言风格的选择，还使原本联系相对比较疏远的印刷和广电媒介为载体的文本内容与功能在企业营销大目标前提下相互支持、相互补充、协调一致，构成疏而不漏的立体传播网络体系。全球化语境下的旅游翻译在整合营销传播理论指导下关注的不再只是个别语句、语篇，还高度关注实现旅游信息服务、共同的营销大目标，关注不同功能的动态旅游信息和静态旅游信息系统，及其内部的各个语篇的功能和具体目的间的关联。

构成旅游业的促销或信息服务系统动态信息和静态信息系统的主要内容包括：

(1) 动态旅游信息(口译)：导游、谈判、解说、咨询、导购、会议口译(交传、同传)、演出、人员推销、咨询、旅游顾问、乘务、电话、专题活动、形象代言、驾驶员等。

(2) 静态旅游信息(笔译)：导游图、交通图、旅游指南、景点介绍、画册、产品目录、活动宣传品、广告、新闻、菜单、招贴/海报、纪念品、交通工具、公示语、城市导向、商场导购、国情、音带、录像带、影片、幻灯片、网络、会展、节事/专题、电子邮件、直邮、BBS、博客、手机短信、专栏、专刊、杂志、电子导游、电子显示(屏)、光盘、游客中心等。

旅游业的属性

依据信息服务系统中的具体功能分为：① 启迪性；② 教育性；③ 信息性；④ 休闲性；⑤ 促销性；⑥ 公关性。

依据旅游促销信息服务提供的区域/目标市场分为：① 海外/客源地；② 国内/目的地。

依据信息服务提供者的身份分为：① 国际机构；② 区域机构；③ 国家机构；④ 省市机构；⑤ 地区机构；⑥ 企业机构；⑦ 景区机构；⑧ 行业机构；⑨ 媒体机构；⑩ 旅游者等。

依据信息服务提供者的行业类别分为：① 政府；② 组织；③ 企业；④ 个人。

依据信息服务的对象类别分为：① 直接为旅游者服务；② 间接为旅游者服务。

依据信息服务的周期类别分为：① 长期；② 中长期；③ 中期；④ 中近期；⑤ 近期；⑥ 短期；⑦ 瞬时。

依据信息服务内容的精确度类别分为：① 高度精准；② 精准；③ 基本准确；④ 宽

泛;⑤ 泛泛。

依据信息服务方式分为:① 公开;② 隐蔽。

旅游信息服务系统内部类别的细分遵循了这样一个原则,就是以服务对象——旅游者为核心。正是这个特定的消费群体的构成呈多元性,需求呈多样性,旅游信息的题材和体裁形式几乎包括了翻译实践者接触的绝大多数形式。翻译策略和方法的采用也就不会是某种或某几种。

旅游信息服务系统的动态和静态旅游信息两大系统分支、各功能信息载体、各信息提供机构依据旅游市场发展程度和旅游者需求特点提供信息服务;动态和静态旅游信息两大系统分支之间、各功能信息载体之间、各信息提供机构之间协调互补,构成旅游信息服务的宏观和微观网络体系,满足不同文化背景、消费取向、消费阶段的旅游者日益增长的文化和信息需求。

在旅游产业运作和经营过程中,企业间、政府间、企业和政府间、行业间、国际组织间的交流都需要翻译人员前赴后继。既然"旅游"的内涵和外延有继续不断扩大的趋势,旅游翻译的实践领域也会越来越宽广。

2. 旅游翻译:地位与角色

既然何谓"翻译"的辩论仍在进行,那么"旅游翻译"的地位和角色自然也会是仁者见仁,智者见智。

"旅游翻译"完全可以同文学翻译一样继续其"自由职业"的生涯。"旅游翻译"也可以占据一隅,在旅游经营机构或政府组织中接受上司的安排、差遣,在本族语—外族语、外族语—本族语、译出语/译出文本和译入语/译入文本间继续笔耕口播。"旅游翻译"还可以受雇于专门翻译服务公司,直接服务于特定旅游企业或机构。

旅游翻译人员的业态可以是"自己说了算",但是在全球化经济条件下,他们实际都在不同地点、不同时间、以不同方式服务于一个系统——旅游信息服务系统。这个系统因参与者个人的素质、企业管理水平、国家发达程度不同而效率不同。负责任、懂营销的旅游翻译不仅在这个大系统中从字句、篇章层面进行具体的文本转换,还要从全球市场格局、国家和企业发展目标、旅游产品生命周期、旅游者认知和消费特点、不同形式的旅游服务信息的互补协调角度审时度势,进行跨文化交际旅游传播。

"旅游翻译"的理想业态应是旅游信息服务提供团队的核心成员之一,应当参与整合营销传播从策划提出到评估总结的每一步运作和实践。在这个过程中,译者不仅要"无私""忘我",还要忽略"女权主义""后殖民主义""食人主义""操纵""阐释"等理念的影响,实时、实事求是。只有这样,翻译的作品才可能符合整体促销或信息服务的预设目的,适应目标市场通行题材规范,高度关注受众或特定旅游者群体的文化、思维和消费习惯,"旅游翻译"才能实现跨文化精准传播。目前,在广告公司、公关公司、传播公司工作的翻译人员正以不同以往的方式参与广告文案策划、品牌的转换、新闻的译写、宣传卡的编译。

旅游的国际促销推广和信息服务投入极大,旅游企业和旅游目的地所期待的市场回报也就极高;旅游的国际促销推广和信息服务广泛使用大众传播媒介,信息覆盖迅速且广大,为此,积极的和消极的反馈也就迅速而强烈;旅游的国际促销推广和信息服务跨地区、跨文化、跨国家进行，对文化的敏感度和适应度要求等同本族文化；旅游的国际促销推广和信息服务在竞争激烈的异地市场和本土市场同时进行，既要运筹帷幄、用兵千里，也要统筹全局、决胜城前；所以翻译人员的跨文化意识、双语素质、组织与协调水平、单兵作战与团队合作能力都应是上上乘的。

"委托人"聘请旅游翻译人员进行"翻译"完全是基于自己对异域文化、语境、消费群体的了解有限，对"形象目标"和"利润目标"最优化的追求，并不刻意要求翻译人员"转达"或"阐释"他们的只言片语。旅游翻译人员要为企业的"形象目标""利润目标"最优化的追求和旅游消费者的最大满足尽心竭力，传播沟通。

3. 旅游翻译：原则与标准

方梦之教授最近撰文提出了"达旨·循规·共喻——应用翻译三原则"，从理论层面深入研究应用翻译的原则和标准，这是近几年来应用翻译理论研究的一大进步。林克难教授对实用翻译提出"看、易、写"的翻译原则，丁衡祁教授对公示语翻译提出"模仿—借用—创新"的翻译模式，杨清平提出"目的指导下的功能原则与规范原则"。这些翻译模式或原则的提出都有积极的意义及其适用性。方教授受到以上研究和严复翻译思想的启示，提出应用翻译的"达旨—循规—喻人"三原则，以在更大范围上提高对应用翻译实践和研究的适用性，提高理论的概括力和解释力，达旨——达到目的，传达要旨；循规——遵循译入语规范；喻人——使人明白畅晓。"三者各有侧重，互为因果。"（方梦之，2007）

方教授提出应用翻译的"达旨—循规—喻人"三原则把目前翻译实践和翻译教学所应关照的几大要素聚合在一起，"三者各有侧重，互为因果"。实际就是动态管理翻译实践和质量的基本原则。

旅游翻译实践的多样性，翻译人员背景的多样性，促销和传播目标的多样性、交际传播目标的具体精确性要求不仅有原则性的翻译标准，还需要可操作性的实施标准。旅游翻译实践不同于单一的文学翻译，或科技翻译，或时政翻译，或外事翻译，译文质量因委托方期待高低，资金投入多寡，时间周期长短，译者资历深浅，管理水平高低，支持条件优劣，受众特点变化等要素决定翻译的质量检验标准是动态的，是与市场的实际发展水平相适应的。

另外，值得认真思考的是应用于翻译教学和翻译研究的翻译标准可以是相对恒定划一的；而翻译实践中，现实中采用的翻译标准则是动态的、可操作的，定性定量的，以客户/委托者或受众/消费者/旅游者满意度为评估尺度的。

借鉴整合营销传播方案策划模式，遵循应用翻译的"达旨—循规—喻人"三原则，旅游翻译标准可以细化为有可操作性的 Translation Brief，将经整合营销传播调研了解到的目标市场的宏观、微观文化、语境因素，特定目标受众文化特点、心理状态、语言风格，可实现的具体的项目、策划的目的约定，各具体的项目、策划之间的联系，不同文本使用的传播媒介的优势特点等呈现给译者，在严格的程序管理、质量管理、人事管理措施保障下，使译者精确锁定"目标"，生产出市场需要的、受众满意的、委托者期待的译作来；承担起 Match Maker, Mediator 和 Communicator 的多重角色。

4. 结语

中国翻译协会近年来曾先后两次举办研讨会，定夺“桂林山水甲天下”的最佳译文。吴伟雄教授的参赛译稿“East or West, Guilin Landscape is best!”获大赛金奖。此后中国翻译协会再次组织专家献计献策，提出了“By water, by mountains, most lovely, Guilin.”。这些译法如果用于教育性的旅游文本，诗意盎然，形象传神，文学色彩浓厚；但如果应用于海外旅游促销，就可能出现针对性、形象性和时尚性疏离的问题。29届奥运会的口号“One World, One Dream”“同一世界同一梦想”的翻译充分考虑了全球化、和平与发展这个世界不同文化背景人们的共同需求的语境因素，翻译处理也是严谨对应。游记、旅游影视片翻译文学意味浓郁，旅游合同、保险协议接近“法律翻译”，旅游广告、产品目录涉及“商务翻译”，旅游新闻、旅游公关联系新闻和媒体翻译，公示语和菜单翻译又是一个“出神入化”的新领域，需要新思维，新视角。旅游翻译不应因服务旅游者和旅游行业就一定要有一整套“奇门绝技”；翻译也不应因涉及旅游就以为谁都是旅游者而“自以为是”。

旅游翻译研究对翻译研究整体有着重要的理论意义。纵观世界翻译研究史，不难发现文学翻译理论研究已经形成体系和流派，相对完善和成熟；而近年来翻译理论研究的突破是在应用翻译领域。鉴于旅游翻译理论研究历史相对短暂，涉及广泛，需求殷切，特点鲜明，在全球化背景下实现理论创新和突破的空间已经展现在我们的面前。

选文二

应用翻译研究应是基于实践的研究

——以旅游文本及翻译的多样性案例为例

陈　刚

导　言

此文选自《上海翻译》2008年第4期，共分五部分。第一部分和第二部分，作者从应用翻译研究应为实践研究的论证中，推断出旅游翻译研究同样应为实践研究。第三部分深入分析了旅游文本多样性的诸多表征。在文章的第四部分，作者通过案例的对比分析，从中文文本类型和功能、双语(平行)文本、实际调研、专业评价能力和翻译能力几个角度论证并指出了旅游翻译的实践失误和理论失误，最后总结了旅游翻译实践、研究与(大学)教学中长期以来存在的10个典型问题或误区。第五部分为结语，作者认为许多旅游文本翻译出现的错误或问题，其根源在于研究者或实践者忽视了实践研究的重要性。

1. 应用翻译研究应为实践研究

学者们试图从理论的角度规划出应用翻译理论的体系建构，希望对应用翻译实践产生积极的意义。然而杨振宁先生指出：研究要从“现象出发，不是自原理出发”(1998:223)。笔者以为应用翻译研究主要是基于实践的研究。根据近年来人文学科的新发展，越来越多的学者、专家正在把实践作为他们研究的有机组成部分，这类实践研究是把实践的元素融入方法论或研究产出中去的一种学术研究，而并非传统上把理论与实践之间的关系看作一种对立的关系。有关英文表达可以勾勒出这种研究的概貌：practice-based research, practice-as-research, practice-led research 或者 practice through research(底线为作者所加)。尽管这种研究现象并不令人惊奇，但是我们在进行应用翻译研究时，往往出现本应主动避免的两大倾向或者两大问题：其一，注重理论研究，而忽视实践研究，比如单纯从理论(假设)出发进行理论构建，试图解释、指导(具体的)翻译实践；其二，研究者是 non-practice-led researcher，或者是 non-professional translator，因为他们在处理源语文本信息时往往缺乏必要的专业评价能力和专业翻译能力。这些问题在目前国内翻译界比较严重，例子俯拾即是，比如表现在旅游(文本)翻译方面(陈刚，2004:195 - 209)。本文以《上海翻译》2008 年第 3 期刊登的《从翻译理论建构看应用翻译理论范畴化拓展——翻译学理论系统整合性研究之四(以旅游文本翻译为例)》(以下简称《旅游文本》)作为案例研究，就教于方家。

2. 旅游翻译研究同样应为实践研究

《旅游文本》指出：“旅游文本翻译理论主要是研究文本的‘信息’传达及由此衍生出的一系列相关理论问题……”(仅引“主题句”观点，详见曾利沙，2008)，该文在做了一番大费周章的“理论阐述”后，举例介绍广东肇庆著名景区“鼎湖山”及其“飞水潭”旅游双语文本的个案，并对有关文本进行了分析、批判和改译。笔者认为，《旅游文本》中的上述观点，对“鼎湖山”和“飞水潭”双语文本的点评和英文改译漏洞较多，不符合旅游(翻译)实践之真实性，难以 hold water(站得住脚)。

首先，旅游翻译研究隶属于应用翻译研究这个大范畴，理应也属于实践研究。

其次，旅游翻译的实践性证明：实践乃先决条件。辩证唯物论认为：实践，认识，再实践，再认识。翻译实践与(应用)翻译理论之关系，前者乃先决条件。纽马克在《翻译问题探讨》中指出：翻译理论是一种依赖于实践的学术研究，其地位显然次于实践(Newmark，2001a:ix)。他在另一部著作中进一步指出：“如果翻译理论不是来自翻译实践的问题，不是出于从‘局外’角度需要来反思、考虑文本内外的所有因素，然后做出决策，那这样的理论就变得毫无意义、毫无效果了。”(Newmark，2001b:9)德国学者威尔斯也引用了一句意味深长的话：“翻译中涉及足够的创造，所提供的难以预料的成分足以让理论家上当受骗。”(Wilss，2001:136)换言之，翻译(实践)中变数之多、变数之妙，简直令“理论研究者”难以招架。更何况，“翻译理论是不可能归纳出经验法则来的”(同上)。

再次，马克思主义哲学诞生的重要标志是确立了科学的实践观。如果对“实践”(practice)从英文角度进行词义解读(semantic interpretation)，我们还会得到新的启示(定义中的底线为笔者所加）：

（1）the act of doing something systematically，as an exercise，for the purpose of learning it well（*Random House Webster's Dictionary of American English*，1997）；

（2）a condition arrived at by experience or exercise（*Random House Webster's Dictionary of American English*，1997）；

（3）the continuous exercise of a profession（*Merriam Webster's Collegiate Dictionary* 10th edition）；

（4）If you say "practice makes perfect"，you mean that it is possible to learn something or develop a skill if you practise enough（*Collins COBUILD English Dictionary*，1999）.

上述加下划线的词笔者以为是关键词，结合旅游翻译，它们清楚地告诉我们如下几点：

（1）实践是主观见之于客观的能动的活动。旅游翻译实践，尤其是导译实践，是非常强调主观能动性的专业实践活动。

（2）实践是认识生产和发展的基础和动力。如果缺乏旅游翻译实践和旅游工作实践，对旅游翻译容易产生一些非正确的认识，从而影响旅游翻译的质量，有时甚至还不自知。

（3）由于生产活动是最基本的实践活动（此外还有多种形式），所以没有旅游行业工作经历这一"最基本"的实践活动，译者可能会缺乏（最）起码的直觉或感性认识，那就更谈不上 doing something systematically ... for the purpose of learning it well。

（4）如果译者有较多的"具有客观性、能动性"的实践和经历，甚至是 the continuous exercise of a profession，他就会经常或始终达到或处于 the condition of being proficient（*Merriam Webster's Collegiate Dictionary* 10th edition）。

（5）既然翻译是一门技能，任何翻译首先需要的是实践，而且是足够量的实践（practise enough/adequate practice）。过去，我们将 practice makes perfect 单一地等同于中文的"熟能生巧"，其实这还是第二阶段的"任务"，即 systematic exercise for proficiency（*Merriam Webster's Collegiate Dictionary* 10th edition）。第一阶段的"任务"则是 learn something。

（6）人类的全部历史由人们的实践活动构成。同理，涉外旅游的非常主要的部分由旅游工作实践和翻译实践活动所构成。这些实践会对旅游翻译产生积极作用，有时甚至产生决定性作用。（参见陈刚，2004：193－195）

最后，旅游翻译包括笔译（如各类文本翻译）、口译和导译（变数最大的一种特殊专业翻译）等，其特点是包罗万象、丰富多彩，涉及几乎各种翻译方式和手段，是一门特别强调行业实践的翻译。由于旅游翻译以跨文化交际为特色，其"综合性""特殊性""多变性""应变性"和"客观描述性"使有关实践研究通常必须以"案例分析"（case study）为主，具体情况具体分析，难以简单划一。

综上所述，笔者认为，由于旅游翻译（特别是口译和导译）是专/职业翻译，强调实践性，所以旅游翻译的研究，包括旅游文本翻译研究，应是基于实践的研究。

顺便提一下，若《旅游文本》拟对应用翻译研究（含旅游翻译研究）展开基于理论的研究（[pure] theoretical research），最好是改变思路，采用"纯翻译学"（pure translation studies）的分支"描述翻译学"（descriptive translation studies）之视角，便能产生积极的效果。

3. 旅游文本的多样性

旅游(翻译)实践清楚地告诉我们:旅游文本写作及其翻译是多样性的,所以对旅游文本(ST)的处理必须是多样性的,不宜“一刀切”。

考虑到读者们已对纽马克和诺德的有关“文本分类法”“功能分类法”“目的论”“发起人/委托人”原则、“翻译纲要”“功能加忠诚”原则、“功能翻译单位”(即垂直型翻译单位)等知之甚多(参见 Newmark, 2001a, 2001b; Nord, 2001 等),那我们不妨直接进入讨论。

3.1 旅游文本的特点

在讨论旅游文本多样性这个主题前,先得了解一下这种文本的特点。

3.1.1 范围特点

旅游文本的涉及面很广。若从翻译角度出发,中译英的中文旅游文本和英译中的英文旅游文本均称为旅游翻译的源语文本(source text,ST)。根据国家旅游信息化建设技术规范,将旅游信息的内容进行分类,其一级类目就包括旅游资源、旅游产品、旅游统计、旅游文娱、旅游科研、旅游交通、旅行社、旅游饭店、旅游教育等。这一级类目所包含的各种文本就称为中文的旅游 ST,将其译成目的语(如英语)的文本,是译入语或目的语文本(target text, TT)。

“旅游文本”在本文中的概念可以涉及旅游(接待)一线人员(尤其是导游翻译或涉外导游)在工作中经常碰到的、约定俗成的那些应用型文本,包括旅游指南、旅游行程、旅游委托书、旅游意向书、旅游合同、旅游广告、旅游表格、导游解说词、景点介绍、参观点介绍、博物馆解说词、旅游推销手册、旅游宣传册、旅游地图、旅游宣传标语、文艺演出节目单、餐厅菜单、宾馆指示牌/标志、公园指示牌、参观点标语、各类通知、路标、地名、各种(旅游)会展/文本、各种(旅游)会议文本等。它们使用面广、应用频率高、实用性强、文体活泼,是旅游翻译应首先、重点掌握的。

本文特别针对的“旅游文本”指旅游指南(tour guidebook)中常涉及的文本,包括各种“吃、住、行、游、购、娱”的介绍。

3.1.2 文体特点

旅游英语,像旅游汉语,都是一种应用语文,其形式灵活多样,内容包罗万象,文体类别丰富多样。英语的旅游 TT 主要分为两大类文体:书面体和口语体。前者如旅游指南,属描写型,用词需生动形象、明白畅晓;旅游广告,属召唤型,用词需短小精悍、富有创意,句式需活泼简洁,整体具有很强的吸引力;旅游合同,属契约型,用词正式、规范、准确、程式化;旅游行程,属信息型,用词和句型需明了、简略,具有提示性;等等。后者如现编导游词,属即兴型;预制导游词,属复合型;现编+预制导译词,属即兴精制型。口语体的旅游文本,其用词特点应符合口语体和口译体的特点及规律。

本文关注的英语旅游文本(TT)还特指口语体的导译文本。对这种类型文本的研究是旅游翻译的重点或核心,与实实在在的导译经历是绝对不能分开的。但在此有必要先对书面体文本中的旅游宣传资料(包括旅游介绍、指南等)以及翻译特点和难点作一要点概述。

3.1.3 旅游 ST 的特点(难点)

这些特点(难点)涉及词汇、知识、文化、措辞、风格、感觉、功能等。《旅游文本》中的 TT 在这七个方面都存在诸多问题。

3.1.4 旅游 TT 的特点(难点)

这些特点(难点)涉及跨文化、跨心理、思维方式差异大、语言表达差异大、常用的转换方法(文化异化,文化归化,语言直译,语言意译,文化替换,文化杂合,交际翻译,词义翻译,文化强化,文化淡化,文化增益,语言增益,文化删节,语言删节,功能改写和约定俗成等)。

《旅游文本》中的 TT 在文化信息处理、思维方式差异、语言转换和表达等方面仍存在一些问题。

3.2 旅游文本的多样性

总体上,旅游文本(ST 和 TT)可以分为单一型文本和复合型文本。

3.2.1 单一型文本

它包括① 信息文本,如比较单一的饭店介绍、旅行/游览介绍等;② 表情文本,如景点介绍(描写段落、散文风格)等;③ 祈使文本/召唤型文本,如旅游广告、风景名胜推介等。

3.2.2 复合型文本

它更多地涉及书面的旅游指南、景点介绍和口笔语的导游/译文本。这种复合型文本集信息功能、表情/意功能、美学功能、祈使/召唤功能等为一体,既融合,又区分,所以处理复合文本难度颇大,应该在 TT 中综合、灵活、创造性地再现 ST。

综合分析《旅游文本》对 ST 的分类和对 ST+TT 在信息、功能等方面的实际处理,需要做一些实质性的改进。

4. 旅游文本翻译的多样性

有鉴于上述分析,我们不难做出一个初步判断(案例分析见后):旅游文本的特色是多样性的,译者对文本种类的正确判断决定了他对翻译策略/方法的正确选择。通常,对单一型文本的判断和处理比较简单,而对复合型文本的判断和处理就比较困难。我们还必须特别指出:最终确定文本翻译质量的关键,乃是对文本信息的专业评价能力和专业翻译能力。

4.1 旅游 ST 和 TT 的针对性评析和论证

《旅游文本》中有关肇庆的景点介绍属于什么类型的 ST? 根据《旅游文本》作者判断和处理的结果,《旅游文本》属于单一型 ST,由此产生了一系列的信息位移、压缩、删节等变化,产生了一个信息量大量缩减的 TT。经过认真、细致的实践研究,笔者认为,《旅游文本》的这些处理是一种实践失误和理论失误。以下通过四个表格来进行案例对比分析、论证:

4.1.1 从中文文本类型和功能角度论证

研究者/译者对旅游 ST 类型的正确判断、对文本中所具有的功能的正确判断决定了他对翻译策略/方法的正确选择。

表 1

ST1［全文］	ST2［处理理由］	笔者简评
飞水潭是鼎湖山空气含负离子最高的地方之一，飞瀑、绿树、幽潭组成了一个清凉世界。这里常有女子弹古筝，端正的面庞、悠扬的乐曲与溪流声相互辉映，就是一幅绝美的图画。（71 字）（肇庆市旅游局，22）	飞水潭是鼎湖山空气含负离子最高的地方之一，飞瀑、绿树、幽潭组成了一幅绝美的图画。（36 字）［处理理由］女子活动，偶尔为之，属非"常量事实信息"，信息价值为零。（曾利沙，2008）	（1）ST2属于文本类型判断错误； （2）ST2删除的是体现表情、美学和召唤功能的信息，本应保留； （3）ST2的处理理由不客观。 （4）由ST2 产生的 TT 问题不小。 （5）深度论证见后。

4.1.2　从双语（平行）文本角度论证

表 1 讨论的旅游 ST 在现实生活中是否存在，我们不是简单地从理论（假设）出发，而是从涉外旅游的实际出发来分析、判断。由于旅游 ST 之丰富、多样，我们仅挑选最近出版的、由英文 native speakers 撰写的相关英文旅游文本和中文专业人士撰写的相关的中英文旅游文本，作为实践研究的有代表性的论据和论证（见表 2）。

表 2

ST1（美国人英文平行文本）	ST2（中国人中英文平行文本）	笔者简评
PLEASURE ISLAND Caroline Beach ... and ... make up Pleasure Island. ［1］This area prides itself on its clean, uncrowded beaches, reasonably priced accommodations, and friendly atmosphere. Don't be discouraged by the commercial nature of the drive in on U. S. 421. The beaches on the other side of all the buildings are well worth the visit. ... ［2］As you drive across the island to Kure beach, you'll no doubt notice the devices along the road that look like solar panels. For decades, the federal government has been conducting an experiment here to determine the corrosive effects of salty sea air on various types of metals. ... Among other riches discovered while testing, the seawater were gold, silver, copper, and aluminum. ［3］During World War II, a German U-boat fired—actually, misfired—on	［ST2 - 1］刘庄（西湖国宾馆） ……西湖由外湖、内湖、后湖等组成。这就是后湖。往后湖方向看，那边就是刘庄，就是我们居住的西湖国宾馆。那几幢别致漂亮的小楼中，［1］一号楼，就是《中美上海联合公报》的签字地点。虽说这是《上海联合公报》，其实却是在杭州由我们已故的周总理和美国前国务卿基辛格签字的。 ［注］引自笔者的导游词文本，编号和底线为笔者所加。 ［ST2 - 2］ COOL SPRING PAVILION ［1］Bai Juyi, a great poet and governor of Hangzhou, once wrote in his Notes on *The Cool Spring Pavilion*: "Speaking of the scenery in southeast China, Hangzhou has the best to offer. As for temples in this prefecture, Lingyin Temple comes first. And in terms of springs around this temple, the cool spring is second to none." Sandwiched between the Peak that Flew Over and Lingyin	（1）ST1 是比较新的（2007 年）、也是当今较为流行、常见的英语国家旅游文本，属于复合型文本，既有信息功能，又融合了表意/情功能和召唤功能（见［1］-［3］的画线部分），译成中文时没有必要做任何删节（如［3］）。 （2）ST2 - 1 中文文本属于复合型文本，［1］同时包含信息功能和召唤功能，发挥"卖点"作用，显然不能删除。 （3）ST2 - 2 英文文本亦属于复合型文本，其初版列为 *China Travel Kit Series*，2004 年由外文出版社出版。两书虽然由中国人基本直接用英文撰写（其中诗歌、楹联等属于翻译），但书本身（包括英文文字和写作手法）受到外国读者（如 FIT、商务和观光旅游者）的欢迎。笔者的多年实践表明：［1］不是传统旅游纯信息（功能）文本的写法，但其谋篇布局为海外旅游者所喜闻乐见。因为篇幅有限，［1］中表现有关禅宗机智功能的内容没有引录。 （4）综上所述，我们可以清楚地认识到：如果在 TT 中删去 ST1 和 ST2 中反映 expressive function、

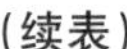
（续表）

ST1（美国人英文平行文本）	ST2（中国人中英文平行文本）	笔者简评
the plant, despite heavy security. Shortly after the war, the laboratory closed. ... JUST THE FACTS Pleasure Island is about 12 miles south of Wilmington on U. S. 421 ... Air travelers will ... The main source for information ... The weekly newspapers ... （Staff of John F. Blair, Publisher. Travel North Carolina, 2007） [注] 编号和底线为笔者所加。	Temple is the Cool Spring Pool. In the middle of the pool stood the original Cool Spring Pavilion dating from the mid-Tang Dynasty. The pavilion was washed away by the mountain torrents. It was rebuilt on the bank in the Ming Dynasty. On the plaque hanging inside the pavilion was inscribed three Chinese characters—"Cool Spring Pavilion"... （Chen, 2006: 142 - 143） [注] 编号和底线为笔者所加。	aesthetical function 和 vocative function 的内容，那原本活生生的旅游 ST1/2 就会变得干巴巴的，缺乏生气、活力以及"卖点"。换言之，复合型文本的 ST 就变成了单一型文本的 TT 了。这种根本性的改变与独具跨文化特色的旅游翻译之目的是不相符的。

4.1.3　从实际调研角度论证

飞水潭旁是否真的有女子"抚琴追昔"呢？中国（大陆）别的景区（点）是否也有类似的（added）attraction 呢？如果有，那结论不证自明。如果是"过去时"，或者是"现在时"的"有时"（sometimes/from time to time/on an irregular basis），那这类信息/内容是否应该保留呢（见表 3）？

表 3

ST1[全文]	ST1 画线部分求证结果	笔者简评
飞水潭 飞水潭是鼎湖山空气含负离子最高的地方之一，飞瀑、绿树、幽潭组成了一个清凉世界。这里常有女子弹古筝，端正的面庞、悠扬的乐曲与溪流声相互辉映，就是一幅绝美的图画。 …… （肇庆市旅游局，22）	见 http://photo. cts2008. com/Photo/23562	(1) ST1 中的画线部分属于表情、美学和召唤功能的内容，照片就是"飞瀑抚琴"，实乃景点一大亮点（added attraction）。 (2) 杭州"新西湖十景"之一的"黄龙吐翠"就有江南丝竹表演和越剧折子戏。这类"亮/卖点"不管它属于历史还是眼前，理应保留。 (3) ST1 的翻译策略就应考虑时态（过去或现在）的使用、话语模式的改变、翻译画线部分时微技巧的综合运用，等等。

4.1.4　从专业评价能力和翻译能力角度论证

表 1～3 的不同视角分析、论证说明：专业（旅游＋翻译）评价能力与专业（旅游＋翻译）翻译能力对（旅游）翻译研究者和实践者是一种不可或缺的条件。即使我们认可表 1～3 论证的观点，然而最终确定文本翻译质量的关键，乃是对文本信息的专业评价能力和专业翻译能力。这实则是对应用翻译研究者和实践者的一个整体要求。表 4～5 更能体现这一重要性。分析中使用的"问题"或"错误"的概念，除了传统的定义以外，主要是建筑在诺德的功能

理论中的有关定义、分析和阐述(Nord，2001：64－79)。

＊翻译问题定义：翻译问题(translation problem)与翻译难题(translation difficulty)不同，前者指译者在翻译过程中必须解决的问题，以便从功能角度尽可能再现于目的语文本；后者指译者在翻译过程中遇到的翻译难题，比如词典未收录的词语。(参见 Nord，2001：141；笔者译编)

＊翻译错误定义：如果译文目的是要在目标读者中实现特定的功能，那么所有妨碍这一目的实现的任何问题，都被称为翻译错误(translation error)。

＊翻译错误功能分类：翻译错误大致可以分为四种，即语用翻译错误(PTE)，文化翻译错误(CTE)，语言翻译错误(LTE)和(特定)文本翻译错误(TTE)。限于篇幅，有关定义和阐述不再展开。(参见 Nord，2001：73－76)

表 4 是对几个 ST 和 TT 的专业实践与理论的综合对比分析(所选的特定旅游文本翻译最低目标是从功能角度出发，最大限度地合理保留并且准确、有效地译出 ST 中的信息)(见表 4)：

表 4

ST01(原文本)	TT01(原译本)	TT01A(笔者译本)
飞水潭是鼎湖山空气含负离子最高的地方之一，飞瀑、绿树、幽潭组成了一个清凉世界。[1] 这里常有女子弹古筝，端正的面庞、悠扬的乐曲与溪流声相互辉映，就是一幅绝美的图画。(71 个汉字，编号与底线为笔者所加)(肇庆市旅游局，22)	Flying Water [1] Pond is one of the places [2] with the highest density of negative ions in the air in [3] the Dinghu Mountain. The flying waterfall, green trees, and the deep [4] pond constitute a picturesque world. Here often a beautiful lady plays [5] zheng, a Chinese zither with 25 strings. Her angelical face, melodious music and the [6] stream flow sound match harmoniously. [7] What a beautiful scene it is! (66 words)(肇庆市旅游局，22)	(The) Flying Water [1] Pool is known as one of the [2] anion-richest places in Dinghu Mountain. Its flying waterfall, green trees and deep pool present a cool world. A graceful lady [3] is often seen to play an [4] ancient Chinese zither there. Her pretty face, melodious music, and [5] murmuring stream enhance each other. [6] (It is a pleasant scene, isn't it?) (50 words)
[笔者简评] (1) ST 信息可以基本保留。 (2) [1] 最好在译前加以确认。 (3) ST 中的某些形容词在 TT 中可以灵活处理。 (4) 要求 C－E 译者具有比较高的 ST 信息分析能力和处理能力，具有在跨文化翻译中较强的书面英语表达能力。	[笔者简评] (1) [1] 属于 LTE 和 PTE(选词错误和语用错误)。 (2) [2] 属于 PTE (有些中式)。 (3) [3]冠词可省(因为 mountain 是单数，Dinghu 是专有名词)。 (4) [4] 同 [1] 。 (5) [5] 最好为斜体。 (6) [6] LTE 和 PTE (Chinglish) 。 (7) [7] 一般应省略不译。这是由英语行文决定的(涉及表达思路、话语模式等)。	[笔者简评] (1) [1] 飞水潭自然形成的水，故应选用 pool。 (2) [2] 表达地道、简练，比较 TT01 [2] 。 (3) [3] 用被动式比较自然。 (4) [4] 另一种简洁表达法，适合这种文体风格，比较 TT01。 (5) [5] 中的形容词有不少选择，如 whispering、gurgling、babbling、echoing 等。 (6) [6] 可以省略。如果一定要保留，[6]是较好的选择。

（续表）

ST02（曾改本）	TT02（曾译本）	TT02B（笔者译本）
[1] 飞水潭是鼎湖山空气含负离子最高的地方之一，飞瀑、绿树、幽潭组成了一个[2] 清凉世界。这里常有女子弹古筝，端正的面庞、悠扬的乐曲与溪流声相互辉映，就是[3] 一幅绝美的图画。 （曾利沙，2008） （36 个汉字，编号与底线为笔者所加）	The [1] Splashing Water Pool is well-known for its [2] higher density of negative ions in [3] the Dinghu Mountain area, [4] where the [5] splashing waterfall, the deep pool and surrounding green trees present to you a [6] picturesque scene. （曾利沙，2008） （35 words，编号与底线为笔者所加）	(The) Flying Water Pool, known as one of the anion-richest places in Dinghu Mountain, presents a cool world with its flying waterfall, green trees and deep pool. (26 words)
[笔者简评] (1) 假设修改文本可以接受，即[1]+[3]。 (2) 不选[2]而选[3]未必最好。	[笔者简评] (1) [1]+[5]属于 PTE。跟 ST02 中的“飞”和 TT02B 中的 flying 比，不仅在文字上远不对应，而且显然缺乏气势。[1] 通常用来形容不是“飞流直下”的（小）瀑布。 (2) [2] 语言不够简练，与作者“经济简明”原则不相符，而且这里改用比较级，未必合理、自然。 (3) [3] 可以省略。 (4) [4] 属于 TTE，因为选择定语从句反而没有“分清主从”，削弱了 ST02 原有的重点/焦点和力度，比较 TT02B。 (5) [6] 未必合适，问题出在译者对 ST 信息和功能的处理策略。	[笔者简评] (1) 语言简洁、经济，字数最少，比 TT02 少约 9 个词。 (2) 对 ST02 的信息处理合理、得当。 (3) TT02B 解决了 TT02 中存在的问题与不足。 (4) 深度论证见下。

4.2 旅游文本翻译论证小结与思考

4.1 中四份对比表（表 1～4）以小见大，暴露了长期以来旅游翻译实践、研究与（大学）教学中一直存在的十个典型问题或误区：

(1) 以为旅游翻译很简单。事实上，它是相当难的，只是多年来不少专家学者在这方面的低端与高端错误没有予以披露，并加以公开讨论而已（笔者在自己发表的论文、专著和教材中有所涉及），只是人们对旅游翻译的标准、质量、要求等缺乏必要的了解。

(2) 旅游翻译论文多得“铺天盖地”，但是存在诸多“隐性”问题没有被揭露。比如重复率高，雷同现象严重，“外行”参与偏多（所以产生错误结论的多），学术价值与实际意义不大。

(3) 参加旅游翻译研究的业外人士颇多，但他们缺乏旅游职/专业方面必要的阅历，其中不少人士职/专业翻译的水准也不理想。

(4) 参加旅游翻译研究者，在跨文化交际的意识和敏感度等方面尚有待提高，有的甚至连起码的跨文化意识和语言敏感度都还很不够。

(5) 撰写以旅游翻译为主题的本科生毕业论文和研究生学位论文的越来越多，相对不足的是，学生和指导教师在相关方面的实践和研究都相当缺乏，尤其表现在实践研究方面，显得很薄弱。

(6) 老大难问题——也许是业内"讳莫如深"或"羞于启齿"的(因为学界缺乏批评的传统，造成批评者有罪)——研究旅游翻译的"两张皮"(实践与理论，汉语与英语，中国文化与外国文化，中国古代文化与现、当代文化，一般知识与地方知识等)这个关键问题，一直没有解决。

(7) 比较致命的问题——也许更是业内"讳莫如深"的——研究旅游翻译的，其双语基本功一直没有达到研究人员理应/必须达到的一个高度，更有甚者，他们的英文写作水平还相当/比较有限。由于他们的"底"没有打好，难以承担研究重任。

(8) 特别作为一个问题单列，即使具备了双语、双文化和足够与文本内容相关的知识还是很不够的(参见 Nida, 1993; Newmark, 2001)，英译水平(基本)取决于一个人的英文写作水平。诚如 Scollon & Scollon 所总结的(2000:1-15/194-204)，成功的跨文化交际还在于是否会使用正确的 professional discourse(专业话语)和进行 interdiscourse professional communication (跨话语专业交流)。这从另一个重要角度给应用翻译研究者和实践者提出了仍然有待我们大大提高的要求，即如何在宏观、中观和微观等方面真正做得更为专业/职业。

(9) 应用翻译研究还是要基于实践研究，(更多地)基于语言、文化、专业知识等方面的基本功之研究，基于西方和我国的应用翻译之基本理论研究等，最终总结出以"简明、清楚、具体、灵活、有效"为特色的理论思想、原则、规程、方法、技巧等来解决实际问题，而不要囿于一些所谓"高深"理论的研究，搞一些烦琐哲学，结果"以其昏昏，使人昭昭"，对一般缺乏实践经验的翻译工作者，乃至对"懂理论"的高手，也会是一头雾水。

(10) 目前高校外语专业(特指英语专业)学生的双语基本功相当成问题(当然这反映了师资、课程设置、学制甚至体制等问题)，口笔译教师水平(尤指翻译学科的)参差不齐，比较能够代表学生实践与学术综合水平的 TEM8(专八考试)成绩和本科毕业/学位论文水平，前者学生通过率不高(即使通过，分数偏低)，后者学生的英语表达能力较差(暂且撇开科研能力、剽窃现象、"放水现象"不论)。本科教育跟不上，何来高质量的硕士、博士研究生教育？何来相关职业的高质量专业人士？

笔者以为，如果这些问题解决不好，我们翻译界就会后继乏人，应用翻译实践与研究也难以取得实质性的成效和可持续发展。

5. 结语

应用翻译实践与研究方兴未艾，但迄今的相关研究一直伴随着三大问题，即"三个过于"：过于(脱离实践的)理论化，过于("一刀切"的)规范主义，过于经验主义(而轻视理论)，从而忽视、无视或者不知道应用英汉互译(尤其是汉译英)更需要我们注重的是"实践研究"(同时还需要从"描述翻译学"角度来加以研究)。若以上述讨论的旅游文本及翻译的多样性案例为例，我们完全可以得出如下结论：不少旅游文本翻译的原则性错误或问题，不仅仅是研究者或实践者的一个理论(认识)问题，更是一个实践问题。即使他们"了解"了不少的理论、策略、方法、技巧，最终决定译文质量的关键，不是别的，正是他们的相关专业的素质和能力，专业翻译的学养和能力，以及用目标语言写作的能力。这些也正是对应用翻译研究者和实践者的整体要求。

选文三

从旅游翻译看“翻译标准多元互补论”

覃晓霞

导　言

本文选自《武汉科技大学学报》2006 年第 4 期。选文尝试从旅游文本的翻译特点着眼，通过典型例证探究了旅游翻译的标准，最后从旅游翻译的角度剖析了翻译标准多元互补论对旅游文本英译的指导作用。选文分为五部分。第一部分简要地介绍了各类翻译标准，包括严复的“信达雅”、傅雷的“神似”、钱钟书的“化境”、许渊冲的“三美”等。第二部分分析了辜正坤的“翻译标准多元互补论”。第三部分探讨了中文旅游文本的特点和英文旅游文本的特点。第四部分探讨了“翻译标准多元互补论”在旅游翻译中的指导作用。第五部分为结语。

随着中国日益加大开放力度，以及全球经济一体化的日渐加强，国际间的文化交流也不断扩大，来中国旅游、体验中国文化成为国际友人了解中国的一个重要途径。把中国深厚的传统历史文化和壮丽的自然风光介绍给外国游客，旅游翻译起着重要作用。而翻译从题材来看，分为专业翻译、一般翻译和文学翻译。旅游文体则由于其本身应用型的特点和以实用为主的目的，因此其翻译如同法律翻译和科技翻译一样同属于专业性翻译，但其中也包含了一般性翻译和文学（比如诗歌、楹联等）翻译的性质。而这些特性正是笔者选择旅游翻译为着眼点的原因。

1. 翻译的标准

翻译标准也称翻译原则，是“翻译活动必须遵循的准绳，是衡量译文质量的尺度，也是翻译工作者应该努力达到的目标”。一提到翻译的标准，人们通常想到的是严复的“信达雅”。多年来，这一标准在中国的翻译界一直被奉为圭臬。之后许多中国的翻译家们也提出了许多新的标准，如鲁迅提出：“凡是翻译，必须兼顾着两方面，一当然是其易解，二则保存着原作的丰姿。”傅雷提出“神似”，钱钟书提出“化境”，等等。尽管这些标准不尽相同，但它们都有着一个相同的地方，即这些标准都强调了“信”。此外，许渊冲提出了“形美、音美、意美”的标准；辜正坤还提出了“翻译标准多元互补论”。国外的翻译家们提出的各种准则更具影响力。

18世纪英国翻译理论家 Alexander F. Tytler 提出：① 译文应该完全传达原文的思想；② 译文的风格和笔调应与原文的一致；③ 译文应像原文一样流畅。这同“信达雅”的翻译思想有着一定的相似之处。Nida 在1964年发表的《翻译科学初探》中提出“动态对等”这一概念，即以社会符号学为取向的“意义切近，功能对等”的标准，将译文读者和原文读者在阅读过程中的反应是否对等作为衡量翻译的最高标准。还有 Peter Newmark 的翻译文本说。这两种翻译标准在我国翻译界得到了广泛的研究。

当然各国各流派的翻译家所提出的翻译标准远不止上文所列出的这些。其他的标准还有：以译出语或译出文化为取向；以译入语或译入文化为取向；以作者为取向，等等。

2. “翻译标准多元互补论”

上述标准各有依据和特点。对于它们，我们不能简单地说孰优孰劣，或是认定其中某一个就是“放诸四海而皆准”的公理。根据 Peter Newmark 的翻译文本说，不同文本的翻译应适用不同的翻译标准。如在广告翻译中，一般情况下通常使用的是 KISS(keep it sweet and short)原则，而法律翻译适用的是“忠实、严谨、规范、达意”的准则，而“三美”标准可能更适合于诗歌翻译。翻译是一种复杂的跨文化活动，正因为如此，也就决定了它不可能有所谓的“统一的”标准。对于此，辜正坤在《翻译标准多元互补论》中也做了具体的分析说明：“具体翻译标准不可能只有一个”，因为把一部译作放在观察点上(空间)，一百个读者会产生百种印象，因为该译作的价值并不仅仅依该译作所谓的固定价值而定，而常常倒依欣赏者本身的文化素养、审美心理及其他功利性目的等等而定。所以译作的价值是一个相对的概念，其所以是相对的，是因为其价值的实现依赖于价值接收者(欣赏者)，而价值接收者的判断标准是因人而异的，没有也不可能有一个绝对的标准。

辜正坤的“翻译标准多元互补论”的要点是：① 翻译标准是多元的。② 翻译标准是一个有机的然而变动不居的标准系统。这个翻译标准系统的层次是：绝对标准(原作)→最高理想标准→具体标准(分类标准)。最高标准是最佳近似度。最佳近似度是没有实用意义的抽象标准，真正有价值的是一大群具体标准。③ 具体标准中又有主标准和次标准的区别，主标准也称为可变主标准。④ 多元标准是互补的。“翻译标准多元互补论”从辩证的、客观的角度出发，肯定了各种标准都有优点，论证了各种标准同时存在的意义和同时运用多种标准的可能性与合理性。笔者对“翻译标准多元互补论”持赞同的态度。身处一个多元的社会，看待任何事物都应是多角度的，翻译也是如此。

3. 旅游文本的特点

“翻译标准多元互补论”对于旅游翻译具有重要的指导意义。这和旅游文本的特点不无关系。旅游文本的内容包罗万象，有旅游指南、旅游广告、旅游合同、旅游表格、旅游地图，还有导游解说词、景点介绍、参观点介绍、旅游宣传册、宾馆指示牌/介绍以及路标、地名，等等。这些文本使用频率高，实用性强，是典型的旅游文本(在这里，笔者所探讨的文本主要是针对文字文本，不包括旅游合同、旅游表格和旅游地图等图式文本)。

（1）中文旅游文本的特点

中文旅游文本中词汇量大，知识面宽，涉及政治、经济、文化、历史、地理、宗教、民俗等许多方面。由于中西文化存在巨大差异，因此许多带有中国文化特色的表达没有相应的英文表达。例如：

> **例 1**：武汉市自然风光绚丽多姿，人文景观璀璨夺目，屈原曾在这里行吟；李白曾在这里漫游；商代盘龙城遗址，是长江流域发现的第一座商代古城；龟山脚下的古琴台，流传着俞伯牙与钟子期知音相会的千年佳话；黄鹤楼名闻天下；晴川阁古色古香；归元寺参禅圣地；东湖、磨山景色宜人；市内有辛亥首义红楼、农民运动讲习所、“八·七会议”旧址等 52 处革命纪念地。

在例句短短 143 字的介绍中，引用了“屈原”“李白”“俞伯牙与钟子期”的典故，提及“辛亥革命”“农民运动讲习所”“八·七会议”的历史史实，从中可以大概了解武汉的地理方位和从古至今 3 000 多年的历史变迁和人文内涵。内容丰富，信息量大，具有信息文本的特点。在语言表达上，使用了多个蕴含丰富情感的成语，如“璀璨夺目”“名闻天下”“景色宜人”等。文本中其他一些表述文字尽管不是成语，但也使用了四字格的表达，如“自然风光”“人文景观”“参禅圣地”等，其中“自然风光”“人文景观”更是对仗工整。该文本描写细腻，感情饱满，字里行间充满了对这个城市壮美景观的热爱和悠久历史的强烈自豪感，是典型的表情文本。正是由于充满诗情画意的描写和丰富感情的流露，其召唤功能跃然纸上，其目的就是要吸引读者来了解这个城市，希望到该城市旅游。由此可以看出中文旅游文本是一种典型的复合文本——信息文本、表情文本和召唤文本相辅相成，互为补充，缺一不可。

（2）英语旅游文本的特点

和中文旅游文本相比，英语旅游文本行文简明实用，语言平实直观，描述客观，风格与中文旅游文本截然不同。例如：

> **例 2**：Hawaii Volcanoes National Park, established in 1916, displays the results of 70 million years of volcanism, migration, and evolution processes that thrust a bare land from the sea and clothed it with complex and unique ecosystems and a distinct human culture. The park encompasses diverse environments that range from sea level to the summit of the earth's most massive volcano, Mauna Loa at 13, 677 feet Kilaues, the world's most active volcano, offers scientists insights on the birth of the Hawaiian Islands and visitors views of dramatic volcanic landscapes. In recognition of its outstanding natural values, Hawaii Volcanoes National Park has been honored as an International Biosphere Reserve and a World Heritage Site.

例 2 在介绍夏威夷火山国家公园时，介绍了它建立的确切时间，重点是介绍了当地有名的火山，略微提及当地的环境。从内容上看，信息量远不如例 1 大，例 1 中有风景、有人物、有历史、有典故，而例 2 反复提到的只有“volcano”。在语言的表达方面，全文共使用了 8 个形容词形容火山公园的风貌，但其中只有“dramatic”和“outstanding”两词带有一定的情感，其他形容词在表达上还是很客观的。相比之下，在表达功能上，英语旅游文本远不如中文文本。从中文的角度看，英文表达似乎过于平白，词汇贫乏，缺乏文采。当然，例 2 虽语言平实简单，但言简意赅，卖点明确，十分直观。

通过上述两例旅游文本的对比，可以看到英汉旅游文本的显著差别：例 1 不仅属于信息文本，还是表情文本和召唤型文本，是信息表情和召唤文本的结合体；而例 2 尽管是介绍夏威夷火山国家公园这一世界自然文化遗产，但语言要简单得多，紧扣“火山”这一中心信息，该文本更趋向于信息文本。Peter Newmark 指出，表情文本的功能核心是“作者”，信息文本的核心是“真实性”，召唤文本的核心是“读者层”。由此可以看出，在翻译旅游文本这一综合性文本时，只以某一种翻译标准来规范和衡量译文，是难以实现原文的不同文本特点需要的，尤其是在英语旅游文本与中文旅游文本存在巨大差异的情况下。

4. “翻译标准多元互补论”在旅游翻译中的指导作用

在旅游翻译中，翻译标准的多元化是客观事实的必然结果。这里的多元化的标准是指具体的分类标准，因为在翻译多元论中，相对意义上的绝对标准是原作。在翻译中意义的“损失”是不可避免的，因此要达到这个绝对标准，也是无法实现的，特别是当旅游文本中文化因素占重要地位时。傅雷指出：“要不在精神上彻底融化，光是硬生生地照字面搬过来，不但原文完全丧失了美感，连意义都晦涩难解，叫读者莫名其妙。”而最佳标准也只是一个理想的抽象标准，这个抽象标准又依赖于多个具体标准。这些具体标准在不同的时期，在针对译作不同的读者和译作服务于不同的目的时，承担着不同的作用，也就是有了主次标准的区别。

(1) 文本功能对主次标准的影响

旅游翻译是目的性很强的翻译。这种目的决定了译文要传达出原文的基本信息、关键信息、语言形式和风格，使读者能“有所思、有所悟、有所动、有所为”，这也是召唤型文本的文本功能核心。在旅游英译时，翻译的具体标准也要根据翻译的对象、目的进行相应的选择。例如，在例 1 中提到的“首义”和“龟山”这类地名，指出了景点具体的地点，但考虑到外国游客对武汉的地理方位不熟悉，如果照搬原文，就会造成介绍信息量太大，超出了接受者的信息容量或解码能力，使信息通道堵塞，反而无法达到传递信息的目的。这些地名即使不译，也不会对游客产生很大的影响。在翻译时，就要根据游客的文化背景和知识结构来决定翻译内容的多寡，规范语言，调整差异，对同一信息作出不同的处理。这也符合“读者中心论”的观点，使译文尽量符合目的语的规范和风格，淡化源语文化色彩，直接明了，从而减少读者的认知负荷，缩短领悟时间，增加信息传播速度。又如例 1 中“商代盘龙城遗址”解说词中的“商代”，这个时间概念对于外国游客来讲是全然陌生的信息，直接译成“Shang Dynasty”，其效果是显而易见的，根本不可能达到传递信息的目的，更不要提对外介绍宣传中国悠久的历史和文化，无法体现这个城市厚重的历史感。如增译为“Shang Dynasty which had existed more than about 3 000 years before Christopher Columbus discovered the New World”，信息不但完整地表达出来，便于游客接受，而且补充了知识，为外国游客了解中国文化打开了大门，从而实现信息文本和召唤型文本的文本功能。这时以译入语或文化为取向的标准则成为翻译的主标准，但这并不意味着不需要遵循“信”的翻译标准，只是这一标准在特定的情况下转化为次标准。

当然，以译入语或文化为取向的标准也不是旅游翻译中一直都能扮演主标准的角色。

许多外国游客来中国旅游是为了“求异”，即了解异国文化，体验异国生活，欣赏异国风景，购买异国特产等。这种求异其实就是要体验真正的中国文化，了解真实的中国。要满足游客的这种想法，反映在旅游翻译中，就是要保留原文中原汁原味的民族文化和特色，这时再强调以译入语或文化为取向的标准，就不合时宜。比如当中国特有的重阳节仅翻译成中国的“老人节”时，游客们还能否体会到重阳节中特有的文化内涵呢？如将重阳节译为“the Double Ninth”。的确，重阳节和“老人节’，有相似的地方——敬老爱老，但只是意义上的相似而已。它们所指的时间不同，传统活动不同，联想意义不同。联合国的“老人节”是 10 月 1 日，重阳节是中国农历九月九日，重阳也就是“两阳相重”，这一天老人的活动有赏菊、登高。“the Double Ninth”只点明了时间，还需要在译文中使用加注的方法，进一步介绍中国传统节日的知识。这时的翻译主次标准又发生了改变。在表情文本中，采用“异化”的手段，以译出语或译出文化为取向的标准，可以更好地展现原文和源文化的个性和魅力，异国情调浓厚，更能让外国读者感到新奇和强烈的刺激。

（2）表达效果对主次标准的影响

旅游翻译还涉及对古诗词的翻译。我国历史上留下的诗词楹联佳句极大地丰富了旅游景点的历史文化内涵，成就了中文旅游材料的美感，这一部分的翻译得失也会对翻译效果产生一定影响。陈刚教授认为：“不应拘泥于所选诗词所涉及的具体背景，而在忠实于原文的基础上，注重当场见效的口译效果，即力求译文口语化，有韵脚，有节奏感，说来上口，听来易懂，像是诗词。”这也就区分了文学翻译中的诗词翻译和旅游翻译中的诗词翻译。适用于诗词翻译的“三美”标准，在旅游诗词翻译中的地位也就不同于其在文学翻译中的地位。诗词本身是有感染力的，翻译时只要易懂，做到大致押韵，就可以增加译文的感染力。当然以美学为取向的标准在旅游翻译中也是不可忽视的。在宣传推广中国自然风光、名胜古迹、风味小吃等诗情画意的文本时，可以美学为取向的标准转化为主标准来展现原文的美感。旅游业作为服务型行业，本身就要求语言美。这里的语言美不仅指文明用语的使用，而且指翻译中要求译文具有音美、意美、形象美、简约美、情形美、诙谐美等美感的表达。要表情，要呼唤，“美”是不可或缺的一部分。如“狗不理”这一风味小吃通常翻译为“Dogs don't leave”，这种译法的标准就是典型的以美学为取向，把这一风味小吃的美味简洁生动地再现出来。又如“银耳”一词的翻译，英语字典中有和“银耳”对应的词“tremella”，但我们一般不用，因为它太专业，许多游客本身对它就不太熟悉，且毫无美感。另一种翻译“white fungus”也遭到了人们的反对，也是从美感的角度来说的，因为其联想意义不够美。使用最多的还是“silver mushroom”，尽管这种译法不那么“忠实”，但这两个词外国游客是很熟悉的，并且“silver”一词联想意义美，“银耳”的形象美也就突现出来了，比其他的译法更能吸引游客去品尝这种食物。在这种情况下，以美学为取向的标准就转化为翻译标准中的主标准了。

在旅游翻译中，首要的是交流和效果。在旅游翻译中以旅游者为取向的标准，注重游客反应，通常是作为诸多标准中的主标准。但通过上文的例证可以看到，旅游翻译中的各种具体标准会随着翻译内容的变化，不同文体的要求，译文读者层次的不同，而“互相补充和转化”。也就是说，在不同的情况下，旅游翻译中的具体标准都可以扮演主标准和次标准的角色。

5. 结语

旅游翻译特有的文本特点和表达方式，要求译者准确地理解原文，考虑译文读者背景和认知能力，选择恰当的翻译标准。并以“翻译标准多元互补论”为指导，注意各标准的转化，对原文进行处理，实现译文传递信息、表达情感、吸引游客的目的，达到跨文化和人际交流的效果，从而逐步解决我国目前旅游翻译中存在的问题，推动我国旅游业的发展。

【问题研讨】

1. 你是如何理解旅游翻译的定义和性质的？
2. 旅游文本有哪些功能和类别？
3. 中文旅游文本特点与英文旅游文本特点有何异同？
4. 针对中、英旅游文本差异，你认为应该采取哪些翻译方法和策略？
5. 如何看待旅游翻译中所谓的“翻译标准多元互补论”？

【延伸阅读】

[1] CLIFFORD J. Routes：travel and translation in the late twentieth century[M]. Boston：Harvard University Press，1997.

[2] 丁大刚. 旅游英语的语言特点与翻译[M]. 上海：上海交通大学出版社，2008.

[3] 丁立福. 旅游翻译系统研究[J]. 宁波大学学报(人文科学版)，2013(2).

[4] 高存. 旅游文本翻译“改写论”初探[J]. 北京第二外国语学院学报，2009(12).

[5] 黄友义. 旅游暨文化创意翻译任重道远[R]. 首届全国旅游暨文化创意产业翻译研讨会上的讲话，2007－10－20.

[6] 王济华. 旅游文本中互文性的翻译研究[J]. 广东外语外贸大学学报，2011(3).

[7] 萧洁汶. 两篇旅游文章的文体比较[J]. 外语教学与研究，1986(1).

[8] 杨红英，黄文英. 汉英旅游翻译的可接受性研究[J]. 外语教学，2009(4).

[9] 杨敏. 英汉旅游篇章的跨文化对比分析[J]. 外语与外语教学，2003(11).

[10] 邹建玲. 旅游翻译研究 1998—2012 年综述——基于人文类核心期刊语料分析[J]. 中国科技翻译，2013(4).

第二章　目的论视角下的旅游翻译研究

导　论

功能翻译理论起源于20世纪70年代的德国。该理论肇始于凯瑟琳娜·赖斯(Katharina Reiss)于1971年出版的《翻译批评的可能性与限制》一书(*Possibilities and Limitations in Translation Criticism*)。书中赖斯根据卡尔·布勒(Karl Bühler)的“工具论模式”(Organon Model)将文本归为信息型(informative)、表情型(expressive)、操作型(operative)文本。她提出不同的文本类型具有不同的语言功能,而语言功能又会影响译者对翻译方法的选择。在此之后,赖斯的学生汉斯·威密尔(Hans Vermeer)摆脱了赖斯以原语为中心的等值论的束缚,创立了功能理论派的中心理论“目的论”(Skopos Theory),认为任何形式的翻译,包括翻译本身都可以被视作一种行为,而任何行为都有其目的和目标。目的翻译论以语用为起点,将翻译受众的接受程度作为翻译目的的重要准绳,并提供翻译三大原则:目的原则(Skopos Rule)、连贯原则(Coherence Rule)和忠实原则(Fidelity Rule)。霍尔兹·曼塔利(Holz Manttari)提出“翻译行为论”,进一步发展“目的论”,强调翻译过程行为、参与者角色、翻译过程发生的环境三个部分。90年代初,克里斯蒂安·诺德(Christiane Nord)综合了其他学者对功能派的批判,在理论上进行了进一步发展,提出“功能+忠诚”(functionality+loyalty)的原则,并强调,在有必要时,译入语可根据预期译文的目的进行一定程度的变化,甚至“改写”。

汉英旅游文本差异较大,且文化负载的内容较多,若译者忽略译本的功能,脱离原文,很有可能会影响信息传达,影响旅游推介效果。其次,由赖斯划分的文本类型来看,旅游文本主要属于信息型和操作型。旅游文本既要传达如景点简介或是景区宣传之类的信息,又渴望与读者产生共鸣,激发游客的反应。译文也应如此,而这也构成了使用功能翻译理论探讨翻译策略的必要性。再次,旅游翻译大部分属于商业范畴,而非自发行为,故译者、发起者、接受者的关系也属于研究范围,而曼塔利的“翻译行为论”为这个维度的讨论提供了理论支撑。综上所述,旅游文本翻译与功能理论息息相关,该理论框架是讨论旅游翻译策略的基础。鉴于此,旅游翻译与功能理论结合具有重要的理论意义和应用价值。

选文一

湘西旅游翻译策略应用效果研究

——基于目的论视角的调查与分析

白　蓝

导　言

该文选自《吉首大学学报》(社会科学版)2010年第5期,分为五个部分。第一部分简略介绍了国内旅游发展趋势以及旅游翻译现状,概括了全文的研究方式和方向。第二部分详细地介绍了功能翻译理论一派的发展轨迹,指出旅游文本属于"呼唤型"文本,故应从以读者为主的功能角度出发研究翻译实践中出现的问题。第三部分,作者采用了问卷调查法,就以目的论为指导的译文以及中文原文对英语专业学生和外国人进行问卷调查,并列出问卷数据及统计表格。第四部分从增词、删减、改译、纠正中式英语四个方面比较分析了原译和改译。最后一部分为结论,总结出译者应该按照旅游翻译的目的对原文进行灵活翻译。此文运用了数据统计的方法,直观表现了目的论指导下旅游文本翻译的接受程度,这样的研究方法值得借鉴。

中国对外开放政策的进一步深化促进了中国经济的发展,同时也带来了旅游产业的逐步繁荣。越来越多的外国游客开始通过旅游来了解中国文化。因此,旅游文本起到了一个至关重要的作用。游客可以通过旅游文本资料获得实用性信息。旅游翻译的质量也直接影响了外国游客对本国旅游景点的认知。然而,某些地方的旅游景点翻译存在着严重的漏洞。比如:湘西自治州旅游局印制的画集《神秘湘西》,图片精美,汉语景介笔锋流畅,文字生动。字里行间无不透露出神秘湘西的韵味。然而,其英译本略显逊色,多采用逐字叙述,尚未达到吸引外国游客的目的,其翻译手法违反了目的论原则(Skopos Theory)。因此,本文试图从功能翻译的理论角度出发,以湘西旅游翻译为实例,收集整理并归纳旅游翻译中的各类问题,设计调查问卷,分析游客所需要的翻译标准(Translation Brief),从而为提高湘西旅游翻译质量提供一些可见性意见。

1. 功能派翻译理论概述

功能翻译法的"功能"是指专注于文本与翻译的一种或多种功能研究。功能派是多种翻译方法理论的"广义术语"。20世纪70年代,德国功能学派的创始人凯瑟琳娜·赖斯(Katharina Reiss)在她的《翻译批评客观方法》中首次介绍了功能范畴。她在1971年出版的《翻译批评的可能性与限制》(*Possibilities and Limitations in Translation Criticism*)一书中提出了功能派理论思想的雏形。之后,赖斯的学生费米尔突破了对等理论的限制,提出了翻译"目的论"(Skopos Theory)。这一理论成了功能翻译学派的主体理论。"目的论"认为:决定翻译目的的最重要因素是接受者。因此,译者在翻译中完全可以根据译文预期的交际功能结合译文读者的"社会文化背景"知识,对译文的"期待""感应力"或"社会知识"以及"交际需要"等来决定处于特定译语语境中文本的具体翻译策略和手法,不必拘泥于与原文"对等"而影响译文在译语文化环境中的交际功能(Hillage & Pollard, 1998:12)。在费米尔的"目的论"之后,贾斯塔·赫兹·曼塔利(Justa Holz Manttari)以行为理论为基础,提出了她的"翻译行为"(Translational Action)。她把"翻译行为"看作是一种"为实现信息的跨文化、跨预言转换而设计的复杂行为"。德国功能派的最后一位主导人物是克里斯蒂安·诺德(Christiane Nord),他针对功能翻译理论的不足提出了翻译"忠实原则"(Loyalty Principle),并根据文本功能与翻译目的的关系提出了"纪实翻译"(Documentary Translation)和"工具翻译"(Instrumental Translation),进一步完善了功能翻译理论体系。除德国功能派外,英国翻译家纽马克(Peter Newmark)也把翻译与语言功能结合起来进行研究。他在赖斯的基础上提出了翻译中的三种文本功能形式,即"表达型"(Expressive)、"信息型"(Informative)和"呼唤型"(Vocative),提出翻译中应根据不同文本功能而采用"语义翻译"(Semantic Translation)和"交际翻译"(Communicative Translation)。美国学者奈达(Eugene A. Nida)同样从语言功能角度提出了他的"功能对等"原则(Functional Equivalence),并指出由于语言文化上的差异,翻译不可能求得原文与译文的形式对应,而只是功能上的对等。

由此可见,西方的功能翻译理论为翻译研究提供了全新的视角,他们将翻译与语言功能结合起来,注重文本功能在翻译中的作用。旅游翻译作为一种通俗性文本,其目的在于通过旅游广告、旅游告示标牌、民俗风情画册传递信息,让游客朋友能够更好地掌握信息,从中获取与旅游相关的自然、地理、人文等实用知识。依据功能派翻译理论,旅游翻译的体裁实属"呼唤型"文本,注重信息传递的效果,纽马克认为这类功能文本的核心在于"读者层"。也就是说译文必须充分考虑两个因素:一个是原作者与读者层的关系;一个是译文必须使用易于读者直接理解的语言。作为典型"呼唤型"文本,其翻译目的就是为了"销售书本和取悦读者"(郑雨兰、严明,2007:41)。旅游翻译以译文读者为中心,重译文功能而轻原文形式,以实现译文在译语文化环境中所期望达到的一种或几种交际功能为目的和出发点,"归化"趋势明显(岳昌君等,2004:129)。因此,旅游翻译应从文本功能的角度出发,以翻译"目的论"为基础,解决翻译实践中出现的实际问题。

2. 研究方法

此次研究以高校英语专业学生为研究对象,以调查问卷为研究工具,从而反映在目的论指导下翻译策略应用效果的现实情况。

2.1 研究对象

此问卷调查对象为湖南地区各个高校英语专业的学生以及来自美国、日本、韩国的外国朋友。教育程度均在本科以上。其中英语学生 30 人。美国、日本、韩国人总计 20 人。

2.2　研究工具

本研究的工具主要是问卷调查表。此次问卷由 20 个题目组成，分为两个部分。第一部分主要了解读者基本信息，包括教育程度以及专业。第二部分选取了 18 个中文旅游文本以及对应的两种英译文。其译文都是以目的论原则为指导，体现了相应的翻译策略，即增译、删减、改译以及纠正中式英语。

另外，答题的方式采用 A、B 两个选项，分别代表"赞同"与"反对"。选 A 者计 1 分，选 B 者计 2 分。

2.3　研究发现与讨论

表 1 反映了目的论指导下翻译策略应用效果的现实情况。

表 1　湘西旅游翻译策略调查情况表

翻译策略分类	题号	外国读者(20 人)			中国读者(30 人)		
		平均值	百分比		平均值	百分比	
			赞成	反对		赞成	反对
增词	4.	1.45	55	45	1.48	51.6	48.4
	17.	1.50	50	50	1.51	48.4	51.6
删减	7.	1.75	75	25	1.64	64.5	35.5
	9.	1.75	75	25	1.70	71	29
	11.	1.70	70	30	1.77	77.4	22.6
改译	1.	1.80	80	20	1.83	83.9	16.1
	2.	1.75	75	25	1.74	74.2	25.8
	5.	1.70	70	30	1.70	71	29
	6.	1.65	65	35	1.61	61.3	38.7
	12.	1.40	60	40	1.49	71	29
	13.	1.65	65	35	1.54	54.8	45.2
纠正中式英语	3.	1.15	85	15	1.90	90.3	9.7
	8.	1.40	60	40	1.51	51.6	48.4
	10.	1.80	80	20	1.93	93.5	6.5
	14.	1.70	70	30	1.51	51.6	48.4
	15.	1.85	85	15	1.83	83.9	16.1
	16.	1.70	70	30	1.80	80.6	19.4
	18.	1.80	80	20	1.93	93.5	6.5

说明：受试者中的一位外国读者在 4、7、9 题中出现了空白答案

3. 问卷分析

回收问卷 50 份，有效卷 49 份，有效率为 98%。问卷收回后，运用社会科学的统计软件(SPSS11.0)对问卷进行数据分析。主要是在计算机上对 18 道题进行描述性数据分析。从

调查结果来看,外国读者和中国读者第 10 题和第 18 题的平均值最高,分别有 80%和 93.5%的人反对中式英语,尤其是外国读者在看待中式英语上几乎都持反对意见。但也有一位美国读者评价说:"中式英语虽然表达得不够地道,但是能够体现中国文化,更贴近生活。"另外,一名韩国读者评价说旅游译文应该避免使用复杂的词组和单词,也就是说读者相对喜欢简洁的翻译,不喜欢文本翻译过于复杂。这也就说明了译者应该充分考虑到读者的需求。翻译不仅仅是源语言和目标语与翻译者之间的简单关系,而且还应该是涉及委托人、译者、接受者和多方专业人士集体参与的整体复杂行为(Hornby, 2001: 47)。

以下选取 18 个翻译实例中最典型的几个例子进行分析。

3.1 增词

首先,从材料上分析,外国读者对增译的评价各占 50%,而中国读者的评价也与外国读者基本相同,平均值在 1.48 到 1.51 之间。他们认为必要的增译是可取的。

例句 1:德夯的山有情,水有情,德夯的姑娘更有情。

原译:Dehang is endowed with charming landscape, and charming girls as well.

改译:Dehang is an old town which located in Jishou, Hunan province, endowing with the charming landscapes and girls.

改译后的文本比原文长了许多,增加了对"德夯"的解释。"德夯"是一个城镇名,位于吉首市境内。如果不做解释,外国人可能不知道"德夯"到底是地名还是景名。相比原译,改译后的文本更加清晰,便于读者阅读。中国人与西方人受不同地理环境、风俗习惯、宗教信仰及审美观等因素的影响,文化背景大不相同(白蓝,2009),因此常常会有大量的文化内容,汉语读者耳熟能详,而西方读者却是闻所未闻。这种现象势必造成译文读者理解上的困难,达不到"传递信息,诱导行动"的效果(贾文波,2008:233)。因此在翻译旅游文本的时候,有必要补充一些解释性文字和背景知识,如地名、人名、民间故事等。从而能够更好地使外国读者了解中国文化,满足目的论的要求。

3.2 删减

从材料上看,删减策略的平均值相对较高,均在 1.64 以上。其中,外国读者的平均值最高达 1.75。

例句 2:奇绝秀险的自然景观加之撩人心神的土家风情……美不胜收。

原译:Beautiful and steep landscape, along with fascinating Tujia folk customs ... is so much beautiful.

改译:Beautiful and steep landscape, along with fascinating Tujia villages ...

在原译中,最后一个四字词组体现了典型的评述性表达,与其前段内容相似。改译后的文本把最后一句"美不胜收"省略了,避免了重复和堆砌。另外,"风情"一词本该译为"folk customs",尽管这样表达准确,但是改译后用"villages"一词更能使译文与景点浑然一体。中文的旅游资料辞藻华丽,追求美感,重在意境。因而人们常常会将景物的内在意蕴依附于其外在表象之上,使具象的景物获得抽象的人格和情感,做到情景相融。然而相对于不同文

化的外国读者来说，他们却很难领悟这种意境之美，反而会觉得行文拖沓，生涩难懂。所以适当地删除部分内容，有助于外国读者了解不同的民族文化，使译文更加地道，比较符合英语旅游文体的特点和读者的欣赏习惯。

3.3　改译

对这类翻译策略，受试者选“赞成”的平均值最低为 1.49，最高达到 1.83。汉语惯用四言八句，对偶平行的结构，声情并茂，诗情画意，但未免有些生涩难懂，纯粹渲染气氛。但是有些内容又不能省略不提。在这种情况下，为确保译文的流畅通达，必须对原文进行必要的改译，这样才能有效地吸引读者。

例句 3：坐龙峡谷内绝壁纵叠，溪瀑横悬，崖树斜逸，异草遍被。

原译：Zuolong Valley is overlapped cliffs and flying waterfalls, along with densly dotted trees and plants.

改译：Zuolong Valley boasts of its beautiful natural panorama filled with cliffs, waterfalls, trees and grasses.

从例句中可以看出，改译后的译文通俗易懂，逻辑严谨。分别用 cliffs、waterfalls、trees and grasses 来代替原文四个平行铺排的松散句式，从而构成结构紧凑的复合句式。调查结果显示，50 名受试者中有 30 人赞同改译后的译法。外国读者表示改译后的译文更加便于理解。

3.4　纠正中式英语

中式英语是一种畸形的、混合的、既非英语又非汉语的语言文字(Pinkham，2004)。中式英语直接把汉语的思维方式搬到英语中来，致使翻译出来的句子不合英语的表达习惯。

例句 4：凤凰欢迎您！

原译：Fenghuang, welcome to you.

改译：Welcome to Fenghuang.

原译为直译，虽然没有语法错误，但是总显得有些不够地道。相比之下，改译后的译文更加顺口，好听。根据调查结果显示，20 名外国读者中有 17 人选择改译后的译文。30 名中国读者中也有 27 人选择后者。

例句 5：湘西位于湖南西北部，人口 260 多万，是国内外旅游胜地之一。

原译：Xiangxi is located in the northwest of Hunan Province, and a population of more than 2.6 million people. It is one of the tourist attractions both at home and abroad.

改译：Located in the northwest of Hunan Province, Xiangxi is one of the tourist attractions both at home and abroad, with a population of more than 2.6 million people.

结果显示，共有 44 人选择改译后的译文。不难看出，两种翻译方式都传达了正确的信息文本，不同之处在于选用了不同的句式表达。原译按照文本信息罗列，句式过于中国化，不符合英语的逻辑思维。改译后的译文围绕“湘西是旅游胜地”这个中心点，并依次附加修饰语。

4. 结语

通过本次调查，笔者发现目的论指导下的翻译文本普遍得到中外读者的认同。从翻译策略上来看，通过增词、删减、改译和纠正中式英语四种修改后的译文都得到了大多数受试者的认同。由此可以看出，旅游翻译作为一种“呼唤型”文本，适当地对原文翻译策略进行调整和修改是可行的。目的论原则满足了旅游翻译的需求。这次调查结果表明，我国目前旅游翻译中还存在一些不足，需要不断的改进。旅游翻译应该以读者为中心，以传达信息为主，灵活采用各种翻译策略。

选文二

旅游景点汉语介绍英译的功能观

陆国飞

导　言

此文选自《外语教学》2006 年第 5 期，本文结合旅游文本的文体特征及其功能，以“目的论”为理论指导，从“预期功能”“预期读者”“译文效度”三个层面提出了旅游景介文本英译的“翻译要求”，并通过典型实例论证了旅游景点介绍文本常见的“功能性”“实用性”等翻译失误，对汉语旅游文本英译实践具有重要指导意义。

1. 引言

随着中国经济的发展，旅游业开始繁荣。很多外国游客渴望通过旅游了解中国的传统文化、民情风俗和经济发展的情况，饱览中国的秀美山川。在游览的过程中，他们往往通过阅读旅游文献资料了解旅游景点的特色，因而，汉语旅游文献的翻译已成为我国地方对外宣传的重要途径。而翻译的质量将直接影响外国游客对我国改革开放二十年来的重大成就的了解，影响我国独特文化的传播。然而，某些地方的旅游景点介绍的(以下简称“景介”)英文翻译，译文质量存在严重问题，令人担忧。比如，舟山市旅游局印制的大型画册《中国第一大群岛——舟山旅游》，图片精美，汉语景介文笔流畅，字里行间无不渗透着浓浓的海洋文化气息。但是其英译本由于未考虑旅游者的阅读目的，没有能把群岛的海洋文化独特魅力展示给外国游客，没有达到预期的效果，丧失了译文的“语后效力”(perlocutionary force)。为此，本文以翻译“目的论”的原理为指导，根据旅游翻译的要求和目的，着重剖析旅游景介文

本的功能性和实用性两方面的翻译失误问题以及产生这些失误的根源。

2. “翻译目的论”理论概述

20世纪70年代，德国产生了功能派翻译理论。其形成经历了三个阶段。功能派翻译理论的创始人凯瑟琳娜·赖斯(Katharina Reiss)于1971年在她的《翻译学批评的可能性与方法》一文中提出了理论思想的雏形，提出了将文本功能列为翻译批评的一个标准，指出翻译批评的依据应是原文和译文两者功能之间的关系。也就是说要从原文、译文两者功能之间的关系评价译文。她认为语言有说明、表现、呼唤三种功能。文章如果同时具备这三种功能，总有一种功能占主导地位。据此，她将文本相应地分为三种类型：① 注重内容或信息；② 注重语言形式；③ 注重对读者的影响(见陈刚，2004：139)。她坚持以原作为中心的等值理论，但由于有些等值不可能实现，并不要求一味追求等值的实现。同时，她还认为翻译应该有具体的翻译要求(translation brief)。她还认为译者应该优先考虑译文的功能特征而不是对等原则。之后，赖斯的学生汉斯·威密尔(Hans Vermeer)摆脱以原语为中心的等值论的束缚，创立了功能派的奠基理论：翻译的目的论(Skopos theory)。威密尔认为单靠语言学是解决不了翻译问题的。他根据行为学的理论，提出翻译是一种人类行为活动，而且还是一种有目的的行为活动。他指出“目的论是翻译行为论的组成部分。在此理论中，翻译被视为翻译行为中以原文本为基础的一种行为……任何形式的翻译，当然也包括翻译本身，可被视为一种行为。任何行为都有其目的和目标”(Vermeer，1986)。翻译时，译者根据客户或委托人的要求，结合翻译的目的和译文读者的特殊情况，从原作提供的多元信息中进行有选择性的翻译。他还特别强调，因为行为发生的环境置于文化背景之中，不同文化又具有不同风俗习惯和价值观，因此，翻译也并非是一对一的语言转换活动。最后，贾斯塔·赫兹·曼塔利(Justa Holz Manttari)在威密尔的目的论基础上进一步发展了功能派翻译理论。她用信息传递概念来指文本、图片、声音、肢体语言等各种各样的跨文化转换，视翻译为一项为实现特定目的的复杂活动。她的理论强调翻译过程的行为、参与者的角色、翻译过程发生的环境三个方面。

功能派翻译理论家将翻译行为论与翻译目的论确立为功能翻译理论的核心内容。我们认为，功能翻译理论中的“目的论”是从翻译行为的目的性出发提出的一种翻译理论。该理论的核心原则是“目的准则”：“任何翻译行为都是由翻译的目的决定的，简而言之，就是‘翻译的目的决定翻译的手段’”(Reiss & Vermeer，1984：101；转引自Nord，2001：29)。该理论超越了传统的“等值”或“等效”的翻译观，解决了长期以来困扰译学界的“直译”和“意译”“动态对等”和“形式对等”“异化”与“归化”的二元对立。该理论认为：只要能达到翻译的目的，对原文既可以采用逐字直译的方法，也可以采用完全改写的方法，或者采用介于两者之间的任何翻译策略。而评价一篇译文的优劣，并非是看它对原文的等值程度(equivalence)，包括功能等值，而是看它对于翻译目的的“适宜性”(adequacy)，即是否有助于在译语情境中实现译文的预期功能。“翻译目的论”为翻译研究提供了全新的视角，对汉语旅游景介英译有很大的实用意义和指导意义。目的论创新性地提出翻译目的性原则，但又不悖忠实性原则；主张翻译标准多元化，又重视语内和语际的连贯性；既强调译文的适应性与功能性，又体现文本类别的作用性(Nord，2001：27－37)。

3. 旅游景介文本的翻译要求

旅游资料包括景点介绍、宣传广告标语、告示标牌、民俗风情画册、古迹楹联解说等各方面的内容，而其中尤以景介最具旅游文体特征，也是翻译的重点和难点(贾文波，2004：106)。旅游资料的翻译的目的就是要让外国游客读懂看懂并喜闻乐见，获取相关的文化风貌方面的知识。为了使旅游景介翻译有的放矢，译者就必须充分了解翻译目的是什么。动笔翻译之前，译者应该得到一份说明翻译目的的"翻译要求"(translation brief)，包括译文预期功能、译文读者、译文接受的时间和空间，译文的传播媒介等。否则，翻译就成了无的放矢的盲目行为，预定的目的就无从落实。汉语旅游景介文本英译的"翻译要求"可设想如下：

(1) 译文的预期功能：译文和原文的功能基本相同，即注重在译文中发挥原文的"信息功能"和"呼唤功能"。"信息功能"指译文要介绍有关自然、地理、文化、风俗等方面的知识，"呼唤功能"指译文要推介和提升某地的形象。但由于汉语景介文本的主要阅读对象是国内以及海外懂汉语的华人读者，所以原文更侧重"呼唤功能"；而其英文译文的读者大多为外国游客，他们主要是想了解有关旅游地的实用信息，所以译文更侧重"信息功能"。

(2) 译文的预期读者(target addressee)：译文的读者是来中国旅游观光的国外人士。根据 Newmark 对读者的分类方法(2001：15)，汉语旅游景介英译的预期读者可以分为三类：学者型读者、受过良好教育的普通读者、受教育程度不高的读者。无论哪种类型的译文预期读者，和原文读者相比，他们的认知结构都缺乏有关中国语言、文化和社会等方面的预设知识，这就要求译者对译文进行适当补偿操作，如补充相关背景知识，作解释性翻译等。另外，由于译文和原文的交际环境完全不同，原文中的某些内容如果直接移植到译文，可能和译文读者的文化期待相异，有可能产生价值观冲突，从而影响译文的可接受性，所以译文应尽可能顺应译语的文化风俗习惯。

(3) 原文和译文的传播媒体一般是旅游宣传册子、宣传画册，大多图文并茂，外国人士能从精致的照片中领略到景点的美丽景色。因此译文要尽可能简洁，清楚，不宜过长。任何对预期读者无用的多余信息都应该删除。这也正是译文需要强化主要信息功能的原因。

4. 汉语旅游景介文本英译失误分析

"目的论"对"翻译失误"(translation error)定义为："如果翻译的目的是实现某种译文预期读者的特殊功能，那么任何妨碍实现该翻译目的所造成的失误就是一种翻译失误"(Nord，2001：74)。也就是说，判定翻译失误的标准不能只看译文的某一词句在语言上是否正确，或看它是否忠实于原文的意义，重要的是看它是否符合翻译的目的。Nord 举例说明了这一道理：如果翻译的目的要求表现某人语无伦次的说话方式，那么译文中出现的相应语法错误就是"适宜的"；如果翻译的目的要求译文不能有事实或数据上的谬误，而译文却照搬了原文中事实或数据上的谬误，那么这种忠实的翻译也是"翻译失误"(Nord，2001：73－74)。由此可见，"目的论"的"忠实性"原则并非完全是传统意义上的"忠实"。

Nord 采用了一种自上而下的等级划分法(top-down hierarchy)，将翻译中的失误概括为四种不同的功能类型(2001：75－76)："实用性翻译失误"(pragmatic translation errors)，

"文化性翻译失误"(cultural translation errors),"语言性翻译失误"(linguistic translation errors)和语篇性翻译失误(text specific translation errors)。由于篇幅所限,本文仅讨论"实用性翻译失误"。

"实用性翻译失误"是宏观层面上的翻译失误,它几乎涵盖了译文中的所有"翻译失误",因为它们都直接或间接地损害了译文的预期功能。"实用性失误"主要是因为译者在翻译过程中无视译文的功能或译文读者所要获取的实用信息。本文所选的典型"实用性失误"有:

(1) 原文中对读者不实用的信息,在译文中没有删节或简化。按照"目的论"的观点,原文只是译文的一个信息来源,"译者不可能像原文作者那样提供同样数量或同样性质的信息"(Nord,2001:35)。原文中的某些信息在译语情境中可能不再有多少交际价值,反而会占用宝贵的文本空间,损害译文的信息功能。比如:不少汉语旅游景介常常使用大量的叠词偶句,以求行文工整、声律对仗,达到音美、形美和意美的效果。而大多数外国读者的民族文化心理和审美意识与中国人很不相同,对这样的内容感到陌生费解。如果在译文中全部照搬,反而会显得矫揉造作,加重他们的阅读负担;而且,这样的内容不实用,没有实际意义。因此,英译时应该删除或简化。请看下例:

例 1:普陀山属亚热带海洋性季风气候,夏无酷暑,冬无严寒,温和湿润,四季宜人。岛上植被丰茂,种类繁多,有"海岛植物园"之称。尤为引人注目的"千年樟",树干周围有七米多,伟枝横空,苍劲挺拔,冠盖数亩,生机勃发。还有"普陀鹅耳枥",虽貌不惊人,却属当世罕见珍木。此外,有野茶花和水仙花,特别是"普陀水仙",为我国水仙三大名品之一。古树珍木,奇花异草,把名山普陀装点得更具迷人魅力。

原译:Mount Putuo belongs to the subtropical marine monsoon climate. It is cool in summer and warm in winter, mild and damp, and pleasing in four seasons. It is known as a "botanical garden" on the sea island, for various kinds of vegetation on the island are plentiful and luxuriant. Especially the spectacular "thousand-year-old camphor tree" whose tree trunk is 7 meters in circumference, hardy and old great branches shooting into the sky, capping several *mu* is thriving with life. Besides, the "Putuo Hornbean Tree" belongs to the rarely precious tree in today's world though its appearance is not pleasing to the eye. Furthermore, precious flowers are wild camellias and narcissuses, especially for the "Putuo narcissus" which is one of the three famous ones in our country. Embellished with ancient and precious trees, and marvelous flowers and rare plants, Mount Putuo looks more beautiful than ever. (《普陀山》舟山市普陀山管理局编)

改译:Mount Putuo has long been known as a "botanical garden on the sea island" for its variety of plentiful and luxuriant vegetation, as its climate is mild and damp in all four seasons due to its location in the subtropical marine monsoon region. The spectacular "thousand-year-old camphor tree" and the rare "Putuo hornnean tree", which are the treasures of this area, are especially eye-catching. Besides, it has wild camellias and narcissuses, and particularly the "Putuo narcissus", which is rated as one of the three great famous narcissuses in China. Indeed, the mount is a very attractive place, charmingly decorated with old trees, exotic flowers and rare plants.

我们姑且不谈原译文的用词是否准确，从"目的论"的功能原则和经济原则出发，对比上述两种译文，我们不难看出，原译几乎是对原文的全盘复制，结构松散，句法单调，看似"忠实"，其实根本没有考虑到译文读者的认知能力和心理感受，忽略了英语文本的文体特点和功能。因为"旅游文体的特殊功能和交际目的决定了它不可能在译文中过多展示语言的异质性差异"(贾文波，2004:129)。相比之下，改译抓住了旅游文体的信息传递功能，对原文的画线部分进行了整合或改写，使译文结构简洁通俗，这样不仅包含了原文的主要信息，减轻了译文读者的阅读负担，也为他们提供了丰富的想象空间。

(2) 原文中对译文读者有实用价值的重要信息，在译文中反而删减或简化。这种"翻译失误"和前一种"翻译失误"看起来正好相反，但本质上却无任何差别：它们都是由于译者在翻译过程中缺乏"目的意识"和忽视译文信息功能造成的。例如：

例 2：岱山岛为省级风景名胜区，又称"蓬莱仙岛"，因秦始皇遣方士徐福率数千童男童女上岛寻找长生不老之药而得名。全县 532 个岛屿，星罗棋布，犹如朵朵荷花，散落在碧波万顷的东海之中，素有"海上仙境"之美誉。主要景点有浦门晓日、石壁残照、鹿栏晴沙、南浦归帆、燕窝石笋、白峰积雪、双龙戏珠、观音驾雾、竹屿怒涛、九子沙滩等"蓬莱十景"。摩星山景区仙茶满坡，山顶新建的"华藏世界"堪称我国人文景观一绝。

原译：Daishan Island, also called "Penglai Fairyland", the province-level scenic resort, consists of 532 islands. These islands are like a flake of lotus leaves scattered on the East China Sea. It is known as "Fairyland on the sea". On the island there are ten spots. The newly built "Huazang World" on the hill may be rated as unique in China. (《舟山旅游》P39)

这个自然段一共由四个句子组成，第一个句子是说岱山岛名称的由来，但原译者却没有把岱山岛的名称由来这一信息翻译出来；第二句是介绍岱山岛的组成，原译除了一处语法错误外，基本上反映了原文的内容；第三句是介绍岱山岛上的十大景观，原译中没有翻译这部分的内容；第四句是说摩星山景区独特的人文景观"华藏世界"，原译漏译了前半句，汉语拼音也有错误。总之，原译中除了语法、选词、逻辑、词序和表述等问题外，最主要的是偷工减料，有三分之二的内容没有翻译，造成大量的内容信息的流失，这样的旅游宣传怎能引起外国游客对群岛独特的海洋文化自然景观的浓厚兴趣？针对上述问题，笔者改译如下：

改译：Daishan Island, also called "Penglai Fairyland", is a provincial-level scenic resort, whose name originates from the legend that Emperor Qin sent the necromancer Xufu to lead thousands of virgin boys and maidens to the island to look for the elixir of life. Consisting of 532 islands, Daishan County looks like lotus flowers spreading all over the vast expanse of the blue water in the East China Sea. The county boasts of ten scenic spots, including the Morning Sunrise in Pumen, the Sunset on the Stone Wall, the Lulan Sunny Sands, the Returning

Sails in Nanpu, the Edible Bird's Nests and Stalagmites, the Snow-Covered Mountain Peak, the Two Dragons Playing with Balls, Guanyin Mounting the Mist, the Billows Raging Around the Bamboo-Covered Island, and the Jiuzi Sandy Beach. The newly-built "Huazang World (All Mirrored Hall)" on the hilltop of Muoxingshan scenic spot, covered with fresh tea trees on all its slopes, is seen as unique in China.

(3) 生硬的"逐字翻译"或"字面翻译"。翻译策略不排除对具体的词语采用"逐字翻译"或"字面翻译"的方法,但译文必须地道自然,符合"目的论"所遵循的"连贯法则",即译文必须"语内连贯"(intratextual coherence),即译文必须能让读者理解,并在目的语文化及其交际环境中有意义,否则就是一种"翻译失误"。请看《舟山旅游》中的两个译例:

例 3:中国第一大群岛——舟山旅游

原译:The Largest Group Islands of China—Zhoushan Tour

这是该画册封面醒目的大标题,原译用"group islands"指"群岛",似乎"忠实"于原文。汉语中的"群岛"往往指的是海洋中彼此相距很近的一群岛屿。对应的英语词语应为"islands"或"archipelago"。比如:Shetland Islands, Solomon Islands, Cook Islands, Marshall Islands, Madeira Archipelago, The Hawaiian Archipelago 等。因而,舟山群岛可以英译为:Zhoushan Islands 或 Zhoushan Archipelago。画册中的"中国第一大群岛"的"群岛"译为"archipelago"为宜。

例 4:海天佛国——普陀山

原译:Sea Sky and Buddhism Kingdom—Putuoshan

原译字字对应,看似的确"忠实"于原文。从字面上来看,这佛国位于海和天之间。但普陀山实际上四周被海水环抱,是一处海上佛教圣地。因此,我们不妨将原译改为"Mount Putuo—The Heavenly Buddhist Land on the Sea"如何?

5. 结束语

汉语旅游景介翻译虽然不同于文学、科技和其他语篇的翻译,但同样有一个美学标准和文化观念问题,同样需要考虑文本的功能特征和翻译策略、形式和内容的关系,也同样需要完备的理论知识和翻译技巧。因此,我们认为汉语旅游景介的翻译应该把握其特点,凸显其"呼唤"功能和信息功能,以译文读者获取信息为目的。根据汉语旅游景介的翻译要求和译文读者的对象,采取适当的翻译策略,如注释性增译,修辞性省译,整合与改写(将另文详细探讨)。译文应避免因盲目性所造成的"实用翻译失误""文化性翻译失误"和"语言性翻译失误"。从而唤起游客对自然景观和人文地理风情的感悟,唤起他们心中的美感和憧憬。

"翻译目的论"将翻译看作一种基于原文的文本处理过程,原文的地位不再是"神圣不可侵犯",译者可以根据翻译的要求和目的决定原文的哪些内容可以保留,哪些内容可以剔除,哪些需要调整或改写;而且"原文仅仅是译者使用的多个信息来源(offer of information)的一种"(Nord,2001:25),从这一观点来看,以"目的论"为代表的功能派试图把翻译从原语的奴役中解放出来，从译入语的新视角来诠释翻译活动，为汉语旅游景介翻译提供了一种新的思考角度。

选文三

目的论指导下新疆旅游文本翻译策略

王立松

导　言

此文选自《天津大学学报》(社会科学版)2018 年第 5 期。选文主体分为三部分。第一部分为理论框架，简述了文本功能及目的论。第二部分具体介绍了新疆旅游翻译现状及问题，包括拼写及语法错误，死译、硬译问题，以及表意不明三个方面。第三部分运用目的论探讨了新疆旅游文本的翻译策略，范围涵盖景点名称翻译、公示语翻译、宣传文案翻译、食品菜肴翻译和博物馆文化翻译五个方面，充分显示了各种翻译策略在不同功能旅游文本中的灵活应用。

中国作为文明古国，近年来受到了境外游的热捧。根据中国旅游局官网数据显示，2016 年中国入境旅游游客数量比去年同期增长了 3.5%，而国际旅游收入与去年同期相比更是增加了 5.6%。新疆旅游官网显示，仅在 2017 年 9 月，新疆的入境游客数量就比去年同期增长了 19.11%。如今，旅游业已经成为新疆发展的重要力量，旅游翻译也就成了促进旅游业和经济发展的重要研究方向。然而，旅游文本独特的目的性和其中包含的文化翻译，使得旅游翻译面临着重重困难，加之新疆地区英语翻译研究的相对落后，拼写和语法等语言错误也相对较多。本文把握旅游翻译的目的性，从目的论的角度出发，对旅游文本进行了系统分类，根据各类文本的特点和翻译要素进行进一步的研究，以求找到更为合适和准确的旅游翻译策略。

一、理论框架

目的论打破了原有以“等值”为标准的翻译思路，将实际交际功能作为重点，给翻译研究者带来了新的研究视角。德国翻译学家卡特琳娜·赖斯首次提出了文本类型理论，根据文本功能，将文本分为信息功能文本(information text)、表情功能文本(expressive text)和操作性功能文本(operative text)。弗米尔目的论认为：决定整个翻译过程的主要因素是整体翻译行为的目的；翻译活动应遵循 3 条总体原则，即目的原则(skopos rule)、连贯原则(coherence rule)和忠实原则(fidelity rule)。诺德结合赖斯和其他学者的研究，提出了功能加忠诚理论，他指出，“忠实”和“忠诚”是两个不同的概念。“忠实”侧重于翻译的技术层面，

指译文与原文应保持等值；“忠诚”指译者的道德层面，表明译文应该以原文为基础依据（刘军平，2009）。

二、新疆旅游翻译现状及问题

新疆是一个充满少数民族风情和异域文化的旅游胜地，目前有47个民族聚居于此，并拥有其独特的语言和文化。新疆是中国接壤国家最多的地区，蒙古国、俄罗斯、哈萨克斯坦等国家都与新疆接壤。正是由于这种独特的民族环境和地理位置，新疆成了多语言、多文化的混合地，大大增加了新疆旅游翻译的难度。其首要问题是民族语言音译的不确定性，如吐鲁番来源于维吾尔族语言，喀纳斯来源于哈萨克族语言，他们的英文翻译“Turpan”和“Kanas”则由其民族语言音译而来。然而，音译在传播的过程中具有很大的误差性，造成了翻译的不确定性，使得很多地方和景点同时拥有多种英文名称的翻译。另外，新疆旅游翻译的管理和研究都相对落后，很多词汇和语法等基本语言错误还没有得到及时纠正，个别偏远地区甚至没有相应的旅游翻译。除此之外，缺少跨文化翻译研究的专业人士也是新疆旅游翻译面临的一大难题，导致翻译过程中的文化缺失现象十分严重（贺继宗，2006）。如今，随着新疆旅游业的发展，旅游翻译也在不断地进步。然而，目前新疆旅游翻译存在的问题仍然不可忽视。

1. 拼写及语法错误

在拼写错误层面，大小写、单复数以及词性问题最为突出。有的宾馆将“焖羊肉”翻译为“Seet Mutton”；有的宾馆手册中将“电视节目表”翻译为“TV Listings”，而“酒水及送餐表”则翻译为“Drinks and Room Service List”，前后表述不一致。除此之外，还存在“一词多音译”的不准确问题，如喀纳斯景区的官方翻译为“Kanas”，而部分宾馆和景点则将其翻译为“Hanas”，这给外国游客造成了极大的困扰。语法层面的错误也会造成语意模糊，如喀纳斯山庄示意图的翻译为“Sketch map plan of Kanas Villa”，而“示意图”的常用翻译多为“Sketch map”或“Sketch plan”因此，此处可以省去map或plan中的任意一词，或者翻译为“Sketch map and plan of Kanas Villa”。

2. 死译、硬译问题

由于新疆某些偏远地区的英语水平有限，因此死译、硬译的问题尤其突出。从语句层面来看，某水塘警示牌将“水深危险，注意安全”翻译为“Water depth risk safety”。在词语翻译上，简单音译同样让翻译变得生硬并难以理解。例如，新疆的芨芨草（Achnatherum splendens）由于不常见，则被直接翻译成“Jiji grass”。喀纳斯景区“一道弯”景点被赫然翻译成“Yi DaoWan”，在外国游客的理解中完全失去了其蜿蜒静谧的美感。

3. 表意不明

译者对英文单词运用不准确，从一定程度上也会造成外国游客的理解障碍。阿勒泰地区的禾木村是一处景色迷人的原始景区，当地的“禾木山庄”是一家以禾木木屋建筑为主题的旅游酒店，其翻译为“HemuVilla”，然而很多指示牌上则翻译为“Hemu village”。在英文中，Villa 为别墅，更符合山庄酒店的意义，而 village 为村庄，虽然在字面上符合“山庄”的翻译，但很容易让外国游客将其误解为“禾木村”本身。正确性是提高翻译质量，进行翻译研究的前提（肖俊一，2014），因此，解决以上旅游翻译现存的问题是迫在眉睫的任务。

三、目的论导向的新疆旅游文本翻译策略

旅游文本具有较强目的性，以吸引游客和服务游客为主，同时伴随文化传播与文学艺术等目的。为探究更为具体有效的翻译方式，在赖斯文本类型理论的指导下，现将新疆旅游文本根据翻译目的分为以下类别：景点名称类、旅游公示语类、宣传文案类、食品菜肴名称类以及博物馆文化类。重要交际目的及相应文本类型对应见表 1。

表 1　新疆旅游文本分类及主要交际目的、文本类型

文本名称	主要交际目的	主要文本类型
景点名称	交代地理信息、易读易记	信息/表情功能文本
旅游公示语	提示、引导游客	信息/操作性功能文本
宣传文案	景点描述、吸引游客	信息/表情/操作性功能文本
食品菜肴名称	交代食谱构成、易读易记	信息/表情功能文本
博物馆文化	历史文化传播	信息/操作性功能文本

1. 目的论为导向的景点名称翻译

景点名称，追其根本属于地名范畴，是自然与人文相融合的特殊地名，需满足两种主要的文本功能——表情功能与信息功能。表情功能指景点名称要具备文学审美和人文文化的文本特点；信息功能要求译文具有身份识别及指向功能，突出特定的旅游地理信息。目前，对于景点名称的翻译，主流意见多为“专名音译，通名意译”，这一点对于新疆旅游翻译也十分适合。例如，“新疆博物馆”译为“Xinjiang Museum”。此处主要分析新疆旅游翻译中的“音译法”。

新疆景点名称的翻译最为显著的特点便是音译现象突出，其主要原因是旅游景点中存在大量的少数民族词汇以及人名地名。通常而言，由少数民族词汇音译而来的地名可采取简单音译的翻译方法，但需要注意上一章节提出的统一性问题。对景点名称来说，简单的音译并不能体现其旅游信息，因此，源于少数民族词汇的景点名采取“音译＋增译”的翻译方式更为合适。例如“喀纳斯”可译为“Kanas Scenic Spots”，“禾木”可译为“Hemu Villa”。“专名音译＋通名意译＋补充增译”的译法可以更好地体现新疆旅游的异域风情，保留文本的表情功能。例如“细君公主墓”翻译为“Princess Han Dynasty Xijun Cemetery”。

2. 目的论为导向的旅游公示语翻译

景区及宾馆内的公示语属于信息功能文本，其主要目的是用文本信息服务游客，在翻译时需要将信息外显化，通过归化法让译文直白易懂，以达到其信息表达的作用。除此之外，此类公示语也属于操作性功能文本，具有警示、提示以及解释等重要功能，呼吁、引导游客按照指示要求开展旅游活动。此类旅游文本的翻译大多“有据可查”，可按照目的语语言习惯

进行“模拟式”翻译，即按照西方相应公示语进行翻译。

新疆的旅游翻译起步较晚，在此类旅游文本的翻译上依旧存在过多“字面死译”问题，如将“木路湿滑注意安全”译为“Mu Lu wet Caution”，没有达到信息传递的功能，不符合西方读者的表达方式。因此，提示语翻译应着重注意两个方面。一是要尊重目的语表达习惯，采用“互文”的思想进行适当的“改译”。英文表达中常使用祈使句以增强文本呼吁性，如“NO＋名词/动名词”与“名词＋ONLY”两大句型应用非常广泛，如“Caution: wet floor.”“Mind your step.”“No littering.”。二是通过范例可以看出，由于此类文本表情功能相对较弱，实际翻译时，在信息标准化、规范化的前提下可适当简练文本，突出主要信息，增强其信息功能与操作性功能。

3. 目的论为导向的宣传文案翻译

旅游手册、景点介绍等旅游宣传文案可同时归于信息功能文本、操作性功能文本和表情功能文本。作为信息功能文本，宣传文案一方面具有显而易见的目的——吸引游客，译文应让游客产生与原文读者相同的阅读反应，因此可以使用归化的翻译方法。另一方面，宣传文案的原文通常具有较强的文学性，为达到审美效果，翻译过程中也应从作者视角出发尽量保持其艺术效果(赵树雯，2009)。

新疆自然景观的旅游翻译与其他地区大同小异。与普通文学类文本相比，旅游宣传文案需要吸引游客，在描述时多运用夸张、比喻等修辞手法，因而在翻译时也应适当改写，运用西方修辞手法，增加文章的阅读性。例如，新疆旅游官网中“新疆自古还享有瓜果之乡、天马之乡、金玉之邦和地毯丝绸王国的美誉”，译文为“Xinjiang is famous for being ‘the land of song and dance’, ‘the land of fruits’, ‘the land of precious stones’.”此处翻译改写了瓜果之乡、金玉之邦，3次使用“land”，用重复的修辞手法加强了渲染。

相比之下，由于新疆特有的民族性，其人文景观的翻译更为复杂。不同于名称或是文物翻译，旅游宣传文案对篇幅的要求没有过多限制，因此为了达到宣传文本的信息功能，翻译时应选择性地进行补充解释，如新疆旅游网国际版对哈萨克毡房的翻译，增加了补充介绍：A yurt is a portable dwelling structure traditionally used by nomads in the steppes of Central Asia.

4. 目的论为导向的食品菜肴名称翻译

食品菜肴的命名是当地饮食文化的高度浓缩，其英文翻译和景点名称的翻译在文本的信息功能方面具有很大的相似性。景点名称需要适当体现其地理信息，而食品菜肴的名称则需要交代其原材料和烹饪方法。因此，此类文本在翻译的过程中应更为侧重其信息功能和表情功能，而名称中蕴含的饮食文化，可以采用备注的形式进行表达(陈亚杰、王新，2011)。

部分新疆菜肴的命名具有较强的写实性，即在名称中揭示了菜品的原材料和烹饪方式，因此可以采取“主要烹饪方式＋主要材料”的直译方法进行翻译。例如，禾木山庄菜单：“烤全羊”译名为“Roast Whole Lamb”；“干锅土豆条”译名为“Griddle Cooked Potato Chips”；“烤包子”译名为“Baked Buns”。若主要食材在西方并不常见，则需要在直译后添加注释，让游客明白自己吃了什么，如“三色椒蒿”的译名为“Three-Color Pepper Artemisia (a kind of wild vegetable)”；“农家小炒肉”的译名为“Sautéed Diced Lamb with Green Pepper”；“胡尔达克”译名为“Seethed Mutton with Potato and Carrot”。

新疆拥有很多独具特色的民族美食，其独特的制作过程、烹饪作料以及食用方法很难在西方餐饮中找到完美的对应，此时可以采用“音译＋食谱构成”的意译方式进行翻译，既可以传递菜品信息，又可以保留民族特色，便于发音与记忆。新疆著名面食“馕”便可采用此种翻译方式译为“Nang (a kind of staple food)”。“拉条子”可译为“La Tiaozi (a kind of pulled noodle with rich spicy food)”。

5. 目的论为导向的博物馆文化翻译

文化翻译往往是旅游文本翻译中最难的部分。我国新疆地区的传统民族文化极其浓厚，多数喜爱中国传统文化和历史的外国游客，都会选择博物馆作为其重要的旅游点。因此，本文以博物馆文物翻译为例进行旅游文化翻译的研究。博物馆文物介绍属于信息功能文本，同时兼具文化传播的目的(刘汝荣，2014)。

多数文物翻译可以采取异化的翻译方式以保留其中的民族特色。因此，“直译＋解释”的方法可以更准确地再现原文内容，传递文化信息。而补充解释是博物馆文化中常用的翻译手法，但不同于旅游宣传文案，博物馆中展板和标签对文本的篇幅有客观限制，因此，适当的“省略翻译”也可以起到化繁为简的作用。例如，“三嘴白玉吊灯”的译文为“White Jade Lamp”，此处“三嘴”是描述性词汇，游客在参观过程中可以通过直接观察获取信息，因此省略后对信息的传递没有影响。

以上提到的5类旅游文本都属于信息功能文本，只是侧重点有所不同。翻译实践中应遵从“目的论”的指导，根据主要目的，选择“忠诚”于原文，且能使译文达到与原文相同目的的翻译策略。

四、结语

近年来，逐渐升温的入境游带动了新疆的经济发展与文化传播。本文以“文本类型理论”“翻译目的论”为理论框架，根据交际目的对新疆的旅游文本进行分类、比较研究。景点名称是自然与人文融合下的地名，“专名音译＋通名意译＋补充增译”的方式在最大程度上保留了其信息功能与表情功能；公示语拥有较强操作性，为达到其信息传递的目的，应尊重并借鉴西方语言的表达方式；宣传文案是其中最具表情功能的文本类型，可充分利用文学修辞进行美化翻译；食品菜肴的翻译要侧重其主要交际目的——让游客知道自己吃了什么；文化翻译在确保信息传递准确无误的同时应保留一定文化特色，以达到文化传播的目的。根据实际交际目的选择适用性最强的翻译方法可以最大限度提高入境游客的旅游品质，传播我国少数民族文化，促进新疆旅游业的发展(摆贵勤、兰杰，2014)。

【问题研讨】

1. 根据自己的翻译实践，总结旅游翻译的目的。
2. 根据莱斯(Reiss)的文本分类，如何界定旅游文本？
3. 曼塔利(Manttari)扩大功能目的论外延，将翻译研究视野扩大至宏观翻译过程，并

加入跨文化视角。对于旅游翻译来说，曼塔利的理论有何借鉴意义？

4. 功能目的论代表人物诺德(Nord)提出工具型翻译策略，即尽可能代替原文的功能。请问旅游文本的功能是什么，采取何种翻译策略才能在译文中最大化重现其功能？

5. 简述德国功能翻译理论的发展史，并根据自己的理解阐述功能派如何指导翻译实践活动？

【延伸阅读】

[1] NORD C. Translating as a purposeful activity: functionalist approaches explained [M]. Shanghai: Shanghai Foreign Language Education Press, 2001.

[2] 白蓝. 从功能翻译论视角谈张家界旅游资料英译[J]. 中国科技翻译，2010(3).

[3] 曹立华，王文彬. 目的论视阈下跨文化语言交际规范之研究——以辽宁旅游景区宣传资料汉英翻译为例[J]. 辽宁大学学报(哲学社会科学)，2013(6).

[4] 陈刚. 旅游英汉互译教程[M]. 上海：上海外语教育出版社，2009.

[5] 耿小超，何魏魏. 从目的论看旅游标识语翻译[J]. 中国科技翻译，2018 (3).

[6] 贾文波. 应用翻译功能论[M]. 北京：中国对外翻译出版公司，2004.

[7] 康宁. 从语篇功能看汉语旅游语篇的翻译[J]. 中国翻译，2005(3).

[8] 李良辰. 基于目的论的景点现场导游词英译[J]. 中国科技翻译，2013(2).

[9] 张锦兰. 目的论与翻译方法[J]. 中国科技翻译，2004(1).

[10] 朱志瑜. 类型与策略：功能主义的翻译类型学[J]. 中国翻译，2004，25(5)：3 - 9.

第三章　传播学视角下的旅游翻译研究

导　论

旅游业是当前发展速度最快的行业之一，随之而来的即是多样的旅游活动和各种文化行为。作为一个需要不断创新的行业，其蕴含的旅游文化不仅是一种文化，更是一种不可或缺的资源。而旅游文化的传播，与旅游翻译密不可分。旅游文化中所体现的传播学内涵，可对旅游翻译提供宏观性、前瞻性的指导作用，为旅游翻译传播提供可操作的理论基础。本章则旨在通过传播学视角来探讨旅游翻译研究。

潘文焰在《旅游文化与传播》中提出："传播是人类在生存、生活中必须要进行的行为，它是人类天性，也是文化的本性，同时也是人类与环境发生关系、进行交往的重要工具。"传播学作为一门独立学科，始于19世纪末，形成于20世纪三四十年代，诞生于美国。传播学，又称传学、传意学，是关于传播的一种视角，通过汇集各种观点和方法论来研究各种传播活动，研究人类一切传播行为和传播过程发生、发展的规律以及传播与人和社会的关系的学问，它具有交叉性、边缘性、综合性等特点。在国际范围内，传播学研究大体分为两大学派：以美国为中心的传统学派和以西欧为中心的批判学派。

传播学创始人施拉姆(Schramm)从政治功能、经济功能和一般社会功能三个方面对大众传播的社会功能进行了总结，明确提出了传播的经济功能，指出大众传播通过信息的收集、提供和解释，能够开创经济行为。李普曼(Lippmann)则对舆论研究中一系列难以回避的问题做了卓有成效的梳理，完成了新闻史上对舆论传播现象的第一次全面的梳理。拉斯韦尔(Lasswell)首次提出了构成传播过程的五种基本要素，并按照一定结构顺序将它们排列，形成了后来人们称为"五W模式"或"拉斯维尔程式"的过程模式。

传播学强调大众传播与文化传播的功能，而旅游文化中游客与文化亦是两大主体。旅游翻译是一项针对性较强的交流和传播活动，因此旅游翻译必须达到对外国旅客传播本国文化这一目的。鉴于此，传播学与旅游文化翻译的结合可谓是必不可少。对传播学视角下的旅游翻译进行研究，可为旅游翻译理论和实践研究提供新的发展方向和研究思路。

选文一

青岛市文化旅游资源的译介与国际传播研究

康　宁

导　言

此文选自《青岛科技大学学报》(社会科学版)2013 年第 4 期。选文分为四部分。第一部分为引言,作者梳理了 20 世纪 90 年代末以来国内外学者对中国旅游资源的译介与对外传播研究现状,引出文章拟讨论内容。第二部分则介绍了青岛市文化旅游资源的译介,主要集中在译介主体、译介受众及译介策略三方面。第三部分则对青岛市文化旅游资源国际传播途径进行了介绍,主要以出版外文读物、创办外语网站和开办外语频道三个途径为主。第四部分为结语。

一、引言

青岛是中国历史文化名城,同时也是中国优秀旅游城市,拥有丰富的文化旅游资源。《青岛市国民经济和社会发展第十二个五年规划纲要》提出了大力发展滨海文化旅游的战略,实现青岛市从旅游大市向旅游强市的转变。要实现这种转变,不应只面向国内市场,文化旅游资源的对外传播也是重要的一环。因此,加强青岛市文化旅游资源的对外译介研究对于加深青岛市国际化和对外开放力度,使我市从旅游大市转变成旅游强市起着重要的作用。

从 20 世纪 90 年代末以来,国内外学者对中国旅游资源的译介与对外传播进行了多方面的探讨。许明武和王明静从词汇、句子和语篇三个层面分析了中国世界自然文化遗产解说词英译文中的翻译失误。针对旅游语篇的翻译原则与方法,陈小慰、方梦之等运用德国功能翻译理论,强调翻译应以目的为指导,认为汉英旅游篇章英译的目的是为了推介中国丰富的旅游资源,吸引更多的海外游客,因此旅游翻译应当以传播中国文化为取向、实现译文预期功能为重点。针对旅游翻译的跨文化问题,朱益平分析了旅游语篇中所体现的中西方文化差异及由此带来的翻译障碍。丁建新利用 *The Times* 和 *Newsweek* 两种杂志中的旅游广告语料,考察了人际习语表达在话语中的功能,认为在旅游广告中人际习语表达是构建对话性、语篇声音、礼貌与殷勤的重要手段。杜思民基于中原体育文化内涵和传播现状的分析,提出了中原体育文化国际传播的有效策略和途径:开展大型体育赛事、利用大众媒介和发展动漫设计等。张刚涛等分析了青岛市文化旅游资源保护和利用的问题。王庚年以美、法、日、韩等国家为例,分析了文化国际传播的国外经验。葛校琴针对“中医走向世界遭遇翻译障碍”的现实问题,提出选择恰当的传播形式和内容,可达到有效的国际传播和受众接受。

以上学者的研究内容和角度为本研究提供了有益的参考。同时,我们发现关于旅游资源,尤其是文化旅游资源译介的研究多局限于译文层面的语言分析,在翻译策略和方法上多停留在空洞的理论阐发和概念上,理论与实践常有脱节。因此,从文化的国际传播角度探讨旅游资源译介的研究有待进一步深化。

本文从国际传播视角，探讨青岛市文化旅游资源的译介主体、译介受众、译介策略，以及青岛市文化旅游资源的国际传播途径。这对于树立我市良好的国际形象，吸引海外游客，推动旅游业的发展，具有现实意义和特殊的学术意义。

二、青岛市文化资源的译介

（一）青岛市文化旅游资源的译介主体

狭义上讲，译介主体即译者，而从广义上讲，译介主体可以指除了译者之外的直接参与翻译和推介活动的个人和组织。充分发挥译介主体的功能和作用，是保证译介质量的关键。以往的研究往往侧重翻译的语言和质量，对其他译介主体的作用很少涉及。而实际上，译介过程中，所有译介主体都在发挥着作用。所以对于文化旅游资源译介主体的透彻分析和研究，对于保证译介效果具有重要意义。

就青岛市文化旅游资源译介而言，译介主体较为复杂，包括政府部门、旅行社、旅游景区管理部门，以及直接参与文字翻译、校对的人员等。在对青岛市文化旅游资源的译介过程中，政府部门应起到主导作用，这要求我市的外宣部门，如宣传部、新闻办等，与旅游资源的主管部门——市旅游局密切协调，制定相应政策和规范，并应适当投入资金，对我市的文化旅游资源译介活动进行系统性和规范性管理。旅行社、旅游公司及旅游景区管理部门应积极参与文化旅游资源的译介活动，提高其国际传播意识。作为译员和审校，应加强责任感和使命感，严格把握译文语言质量，使得青岛市旅游资源的文化内涵能准确、有效地传递给国外游客。

（二）青岛市文化旅游资源的译介受众

译介受众是指译介内容和译介活动所面向的对象，是译介资源的接受者。译介受众生活在特定语言、文化环境中，具有不同于译介主体的生活方式、生存环境和价值观。旅游资源的译介受众是一个特殊群体，他们通过阅读、观看、欣赏，根据自身的体验对译介的内容和效果做出价值判断，从一定程度上讲，译介是否成功取决于译介受众的亲身感知。在译介过程中，作为译介主体，应当清晰地把握译介受众的群体文化身份特征和译介受众的文化心理，寻找受众感兴趣的领域，并尊重其阅读习惯。

对于青岛市文化旅游资源的译介而言，直接受众是来到青岛的外国人。根据青岛市旅游局统计资料显示，在青的外国人以韩、日及欧美国家为主，受众群体身份和来青目的具有复杂性。此外，我们也不能忽视文化旅游资源译介中的间接受众，即那些尚未来到青岛，但通过网络或其他渠道了解到青岛市文化旅游资源的国外群体，在一定意义上他们是“潜在的旅游者”。文化旅游资源译介必须面向国外受众，不能自说自话。

（三）青岛市文化旅游资源的译介策略

从国际传播角度探讨我市文化旅游资源译介策略是本研究的一项核心内容。我们认为，青岛市文化旅游资源的译介工作是一项系统工程，应当以政府部门为主导，充分发挥其他译介主体的作用。译介过程中应首先彰显青岛市文化旅游资源的文化魅力，力争文化等值最大化。同时一定要突出信息的交际功能，吸引国外游客的注意力，引发其兴趣，获取其信任。此外要注重译介内容的系统化、译介工作常规化和译介方式的多元化。具体为：

1. 以政府部门为主导，其他译介主体相协调

在青岛市文化旅游资源的译介工作中，政府作为起着主导作用的译介主体，应当设立主管部门，为译介工作搭建平台、出台相关政策，并建立布局合理、分工合作、系统推进的译介整体规划体系。同时，旅行社、旅游公司、景区管理部门等应积极配合，在译介内容的选择和译介方式上，为政府出言献策。在译员的选择上，主管部门应严格把关，充分利用高校资源，并与具有实力的翻译公司合作，保证参与旅游资源译介工作人员的能力与素质。译员是保证译介质量的关键。总之，我们应当使我市文化旅游资源译介内容系统化、译介工作规范化、译介途径多样化、译介质量标准化。

2. 面向译介受众，以译介受众为中心

如前所述，青岛市旅游资源的译介受众主要是日、韩国家及欧美等英语国家游客和读者，目标语以英、日、韩为主，同时由于青岛在历史上与德国之间的特殊关系，来青的德国游客也是译介受众中的主要群体，德语也应作为译介的目标语之一，尽管大部分德国人能说英语。但由于以上受众所处的文化生态环境不同，对所译介的内容价值判断也不同，审美情趣及接受心理也存在文化差异。因此在译介中必须考虑到上述差异，面向不同国别和目标语的译介受众选择所译介的内容和方式。以译介受众为中心，就是要充分考虑到他们的认知习惯、文化背景、阅读心理以及审美情趣等，对所译介的内容进行增、减、改、编、并、缩、述等"变译"处理，以使目的语受众能够理解和接受。

3. 突出文化信息的交际功能，凸显青岛市旅游资源的文化魅力

翻译和译介工作的实质是交际，是不同文化、不同语言背景的人们之间的交流活动。对青岛市文化旅游资源的译介必须突出文化信息的交际功能，凸显青岛市旅游资源的文化魅力。青岛市的文化旅游资源主要包括历史文化旅游资源、海洋文化旅游资源、民俗节庆文化旅游资源以及历史悠久的崂山道教文化旅游资源等。译介工作中，突出文化信息的交际功能意味着让译介受众群体最大限度地理解、接受并欣赏原语中的文化信息和文化内涵。例如：

> 太平宫位于崂山东部，初名太平兴国院，是赵匡胤为华盖真人刘若拙建的道场之一。
>
> 译文：Taiping Temple is located in the east of Laoshan Mountain. Its original name was "Garden of Taiping Xingguo", which was a Taoist temple built by Zhao Kuangyin for Liu Ruozhuo, a famous Taoist priest of the time.（《中国·青岛指南》，2012）

原文中的文化信息反映了太平宫的历史和宗教意义，主要体现在历史人物"赵匡胤""刘若拙"及"太平兴国""道场"等词语上。对于原文读者——中国人来说，这些词无须加以任何说明和解释就能体会到历史人文的内涵。而其英语译文对于大多数英语读者和游客而言，由于缺乏对中国历史和宗教的了解，他们几乎领略不到这种内涵，文化信息的交际功能无从实现，太平宫的文化魅力在这样的译文中也就丧失殆尽了。因此，译介工作中文化信息的交际功能的实现，是彰显文化魅力的前提和保障。在上例中，我们需要在译文里对关键的文化负载词增添译介受众能够理解和接受的解释性文字。

4. 建立译介效果评价机制

译介效果的好坏直接决定了译介工作的成功与否。建立有效的译介效果评价机制对于改善和提高译介质量起着十分重要的作用。青岛市文化旅游资源的译介是从母语译介到外语（主要包括英、日、韩、德四个语种），译介效果的评价需以国外受众的感受和反应为准绳。而目前青岛市文化旅游资源的译介现状不容乐观，公共场所、旅游网站及旅游出版物上英文错误较多，涉及青岛市文化形象的英文表述过于生硬晦涩，难以让国外受众理解和接受，更谈不上欣赏了，所译介的内容也缺乏更新。缺乏译介效果的评价机制是造成这种情况的原因之一。译介文本产生后，首先应当由青岛市英语专家和外籍专家组成的评价小组加以审校，然后再在媒体上发布。评价机制的另一个功能是定期对发布的译介内容进行评估，这可采用调查问卷等方式征求国外受众（读者）的建议和要求。并在此基础上，不断改善、更新译介内容。

三、青岛市文化旅游资源国际传播途径

译介工作不能仅仅满足于高水准的外文质量，还应开发更多的国际传播途径。在信息时代，国际传播途径已逐步走向多元化和高科技化。我们应当充分利用信息技术和互联网技术，在传统传播途径基础上开发多元的国际传播途径。具体可以从以下几方面入手：

（一）出版外文读物

目前我市有关旅游的外文读物最常见的是旅游景区散发的双语对照的宣传册（单），这种宣传性读物似乎只是为了应景和赶时髦，没有明确的外宣目的，文字质量往往很差，关键在于没有考虑读者对象。针对国外游客的宣传册（单）完全可以印成单一外语形式，这样更便于读者阅读。此外，还可考虑创办专门介绍青岛市文化旅游资源的英文杂志和报纸，通过全国各大国际机场、火车站、涉外宾馆和酒店销售或免费赠送。另外，可由政府牵头，打造一批专门介绍青岛市旅游文化的精品著作或文章，争取在国外有影响力的出版社、杂志、报纸上发表。

（二）创办外语网站

由于网络技术的发展，创建网站已成为各类组织、机构首选的外宣途径。因此，为了促进岛市文化旅游资源的国际传播，我们应充分发挥互联网的传播作用，创办专门介绍青岛市文化旅游资源的外语网站。市政府应成立主管部门，负责统一管理旅游资源外语网站，对网站内容和质量严格把关。一方面，青岛市主要外宣机构如市政府新闻办、旅游局，应建立自己的官方外语网站，推介青岛市的文化旅游资源；另一方面，主要景区也应创办自己的外语网站，对景区资源做专门介绍。需要注意的是，外语网站不应只是中文网站的翻版，可参照国外旅游网站，在内容、形式上做到生动、丰富。除了译介文本外，外语网站还应配以图片、音视频等多种媒介，严格把控语言质量关。

（三）开办外语频道

虽然国际互联网对人们生活的影响已经大大超过了电台、电视台，但对一个国家、地区和组织机构而言，开办外语频道仍不失为对外传播的重要途径之一。目前，青岛市已经开设了电台和电视台的外语栏目，如青岛电视台一套新闻综合频道的“英语新闻”。该栏目将收

视对象定位为来青的外国人，用来推介我市对外开放的方针政策、招商引资的优惠条件、我市各方面的建设成就和重要的经济文化活动，并向外国观众展示本地的文化特色及民俗风情。虽然该栏目已成为对外展示我市改革开放成就、树立青岛城市形象和在青的外国人了解青岛的一个窗口，但还算不上是专门的外语频道。

(四) 拍摄外语纪录片

为促进青岛市文化旅游资源的国际传播，还可以考虑组织各方面力量拍摄一部全面推广我市文化旅游资源的外语纪录片，具体可参照四川省“川菜与川菜文化”国际传播的做法，积极参与全球电影、电视节的评选，以扩大影响力。

青岛市文化旅游资源的国际传播途径不仅只是以上几点，现如今，不同的传播媒介呈现出多模态形式，通过印刷、影视、网络等媒介，结合文字、声音、图画、音乐舞蹈、动漫等多种模态，从视觉、听觉、触觉等方面多维度向海外传播我市文化旅游资源，是国际传播工作的努力方向。

四、结语

本文对青岛市文化旅游资源译介工作的译介主体、译介受众、译介策略进行梳理和分析，并就开发文化旅游资源国际传播途径进行了探讨。我们认为，文化旅游资源的译介工作应该放在国际传播视域下进行，国际传播视域能够使我们对译介的主体、受众、译介策略和传播途径有更清楚的认识，从而提升我市文化旅游资源译介的整体效果。随着2014年青岛世界园艺博览会日趋临近，向世界推荐我市优秀文化旅游资源迎来了最佳时机，我们相信，在各方的努力下，青岛市的文化旅游资源会为更多外国友人所接受和欣赏。

选文二

旅游网站文本翻译：传播学诠释

——兼评长沙市岳麓山风景名胜区网站汉英翻译

郑周林

导　言

此文选自《湖南商学院学报》2011年第5期。选文分为四部分。第一部分为引言，通过对各地政府和旅游网站英文版面进行考察，发现旅游翻译整体质量仍有待提高。第二部分从传播学视角出发，以张家界政府旅游网及美国怀俄明州政府旅游网站为例，讨论了旅游网站翻译需注意的文化差异和网络传播的特点，并强调译文必须重视传播的内容和形式。第三部分则对长沙市岳麓山风景名胜区网站文本英译进行了评析，并从词汇、文化、翻译方法等层面对网站内的景点名称翻译和景点介绍翻译进行了分析。第四部分为结语。

一、引言

近年来，由于信息化与国际化的推动，国内各级政府和旅游管理机构非常重视网站英文版建设，使其成为对外传播的重要阵地和对外交流的形象窗口。旅游英语文本，作为其中的一项重要组成部分，展示的内容包括旅游景点、旅游风情、旅游机构、旅游路线以及宣传交流等信息，以其资料的权威性与信息的重要性，日渐受到外国网民(潜在游客)的关注。

尽管各地投入不少资金和人力，但考察各地政府和旅游网站英文版面，不难发现旅游翻译整体质量差强人意，不能有效地传达信息。究其主要原因，正如学者所言，在于译者“缺乏内外有别的意识，即在汉英翻译时因循国内大众的思维共性，忽视国外读者(潜在游客)的实际需求，未能考虑他们的信息需求、心理习惯、思维共性和言语表现方式等因素”(杨国民，2007)。对于这些存在的问题，译者要紧随信息化和国际化的潮流，提高翻译水准，使翻译达到跨文化跨语言的有效交流和传播，而传播学的有关理论为旅游翻译提供了有益的借鉴。本文从传播学的视角出发，探讨旅游机构网站文本的英语翻译，并选取长沙市岳麓山风景名胜区网站汉英翻译进行分析，总结出相应的翻译策略。

二、旅游翻译的传播学视角

1. 翻译作为传播的本质

国内外学者将翻译研究纳入传播学领域的尝试由来已久，有学者(孟伟根，2004)甚至在回顾前人研究的基础上呼吁建立翻译传播学。这些学者立论的出发点在于翻译是一种跨文化的信息交换活动，具有传播的一般性质，要涉及传播主体、传播内容、传播渠道、传播对象和传播效果，它们共同构成一个互动系统。在这个系统当中，最值得关注的就是传播主体和传播对象的互动。有研究表明，要想达到有效传播，传播者必须对传播对象原有的认知结构、兴趣需求以及习性有相当的了解。

翻译过程，从传播学的角度来衡量，“事实是原文作者、原文文本、译者、译文文本和译文读者因为信息的传播而组成的一个系统，该系统中的每一个环节都相互影响、相互作用，而外界环境的变化也必然对这个系统产生影响，形成噪音”(杨雪莲，2010)。当然，在当今全球化的语境下，翻译充当着跨文化交流的重要媒介，超越了只有一个传播主体的事实。因此，在翻译的过程中，译者要尽量避免噪音(比如环境噪音和心理噪音)，利用反馈的作用，最大限度地保持信息的传播，以达到预期的传播目的。

2. 传播学对旅游网站文本翻译的启示

国际互联网，作为一种新型的大众传播渠道，其传播具有比印刷品、广播、电影、电视等传播渠道优越的特点，总结起来，有如下四点：① 传播方式的综合性；② 传播者和受众的互动性；③ 个人获取和传播信息的方便性；④ 跨越国境极强的穿透性(关世杰，2004)。这些特点对译者进行旅游翻译产生了重大影响。

在翻译的过程中，译者要考虑传播过程中的诸多因素，尤其要重视对读者的分析。汉英

旅游翻译的过程较为复杂。在这个过程当中，译者是旅游信息传播的发起者，而旅游英语网站的预期读者，多半是那些准备到中国游玩的普通外国民众，他们大多数人以前对中国的了解主要是通过他们国内的媒体来实现的，对于中国的语言、文化和社会发展了解不深。因此，译者在处理译文的时候，要做到以目的语读者为中心，对语言内容、文化背景、思维方式、意识形态、心理期待等差异要有相当的了解。因为差异，语言信息构建方式有可能发生变化：汉语的表达方式若直接译成英语，都有可能成为冗余，产生语义、结构、逻辑上的问题，从而不被英语读者接受，造成翻译传播过程的失败（孙建成、李昕亚，2009）。不妨来比较两种语言里的旅游网站的差别。第一则节选自张家界政府旅游网，第二则节选自美国怀俄明州政府旅游网站。

例 1：泛舟漫游，只见一湖绿水半湖倒影，充满诗情画意。“云梯万丈上天台，高峡平湖一鉴开，王母瑶池金扶，浣沙仙女下凡来。”游宝峰湖，你就会欣赏到这样的诗情画意。群峰拥抱的宝峰湖，长约 2.5 公里，它本是人工修建的一座多功能的水库，能截留蓄水，灌溉农田、养鱼、发电、游览。它“远看是高峡，近看不见坝，上梯七十米，平湖住船家”。湖犹如一面宝镜，四面青山，一泓碧水，荡桨温游，格外惬意。坐在船上，环顾四周，千山耸翠，俯视水中，倒影慢移，碧水照得群峰绿，人面桃花水映红。真是静极了，美极了！在湖中漫游，还可以见到湖心岛上的一些佳景，如“玉瓶开花”“十女梳妆”“金鱼戏水”“青蛙闹春”，等等，也各有特色。鹰窝寨为宝峰公园一景，进公园后西向登山数百石级，头顶的石峰裂缝如线，入口处有古城门雉堞，尽处有宝峰古寺，香火旺盛。崖上石径直上峰顶，相传旧社会有匪首如鹰盘踞山顶小寨。一线天是宝峰公园的一大绝景。峡谷长 200 余米，高 100 余米，平均宽度不足两米，中有小溪，溪畔石级盘旋而上，清幽无比，曲奥无穷。

例 2：This is America's largest mountain lake at such an altitude (7,733 feet). It is approximately 20 miles long and 14 miles wide. The shoreline is in excess of 100 miles. Its average depth is 137 feet, although it reaches down to 320 feet. The cutthroat trout, so named because of the two bright red or orange stripes that slash across its throat, is the only game fish in the lake.

上面例 1 是张家界市武陵源景区“四绝”之一的宝峰湖的介绍，例 2 是美国著名景区 Yellowstone National Park（黄石国家公园）的 Yellowstone Lake（黄石湖）的介绍。从介绍对象来看，两者都是对湖的描写。从内在目的来看，两者都是提供信息，吸引读者（潜在游客）去实地游玩、观光。从表达的内容和写作风格来看，两者却存在着一定的差异，这些差异的原因可以归结为两种语言历史渊源影响而成的审美心理和欣赏习惯。汉语对旅游景点的介绍偏好华美辞藻，喜欢使用诗词或典故，讲求情景交融，努力营造朦胧如仙境般的意境。而英语对景点的介绍，则尽量以数据说话，以朴实却又理性的信息传递方式来吸引游客。

在旅游网站翻译的时候，译者要注意这样的差异，同时也要考虑网络传播的特点，毕竟网络传播对翻译的影响也是客观存在的。在传播学理论当中，传播效果是其研究的核心；归根结底一切传播都是为了产生效果。译者要以“效果”当先，要尽量克服信息传播中的噪音因素，充分考虑信息传递中信和效的维度，用准确的目的语充分地传播信息（质和量），兼顾可读性和可接受性(杨雪莲,2010)。从这个意义上说,要使译文有效并能引起译文读者的旅游行动,译文就必须重视传播的内容和形式。

三、长沙市岳麓山风景名胜区网站文本英译评析

长沙市岳麓山风景名胜区为世界罕见的集“山、水、洲、城”于一体的国家AAAA级旅游景区,为了向世界推介其旅游信息,非常注重旅游网站的建设。点击长沙市岳麓山风景名胜区网站,可以看出网站提供了四种版本:中文版、英文版、日文版和韩文版。从首页来看,“英文版”“日文版”“韩文版”的字样没有用相应的语言来表示,对那些不懂中文的外语读者来说会造成一定的理解障碍,建议换用相应的外语名称。从栏目分类来看,中文版有“首页”“最新资讯”“政务公开”“走进景区”“旅游服务”“电子商务”和“互动平台”等栏目,而英文版则只有“Home”“Yuelu Area”“Orange Island”“Yuelu College”和“Xinmin Society”几个栏目。这说明传播的目的是内外有别。英语版和中文版的“走进景区”栏目下的“景区介绍”这一子栏目内容大致相同,可以说是构成了对应关系。下面运用传播学的一些观点,从景点名称的翻译和景点内容介绍的翻译这两个方面进行评析。

1. 景点名称翻译

景点名称是吸引游客的一个重要信息,它的翻译在一定程度上影响到游客的选择。景点名称,大致可以分为三类:具体的地理名称、具有中国传统特色的建筑及园林名称、汉译抽象的景点名称(包括各种匾额)(常亮、王治江,2008)。岳麓山风景区的景区名称也是在这些范畴内的,其英译方法有意译法、直译法、音译法、音译+意译法,等等。尽管译者使用了这些方法,但是却出现了一些不一致的问题,影响信息的传播。

例3:赫曦台　　译文:He Xi Tai
麓山寺碑　　译文:Lushan monument

根据名称的分类,以上两个景点名称都是属于同一个类别,都是建筑类型,但两者的翻译方法是不一样的,“He Xi Tai”这一名称是音译的结果,而“Lushan monument”则是音译+直译的结果。从传播的角度来讲,译者在翻译的过程中受到噪音(汉语思维)的影响,而忽略了要采取符合译入语规范的行文模式。两者无论从信息的信和效这两个维度来讲,其景点翻译的结果都不够准确,是不够充分的,可接受性也打了折扣。“台”“碑”作为专有名词,应该要在译文中体现出来。为了达到良好的传播效果,建议把“赫曦台”译为“Hexi Platform”,把“麓山寺碑”译为“Tablet of Lushan Temple”。

例4:岳麓书院　原译:Yuelu College / Yuelu Academy

在同一页面,“岳麓书院”出现了两种英语名称,在标题中被译为“Yuelu College”,在其后的篇章中被译为“Yuelu Academy”,这造成前后不一致的问题。从传播的角度来讲,就给受众的理解带来了噪音,给受众的信息接收造成了干扰,使他们会形成不同的判断,很显然会影响传播的效果。为了克服这些问题,应尽量统一名称翻译。本例建议使用“Yuelu Academy”的翻译。见到Academy这个词语,很容易使英语读者想起古希腊时期的雅典学院,进而激起他们对这一东方古老的书院的旅游热情。

2. 景点内容介绍的翻译

因传统和阅读习惯不同，英、汉语旅游文体特色及其风格存在着差异。一般而言，英语旅游文本简洁朴实、准确实用，汉语则辞藻华丽、意境高深。这就要求在汉译英过程中，要了解受众的文化背景、思维方式、意识形态、心理期待，用他们熟悉的语言来传播信息。

例 5：原文：朱张渡位于竹园以北的梅园内，是历史上"朱张会讲"的遗址。南宋时期，理学大师朱熹专程从福建来潭州（长沙）造访张栻，著名的"朱张会讲"由此展开。岳麓山与城南书院一江之隔，朱张二人经常往返于湘江两岸，"朱张渡"由此得名。恢复后的朱张渡，将作为观光纪念性场所。

译文：Zhu Zhang crossing in the north of the plum in Chuk Yuen, is history, "Zhu Zhang will talk about" the site. Southern Song Dynasty, Zhu Xi Master of Science made a special trip from Fujian to Tanzhou (Changsha) visited Zhang Shi, the famous "Zhu Zhang can speak," thus started. Yuelu College Hill and South separated by a river, Zhu Xiang Zhang commuters two sides, "Zhu Zhang Du," hence the name. Zhu Zhang crossing restored, will serve as a memorial site tour.

本例译文错误甚多，是逐字逐译的结果，信息内容几乎没有准确性和充分性，可读性和可接受性不强，传播的效果更加无从谈起。分析原文，可以看出原文里涉及一些英语读者缺乏的文化因素，这就要求在传播的过程中要注意信息的冗余和缺乏问题，否则就会造成传播的失败。在本例中，"南宋时期"和"理学"所涉及的信息对许多英语读者来说是陌生的，在译文中要补全这一信息。建议改译：

Zhu-zhang Ferry, located in the Plum Garden and to the north of Bamboo Garden, is a historical site of "Zhu-Zhang Lectures". During the period of Southern Song Dynasty (1127 - 1279), Zhu Xi, a Confucian master, made a special journey from Fujian to Tanzhou (the then Changsha) to visit Zhang Shi, a famous scholar in Changsha, and then opened the renowned "Zhu-Zhang Lectures". Yuelu Mountain and Chengnan Academy, separated by Xiang River, were the destinations of the many trips of Zhu and Zhang, and the ferry they stayed was then named after them. The restored Zhu-zhang Ferry will be a place for sightseeing.

例 6：原文：岳麓山人杰地灵，风景名胜比比皆是，仅列为省级以上重点保护文物就有 15 处。爱晚亭之幽，岳麓书院之深，麓山寺之古，云麓宫之清，以及白鹤泉、禹王碑、二南诗刻、隋舍利塔、印心石屋等无不引人入胜。还有黄兴、蔡锷、蒋翊武、陈天华等烈士、名人墓葬，在苍松翠柏之中更显庄严肃穆。

译文：Yuelushan old times, attractions abound, only above the provincial level as there are 15 key cultural relics protection. Pavilion love the quiet night, the depth of Yuelu Academy, Lushan of the ancient palace of the Qing Yun Lu, and Bai Hequan, Yuwang monument, two Southern poem engraved, Sui stupa, stone, etc. are all fascinating Indian heart. There Xing, Cai E, Jiang Yiwu, Chen Tianhua martyrs, celebrity graves, in the pines and cypresses among the more solemn.

本例译文和上例一样，也是存在着同样的问题：逐字逐译，造成效果传递不畅。浏览网页，可以看出，网页里面含有图片、视频等超链接信息，在一定程度上可以提供信息，在译文中可以适当减少一些冗余信息，如那些人名，英语读者未必知道，而且也未必是他们感兴趣的，为了使译文更符合英语习惯和读者阅读期待，建议改译成：

Yuelu Mountain, known as a place cultivating talented people and beautiful scenery, is home to 15 key cultural relic sites under the provincial protection. The gorgeous place offers you different experiences, where you can appreciate tranquil Aiwan Pavilion, profound Yuelu Academy, ancient Lushan Temple and pure Yunlu Place. Other spots like White Crane Spring, Yuwang Tablet can also be attractive to you. Many graves of martyrs and celebrities appear to be more solemn and respectful with the surrounding of pines and cypresses.

四、结语

旅游翻译的终极目的就是要传播有效的信息，激发潜在游客前来旅游景区观光。译者在处理旅游网站的文本的时候，要充分考虑旅游文本作为传播对象的特点，要保证信息的准确和充分，要将目的与读者的期望和翻译方法的运用结合起来，从而实现信息的有效传播。本文限于篇幅，对旅游翻译传播的其他方面没有多少研究，期待以后能进一步地分析和探索。

选文三

翻译亦营销

——以营销为导向的旅游目的地官方网页翻译探究

董丽颖

导　言

此文选自《中国翻译》2013 年第 2 期。选文分为三部分。第一部分探讨了旅游目的地官方网页翻译以营销为导向的必要性。第二部分从营销思维对旅游目的地官方网页翻译的启示及官方网页英译策略两方面，对以营销为导向的旅游目的地官方网页翻译进行了分析。旅游网页信息的译者必须认识到其翻译工作同时还具有营销的性质，在着手处理信息转换之前，有必要先了解营销学的思维模式，认清营销的实质——“营销是预见需求、了解需求、刺激需求，最终满足需求，即了解顾客的欲望和需求”。第三部分为结语。此文从营销视角强调了旅游目的地官方网页译文的功能，为旅游外宣翻译策略指明了改进方向。

中国的自然与人文景观虽然极为丰富，旅游部门在对外宣传方面的投入也已经颇为可观，但我国旅游目的地的国际认知度仍不尽人意，对外营销的成效尚不够显著。旅游信息所涉内容广泛，在当今全球网络化的时代背景下，目的地网站已经成为境外游客深入了解我国旅游目的地的第一信息源。本文认为，旅游目的地官方网页信息承担着对外传播的文本功能，其信息翻译应以营销为导向，使中国的旅游资源对国外游客具有真正的吸引力和感召力。在下文中，笔者将主要以海南旅游岛官方网页的英文翻译为译例，围绕旅游目的地网页的英译展开论述。

一、旅游目的地官方网页翻译以营销为导向的必要性

从营销影响力方面看，公众媒体宣传的目标受众群体广泛，但旅游网站是潜在游客主动获取旅游目的地信息的第一选择，其便捷性及多媒体展示手段所具有的感官捕捉力优于纸质宣传册。Doolin、Burgess 和 Cooper 曾撰文指出旅游网站作为信息平台非常重要，可以直接影响消费者对旅游目的地的认知(2002：557)。美国旅游协会早在 2009 年就有统计结果显示，美国出境游客中有 76%选择旅游网站了解目的地并制订旅游计划，这表明旅游官网已经成为占有绝对优势的信息源。因此，科学有效的旅游目的地网页翻译是最前沿而且最具有传播力的旅游目的地营销构成。

国家旅游局于 2011 年 4 月 9 日发布了我国"十一五"期间的旅游业统计数据，表明我国目前已成为第三大入境旅游接待国。在欢欣鼓舞的同时，我们有必要进行冷静深入的分析。目前我国大力发展旅游业已经历时三年，今年前三季度入境旅游接待数据显示，总共有 874.84 万人次来华休闲观光，其中英语为母语的游客(英美加、非洲和大洋洲)总人数为 186.39 万人，仅为入境游客总数的 1/5。世界营销实战大师米尔顿・科特勒曾坦言西方人对中国的大多数城市概无所知，他给中国旅游业提出了中肯的建议：中国的旅游城市必须有营销的心态(a marketing mindset)，否则很多的国际旅游收入和商业投资机会将会因为品牌认知度及兴趣和感情向往的不足而不断流失(2007)。可见，要提升西方游客对我国旅游目的地的认知度和兴趣度，以营销为导向的旅游目的地官方网页翻译实乃当务之急。

二、以营销为导向的旅游目的地官方网页翻译

彼得・纽马克(Peter Newmark)在《翻译问题探讨》一书中按语言功能对文本做了分类(2001：21)，即信息型、表达型和呼唤型，并主张根据文本类型确定翻译方法(同上)。从文本类型的角度考察，笔者认为旅游目的地网页信息是三种功能都很显著的特殊文本类型，译文应充分考虑外国游客的信息需求和审美诉求，不仅要提供必要的信息，还要有效地捕捉和提升他们对中国旅游资源的认知度和感情向往。因此，译者需要借鉴营销学的思想来指导翻译，在提供信息的基础上，强化译文的营销功能，使译文成为营销信息传播的有效载体。

1. 营销思维对旅游目的地官方网页翻译的启示

首先，我们来看一段节选自我国海南旅游岛官方网页的英语译文：

In 1988, Hainan Province was established as a Special Economic Zone. [...], Hainan has become China's most liberal special aerial (sic.) zone. Under free skies, aviation industry in Hainan has seen an even faster growth [...]. On December 31, 2009, the file "Suggestions concerning the promotion of construction and development of international tourism island, Hainan by State Council" was formally released, symbolizing that the construction of Hainan has rose to national strategies[...]. It will be constructed into an island with graceful ecological environment, unique culture fascination and social civilization harmony, an island which is opening, environmental friendly, civilized and harmonious. [...] with the target of building the island into a tropical beach holiday resort in an eco-friendly environment and densely planted with coconut trees and fresh flowers. This target will soon be realized, thus bringing a new, healthier look to the island.

如果仅仅将翻译视为信息从源语向目的语的转换，以上译文除了在语言上稍欠精准，译者对信息的传达堪称一丝不苟。发起人(sponsor)和译者本人都认为他已经尽职尽责地完成了翻译工作。然而，我们试以外国游客(target reader)的视角来考察译文内容：这段文字高谈海南航空业的蓬勃发展，阔论海南旅游业的宏伟战略，只是字里行间偶见景观描述的只言片语，很明确地说，这样的译文信息对外国游客是不具有任何信息性和吸引力的。外国游客远隔重洋，最需要的是旅游目的地的具体信息，他们以极大的耐心读完全文后，不但没有增加了解，连初时的好奇和期待也折损殆尽。米尔顿·科特勒曾经讲过他看到中国在《纽约时报》上发布一期八页增刊时的真实感受，"这种颇为深层的讨论，只能对那些早已有计划去中国的旅游者有用，并不能在更广泛的读者中间营造对中国的新兴趣"(2007)。

下面来看现代营销之父菲利普·科特勒曾对营销的阐释：市场营销是这样一种商业功能——它识别顾客的需要和欲望，确定企业所能提供最佳服务的目标市场，并且设计合适的产品、服务和项目以满足这些市场的需要(2006:1)。米尔顿·科特勒曾这样评析中国的旅游业：之所以种种旨在促使人们采取行动、前往中国的促销计划策划不当、实施不力，最重要的一个原因，是中国旅游业尚未对现代旅游产业的营销科学和实践发生兴趣。休闲旅游是一个完全受消费者个人意愿所左右的产业，在那里，纯粹是品牌的感情影响和促销的激励效应在发生作用(2007)。

现在，我们以营销的思维模式重新审视前面的一段译文，会发现对原文信息"忠实"传达，大量中式信息长篇累牍，漠视了外国游客的"需要和欲望"，结果自然是译文对外国游客缺乏信息性和吸引力，对促进和激发旅游的愿望毫无助益。也许有人认为译者而不是作者被问责有失公允。现实地讲，"源文化文本的作者一般被界定为对目标语文化缺少必要的了解。否则，可能他们自己就会用目的语完成目的语文本"(Vermeer, 1989b:175)，而"译者是源语文本的真正接受者，他进而向处于目的语文化环境下的读者传达源语文本提供的信息"(Nord, 2005: 45)。因而，旅游网页信息的译者必须认识到其翻译工作同时还具有营销的性质，在着手处理信息转换之前，有必要先了解营销学的思维模式，做到通其志，达其欲。

再者请译者认真琢磨营销的实质，"营销是要预见需求，了解需求，刺激需求，最终满足需求，一句话，了解顾客的欲望和需求"(霍洛威，2006:6)，旅游目的地网站信息的译者从营销学视角可以这样理解其翻译任务：对外国游客市场进行需求分析，通过"识别顾客的需要和欲望"，合理有效地处理和转换原文信息，翻译出"合适的产品"以"满足市场的需要"，并实

现“感情影响和促销的激励效应”。

2. 以营销为导向的旅游目的地官方网页英译策略

笔者认为，以营销为导向的旅游目的地官方网页英译应包括宏观层面的信息转换和微观层面的语言文字转换。具体而言，译者在翻译过程中要充分重视营销思维，根据外国游客的需求进行信息处理，并使用营销语言进行文字转换，使旅游目的地网页成为有效的信息传播和营销渠道。

2.1　以营销为导向的信息翻译

至此，有一点非常明确，那就是旅游目的地网页信息的英译必须根据外国游客的需求对译文进行布局谋篇。那么，访问旅游目的地网页的外国游客究竟有怎样的需求呢？对此我们不妨做一番逻辑推理：首先，这部分外国游客应该通过其他的传播渠道（如电影、宣传片、杂志、朋友等）或多或少地得到某旅游目的地的信息，并且萌生了可能去旅游的想法，于是主动进入目的地官方网页，想对该地的旅游资源做深入的了解。基于这一前提，网页的信息必须全面（甚至不必翔实）涵盖这些潜在顾客关心的内容，同时诱发他们对旅游目的地的向往，进而强化其决定真实旅游计划的可能性。从这个意义上来讲，以营销为导向的译者会很明确网页信息文本的翻译要求（translation brief），即满足目标读者（潜在游客）的信息需求和情感需求。仍以前译为例，笔者认为，由于原译没有关注顾客需求，对原文亦步亦趋，导致其内容更像是一篇“官方报告”，信息构成对外国潜在游客不具有信息性，提升海南旅游岛的吸引力根本无从谈起。从中文原文和中国游客的角度，“In 1988 [...] aviation industry in Hainan has seen an even faster growth [...].”和“On December 31, 2009, [...] the construction of Hainan has rose to national strategies[...]”两段可以为海南的形象塑造增添气势，但是这样的内容与西方文化和思维格格不入，如此依样转换过去，外国游客必然读之甚于嚼蜡。而“an island with graceful ecological environment, unique culture fascination”，“opening, environmental friendly, civilized and harmonious”及“coconut trees and freshflowers”等信息，正是访问网站的潜在外国游客需要的景观描述，原译却蜻蜓点水一带而过，让读者的期待落空。外国游客好比是好逑的君子，可是硕大的帽子遮挡住美人的脸，望过来的眼神也不免兴味索然。

下面，笔者从外国游客的需求出发，试做改译如下：

Visit Hainan to experience tropical China! Set your feet on the friendly and open island with dreamed remote feel and desired convenience, highly developed airline industry and heavily-invested infrastructure making your flying to “the Edge of the Earth” so simple!

A barefoot walk along the sunny beach, the soothing evening breeze from coconut trees, the sweet smell of blooming flowers and mellow fruits ..., all adding up to your best memories for a vacation with the unique and fascinating Chinese culture.

改译对中文原文的信息进行了有效性分析，转换时轻重详略有别，并根据文本的功能对原文信息做必要整合、删节，例如，将“海南航空业的发展”和“我国政府对海南旅游岛建设的大力扶持”两段内容减缩合并，并以外国游客视角转换成对旅游便捷性的描述，“航空交通发达而且基础设施完善”（highly developed airline industry and heavily-invested infrastructure)。对于后文的景观描述,如"beach","coconut trees",以及"flowers",改译做了强化突出处理,通过增加细节扩充信息量,同时以生动的语言,充分展现海南国际旅游岛的怡人热带风情。尤其是"unique and fascinating Chinese culture",笔者认为这一信息对呼唤功能而言是必须浓墨重彩的一笔。

这样的处理和转换并不应受到"过度翻译"的质疑,因为带有使役性质的文本"内容和形式都从属于文本所要达到的言外效果。如果译文仍需为使役性,译者应以读者的同等反应这一总体目标为指导原则,虽然这可能要改变原作的内容和(或)文体特征"(Nord,2005:45)

2.2 以营销为导向的语言文字翻译

以上谈的是译者在总体信息呈现方面要做的处理和转换,而事实上,正如前文所提到的,旅游目的地官方网页是信息型、表达型和呼唤型兼具的文本类型,成功的旅游目的地网页译文可以是文情并茂,在风姿方面堪比游记文学,对旅游目的地的宣传等同于广告。因此,译者在语言文字层面的翻译过程中,有必要在语码转换时推敲遣词用句,甚至极尽渲染之能事。以下将从几个方面举例试做探讨。

2.2.1 官方网页标题的翻译

网站标题看似细枝末节,对于通过网络了解我国旅游目的地的外国游客而言,却是重要的路标,因此译者的文字转换必须具有明确的信息指导性,才能吸引他们的注意。

仍以海南为例,在 Google 搜索栏输入"Hainan tourism",海南岛旅游官网为当页第 8 个搜索结果,标题为"Hainan International Tourism Destination",如果不结合域名"gov. cn"无法确认是官网,因为同一页面另有多个相近的搜索结果,如"Hainan International Tourism Island",等等。笔者认为,结合文本类型及外国游客的期待,旅游目的地官方网页的标题信息功能明确,翻译应以准确性为第一要义,"国际"一词似有自我标榜之嫌,信息性不强,不妨弃之,而"官方网站" 必须作为明示信息体现,确保境外游客心理信任度,即"海南岛旅游官方网站" 宜直译为"The Official Hainan Island Tourism Site"。

2.2.2 旅游营销口号的翻译

目前外国游客对我国的大多数旅游资源还缺乏了解,官网从很大程度上构建他们对旅游目的地的初始印象,成功的营销口号可以提炼和传播富有魅力的旅游目的地形象,所以营销口号的翻译最好信息定位准确,语言新奇凝练,捕捉境外游客的心理期待,如"巴黎就是爱"(The City of Love)! 同时在语言风格上热情又不失亲切,充满强烈的感染力和感召力,如"我爱纽约"(I Love NY)!

可喜的是,得益于近几年我国旅游部门的高度重视,各地的旅游营销口号可谓是精彩纷呈。然而,把中华文字的神韵通过英译传达给外国游客对译者是极大的挑战,深厚的语言功力能使译文的文辞雅致,而国际营销的视野更有助于真正的达意传神。海南旅游岛官网的旅游口号给笔者带来不小的惊喜! "阳光海南,度假天堂"的英译不是"Sunny Hainan, Vacation Paradise",而是"All the sun, all the fun!"以笔者自身的感受而言,不禁暗赞"妙哉"! 如果认真品读,便会发觉世界各地的旅游口号在语言上大致可有两种风格:婉约神秘型和直观体验型,前者引人遐思,心生探幽之念,后者如置其境,顿觉不游不快! 此处译者没有受中文原文的束缚,将"阳光海南,度假天堂"的主题意旨领会得通透,又准确地把握住外国游客到海滩度假的心理需求,即沐浴阳光,尽享轻松,译文中简简单单一个"all"字,灿烂

已致其极，“sun”与“fun” 更是前后呼应，练达悦耳，欢畅洋溢其间。

对于极尽华美的中文旅游营销口号，机械拙劣的译文会使原文风采顿失，而高妙悦目的译文无疑会为旅游目的地的官方网页画龙点睛，激发外国游客浓厚的兴趣，滋长其探奇的欲望，如此说来，岂非“成也译者，败也译者”！

2.2.3　景观介绍的翻译

毋庸赘言，旅游目的地的景观介绍是官网信息的重头戏，正是出于这种理解，旅游文本的中文作者常常力求详尽，而译者又恪守忠实，于是原文和译文看上去都洋洋洒洒。我国读者可以接受这样的气势恢宏，但铺天盖地的文字定然会折损营销力。事实上，营销语言论其实质无异于广告语言，讲究简洁凝练，旅游目的地网页信息的翻译最好文字少而精，如澳大利亚旅游官方网站首页的宣介导语：

In every part of our vast country, you'll find unique experiences to make your dream holiday come true.

虽然没有高谈阔论，但一句话却留下无限的遐想空间，宣传效果“字半功倍”。

此外，译者应关注营销语言的生动性，营造美好的意境和联想。下面选取澳大利亚海曼岛的一段介绍：

Dive or snorkel and immerse yourself in a kaleidoscope of coloured coral and tropical fish. Swim, sail and windsurf or go exploring with one of the island's experienced kayaking guides. Or take time out to have an indulgent spa treatment and lounge by the pool.

不妨同海南岛的景观描述做一下比照：

The island has a pleasant climate, bright sunshine, fresh air, green coconut groves, beautiful bays, natural sea-bath sites, fine beaches, soft breeze and tasty seafood. In addition, on the island there are pure and clean hot springs, golf courses opened all year around, varieties of tropical plants and animals, quality fruits in four seasons, delicate local food, special festivals of minority people, bamboo rice, rice liquor and legendary folklores.

对比分析可以发现，生动的体验式语言将海曼岛的风情勾画得淋漓尽致，读后有按捺不住的心潮澎湃之感。相形之下，海南岛的景色美不胜收自不待言，但译者完全遵从中文原文格式，采用客观罗列式的陈述，显得生硬乏味，自然无法“引人入胜”。两种风格的语言呈现给潜在游客的是完全不同的感受。再者，为了实现文本的表达与呼唤功能，译者意识到营销语言口吻应热情亲切，文字宜优美怡情，以实现感情影响和激励效应。下面再对照夏威夷官方网站的一段导入语：

The people of Hawaii would like to share their islands with you!

The fresh, floral air energizes you. The warm, tranquil waters refresh you. The breathtaking, natural beauty renews you. Look around. There's no place on earth like Hawaii. Whether you're a new visitor or returning, our six unique islands offer distinct experiences that will entice any traveler. We warmly invite you to explore our islands and discover your ideal travel experience.

与前段海南岛景观的平淡罗列迥然不同，从开篇的“The people of Hawaii would like

to share their islands with you!"热情好客已经扑面而来，给人以海风徐来之感。接下来的景观描述虽然也极力铺陈，却不着痕迹，因为所有的碧海花香都似乎专为游客而设，"The fresh, floral air energizes you. The warm, tranquil waters refresh you. The breathtaking, natural beauty renews you.""你"置身其间，但觉美轮美奂，如何不神思之，意往之？笔者前文的一段改译也采用了相同的风格。

米尔顿·科特勒曾专门谈到中国的旅游城市营销，建议在旅游城市品牌形象塑造中要着力在"目标群体中间营造一种强大的感情上的吸引力，一种对中国旅游城市的友善和一种按捺不住要去访问的冲动"(2007)。如果译者能够充分考虑文本的营销宣传目的，敢于大胆进行效果的强化处理，在语言上以外国游客的文化期待和心理体验为中心，用明快的短句扣人心弦，以热情洋溢的祈使句深情呼唤，定然会使潜在海外游客心驰神往。

结语

诚如菲利普·科特勒所言，"旅游目的地本身也是一种产品，因此同其他产品一样需要正确的定位和促销"(2007：634)。笔者期待同道的译者亦能献思献言，以奇思妙笔改进我国的旅游目的地官网信息翻译，协同其他部门把我国旅游资源产品在成长关键时期的对外营销做出声色。

【问题研讨】

1. 在国际研究中，传播学为何会分为两大学派？各学派侧重点分别是什么？
2. 传播学具有哪几种功能？请具体说明。
3. 如何理解拉斯韦尔的"五 W 模式"？请具体说明。
4. 跨文化传播下的旅游文本翻译应采取何种翻译策略？请举例。
5. 如何才能使旅游翻译文本的传播功能实现最大化？

【延伸阅读】

[1] DANN G. The language of tourism[M]. London: CAB International, 1996.

[2] 毕冉. 传播学视角下旅游翻译原则与方法探析[J]. 辽宁工业大学学报(社会科学版)，2016(5).

[3] 曾利沙. 论旅游指南翻译的主题信息突出策略原则[J]. 上海翻译，2005(1).

[4] 陈刚. 旅游翻译与涉外导游[M]. 北京：中国对外翻译出版公司，2004.

[5] 王伟，任丹. 国际旅游岛背景下三亚公共场所公示语汉英翻译现状分析及对策探讨[J]. 海南广播电视大学学报，2019(1).

[6] 魏艳，刘明东. 传播学视域下湖湘旅游文化走出去翻译策略探索[J]. 安徽理工大学学报(社会科学版)，2019(2).

[7] 文军，邓春，辜涛等. 信息与可接受度的统一——对当前旅游翻译的一项调查与分析[J]. 中国科技翻译，2002(1).

[8] 文晓华.城市旅游对外宣传翻译效度的探究——以《杭州旅游指南》英译手册为例[J].浙江树人大学学报,2013(5).
[9] 张美芳.文化途径看澳门——浅谈澳门世界遗产景点译名[J].上海翻译,2009(2).
[10] 张志祥.旅游翻译中的交际规范[J].上海翻译,2017(2).

第四章 接受美学视角下的旅游翻译研究

导　论

“接受美学”(Aesthetics of Reception)这一概念是由德国康茨坦斯大学文艺学教授姚斯(Hans Robert Jauss)在1967年提出的。接受美学的核心是从受众出发,从接受出发。姚斯认为,一部作品,即使印成书,读者没有阅读之前,也只是半成品。该理论的代表人物是姚斯和伊瑟尔,奠基性的作品是姚斯的《文学史作为文学科学的挑战》(1967)和伊瑟尔的《文本的召唤结构》(1970),主要流派是以他们为代表的“康斯坦茨学派”。姚斯和伊泽尔提出,美学研究应集中在读者对作品的接受、反应、阅读过程和读者的审美经验以及接受效果在文学的社会功能中的作用等方面,通过问答和解释,去研究创作、接受与作者、作品、读者之间的动态交往过程,把文学史从实证主义的死胡同中引出来,把审美经验放在历史与社会的条件下去考察。

接受美学的研究方法和开拓的美学研究新领域,引起了美学界的重视,进而得以持续发展。接受美学反对孤立、片面、机械地研究文学艺术,反对结构主义化的唯本文趋向,强调文学作品的社会效果,重视读者的积极参与性接受姿态,从社会意识交往的角度考察文学的创作和接受,这都具有积极的价值。接受美学的理论核心是:走向读者,它着意于文学的接受研究、读者研究、影响研究,基本上不考虑作品同作者和现实的关系,也基本不考虑文本的语言、结构、功能,而重点考虑读者的接受。通俗一点讲就是,不再强调作者试图在文本中写出什么,而是强调读者实际从文本里读出了什么,这一理论在很大程度上消解了“作者”对于其作品的权威性,而强烈地彰显出了“读者”在文学活动中的决定性作用。

旅游翻译是一项目的性明确的交际活动,其翻译目标能否达成,主要看译文读者对译文的反应,看译文产生的实际效果。因此翻译旅游外宣材料时,译者必须充分考虑译文所服务的对象,对译文读者的语言审美习惯、文化审美习惯及审美情趣进行关照。强调读者为中心的接受美学理论可为旅游翻译提供理论支持和依据,为旅游翻译理论与实践提供了一种全新的方法论指导。

选文一

旅游翻译不可忽视民族审美差异

贾文波

导 言

此文选自《上海科技翻译》2003 年第 1 期。选文分为四部分。第一部分为引言，概括了当前旅游翻译中存在的“拼写遗漏、语法错误、中式英语、用词不当、语言累赘、文化误解”六大错误，并分析了与文化因素的关联，将其归类于“英译汉化”这一沉疴积习，因而翻译时必须注重译文的实用性和特殊性，注意内外有别。第二部分以中西哲学为切入点，探讨了不同哲学思想下旅游文本文体和美学标准的异同。第三部分通过分析实例，从写作美学这一角度，分析了中西旅游文本的遣词构句和修辞风格。第四部分重点概述了汉语旅游文本中蕴含的文学色彩和艺术美感，并将其与英语旅游文本进行对比，强调旅游翻译应注重交际意图和读者的认知，尤其是读者文化心理、审美情趣以及语言文化差异。

随着中国进入 WTO，我国的旅游业有望得到更大的发展，这一点已毋庸置疑。但就旅游对外宣传的现状而言，特别是在旅游资料的汉译英方面，要跟上国际旅游业的发展，恐怕还有待质量上的进一步提高。有人对目前的旅游翻译现状做过调查，结论是“国内旅游翻译良莠不齐，问题颇多”，并归纳出“拼写遗漏错误、语法错误、中式英语、用词不当、语言累赘、文化误解”六大类错误（文军，2002）。

这六大错误，笔者以为，大都与文化因素有关，基本可归类于“英译汉化”这一沉疴积习。这一陋习的根源在于译者忽略了汉、英语言文化上的差异，忽略了译文读者的文化心理和审美习惯，一味将汉语的思维模式和审美要求强加于英译文之上，与英语读者产生审美意识上的错位。反映到语言表层形式上来，“中式英语”“用词不当”“语言累赘”“文化误解”等之类的错误自然在所难免。

汉、英民族不同的文化背景造就了各自旅游文体独特的语言风格和读者喜闻乐见的形式。一般而言，英语旅游文献大都行文简明实用，语言直观通达，具有一种朴实自然之美，不像汉语那样追求四言八句，讲究工整对仗、言辞华美。因而，旅游英译不比文学翻译，它只是一种大众读物，读者对象多为国外普通游客，其意图就是要让国外旅游者读懂看懂并喜闻乐见，从中获取相关的自然、地理、文化、风俗方面的信息，因而翻译时必须注重译文的实用性和特殊性，注意内外有别。倘若翻译时一味按汉语的习惯在英译文中行文用字，势必文字诘屈，行文堆砌，与英语民族的审美心理和欣赏习惯格格不入，“画虎不成反类犬”。

一

汉民族的美学思想是汉民族独特的社会历程和文化传统的浓缩，是汉民族特殊的社会历史条件和生活经历在文化心理深层的积淀，反映出汉民族特有的人文思想和艺术审美观。中国的古典文学一贯强调神韵、格调、性灵、境界诸说，强调心境意绪的传达，喜欢借景抒情、遗形写神，主观色彩极浓。加上汉语的行文用字历来有以意驭文、虚实相生、声律对仗，行文工整的习惯，因而形成了汉语表达简隽空灵、委婉含蓄、工整对偶、节奏铿锵的特色，诗情画意盎然，极大地迎合了汉民族的审美心理，体现出汉民族极富东方哲理的美学思想。

西方民族在这方面则大相径庭。西方传统哲学强调分析型抽象理性思维，在主观与客观的物象关系上，更多地强调的是模仿和再现。西方哲学的鼻祖亚里士多德就主张美学的最高境界便是"照事物应有的样子去模仿"，这一"模仿论"早已渗透到了西方文学艺术的各个领域，并且一直成为西方传统艺术和美学的基本立场，以致西方的现实主义、浪漫主义、自然主义等艺术流派，其本质都源于这一模仿论（刘长林，1990），反映出西方传统哲学思维偏重客观理性、突出个性，主、客观对立的特点。体现在语言表达形式上，就出现了英语句式构架严整、表达思维缜密、行文注重逻辑理性、用词强调简洁自然的风格，语言上最忌重复累赘，追求一种自然流畅之美。

这种不同的审美意识反映到汉、英旅游文体上来，在行文用字、篇章布局、文体修辞等方面各有讲究，美学标准和文体风格可谓大相径庭，从下面两则实例可见一斑：

> **例 1：** On the road leading from central Europe to the Adriatic coast lies a small Slovenian town of Postojna. Its subterranean world holds some of Europe's most magnificent underground galleries. Time loses all meanings in the formation of these underground wonders. The dripstone-stalactites, columns, pillars and translucent curtains, conjure up unforgettable images ...

这是位于中欧斯洛文尼亚境内全欧闻名的 Postojna 大溶洞的景介主要部分（笔者 1993 年 10 月曾有幸到此一游，为洞中美不胜收的奇异景观而惊叹不已。较之闻名于世的湖南张家界黄龙洞，不仅洞中景物毫不逊色，规模可能还要大一些）。然而，其文笔竟是如此简洁朴实，寥寥数笔，可谓惜字如金，通过直观具体的 metaphor 形象地表达了洞中形状各异、千姿百态的钟乳石自然奇观，给人以充分的视觉空间和想象余地。但从汉语的思维角度，却会觉得英语的遣词用字过于平白，缺乏文采，这实则是出自汉语思维的一种心理上的错觉。若按汉语的习惯，文笔会"华丽""酣浓"得多，例如下面一则武陵源风景的双语景介：

> **例 2：** 这里三千座奇峰拔地而起，形态各异，有的似玉柱神鞭，立地顶天；有的像铜墙铁壁，巍然屹立；有的如晃板垒卵，摇摇欲坠；有的若盆景古董，玲珑剔透…… 神奇而又真实，迷离而又实在，不是艺术创造胜似艺术创造，令人叹为观止。
>
> 3000 crags rise in various shapes. They are like whips or pillars propping up the sky; or huge walls, solid and sound; or immense eggs piled on an unsteady boarder; or miniature rocky or curios ... Fantastic but actual, dreamy but real!

They are not artistic works, but more exquisite than artistic works. One can not help marveling at the acme of perfection of Nature's creation. ——《武陵源风景》

从汉语原文来看，其行文华美，意象奇妙，且情景交融，是典型的汉语写景之作(仍有堆砌之嫌)。然而看看译文，不觉大煞风景。译文行文用字明显汉化，语言啰嗦堆砌，言之无物，景物描绘欠明晰，表面虽是英语，深层却像汉语。试想，这样的译文又怎能唤起英语读者心中的美感?

二

汉民族的写作美学一贯强调景物描写“意与境混”的上乘境界，追求那种客观景物与主观情感高度和谐、融为一体的浑然之美:“有意境而已矣”(王国维语)。这种意境美实际上是视知觉在特定心理背景下调动审美的联觉而形成于特定景观中的思维意象，是审美主体在“观物取象”“意中列象”过程中主观营构的艺术形象，是地道的中国化审美产品。因而，人们常常将景物的内在意蕴依附于其外在的表象之上，使具象的景物获得抽象的人格和情感，做到情与景相融、虚与实相生、意与境相偕，在描绘外界自然美的同时无时不在传递一种内在的情感美，所谓“一切景语，皆情语也”，几乎成了汉语景物描写的常式。这就使得其语言表达常带有很大的虚化成分和模糊性，景物刻画不求明晰，物我一体，人文色彩浓郁，给人的感受往往是意境深远但缺乏客观清晰的具体描绘，具有一种超越现实、虚实不定的朦胧、变形之美。然而，这种虚化和变形却能迎合汉民族的审美心理，被认为是一种绝妙的联想和生动的“比兴”。

英语的景物描写则不然。从英语的审美角度来看，汉语渲染的这些虚像会过于笼统含糊而显得失真。英语更多地借重鲜明可感的具体物象来逼真地再现客观景物，而不刻意在描绘的言辞上做过多的意象渲染。它的语言大多明晰客观符合理性，是“站在自然之外”去欣赏自然之美。因而在很多情况下，往往用直观的具象罗列而不是意境的深化来传达实实在在的景物之美，以达西方“模仿自然”“再现现实”的艺术审美效果，力求忠实地再现自然。尽管它也用夸张、拟人等各种修辞手法，但在表述实境实体时却往往是实打实的客观描绘，力求准确不走形，让读者有一个直观清晰的印象。因而在遣词构句、修辞风格上常常显得简洁朴实、明快利落、流畅自然。例如下面这一例:

例 3: Tiny islands are strung around the edge of the peninsula like a pearl necklace. Hunks of coral reef, coconut palms and fine white sand.

看起来就像一张实地拍下的照片，图像清晰鲜明，后一句表达更是言简意赅，全是客观的景物排列，构成了一幅生动的海岛风光图。

英语读者在长期的文化环境中业已养成了一种固有的文化心理和欣赏习惯，这种心理习惯自然而然地制约着他们对语言刺激的注意和使用语言的方式。倘若我们的旅游译文满纸都是佶屈聱牙的生硬表达和莫名其妙的古怪字眼，哪怕译文表达的原文“文采”再浓，也难以引起英语读者的注意和有关联想，更不要说产生美感共鸣了。因此，对于汉语旅游资料的英译，不宜过分渲染汉语原文中那些“溢美”之词。“殊不知，过多的修饰词会失之于累赘沉重，译文令人生厌，达不到我们宣传旅游景点的目的，岂非弄巧成拙?”(何志范，1992)。由此而导致的结果只怕会是译者努力越大，与读者的差距就越大，到头来适得其反，例如前例2的英译文。对于这段文字的翻译，译者完全可以根据原作语篇意图，打破汉语行文用字的格局，避“虚”就“实”，大胆删减，突出表达实质性内容，直接将原文中闪现的物象逐一列出：

试改译：3000 crags rise in various shapes—pillars, columns, walls, shaky egg sracks and potted landscapes ... conjuring up unforgettably fantastic images.

这样的译文可能要直观可感、简洁流畅得多，更符合英语旅游文体和读者的欣赏习惯。下面一例，这方面就把握得比较好：

> **例 4**：……她(黄河)奔腾不息，勇往直前，忽而惊涛裂岸，势不可挡，使群山动容；忽而安如处子，风平浪静，波光潋滟，气象万千。
>
> It tears and boils along turbulently through the mountains and, at some place, flows on quietly with a sedate appearance and glistening ripples.

与原文对照，就会发现像“群山动容”“安如处子”“气象万千”“势不可挡”这一类带有情感抒发性的语言均已在译文中消失，原来那些虚化的意象都在译文中转化为直观具体的物象，这就抓住了译文的根本，使景物描写变得形象鲜明，一景一物均历历在目。

三

在汉语旅游文献中常常有大量的对偶平行结构和连珠四字句，意在声律对仗，行文工整、文意对比，达到音、形、意皆美的效果，这与汉民族的美学思想不无关系。汉语历来有讲究四六骈体、行文用字宜双不宜单的习惯，这可见于汉语的任何语言文学作品，旅游文体有这样的风格也顺理成章。随举一例：

> **例 5**：这儿的峡谷又是另一番景象：谷中急水奔流，穿峡而过，两岸树木葱茏，鲜花繁茂，碧草萋萋，活脱脱一幅生机盎然的天然风景画。各种奇峰异岭，令人感受各异，遐想万千。

文中特别是“葱茏”“繁茂”“萋萋”三词的连用，音韵俱佳且无重复之感，非但不显堆砌，反倒那么和谐自然、富有文采。相对英语而言，这些表达在很大程度上多少都有“同义重复”之嫌。这就给我们一个启示：汉语中不少惯用的华丽辞藻有些往往并无多大实际意义，大多出于讲究声韵对仗、渲染情感气氛或顺应汉语行文习惯等方面的考虑。翻译时若能去掉那些不必要的虚华之词，就能使译文通达流畅，符合英语读者的欣赏习惯。请看译文：

> It is another gorge through which a rapid stream flows. Trees, flowers and grass, a picture of natural vitality, thrive on both banks. The weird peaks arouse disparate thoughts.

此译用词练达，直观简洁，尤以“ thrive”“vitality”二词译得极富动感，可谓画龙点睛。同时，“disparate thoughts”也是一锤定音，结合上下文，恰到好处地表达了原义。另一方面，旅游景点历来是文人骚客、王公贵族云游聚集之地，历史上留下的诗词楹联名言佳句可谓比比皆是，极大地丰富了各旅游景点自然景观的历史文化内涵，也成就了汉语旅游文体浓郁的文学色彩和艺术美感，并为广大读者喜闻乐见。对于旅游文献中汉语诗词的翻译问题，笔者

以为，应根据情况灵活处理，决不可跟着原文亦步亦趋。因为，旅游翻译终究不同于文学翻译，旅游译文仅仅是一种大众化的通俗读物，重在信息的传递，与诗词翻译相去甚远，各自的美学价值也不可同日而语。同时，就读者对象而言，国外游客大多对中国古典文学所知甚少，何况旅游活动不同于学术交流，在旅游景介中大谈古雅深奥的古典诗词只会令游客兴趣索然。毕竟，诗词翻译是一种“阳春白雪”式的美学精品，自有其特殊规律和标准。老一辈翻译大师们常常是“为著一字，旬月踌躇”，足见其精美华贵。因此，从这个意义上来说，英语旅游译文不适合文学风格的展示，与其译得晦涩生硬、不伦不类，不如舍去不译以保旅游译文的流畅通达。文化亏损历来是翻译中令人遗憾而又无可奈何的事，大可不必为此而耿耿于怀。“由于文化背景的巨大差异，诗词非常难译，有时费尽心血，勉强译出，读者也不一定能够欣赏。如果一篇介绍文字反复出现这类诗词，效果是无法卒读。”(段连城，1992)。

因此，旅游翻译特有的文体特点和表达方式要求译者须准确理解原文意图，顾及译文读者的认知，选用读者喜闻乐见的语言形式恰当表达原作内容，做到增减有度，进退中绳，娴熟自如地对译文灵活处理，以成功实现译文在译语文化环境中所要达到的预期效果。但是，现实不容乐观，这方面失误并不少见，下面就是一个典型例证：

例 6：(桃花源)始建于晋，初兴于唐，鼎盛于宋，大毁于元，时兴时衰于明清，萧条于民国，渐复于新中国成立后，大规模修复开发于 1990。

原文用词精当，连贯流畅，且朗朗上口，一目了然。那么译文呢？

It was first built in the Jing Dynasty and got more prosperous in the Tang Dynasty and gradually flourished around the Song Dynasty. However, it suffered damages during the Yuan Dynasty. Sometimes it rose and sometimes declined in the Ming and Qing Dynasty. It became desolate during the period of Min Guo and only resorted with state funds after liberation and has been developing in a big way in 1990. ——《桃花源》景点风景画册

通篇一派胡言乱语，简直不忍卒读，原文美感丧失殆尽。六大错误不仅一条不缺，恐怕还过犹不及。读到这样的译文，国外游客只怕是一头雾水，啼笑皆非。错误的根源在于译者功底不足、知识贫乏，不明汉、英两种语言文化上的差异，当然还有态度问题。同时，旅游翻译市场上的混乱无序也是造成如此低劣的译文能登堂入室的原因之一，这不能不引起我们的警惕。这里，不妨对照原文改译一下：

Taohuayuan (the peach flower source) was first built in the Jin Dynasty (256-439 AD), began to take shape in the Tang Dynasty (618-709 AD), flourished in the Song Dynasty (960-1297), and went to ruin in the Yuan Dynasty (1279-1368). With ups and downs through the Ming and the Qing dynasties (1368-1911), it was almost abandoned in the times of the Republic of China (1912-1949). Its restoration was made from the year 1949 on and a large-scale expansion and development began in 1990.

当然，译文读起来仍欠流畅，但至少信息准确，不会让人产生误解或不解。但从美学角度，相信还可进一步修改。旅游文体的翻译自有其特殊性。尽管它难登大雅之堂，却是我们对外宣传不可或缺的部分。麻雀虽小，肝胆俱全。旅游翻译同样要考虑交际意图和读者的

认知，同样要顾及译文读者的文化心理和审美情趣，注重语言文化上的差异。译得好，会适当唤起国外游客心中的美感和向往，有助于他们领略华夏千古文明的醇厚魅力；译得不好，则会破坏游客的兴致甚至导致心理反感，影响我国旅游业的发展。

选文二

论接受美学与旅游外宣广告翻译中的读者关照

洪　明

导　言

此文选自《外语与外语教学》2006 年第 8 期。选文分为五部分。第一部分为前言，对旅游外宣现状进行了简介。第二部分通过对接受美学的概述，结合相关实例，分析了接受美学对旅游外宣广告翻译的启示，即以读者为中心和把握读者能动性。第三部分强调了旅游外宣翻译中的读者关照意识，探讨了旅游外宣翻译中以外国读者为中心的翻译策略，主要包括：① 对译文读者认知心理特征的关照；② 对译文读者审美情趣的关照；③ 对译文读者语言习惯的关照；④ 对译文读者文化心理的关照。第四部分提出了全球化语境下对译文读者关照的思考。第五部分为结语，提出译者要考虑译文读者的接受水平，同时要拓展读者的"期待视野"。

1. 前言

旅游业是中国 21 世纪的朝阳产业。根据世界旅游组织(World Tourism Organization)预测，中国在未来的十几年中将成为全世界最大的旅游目的地国(tourist destination)之一。到 2020 年，中国将超过其他国家，成为世界第一大旅游目的地国家。届时，将有 11.37 亿人来中国参观、访问和游览。2000 年，我国首次提出建设"世界旅游强国"的宏伟战略目标——到 2020 年，我国将实现从"亚洲旅游大国"到"世界旅游强国"的历史性跨越(张国洪，2001)。由此可见，旅游在我国经济建设中起着重要的作用。

然而，就旅游对外宣传的现状而言，特别是在旅游外宣广告的汉译英方面，要跟上国际旅游业的发展，恐怕还有待质量上的进一步提高。有人对目前的旅游翻译现状做过调查，结论是"国内旅游翻译良莠不齐，问题颇多"，归纳起来有"拼写遗漏错误、语法错误、中式英语、用词不当、语言累赘、文化误解"等 6 大类错误(文军，2002)。这 6 大错误大都与文化因素有关，基本可归类于"英译汉化"这一沉疴积习。这一陋习的根源在于译者忽略了汉、英语言文化上的差异，忽略了译文读者的文化心理和审美习惯(贾文波，2003)。旅游外宣广告翻译是一项目的性极为明确的交流活动，由于英汉历史文化和语言特点及思维方式的差异，其目的的实现主要依赖读者对译文的反应。

接受美学强调了以读者为中心，这对旅游外宣广告的翻译具有重要的指导意义。本文拟从接受美学的角度出发，探讨旅游外宣广告翻译中以外国读者为中心的翻译策略。

2. 接受美学及其对旅游外宣广告翻译的启示

2.1 接受美学概述

接受美学(Aesthetics of Reception)又称“接受理论”，它起始于20世纪60年代，其代表人物是德国康斯坦茨学派的姚斯(Hans Robert Jauss)和伊瑟尔(Wolfgang Iser)。现象学和阐释学是它的理论基础。姚斯和伊瑟尔理论中所采用的一些重要的概念范畴，诸如“期待视野”“效果史”“未定点”等均是从海德格尔(Heidegger)的“先在结构”“理解视野”和伽达默尔(Gadamer)的“视野融合”等概念范畴衍化而来的(王岳川，1998)。姚斯认为：任何一个读者，在其阅读任何一部具体的作品之前，都已处在具备一种先在理解结构和先在知识框架的状态，这种先在理解就是文学的“期待视野”(horizon of expectation)。期待视野是读者理解和阐释作品的立场、观点、方法的前提。没有它，任何作品的阅读都将不可能进行。从作品来看，它总是要激发读者开放某种特定的接受趋向，唤醒读者以往阅读的记忆，也即唤起一种期待(周宁、金元浦，1987)。伊瑟尔(1987:97)认为，作品的意义只有在阅读过程中才能产生，是作品和读者相互作用的产物。在接受过程中，读者使得作品内容现实化。在姚斯(1989:43)看来，“读者本身就是一种历史的能动构成。文学作品历史生命如果没有接受者的积极参与是不可想象的。因为只有通过读者的阅读过程，作品才能进入一种连续变化的经验视野之中”。

接受美学的一个重大突破，就是确立了读者的中心地位。该理论认为读者不是被动的接受者，而是文学历史能动的创立者。根据接受美学的观点，阅读译本的过程不是译者与译本单向向读者灌输形象和意义，不是读者被动地接受的过程，而是读者积极地介入与参与，与译本、译者形成辩证的对话关系(秦洪武，1999)。马萧(2000)高度评价：接受美学的诞生是一件划时代的大事。接受美学不仅在文学研究领域掀起巨大波澜，在翻译界也引起了极大反响，为翻译研究开辟新天地提供了卓越指南。接受美学在转变传统的文学翻译观的同时，为应用翻译的研究提供了全新的理论视角和研究方法。旅游外宣广告集文学与广告两种文体于一身，因而，接受美学对旅游外宣广告的翻译具有重要的启示意义。

2.2 接受美学对旅游外宣广告翻译的启示

根据接受美学理论，读者在阅读作品之前都具有“期待视野”，即读者原先各种经验、趣味、素养、理想等综合形成的对文学作品的一种欣赏水平，在具体阅读中表现为一种潜在的审美期待。译者的前理解在旅游外宣广告的翻译中起着举足轻重的作用，要想更好地理解原文，译者就必须更深入地了解不同时代、不同民族、不同文化的语言、历史、文化等方面的发展情况，只有这样，才能具备充足的前理解条件，以填补文本理解上的空白。另外成功译者对原文和译文必须具有高强的语感，对于双语中或明或暗，或显或隐的美，要具有敏锐的识别力、鉴别力、复制力乃至创造力，这样才能准确捕捉到译作的精髓(潘卫民，2005)。

接受美学对旅游广告翻译的启示之一是：转换视角，以读者为中心，把翻译研究重点转向读者。广告的效果关键取决于广告读者是否接受媒介的宣传。翻译过程中应把读者视为主体,充分调动接受者的审美体验,激活广告语言的审美信息,使接受者的审美体验与原作者的审美体验熔于一炉,这样的翻译才传神,只有传神才能打动读者的心。请看我国著名景点张家界的汉译英介绍:

原文:境内群峰拔地而起,如巨笋傲指苍穹,金鞭溪夹岸断岩绝壁,野藤古树、好一派原始风采,溪水如条条彩带铺展于千山万壑之间。在黄狮寨顶观山,气势磅礴、千罗万象,让人叹为观止。

英译:Seeing the steeply rising and grotesque peaks, hearing the streams flowing through valleys, walking through the dense forest, one can't help acclaiming the perfection nature of Zhangjiajie National Forest Park.

译者运用艺术的创造性译法,将汉语原文的客观写景转为译文的主观感受,转换读者视角,有详有略,取得了与原文异曲同工的美学效果及广告效果。

接受美学对旅游外宣广告翻译的另一启示是:翻译中要把握读者的能动性,使译者与读者在视野上相互融合。例如,外国游客对中国历史年代与历史人物感到陌生,在翻译人名时,译者可补充历史人物的个人身份及在历史上的地位和功绩等。在译朝代名时,需要补充该朝代的公元年份。如:秦始皇可译为"Qin Shihuang, the first emperor in Chinese history who unified China in 221 BC ..."。林则徐可译为"Lin Zexu, government official of the Qing Dynasty (1636 - 1911) and the key figure in the Opium War"。

旅游外宣广告的翻译有其自身的特殊性。旅游外宣广告的功能是通过对景点的介绍与宣传扩展人们的知识,激发人们旅游、参观的兴趣,因此,翻译旅游外宣广告时,译者要考虑到译文的可读性与国外读者的文化审美心理及接受效果。

3. 旅游外宣广告翻译中的读者关照

翻译是语言的翻译,也是文化的翻译,跨文化交流必须考虑译文读者的接受水平。要使旅游外宣广告达到吸引旅客和旅游市场促销的目的,在翻译时要重视对译文读者语言、文化及审美心理的关照。

3.1 对译文读者认知心理特征的关照

中华民族地大物博,有着悠久的历史与丰富的旅游资源,每天吸引着众多来华探求异国文化、领略异国风情的外国游客。巍峨峻伟的高山、秀丽多姿的河川,更是游客们猎奇、访古、探幽、览胜之所。旅游景点介绍旨在向潜在的读者展示当地的优美自然风景和优秀的人文景观,激起读者的好奇心,借以传播文化、增进了解、促进旅游经济的发展。

开拓游客的认知域是旅游翻译的根本任务之一。跨文化翻译和传播不再是一个纯语言的转换过程,而是译出语与译入语国家文化审美观与价值观的传播、交流与接受的碰撞。影响广告受众的认知域与期待维度的因素涉及受众的文化预设、文化期待和由此而产生的认知域和接受范畴。包通法(2005)认为,旅游外宣广告的翻译要体现对受众文化接受期待维度的关怀。下面两例有关旅游景点介绍的翻译体现出了文化期待维度对受众认知和理解的

重要作用。在兰溪,济公纪念馆有关济公传奇的中文介绍如下:"济公劫富济贫,深受穷苦人民的爱戴。"其译文是"Jigong, Robin Hood in China, tricked the rich and helped the poor."译者把济公比作英美文学中的侠客罗宾汉。这一译法将文化预设置于受众认知域和对异域文化了解的期待范畴内,从而满足了他们来华旅游期待了解华夏文明的猎奇心理期盼,使西方人看到就立刻产生一种熟悉感和亲切感。

又如关于故宫的介绍里有这么一句话:The construction of the Forbidden City took 14 years, and was finished in 1420, 72 years before Christopher Columbus discovered the New World. 若这份资料的目标市场是欧洲,则可在"in 1420"后加上"14 years before Shakespeare was born"。采取这样的类比手法能使外国人将对他们来说陌生的中国历史年代与他们熟悉的历史或人物所处的年代联系起来,迎合了外国读者的认知心理,加深了他们对中国历史文化的了解。姚宝荣、韩琪(1998)提议:我们可"以此比彼"的方法拉近读者与中国文化的距离,使他们产生亲近感,激发他们的游兴。译者可以根据潜在旅游市场的历史文化有的放矢地对旅游促销资料进行"加工"。例如,北京的王府井可以比作美国纽约的第五大街;郑州在其交通位置上可以比作美国的芝加哥,中国的孙悟空和猪八戒在家喻户晓的程度上可以同米老鼠和唐老鸭相提并论等。这样可使旅游信息在英语读者心中产生反响,使旅游外宣广告翻译中产生出奇制胜的效果。

3.2　对译文读者审美情趣的关照

汉民族的美学思想是汉民族独特的社会历程和文化传统的浓缩,是汉民族特殊的社会历史条件和生活经历在文化心理深层的积淀,反映出汉民族特有的人文思想和艺术审美观。中国古代文人骚客多借山水来抒情,他们对大自然的描写,大多饱含自己丰富的个人情感,"托物言志""借景抒情"是最真实的写照。英语的景物描写多实景实写、客观理性,力求准确真实地再现自然,在遣词造句上显得客观朴实,干净利落。而汉语喜用虚空之词写景抒情,多凝练含蓄、音韵和美。汉语深受儒家哲学和美学传统影响,遣词造句多空灵叵测、虚幻神异,利于营造意境,因为"意境创造的极致就是创造含蓄美、朦胧美,也就是模糊美"(孙迎春,2002)。

在旅游外宣广告中,汉语景区的描述多用古诗词,也多含朦胧之美。英汉两种语言存在一定的差异,此外,在旅游审美活动中,旅游宣传文本的艺术水准与潜在的旅游者之审美经验与期待视野也有一定的差距,游客的期待视野与景介广告的召唤结构之间错位,景介广告的审美水准高于游客的期待阈。在景介广告翻译时,怎样把这种美传递给外国读者成为旅游外宣广告翻译研究的重要课题。笔者认为,许渊冲先生提出的"美化之艺术"的理论对旅游外宣广告的翻译有很好的指导作用。许渊冲在"三美"(意美、形美、音美)的基础上,独辟蹊径提出了译诗的"美化之艺术":译诗要尽可能体现对原文理解的精确、韵律的美妙以及精神的化境;采用"浅化"扭转劣势,"等化"争取均势,"深化"发挥优势,使读者"知之""好之""乐之"(许渊冲,1998)。例如,《望庐山瀑布》之英译。

原文:日照香炉生紫烟,遥看瀑布挂前川。飞流直下三千尺,疑是银河落九天。(李白)

译文:The sun lit Censer peak exhale saw wreath of cloud; Like an up ended stream the cataract sounds cloud. It's torrent dashes down three thousand feet from high, as if the Silver River fell from azure sky.（许渊冲，1998）

译文前两句用“exhale”深化出一种内在的因果关系，即太阳照射下的庐山因水汽的蒸发而产生出烟笼雾绕；“sounds loud”是译者增加的言外之意，深化出瀑布像倒立的溪流咆哮而下的景色。“紫烟”是李白采用的一种浪漫色调，译者将其等化为“a wreath of cloud”，以显其绚丽多彩。后两句则通过“dashes down”的化静为动，“fell from azure sky”化实为虚的假设比喻，传递给读者一种视觉上的美感，尽情欣赏庐山瀑布的神韵，采用 aabb 尾韵；并在音律上采用六音步抑扬格，使读者吟诵起来能感受到原诗的节奏美（刘和林，2003）。许渊冲这样讲究“美化之艺术”而传译出的山水诗，既无损原意，又讲究格律，并使读者感受到了原作之美，其翻译方法关照了外国读者的审美心理。

译文读者的审美心理与旅游外宣广告翻译之间存在着非常密切的关系。广告译文要求本身就有艺术性，能够给人一种美的享受。译者一定要尊重译入语读者的审美心理，只有这样才能使译文表达具有吸引力，从而激发外国读者到中国旅游的兴趣。

3.3 对译文读者语言习惯的关照

要实现旅游外宣广告的跨文化交际的目的，译者不仅要准确地把旅游信息传达出来，而且要使译文语言具有感染力、说服力和号召力。译者要以广告效果为基准，把握读者的语言及文化心理，探求译语读者乐于接受的形式，对广告翻译进行再创造。汉英民族不同的文化背景造就了各自旅游文体独特的语言风格和读者喜闻乐见的形式。一般而言，英语旅游文献大都行文简明实用，语言直观通达，具有一种朴实自然之美，体现在语言表达形式上，就出现了英语句式构架严整、表达思维缜密、行文注重逻辑理性、用词强调简洁自然的风格，语言上最忌重复累赘，追求一种自然流畅之美（贾文波，2003）。因此，在旅游外宣广告翻译中，要做到删繁就简、化“虚”为实，突出主要信息，使译文既符合外国读者的语言习惯又达到开拓潜在国际旅游市场，吸引外国游客，实现旅游促销的目的。例如，《神话世界九寨沟》景点翻译：

> 当你步入沟中，便可见林中碧海淡荡生辉，瀑布舒洒碧玉。一到金秋，满山枫叶绛红。盛夏，湖山幽翠。仲春，树绿花艳……四时都呈献出它的天然原始，宁静幽深。
>
> Mystic lakes and sparkling waterfalls captivate your eyes as you enter the ravine. The trees are in their greenest in spring when intensified by colorful flowers. In summer, warm tints spread over the hills and lake lands. As summer merges into autumn, the maple trees turn fiery red. Splashing color through the thick forest hills ... Tranquility pervades primitive Jiuzhaigou throughout the year.

汉语文笔优美，使用了大量连珠四字句和平行对偶结构，读来朗朗上口，音韵俱全，充满诗情画意，充分展示了汉语景物描写的长处；而英译则简洁达炼，行文用字直观，虽打破了汉语语言的特点，但更符合国外读者阅读欣赏的习惯，更能影响旅游广告对外宣传的效果。在翻译旅游外宣广告时，译者要考虑外国读者的接受视域，适度运用译文读者可以接受的意象含蓄喻体，注重运用文学翻译的手法炼词、造景，做到既简洁又传神，以达到引起译文读者读

罢译文而心驰神往，产生非到此一游不可的强烈冲动。

3.4 对译文读者文化心理的关照

旅游景点历来是文人墨客、王公贵族云游聚集之地。这些地方自古以来留有历史诗词楹联名言佳句，极大地丰富了各旅游景点自然景观的历史文化内涵。中国的古典文学一贯强调神韵、格调、境界诸说，强调心境意绪的传达，喜欢借景抒情，主观色彩极浓。东西方文化差异相当之大，包括人们的思维方式、语言方式、历史习俗、审美情趣等。而这些差异经常表现在语言文字这一文化的载体之中，更是无时无刻不表现在旅游资料的翻译当中。要处理好旅游资料中大量的文化信息，陈刚(2004)认为：译者必须要以偏向译文、侧重读者的方向为准则，以译入语或译入语文化为取向(target language orientation and target language culture orientation)，这种标准在旅游翻译中很常用，目的是让旅游者一看就懂，产生原文本身所具有的吸引力。对于旅游广告中汉语诗词的翻译问题，贾文波(2003)指出：应根据情况灵活处理，决不可跟着原文亦步亦趋。因为旅游翻译终究不同于文学翻译，旅游译文仅仅是一种大众化的通俗读物，重在信息的传递。例如《饮湖上初晴雨后》一诗的英译：

原文：水光潋滟晴方好，山色空蒙雨亦奇。欲把西湖比西子，淡妆浓抹总相宜。(苏轼)

译文：The shimmering ripples delight the eye on sunny days; The dimming hills present a rare view in rainy haze. West Lake may be compared to Beauty Xi Zi at her best，it becomes her to be richly adorned or plainly dressed. (陈刚，2004)

多数外国游客对我国古代美女西子的形象感到陌生，在译文中用 Beauty Xi Zi at her best 加注释增译，体现了以读者为中心、以期待视野为理论要领的接受美学，其期待视野大体具有与前理解相同的作用。读者的地位与作用在接受过程中起重要作用，译者必须考虑到接受者的期待视野，而且尽量传达原作的文化形象。

楹联同古诗词的翻译一样，也是旅游外宣广告翻译中的难点，需译者的主体性与前理解，需要译者的阐释及艺术的再创造。楹联的成功取决于与文化内涵的了解、翻译方法的选择、洗练通达的文字。接受美学强调读者的能动创造，并给这种创造以充分而广阔的自由天地。换言之，读者(也就是译者)对文本的解读、接受过程实质上是对作品的一种再创造过程。请比较以下楹联的两种译法：

原文：水水山山处处明明秀秀
晴晴雨雨时时好好奇奇

译文一：Water Water Hill Hill Place Place Bright Bright Beautiful Beautiful; Fine Fine Rain Rain Moment Moment Pleasant Pleasant Wonderful Wonderful.

译文二：With water and hill，every place looks bright and beautiful; Rain or shine，every moment appears pleasant and wonderful. (陈刚，2004)

译文一是按照楹联的字面直译，读者看后不知云，甚至让人忍俊不禁。译文二以读者和译入语文化为取向，通过对文本的前理解和对原文的仔细解读，采取了创造性的译法，通过铺垫和比喻，成功地再现了原文的美。金惠康(2006)指出：在旅游外宣广告的跨文化翻译实践中，考虑变通是非常必要的。在跨文化的旅游外宣广告创作与翻译中，要特别重视对译文读者文化心理的关照。

4. 全球化语境下对译文读者关照的思考

一般认为：人的理解具有无法消除的历史特殊性和历史局限性，这就会限制某一时期的读者对译本的理解与认识。然而，阐释学认为，解释者在与文本的对话中，就是要不断地扩大和超越自己原有的视野，使其与历史流传物（文本）的视野达到融合，进而克服先前理解中的限制，产生新的认识。正如姚斯所说：一部文学作品不是一个自身独立的，向每一个时代的每一个读者均提供同样观点的客体。它更多地像一部管弦乐谱，在其演奏中不断获得读者的反响，使本文从词的特质形态中解放出来，成为一种当代的存在(Jauss，1987)。

毛荣贵、范武邱(2005)指出：从作品来看，它总是要激发读者开放某种特定的接受趋向，唤醒读者以往阅读的记忆，也即唤起一种期待。读者带着这种期待进入阅读过程，并在阅读中修正、改变或实现这些期待。作品要被读者接纳，必须满足他们的需要，符合他们的期待视野；另一方面，也要打破读者，超越读者，创造读者。

翻译文本也是同样，时代的发展、社会的变迁、读者的接受，不断对翻译提出更高的要求。因此，旅游外宣广告的翻译要跨越不同的民族历史文化差异，把握不同的民族心理，促使不同文化背景下的读者领悟广告旅游的内涵，欣赏广告旅游广告的艺术。

在经济全球化和信息化的新世纪，随着对外交流的日益频繁，外国读者对中国文化的了解和认识会逐渐加深，其读者的期待视野也随之变化。经济全球化的结果毫无疑问会对人类文化带来相互交流、相互相融、兼收并蓄的机会。包通法(2005)指出，我们倡导异质文化输入原质文化时关注原质文化读者的文化先构和认知域并非是一味强调无度归化，从而造成跨文化翻译中没有任何的异质感。果真如此，这就等于失去了翻译的根本目的。让翻译存在某些可以让原质文化读者接受的“异质因子”是实现文化互补的根本任务所在。

有研究表明，多数读者比较喜欢与原文结构较为贴近的、带点“异化”的语言。当代读者希望欣赏到原作蕴涵的异国风情，领略到原作的原汁原味。“一杯伏特加酒不能换成一杯白开水。”(郭沫若，1984：24)因此，读者只有在阅读有些“洋化”的译文时，才能更好地领略到异国风情和文化特色。总的说来，时代发展了，译语读者的期待视野转变了，他们的审美期待和审美情趣也相应发生了变化。因此，随着新世纪的到来，译者更不应该落在读者后面，而应采用适当的翻译策略，使译文与读者的视野保持适当的距离，从而引导读者的阅读(仇蓓玲、陈桦，2003)。曹英华(2003)也认为：对于那些已被外国读者接受的汉语文化因素就无须做过多的解释，以免剥夺了读者的阅读乐趣，缩小了读者的阅读空间，译者应以读者的可接受性为基础，引导读者阅读和鉴赏。

读者的阅读过程不仅仅是一种信息的接受过程，更体现了文化与文化的碰撞与交流。如果每一部作品的每句话都符合读者的推测和表达习惯的话，读者就无法体会到作品的妙处(胡安江，2003)。如果将旅游景介广告中译文读者难懂的信息全部删去的话，虽然迎合了外国读者的语言习惯，然而，源语中优美的意象和丰富的历史文化信息却因此而丧失了。这样的翻译对整个跨文化的交流不利，更为重要的是，它不能让读者有机会了解中国文化。

因此，在旅游外宣广告的翻译中，译者应充分考虑到译文读者不断变化的期待视野和审美期待，并随之采取适当的翻译策略，使译文与读者间保持适当的审美距离，更新读者的既定视野，创作出更好的译本，从适应和提高当代读者的文化审美情趣及全球化语境下跨文化旅游翻译的高度来考虑对译文读者的关照。

5. 结语

综上所述，笔者认为：在旅游外宣广告翻译中，译者一方面要照顾到译文读者群体的整体语言文化接受水平，灵活处理语言文化差异和冲突，引导读者阅读和鉴赏，唤起他们心中的美感共鸣而产生旅游的兴致和冲动。另一方面，译者也不要一味消极地迁就读者，要打破读者，超越读者，创造读者，拓展读者的"期待视野"，通过旅游外宣广告的译作向外国读者推介中国的特色语言、宣传中华民族灿烂的历史文化、宣传中国的旅游资源和人文景观，从而提高译文读者的语言和文化修养，这才是更积极意义上的读者关照。

选文三

接受美学视角下的旅游翻译

顾　森

导　言

此文选自《内蒙古农业大学学报》(社会科学版)2012 年第 2 期。选文分为四部分。第一部分为引言，引出文章拟讨论的内容。第二部分对接受美学理论进行了概述，并根据接受美学观点，分析了作品意义的两个方面——作品本身和读者的解读，强调读者在接受过程中的能动参与。第三部分则从具体案例着手，探讨了接受美学对旅游翻译的启示。作者指出，旅游翻译以外国人为对象、以推介旅游为目的，其翻译效果取决于目的语读者的接受情况，这与接受美学的立论精神是一致的。其中案例分析具体讨论了三点：① 译者应发挥自己的主体性；② 在文化层面上关照目的语读者；③ 在审美经验上关照目的语读者。第四部分为结语。

一、引言

在全球化背景下，随着我国改革开放日趋深入，我们与国外的交流日趋频繁，我国旅游行业对外开放的力度与广度都不断加强。旅游行业是国外民众了解中国及中华文化的一个窗口，其翻译质量在某种程度上影响着我国的对外交流乃至国际形象，旅游翻译从一个侧面反映了我国对外交流及人文环境建设的水平。随着各地区与部门外宣意识的增强，旅游翻译的质量已大为提高，低级的翻译错误已大大减少，但现实中国外民众对我们旅游翻译的认可度、接受度仍不高，本文试从接受美学的视角对如何提高旅游翻译质量进行初步的探讨。

二、接受美学理论概述

接受美学又称“接受理论”，是 20 世纪 60 年代起源于德国的一种文学批评范式，它源于现象学、阐释学、俄国形式主义等文学理论，是以读者的接受实践为研究主体的一种理论体系。

在传统文学理论的视角下，作品的意义是绝对的，否认社会存在对作品的制约作用，读者只能被动地对其单向静观，这割断了作品与读者之间的联系，否定了读者的能动参与作用，将文学活动中作者、作品、读者这一动态过程切割为封闭的、互不相连的片段。以康斯坦茨学派的姚斯和伊瑟尔为主要代表人物的接受美学理论，对作者中心论和作品中心论的传统文学理论发起了挑战。根据接受美学的观点，作品意义来自两方面——作品本身和读者的解读，文学活动是一个动态、开放、相互联系的过程，作品作为审美客体只具备潜在的审美价值，是一种“可能的存在”，读者的阅读活动是将其转化为“现实的存在”，实现审美价值的唯一途径。接受美学理论强调读者在接受过程中的能动参与，认为其对作品意义的实现有着决定性的作用，作品的历史本质不仅仅是作家对作品的创造，更是读者对作品的接受。姚斯指出，作品并不是向每一位读者都提供同样的观点的客体，“它更像是一部管弦乐谱，在其演奏中不断获得读者新的反响”，作品意义的实现是作品本身和读者相互作用的一个运动过程，它是一种动态产物，不是绝对静止和绝对客观的东西。

接受美学理论认为，任一作品的接受和判断都必须以下列因素为基础：对文学规范的预先认识，对已经熟悉的作品的形式技巧和艺术风格的了解，以及过去积累的审美经验。这些认识和经验先于读者对该作品的主观理解和心理反应。一部作品会通过公开或隐蔽的信号、人们所熟悉的特点或含蓄的暗示，把它的读者引向一种特定的接受方式，它一定唤醒读者对过去作品的记忆，引起一定的审美期待。读者不是被动地做出反应，而是积极地参与，作品通过读者的这种参与，才进入一种连续变化的经验视野中。

三、接受美学对旅游翻译的启示

接受美学早在 20 世纪 70 年代就开始应用于翻译研究领域，并对当代翻译研究产生重大的影响。接受美学理论强调读者中心论，其对翻译研究的重要启示就是要转换视角，把研究重点转向目的语读者，从这个角度来看，翻译的成败取决于译文能否被读者理解和接受，其直接关系到翻译目的和文本功能的实现。目的语读者积极地介入原文、译者、译文三方所形成的对话关系，这有着两层含义：一是目的语读者能动地接受和吸收原语文化；二是目的语读者的期待视野发生着变化，其期待视野在译文的传递过程中逐渐扩大，期待视野的扩大反过来又影响其对译文的接受，两者相辅相成。旅游翻译以外国人为对象、以推介旅游为目的，其翻译效果取决于目的语读者的接受情况，这与接受美学的立论精神是一致的。下面我们从三个方面探讨接受美学对旅游翻译的启示。

1. 发挥译者的主体性

从接受美学的视角来看，翻译过程中发生至少两次视野融合：第一次是译者的视野与原作视野的融合，第二次是第一次融合后形成的新视野与目的语读者视野的融合，目的语读者所接受的是两次视野融合后形成的产物。译者在视野融合中不是“隐身”的，而是积极参与的，任何译者都是从自己的期待视野出发，译者既是理解者又是解释者，在尊重原作的前提下，为实现翻译目的，译者可发挥自己的主体性。承认译者的主体性，并不是说译者可以脱离原作恣意妄为，而是指译者在以原作为依归的前提下，允许出现“创造性的叛逆”。

作品作用于接受者的期待视野所引起的“审美距离”的大小决定了作品的艺术价值，作品视野如果大大超出了一般接受者的审美期待，其虽然具有较高的价值，但可能在一定时期内不被人或只为少数人所理解，只有当接受者普遍的期待视野随着时间的推移上升到某种高度时，作品的意义和价值才为广大接受者所认识和理解。旅游宣传材料包含了许多中国历史、地理、文化、宗教等方面的知识，对于中国人来讲属于大众化的通俗读物，但对于国外民众来讲，其所带来的审美距离较大，非一般读者可以理解，译者在翻译的过程中要考虑到这一点，发挥自己的主体性，考虑到他们的审美要求和接受水平，灵活地使用变通手段调动其审美参与，使译文让国外民众看得懂并喜闻乐见，从而达到传递信息并激发旅游欲望的目的。

2. 在文化层面上关照目的语读者

翻译是两种不同文化间传递信息的活动，不同民族在历史进程中积累了许多具有特定内涵的文化符号，这也是了解该文化的一个窗口。对于旅游宣传材料中的文化差异，译者在翻译时，要在文化层面上关照目的语读者，关照其文化思维，好的译文不仅仅是被理解，更应是被接受。例如，某些旅游材料是反映中国特色文化的，包含着深刻的含义，对于这类材料的翻译，译者不能局限于中国文化，更应该考虑到目的语文化，考虑到目的语读者的接受。因为接受美学理论告诉我们，作品的意义总是通过理解形成的，它绝不是什么先验的、客观自在的、固定不变的东西，只是当作品作为理解的对象时才获得了某种意义，意义是读者的理解活动所赋予的。因此，译者应立足于目的语读者的理解和接受，关注其作用和地位，在选取翻译策略时，应从文化层面关照目的语读者，充分调动其审美体验。例如，某旅游网站对秦始皇的介绍：

原文：秦始皇（前 259 年—前 210 年），嬴姓秦氏，名政，因生于赵都邯郸，故又称赵政，杰出的政治家、军事统帅，前 246 年至前 221 年为秦王，前 221 年统一中国，成为秦朝也是中国历史上的第一位皇帝。

译文：Qin Shi Huang (259BC-210BC), Alexander the Great of China, personal name Ying Zheng, outstanding statesman, military commander, king of the Chinese State of Qin from 246BC to 221BC, unified China and became the first emperor of Qin Dynasty as well as China in 221BC.

在汉代以前，姓和氏不是一码事，氏是从姓派生出来的，当时的古人又有以出生地、居住地为姓的习惯，所以才有上面的“嬴姓秦氏”“故又称赵政”等措辞，如果译文照搬原文、亦步亦趋，纠结于这些文化信息，只会使目的语读者一头雾水，译者巧妙地在文化层面对目的语读者进行了关照，直接将秦始皇的名字译为"personal name Ying Zheng"，并在译文中增添了 Alexander the Great of China，将秦始皇比拟为中国的亚历山大大帝，充分考虑了英语读者的文化思维，该译文符合其期待视野，又略高于其期待视野，易引起他们的共鸣和参与，达到了旅游信息传递的目的。

3. 在审美经验上关照目的语读者

一个民族的社会历程及文化传统常体现在其美学思想上，这是该民族独特历史及文化在民族心理上的积淀，反映了其独特的审美观和人文思想。中国传统美学推崇含蓄行文、虚实相生，追求朦胧美、意境美，西方美学强调艺术模仿自然，用直观具象描写事物之美。这些差异在旅游宣传材料上都有体现，中文旅游宣传材料常引经据典，多排偶对仗句式，辞藻华丽，多含朦胧之美，英文旅游宣传材料喜实景实写，彰显客观理性，力求真实地再现自然，在行文上质朴自然、传递实用信息。在旅游材料翻译中，原文的审美水准常远超出一般目的语读者的审美经验和审美期待，所以译者在翻译时应在审美经验上关照目的语读者，使译文符合其欣赏水平、审美观、阅读习惯，以引起目的语读者的共鸣，实现视野的二次融合。例如：

原文：(鲁迅公园)园址是一片倾斜的海岸，没有刻意雕琢，也不震撼人心，似乎只是造物主的原作，幽静恬美。徜徉其间，但见白浪激礁，松林覆坡，红岩嶙峋，沙滩如银，景色如画如诗。

译文：Sitting on the rocky, sloping side of the coast, the park shows little signs of man's refinement, appearing as an original work of nature. Strolling in the park, you can enjoy a scene full of poetic and artistic conception: waves, rocks, white sands and pines-covered slopes.

原文中的"没有刻意雕琢，也不震撼人心……幽静恬美""白浪激礁……景色如画如诗"，融入了主观情感的抒发，意境深远，是典型的汉语描景状物行文手法，体现了中国人特有的审美情趣。译文将原文中主观化的意象做了具体化、形象化处理，译为了"waves, rocks ... pines-covered slopes"等具体事物，用语客观具体、质朴自然，行文逻辑严谨，符合目的语读者的审美接受方式。再如：

原文："烟水苍茫月色迷，渔舟唱晚栈桥西。乘凉每至黄昏后，人依栏杆水拍堤。"这是古人赞美青岛海滨的诗句。青岛是一座风光秀丽的海滨城市，夏无酷夏，冬无严寒。

译文：Qingdao, whose beauty often appears in poetry, is a charming coastal city. It is not hot in summer nor cold in winter.

上面的旅游宣传材料中引用了古人的诗句来强调青岛深具文化底蕴，这符合中国人审美心理与接受习惯。但如果将原诗翻译出来，将显得用词过于雕饰，冗长拖沓、华而不实，不符合目的语文化的审美心理。译者巧妙地将其译为"whose beauty often appears in poetry"，关照了读者的期待视野和审美经验，译文简洁朴实，又能唤起读者的兴趣，符合其文化心理和审美方式。

四、结语

旅游业是第三产业的重要组成部分，有助于我国的经济建设和文化软实力的提升，旅游翻译一直以来都是翻译研究的热点之一。接受美学理论与旅游翻译的结合，为该领域研究提供了新视角，在旅游翻译中，译者在以原文为依归的前提下，应发挥自己的主体性，在文化层面和审美经验上关照目的语读者，灵活地处理文化差异、语言差异、审美差异，使译文与目的语读者间保持合适的审美距离，能够唤起其心中的审美共鸣，拓展其期待视野。这样我们的旅游翻译的认可度、接受度才能真正提高，国外民众才能真正地通过我们的旅游翻译了解中国旅游资源和中国文化。

【问题研讨】

1. 简述接受美学提出的时代背景。
2. 接受美学的理论主张是什么？
3. 接受美学对旅游翻译有何指导意义？
4. 在旅游翻译中，遵循读者反应论指导下的译文有何特征？
5. 旅游翻译中如果过于照顾目的语读者，是否会造成源语文化信息的失真？

【延伸阅读】

[1] SHAW G & WILLIAMS A M. Tourism and tourism spaces[M]. London: SAGE Publications, 2004.

[2] 陈刚. 译介西湖诗词中的“隔”与“不隔”[J]. 杭州大学学报(哲社版)，1997(3).

[3] 方梦之. 达旨・循规・共喻——应用翻译三原则. 首届全国旅游暨文化创意产业翻译研讨会上的主题发言，2007.

[4] 冯全功，顾涛. 旅游景区的翻译景观研究——以杭州西湖风景名胜区为例[J]. 当代外语研究，2019(6).

[5] 高金岭. 从中西审美方式的差异看旅游资料中景物描写的翻译[J]. 山东外语教学，2003(3).

[6] 陶潇婷. 生态翻译学视角下的城市旅游形象提升[J]. 长沙大学学报，2014(6).

[7] 徐睿. 基于读者反应的红色旅游英译文本可读性研究[J]. 井冈山大学学报(社会科学版)，2017(1).

[8] 杨劲松，曾文雄. 旅游翻译中的修辞偏离操作及其顺应性美学传真[J]. 上海翻译，2008(4).

[9] 张勇. 文旅外宣译介的创造性叛逆与适度忠实——以“魅力渝中观光游”解说词英译为例[J]. 外国语文，2020(1).

[10] 赵友斌. 旅游翻译[M]. 北京：外语教学与研究出版社，2018.

第五章　变译理论视角下的旅游翻译研究

导　论

“变译”理论由黄忠廉教授提出，他将其定义为：“译者根据特定条件下特定读者的特殊需求采用增、减、编、述、缩、并、改等变通手段摄取原作有关内容的翻译活动。”变译理论与旅游翻译研究的结合为旅游翻译的理论和实践提供了新的启示。

变译理论为旅游服务行业特点及跨文化因素提供了重要理论依据。由于旅游活动主、客体之间因不同文化背景的隔阂会使双方沟通产生一定障碍，相互之间难以得到充分理解。因此，旅游翻译应是文化间的有效传递，而并非等效传递。有效传递要求译者“译而作”，偏重读者文化结构的三个层次（物质层次、制度层次和精神层次），考虑译文的可读性和读者的接受效果，对原作实施变译。变译是对原作的部分否定，是“扬弃”，故变译后的旅游信息量或增多，或减少，但质得以优、得以递增。再者，现代旅游者更注重精神需要。在导游词或其他旅游资料中，涉及语言描述风俗传统时，外国读者大都没有足够的知识通过翻译（全译）完全了解中国文化现象。在这种情况下，译者应该给旅游者补充必要的相关知识，或者改变知识结构传递形式，打开进入另一文化的大门。

随着中国日益加大开发力度，国际间的文化交流也不断扩大，英语公示语的作用越来越突出。旅游公示语在语言习惯、行文风格、逻辑思维等方面存在不同，因此，公示语的翻译往往不能仅从“信、达、雅”的角度来研究。为了实现旅游景点介绍中所蕴含的中国文化菁华、审美情趣和人文精神的跨文化传播，需要开启新的视角，而变译理论为审视和探讨旅游文本翻译提供了新的研究方向。

如何运用变译理论等相关翻译理论去探索和推进跨文化旅游翻译，这是值得共同研究的课题。变译理论不仅为跨文化旅游翻译研究提供了新的思路和方向，也为探究跨文化翻译的可行性和有效性提供了必要的理论依据。

选文一

景点翻译变译的审美理据

潘为民

导 言

此文选自《求索》2005 年第 8 期。选文分为四部分。第一部分为导语，通过对旅游观光概念和现状的分析，引出文章论题。第二部分从接受美学视角对中国的景点介绍进行了评析——中国景点介绍多含朦胧之美，“托物言志”“借景抒情”是最真实的写照。第三部分从接受美学出发，阐述了景点翻译蕴含的部分美学特点。作者指出，旅游景点翻译除了语言逻辑成分以外，更重要的是要有美的展示，译者需深入了解不同民族文化、语言、历史等，同时还需要高强的语感和识别力。第四部分结合相关文本，从审美理据和变译度出发，探讨了景点翻译中的变译问题。

1. 导语

1994 年发表的《大阪旅游宣言》认为：旅游的核心是一项接触、感知和学习丰富的大自然以及利用社会和文化的活动，因此，旅游者在旅行过程中应怀着谦虚和尊重的态度，对于外国人民及其文化，旅游者应培养求知的好奇心与开放的心态，并应加深对异质文化中的人的理解。借此，人们将学会感恩于大自然、社会与文化的赐予，并将这个美丽、健康的星球传诸后世。

旅游观光是一种综合性审美活动，集自然美、艺术美、社会美与生活美之大成，涉及审美的一切领域和一切形态。在丰富人类物质文明与精神文明、调节情感与生存状态、提高生活质量、促进审美社会化的全面发展方面都有十分重要的意义。古往今来人们从不同的价值观念和文化背景出发，都有过林林总总的体验和论述。从孔子的“乐山”“乐水”与庄子的“逍遥游”到魏源的“游道”，从柏拉图的“观海凝思”与里普斯的观物“移情”到爱默森的“赏景”学说，均给人以常读常新的启迪(王柯平 2000:6)。

随着旅游业的国际化，越来越多的外国游客到中国来观光旅游，因此，向他们介绍我国优秀的景区文化，进而向世界推介中国文化，成为摆在中国旅游业以及广大翻译工作者面前的头等大事。

2. 景点介绍之美学分析

旅游景点介绍，旨在向潜在的读者展示当地的优美自然风景和优秀的人文景观，形成一个召唤结构，激起读者的好奇心，借以传播文化、增进了解、促进旅游经济的发展，实现其旅游的目的。

悠悠中华文明，给世人留下了大量旅游资源，但是对景点的描写十分有限，“言有尽而意无穷”准确描述了语言文字与意象之关系。无论多么高明的语言学家也无法将美好的景象准确、全面表述出来，只能力图最大限度地接近人类心灵和物化人类所思所想，但永远不可能抵达或等同人类心灵，通常意义上的“表达准确”实际上只能是接近准确的“类视”或“神似”。语言难以将那些深刻的道理、复杂的感情、丰富的想象找到适当的言辞“绘形绘色”地表达出来，因为任何一个人所掌握的词汇及他所熟悉的表达方式都是有限的，也不可能给一个事物加上无穷多的限定。因此，语言描述总会留下许多意义空白或意义不确定点。

按照接受美学的观点，这些意义不确定性，形成召唤结构，需要接受者发挥自己的想象，以个人的想象能力、生活经验、审美经验、审美标准和道德观念等，去寻找作品意义，补充其作品意义不确定性之空白，在自己心里展示一个朦胧的意象美。旅游景点介绍应激起他们的好奇心，勾起他们的旅游兴趣，达到展示优美自然风景和优秀人文景观的目的。

汉语深受儒家哲学和美学传统影响，遣词造句多空灵叵测、虚幻神异，利于营造意境，因为“意境创造的极致就是创造含蓄美、朦胧美，也就是模糊美”(孙迎春，2002)。法国语言学家葛兰言(Granet)曾这样评价汉语：“中国人所用的语言，是特别为‘描绘’而造的，不是为分类而造的，那是一种可以抒发特别情感，为诗人或怀古家所设计的语言，而不是为了下定义或判断而设计的语言。”(贾文波，2000：75)

汉语景区描述毫不例外，也多含朦胧之美。中国古代文人骚客多借山水来抒情，他们对大自然的描写，大多饱含自己丰富的个人情感，在与自然山水物的亲密之际，得到审美愉悦，获得心灵满足。“托物言志”“借景抒情”是最真实的写照。

3. 景点翻译的美学特点

旅游景点材料英译，旨在增加外国游客对中国古老文明的了解，使其领会中国优秀的人文和地理特色，向其传递中国人民的友谊，缩小文化差异，消除彼此隔阂。

因此翻译时应该保留原语的艺术空白，以“吾身入乎其中而涵泳玩索之”，以充分驰骋想象去品“味外之味”，去寻“象外之象”，从而“各以情遇而自得”。

旅游景点翻译除了语言逻辑成分以外，更重要的是要有美的展示，这在中国自古至今都能体会到。中国古代山水诗词的描写，大多具有虚幻空灵的意境美，国人在“好读书，不求甚解”的传统文化浸淫下，都能从不确定之中感受到其中的美。

读者在阅读作品之前都具有“期待视野”，即读者原先各种经验、趣味、素养、理想等综合形成的对文学作品的一种欣赏水平，在具体阅读中表现为一种潜在的审美期待(朱立元，2004：61)。译者的前理解在翻译中起着举足轻重的作用，要想更好地理解原文，译者就必须更深入地了解不同时代、不同民族、不同文化的语言、历史、文化等，只有这样，才能具备充足的前理解条件，以填补文本理解上的空白。

另外成功译者对原文和译文必须具有高强的语感，对于双语中或明或暗，或显或隐的美，要具有敏锐的识别力，鉴别力，复制力，乃至创造力，这样才能准确捕捉到译作的精髓。

以下一段文字，是我国著名景点张家界的中文介绍：

> “境内群峰拔地而起，如巨笋傲指苍穹，金鞭溪夹岸断岩绝壁，野藤古树、好一派原始风采，溪水如条条彩带铺展于千山万壑之间。在黄狮寨顶观山，气势磅礴、

千罗万象，让人叹为观止。”

车尔尼雪夫斯基说：“美感的主要特征是一种赏心悦目的快感。”以上这段文言闪烁的表达，古朴典丽，雅饰文饰，不给读者一种阅读享受吗？请看这一段文字的英译：

Seeing the steeply-rising and grotesque peaks, hearing the streams flowing valleys, walking through the dense forest one can not help acclaiming the perfection nature of Zhangjiajie National Forest Park.

译者运用个人创造力，将汉语原文的客观写景，到译文的主观感受，转换视角，有详有略，取得了异曲同工的美学效果。

4. 景点翻译中变译之审美理据及变译度

所谓创造力，理所当然也包括翻译中的变通——变译。变通即使在封建礼教之下也是必需的，《孟子·离娄章句》中有一段经典对话：

淳于髡曰：“男女授受不亲，礼与？”孟子曰：“礼也。”
曰：“嫂溺，则援之以手乎？”
曰：“嫂溺不援，是豺狼也。男女授受不亲，礼也；嫂溺援之以手，权也。”

若要死守男女授受不亲的信条，嫂子掉在河里，也不知道该不该救，而孟子教之以变通，要善于权变，援之以手，否则他便是豺狼。

景点翻译中的变译，就是“迎合”读者，赢得旅游资源，照顾和迁就读者的利益、志趣。变通有六种：一、因读者而变，表明变译的动机和目标；二、由译者来变，表明变译的主体是人，极少的情况下是机器；三、对原作施变，必须是在变通原作之后或同时的翻译活动；四、摄取的战略，表明变译是站在文化传播这一全局实施的摄取战略，而非完整地输入读者所需信息的策略；五、变通的战术，表明战略由战术实现；六、信息的集约，表明变译追求少投入多产出。（李亚舒、黄忠廉，2004：57－58）

由于文化冲突、文化空缺，景点翻译时势必会产生某种程度的不可译性，或不必译性，产生某种“背叛”，但这种“背叛”应该以奈达（Nida）之“译语读者能够基本上如原语读者一样理解或欣赏”（马会娟，2003：19）为标准。

汉语喜用虚空之词写景抒情，多凝练含蓄、音韵和美。表现在景物刻画时不求明细，而求空灵静虚、隐秀含蓄，追求“象外之象”“言外之意”。英语的景物描写多实景实写、客观理性，力求准确真实地再现自然，在遣词造句上显得客观朴实，干净利落。英汉两种语言之差异，决定了景点翻译时要有变化。但变译不是乱译，不是译者随心所欲地任意添减。

请看一段青岛介绍及英译：

“烟水苍茫月色迷，渔舟晚泊栈桥西。乘凉每至黄昏后，人依栏杆水拍堤。”

这是古人赞美青岛海滨的诗句。青岛是一座风光秀丽的海滨城市，夏无酷暑，冬无严寒。西起胶州湾入处的团岛，东至崂山风景区的下清宫，绵延 80 多华里的海滨组成了一幅绚烂多彩的长轴画卷。

Qingdao is a beautiful coastal city. It is not hot in summer and not cold in winter. The 40-km-long scenic line begins from Tuan Island at the west end to Xiaqing Gong of Mount Lao at the east end.

有人认为，向外宾介绍旅游景点，讲究的是实在内容，至于美的感受，就留给游人去体会(李亚舒、黄忠廉，2004：74)。所以上例译文略就略去古诗的翻译，将距离、地名等都如实地进行了翻译。读者清楚那理性40-km-long有多远，但他如何得知 Tuan Island，Xiaqing Gong，Mount Lao 在何处？这些地名有何文化内涵？译者原以为可以替读者考虑，删除了原介绍中的古诗，但这首诗留与不留之间会有什么样的审美差异呢？

游山玩水，吟诗作赋，从曹操的《观沧海》算起，距今已近 18 个世纪，享有盛名的诗人多达千家。诗作与景物交融互补，不可分割。旅游者不管是到江海湖泊、五岳黄山观光，还是到历史古迹、园林花圃览胜；不管是听涛观潮，还是赏月看花……他们都会读到、听到或者联想到描写景物的相关诗句，观景时品诗，不仅能够提高游兴，而且能够丰富景观的审美价值，提高观赏者的审美水平。从旅游审美的角度分析，山水诗歌会在以下几方面对旅游者产生积极的影响：典型形象美、诗情画意美、哲理内涵美与历史沧桑感(王柯平，2000：464)。如畅游长江三峡，自然会想起李白的诗："朝辞白帝彩云间，千里江陵一日还。两岸猿声啼不住，轻舟已过万重山。"来到武汉，登上黄鹤楼，不由会想起唐朝诗人崔颢写的《黄鹤楼》："昔人已乘黄鹤去，此地空余黄鹤楼。黄鹤一去不复返，白云千载空悠悠。晴川历历汉阳树，芳草萋萋鹦鹉洲。日暮乡关何处是？烟波江上使人愁。"

通过对山水诗歌的欣赏，还能增强对相关景致的理解。读了《岳阳楼记》，眼前会浮现烟波浩渺的洞庭湖、滚滚东去的万里长江，他会用心灵之眼看到"朝晖夕阴，气象万千"的水光楼影。

美的感受首先应该表现在宣传材料之中，吸引读者，使其产生美的追求。如果将引起美感的所谓空泛之词全部删除，那么整个介绍便只剩下孤零零的纯粹理性描述，这如何能勾起读者的兴趣呢？

不由令人想起一个黑色幽默。在分析朱自清的《荷塘月色》时，有人提出朱先生文章啰嗦，拐弯抹角讲太多，不如直来直去，删繁就简。于是提出，要分析河塘，只需给出河塘长多少，宽多少，深多少就得了。这与上段译文何其"异曲同工"！

笔者认为，旅游景点要吸引人，首先是要有好的人文环境，优美的状物描写，这是打动游客的前提条件。若将此等煽情部分全删除，只剩下光秃秃的写实，那就等于说："我这里有山，有水，欢迎大家来游玩！"其宣传效果可想而知。

钱锺书曾进一步指出：翻译必有"失"，但失于此可以得于彼。那么，翻译又如何能够做到"失于此可以得于彼"呢？这就牵涉到作为审美主体的译者在翻译过程中如何发挥其主观能动性的问题了。变译就是要调动译者的主观能动性，就是要求译者从审美的角度来把握变译的度。

变译度是原文与译文之间相互容纳的程度，是达到阅读的最佳审美效果的质的临界点。超过或低于这一度的界线都不能达到最成功的阅读。读者的接受是有一定的度的，尽管有意义不确定性，而且不同的读者会产生不同的具体化，但是这并不意味着读者可以任意解读文本，牵强附会，随意增减，文本意义仍然具有相对稳定性和可把握性。读者就像是足球场上的运动员，他能驰骋绿荫，但是他的有效范围在球场上，超出这一范围，一切就变得毫无意义。

格式塔心理学认为，当一个不完全的形状呈现于读者眼前时，在他的心理上必然会产生一种内在的紧张力，迫使大脑皮层激烈地活动，极力改变这种形状，使之恢复为完整、和谐的

形状，从而达到心理平衡，这种心理倾向，被称为闭合性。人类创造性的心理机制常常实现于格式塔的这种闭合性之中，而不完满、有空缺正是人们进行心理闭合的重要条件。

在旅游审美活动中，旅游宣传文本的艺术水准、结构样态形成的一种力，与由潜在的旅游者的审美经验与期待视野构成另一种力。游客的期待视野与景点介绍的召唤结构之间适度错位，景点介绍的审美水准高于游客的期待阈，可以形成强烈的完形压强，唤起创造者对意义不确定性的热情，使创造者获得巨大的审美愉悦。

美国人詹姆斯·邓恩在评价汉诗英译时说："也许把中国诗译成英文诗的最重要问题是目标语言不能像原始版本那样容纳那么多的歧义以及由此所产生的那么多语义的浓缩。这种藏而不露的表达使许多东西变得模糊不清。"（刘新明，1994：190）

苏珊·朗格认为：艺术的知觉方式是幻想，要为人们提供想象的空间，不必用语言去叙述对象的全部情况。著名美学家王朝闻说："艺术形象，其实不过是借有限的但也就是有力的诱导物，让欣赏者利用他们的那些与特定的艺术形象有联系的生活经验，发挥想象，接受以致'丰富'或'提炼'着既成的艺术形象。"赫伯特·托尔曼在《翻译的艺术》中指出，译者在理解原文时，必须使自己完全沉浸在原作的思想和情感中，读到原文的词句，应在脑子里产生出其所指物，即形成概念，然后再从译语中找出对应的词，表达这一概念。

如上所述，翻译中变译是不可避免的，但是译者主体性的过度张扬，必然使文本的解读变成不受限制的愉悦游戏，其结果不仅破坏了文本的完整性，而且消解了文本的审美内涵。只有对中英文化、历史背景都有深入了解，才能实现两者之间的视野融合，实现景点翻译的审美追求。因此，中国景点英译时，要根据文章特点适当进行变译，同时要尽量保留原文中那些引起美感想象的模糊意象，尽量展现汉语景点诗词的魅力，让旅游者发挥想象力去实现其"心理完形"。

选文二

旅游外宣文本英译的读者关照与顺应性变译

李 静

导 言

此文选自《中国科技翻译》2016年第3期。选文由四个部分组成。第一部分简述了翻译具有跨语言、跨文化特征，受到语言内部和语言外部等诸多因素的制约与影响，所以，译者在整个翻译过程中所有的选择都需顺应多维度、多层次的翻译目的，这样才能使得译文的社会价值得以实现。第二部分介绍了旅游外宣文本英译的读者关照与变译的必要性，强调了译者应该把译语读者作为关注的中心，充分考虑到其文化背景、认知习惯、审美情趣以及阅读心态等差异，得当处理。第三部分介绍了旅游外宣文本的价值诊断及其顺应性变译范例。第四部分总结了变译的重要性及其推动外宣文化发展进程的积极作用。

当前中国的旅游业发展迅速，在国民经济发展中的地位和作用日趋凸显。然而近年来，境外游客有所减少。有统计数据表明，致使国际游客人数下降的主要因由之一就是中国旅游资源对外宣传不力。当前旅游外宣资料英译中广为存在的问题是对中外游客的文化差异认识不够，导致译文缺乏必要的变通，可接受度不高。

1. 翻译过程中译者的顺应性选择

翻译是有目的的交际行为，其过程是译者作为中心主体不断地做出选择的过程，译者选择的目的必须保证交际能够成功进行。由于这种交际具有跨语言、跨文化特征，受到语言内部和语言外部等诸多因素的制约与影响，所以，译者在整个翻译过程中所有的选择都需顺应多维度的、多层次的翻译目的，这样才能使得译文的社会价值得以实现。只有译者做出的选择顺应了译语语境的需要，以译语价值为取向，才能够有效保证跨文化交际的成功，最终才能实现翻译的功能。旅游外宣文本翻译的目的在于吸引更多海外游客，译文的可读性要求高。这样的翻译目的就要求译者时刻具有观照译文读者的目的意识，对文本作出符合读者阅读趣味的价值诊断，有选择性地给予认同，然后做出顺应性的抉择，对原文加以变译。

2. 旅游外宣文本英译的读者观照与变译的必要性

变译是译者根据特定读者在特定条件下的特殊需求借助增、减、编、述、缩、并、改等灵活变通的方式摄取原文中心内容或部分内容的翻译活动。相较传统的忠实翻译伦理观，变译是对翻译方式必要的补充。旅游外宣文本是一种感召功能较强的应用文本，具有一定的商业性。毋庸赘言，译者应该把译语读者作为关注的中心，充分考虑到其文化背景、认知习惯、审美情趣以及阅读心态等差异，妥善处置。

3. 旅游外宣文本的价值诊断及其顺应性变译范型

3.1 译者对源语语篇内容布局的选择性认同与顺应性摘编

旅游文本的首要功能就是提供旅游基本信息，但是英汉两种民族的语篇创作模式由于生活的文化环境不同，以及知识结构的差异，对语篇信息的布局和侧重点的安排显然是各有所向。故此，对于源语文本是主是次的信息对于译语读者而言并非完全一致。无论是源语读者还是译语读者，都会调动自己一直享有的阅读习惯来摄取旅游语篇中的主次信息。所以，译者应顺应读者的阅读习惯，在源语语篇中有选择性地认同那些对于译文读者有价值的信息，摘取重点，编辑原文，采取顺应性的摘编。以肇庆鼎湖山的旅游宣传为例。

例 1: 鼎湖山亦是一个避暑胜地，每年数以千万的游客慕名前来观光考察。鼎湖，山清水秀林茂，古往今来，吸引着无数游客登临，文人盛赞鼎湖兼有我国六大名山之特色，即有王屋之奇，青城之秀，武夷之清，西樵之逸，丹霞之媚，委羽之幽。登高鸟瞰，但见莲花峰、三宝峰、归云峰、青狮岭、白象岭、屏门岭、龙门山、伏虎岗，层峦叠嶂，绵亘曲折，苍崖环翠，远岫云飞，美不胜收！

译文：Dinghu Mountain is a famous summer resort，attracting a great number of tourists every year. Renowned for its clear water，shady trees and green hills，Dinghu has been acclaimed far and wide for its oddity，elegance，clarity and tranquility. A climb to the top would bring you a bird's eye-view of the surrounding hills，with white clouds floating and jade-green ranges spreading to the distant skyline. What a charming sight it is!

该段文字借“六大名山之特色”渲染鼎湖山的秀美，并逐一列举鼎湖山众多山峰，激发读者游览的冲动。而这些汉语旅游语篇布局的重点，对于外族游客来说未必是其接受习惯的关注点。对此，译者没有对原文“顶礼膜拜”，而是鉴别了对于读者是主是次的信息，选择顺应读者的接受需求，摘取、整编原文，隐去了六大名山和鼎湖山众多山峰的名称，凸显了旅游基本信息。所以，译者对旅游源语文本所呈现的信息，加以价值识辨，去“伪”存“真”，变通原作文本。再看兵马俑外宣文本中有关“跪射俑”(Kneeling Archer) 的翻译。

例 2：(跪射俑) 重装步兵的一种。发现于二号坑东北角弩兵方阵的中心部位，双手作持弩状，共 160 个。

原译：It is one kind of the armored infantrymen. It was unearthed from the center of the archer formation，which is located northeast of Pit 2. The pose of both hands evidences that his figure held one crossbow originally. Altogether 160 kneeling archers were found in Pit 2.

该译文把汉语文本的所有信息不加调整地全译，貌似忠实，实则成为文字堆砌，难以得到游客的认可。为此，拟调适原文，加以摘编变译如下：

It is one kind of the armored infantrymen. His pose of both hands evidences that his figure held one crossbow originally. Altogether 160 kneeling archers were unearthed from the center of the archer formation in the northeast of Pit 2.

改译文符合国外读者的阅读价值诉求。

3.2　译者对译语文本篇章结构特征的直觉性认同与顺应性整合

在英汉语篇的展开模式方面，语言对比研究成果表明汉民族擅长归纳，含蓄推进，先因后果，最后画龙点睛；英美民族崇尚演绎，开门见山，直白表达，先果后因。展开话题时，英语写作往往开门见山，先总后分，而汉语往往迂回曲折，先分后总。旅游语篇的写作也同样折射出英汉民族思维的这种差异性。据此，合格的旅游译者必然会直觉性地对译语文本的篇章布局作重新调整，整合结构，灵活处置，顺应读者的接受视野，使译文具有劝说的功能。以自贡盐业景点的旅游宣传为例。

例 3：中国井盐输卤技术，伴随采卤技术的演进而发展。从早期的渠道输卤和管道输卤，发展到宋代肇始、明清时逐步完善的竹笕输卤工艺。现代管道输卤使用新材料、新设备和新工艺，形成了一套较为完备和科学的输卤体系。

译文：With evolvement of the extraction technique，the Chinese brine transport technique has developed into a scientific and sound system of modern pipeline brine transport which makes use of new materials，facilities and technologies. Originating from the ditch and pipeline transport in the early days, it experiences the inchoation and gradable perfection of bamboo pipeline transport respectively in the Song Dynasty (960-1279), and in the Ming and Qing Dynasties (1368-1911).

汉语原文属于归纳式的思维。显而易见,译者对英汉两种篇章结构的异同具有充分的认知,表现出自然的译语价值认同,恰如其分地整合了原文。按照演绎式思维重新谋篇布局,顺应了译语写作传统。

3.3 译者对译语旅游写作美学的自觉性认同与顺应性改写

英汉两种语篇系统虽然指涉同一旅游主题,但行文风格差异很大,表现在遣词造句方面,言语配置大不相同。“中华民族的写作美学常常是语言表达人文色彩浓郁,主观色彩极浓”;而英语旅游语篇更多的是“语言表达客观实际,景物刻画直观明了”,没有汉语里那些过于渲染的意象,游客受众在朴素平淡的遣词之中便可获得对旅游景点的理性认知,品位景点独特的旅游文化资源。所以在旅游翻译过程中,合格的译者会自觉地关注英汉两种语篇系统的差异,舍弃原作的行文风格,代之以译语的语篇行文风格特点,实现顺应性的改写。

例 4:楚王墓规模宏大,墓内浴室和厕间设计巧妙,制作精细,室内四壁、顶部均涂有多层红色的澄泥。

译文:The tomb of the king of Chu State (475-221BC) is magnificent which includes a bathroom and a lavatory. Both of them are skillfully designed and carefully built with walls, ceilings and floors painted with layers of special red clay.

这是国家4A级景区徐州博物馆馆内陈列的对外宣传,“设计巧妙,制作精细”等四字词格,工仗整齐,颇具汉语写作美学的文风,而译者灵活变译,译文文笔通达,不矫不饰,淡身于朴实无华的英语写作风格之中,顺应了英文读者的接受习惯。

3.4 译者对译语读者文化期待的能动性甄别与顺应性增删

旅游景地所承载的“文化专有项”(culture-specific item)是一个民族的历史文化的结晶,源语读者较为熟悉,而异国游客一般知之不多。所以,译者在译前必须对读者的文化认知能力进行充分的估计,适当增添或抑减文化信息,因为“等量的信息不一定等效”。为此,译者需要评估读者文化视野中的“信息缺失”或“信息冗余”,增添必要背景信息。再以一段自贡盐业景点的宣传为例。

例 5:自流井深井钻凿技术在清代道光年间已趋于成熟,其周密的凿井工序,纠正井斜、补腔和叼换木柱等工艺,是中国古代钻井技术的伟大创造。

译文:During the reign of Emperor Daoguang of the Qing Dynasty (1821-1850), the deep well drilling technique in Ziliujing tended to be mature. The complete set of technique was a great invention of Chinese ancient well drilling, comprising the systematic procedure of well drilling, and the techniques of correcting well deflection, fishing fallen objects, borehole cleansing and wooden column replacement.

译文甄别了读者的文化期待视野，把其缺乏的文化历史背景“清代道光年间”加以变通，改为世界公历年份，便于英语读者接受。对于旅游宣传资料大多热衷于诗歌咏颂或引经据典来装点景地的现象，译者应该适应读者的期待维度，删减对其并无实质性意义的冗余信息，便于实现感染文本(vocative text)再造“文本形式以直接达到预期的接受者反应”。译文如若照搬直译而不给予适当调整，只能增大读者的阅读阻力，削弱接受效果。下例关于青岛旅游资料的译文则删减了原文诗词，只保留简洁的具体信息。

例 6:“烟水苍茫月色迷，渔舟晚泊栈桥西。乘凉每至黄昏后，人依栏杆水拍堤。”这是古人赞美青岛海滨的诗句。青岛是一座风光秀丽的海滨城市，夏无酷暑，冬无严寒。西起胶州湾入海处的团岛，东至崂山风景区的下清宫，绵延 80 多华里的海滨组成了一幅绚烂多彩的长轴画卷。

译文：Qingdao is a charming coastal city, whose beauty often appears in poetry. It is not hot in summer or cold in winter. Its 40-km-long scenic line begins from Tuandao at the west end to Xiaqing Gong of Mount Lao at the east end.

4. 结语

变译是一种顺应读者需求，具有很强目的性的翻译行为。与全译行为相比，必要信息的变译能够观照国际游客阅读兴趣的诉求点，以更佳的接受效果向外国游客展现中国旅游资源，促进中国的旅游产业发展。

选文三

旅游翻译的变译理据

吴　云

导　言

此文选自《上海科技翻译》2004 年第 4 期。选文对旅游翻译中的变译理据问题进行了讨论，并指出常见的变译手段适用于旅游翻译。选文分为六部分。第一部分指出采用阐释法可弥补词汇与意义分离的不足；第二部分剖析了通过变译手段可解决跨文化交际中的语用冲突；第三部分通过具体实例探讨了变译方法在释放语言外信息，补充文化缺省方面的作用；第四部分阐述了语言美在旅游翻译服务中的体现，并提出变译手段的必要性；第五部分提出变译可提高译文集约化程度，使译文信息量相对增多，从而凸显原文使用价值；第六部分为结语，总结了变译是全译的重要补充方法，并指出变译对政治、法律和科技翻译具有一定的局限性。

作为一种文化现象，旅游活动主客之间的接触过程中，由于不同文化背景的隔阂，双方沟通发生困难，人类学者称之为“文化距离”(cultural distance)。距离存在的原因首先是由于语言障碍，即使有译者的帮助，相互之间还是不能得到充分理解。笔者认为，旅游翻译应是文化信息的有效传递，而并非等效传递。有效传递要求译者“译而作”，偏重读者文化结构的三个层次(物质层次、制度层次和精神层次)，考虑译文的可读性和读者的接受效果，对原作实施变译。变译是对原作的部分否定，是“扬弃”，故变译后的旅游信息量或增多，或减少，但质得以优、得以递增。再者，现代旅游者更注重精神需要。求知、求美、求新的需要日益增强。在导游词或其他旅游资料中，涉及语言描述风俗传统时，外国读者大都没有足够的知识通过翻译(全译)完全了解中国文化现象。在这种情况下，译者则应该给旅游者提供必要的补充知识，或改变知识结构传递形式，保证打开进入另一文化的大门。

变译是一种宏观方法，它以句群为中枢，运用增译、阐译、删译、编译等常见变通手段，实施语言各单位层次上的变译。变译者在原作基础上采用各种变通手段，做出种种有悖于原作但有利于旅游信息接收者的变译，照顾读者的利益、志趣，予人方便，同时也把自己从文化冲突中解放出来，何乐而不为？下面我将从制约旅游翻译的规律入手，对旅游翻译中的变译理据加以阐述。

一、弥补词汇与意义分离的不足

词汇和意义是相互联系的，同时，两者也是可以分离的(桂诗春：2000)。世界上所有自然语言都存在这样一些词语，它们的存在并不依赖于意义；同样，也有一些意义无法用一个词来表达。大豆是中国人饮食生活中一种重要的原料，与大豆有关的词语有很多，如豆腐、豆浆、豆花、豆腐脑、臭豆腐、麻婆豆腐等，英语只有 bean curd。汉语词这些细微的差别，只能用英语中的短语或句子来解释，因此，“臭豆腐”的英语译文是“Tofu” (pleasantly pungent bean curd)。同样的道理，汉语的“糍粑”翻译成英语就是“cooked glutinous rice pounded into paste”；“压岁钱”的英语是“gifts of money in small red envelopes”；“粽子”的英语是“a pyramid shaped dumpling made of glutinous rice wrapped in reed leaves”。这些现象说明词汇和意义不是在同一平面上的，从而形成不对等的翻译。这意味着为跨文化的旅游翻译制造了障碍。

观、吃、住、行、购是旅游活动的主体，其词汇与意义最易产生不一致现象，亦是最能体现文化差距之处。诚然，文化特色和差异有时有规可循，但有时若照搬全译，则束缚手脚。此时不妨采用变译手段。就词层变译而言，用得较多的方法是阐译法。阐译就是“阐”与“译”的结合。“阐”即解释意义，是在充分理解原文的基础上，将原文的意思用译文表达出来。在旅游翻译中有许多是读者难懂的东西，有必要把它弄明白，置于译文之中。当然，有时碰到这种情况，译者亦可采用加注释的方法。然而，注释法不适用于旅游翻译，因为游客求“知”心切，加之旅游时间有限，容不得译者将一大串注释语放在一大堆陌生名词后面。

二、解决语用冲突

由于历史的沉积，每种语言都打下了凝重的文化烙印。同一个词可以有不同的文化标

记，形成不完全的文化映射(incomplete cultural mapping)。尤其是颜色词、数词、动植物词，在跨文化交际中各有不尽相同的标记，有不同的语用意义，不同民族借用它们表达相异甚至相左的思想、感情和文化意境。“怡红院”的英语译文是“The House of Green Delights”，因为在英语里“green”的语用意义才是汉语的“红”的话语含义：轻浮与浅薄。上海南京路上的步行街如果尝试译成“walking street”，那可就贻笑大方了。“street walker”不是“在大街上步行的人”或“逛大街的人”，而是“在街头拉客的妓女”；因此，“walking street”当然就不是“步行街”的意思，其语用意义不言而喻，懂英语的外国游客看了这块街牌当然感到滑稽可笑。此时可对“步行街”实施变译，用“pedestrian mall”突显其功用信息，这才不失为一个好的街牌英语译名。

三、释放语言外信息，补充文化缺省

所谓语言外知识，指的是话语的非语言语境，它包括情景知识(时间、时代、地理、方位)、社会常识、自然科学常识、说话者的共享知识等。原文作者都假设读者拥有一定数量的信息，译者也一样。但外国读者却没有或不完全拥有这些信息。优秀的译者有责任补充这些知识，运用常见的变译方法，如类比释义法，在目标语中最大限度地创造新的文化意象。

我国历史悠久，历史事件错综复杂，朝代变换似走马灯，外国游客对此一定感到陌生。类比释义可以缩短这种文化距离，即用外国人熟知的时间年代去比拟。这在导游翻译中尤其常见。请看下例：

> 相传三国时期，吴淞江的北岸就建起了一座寺院。后易名为静安寺。
>
> Legend has it that during the Three Kingdoms Period, a temple was built on the north bank of Wusong River, and it later adopted its present name of Jing An Si or Jing'an Temple.

在这段导游词中，时间概念是压缩在“三国时期”里的。翻译这里的语言外信息时，要因游客的身份不同而作相应的增义变译。如果这段导游词是让美国人听的，就可以用哥伦布发现新大陆来说明，指出在哥伦布发现新大陆 1 240 多年前静安寺就存在了。

Legend has it that during the Three Kingdoms Period, a temple was built on the north bank of Wusong River, and it later adopted its present name of Jing An Si or Jing'an Temple. *The Temple had existed more than* 1240 *years before Christopher Columbus discovered the New World*.

若遇上英国人，就告诉客人静安寺是在人人皆知的英国文学巨匠莎士比亚出世前 1 300 多年就建成了。

Legend has it that during the Three Kingdoms Period, a temple was built on the north bank of Wusong River, and it later adopted its present name of Jing An Si or Jing'an Temple. *The Temple had existed more than* 1300 *years before William Shakespeare was born*.

有时，原作被全译过来，只是传达了表层意思，句子的深层含义有时令读者困惑，需要译者将压缩的地理信息释放出来。

西山位于昆明西郊，滇池湖畔，距市区十五公里。它峰峦连绵四十公里，海拔约二千五百米。

The Western Hills, about 15 kilometers from Kunming, is located on the edge of Dianchi Lake in the western suburbs of Kunming. It is stretching *from north to south* for 40 kilometers with an altitude of some 2,500 meters above sea level.

读这段变译前的译文（除斜体部分外）时，我们看不出西山的走向。了解昆明的人可成为"专家"读者，尽管"It is stretching for 40 kilometers"表达模糊，也能看到西山的走势。但对于从未涉足昆明的外国读者来说，他的"无知"不可能让他正确理解西山的位置，因而译文中"It is stretching for 40 kilometers with an altitude of some 2,500 meters above sea level."一句是不能接受的。这种情况则需要读者最大限度的语言外知识。就此例来说，译者的职责在于对现象的本质加以揭示。变译后的译文添加了 from north to south，用于补充地理方位知识。通过阅读阐译后的译文，外国游客对西山概念就明确清晰了。

四、讲究语言美的需求

旅游业是感情密集型企业，服务过程和操作过程都伴随着语言技巧和文字技巧的运用。服务技巧作为劳务质量的重要组成部分，其基本要求之一是要充分利用语言艺术，以满足游客求美心理需求。语义学家利奇（Leech）指出，语言的交际功能包括信息的表情指示功能和美学应酬功能。这一点在旅游翻译服务中体现得更加突出。总体来说，旅游翻译应做到音律美、意境美、诙谐美、简约美、形式美、洒脱美、情理美和形象美等。要在译文中实现这些美的享受，没有变译手段的参与是不行的。如汉语的"银耳"可有三种英语译文：① tremella，② white fungus，③ silver mushroom。

译文① tremella 固然名正，但是学究味太浓。译文② white fungus 则使人联想到 yeasts、molds 或 smuts，游人胃口大倒。译文③silver mushroom 尽管与 tremella 不完全一致，但两者仍有联系，同属真菌类，而且 mushroom 为人们生活中的常见词，通过它游客很容易理解"银耳"为何物。这种类比变译，不能保证原文所有价值在译文中得以体现，但至少可以在译文里找到原文的使用价值，因为变译译文是对原作价值的凸显。译者根据读者的特殊需求，在不同语境中变换原作的使用价值。上例中"银耳"的读者是游客，其需求是非学术性的。只要译文有足够的形象美能唤起他们的食欲，便达到了译者的目的。

再如，某饭店康乐中心男士健身房的入口处有一标语：我们的训练课程使老人锻炼得年轻，年轻人得到锻炼。这种类似回文且富有情理美的汉语行文，要在英语译文中实现同样的效果是可能的，关键在于所选的词要侧重凸显语言美。不妨将原文变译为"We have courses to make grown men young, and young men grown"。细细品味，译文的情理美和音韵美尽在其中。

很多情况下，译者通过变译创造出临时词语，译文比原文更美。比如，某休闲中心有一句广告词"有什么能比钓的鱼更有味？"，它的译文是"What could be delisher than fisher?"。句中"delisher"为临时语，与"delicious"谐音，又与"fisher"近形，既有音律美、形式美，又不失诙谐之美。

五、提高译文集约化程度

几乎任何语言都存在冗余现象。从跨文化交际和语言对比研究的角度来考察，语言与语言之间的冗余度差异迥然。每种语言都有自己的冗余规律：独特的行文结构和描写手法、极富民族特色的设比用喻，等等。如汉语的"沉鱼落雁之美"，到英语里就成了"无鱼无雁"的"surpassing beauty"了。翻译导致了文化的失落，此属无奈之举，姑且称之为文化冗余吧。消除原文冗余，凸显原文使用价值，从而得到文字信息更集约化的译文。这种变译手段通常在段层单位进行。

段层变译包括段内变译和段际变译。段内变译是对原作部分内容进行聚合、增添、合并、改换等变译活动，以句、句群为变译单位。段际变译是从全篇的大局出发，对原作内容进行聚合、增添、合并、改换等变译活动，以段为单位。无论是段内或段际变译，都涉及一个衔接的问题，即如何用归结句，插入语句、关联词，过渡语句等来使翻译通顺、自然。下面请看一个饭店广告变译的例子。

(1) 北京建国饭店坐落于中国首都北京的市中心。(2) 室内设计融合传统与现代典雅风格，提供各项舒适周全的待客设施。(3) 饭店采用低楼层设计，亭园水榭，绿树成荫，阔落庭院，配合瑰丽豪华的大堂，自然成为北京最热门的聚会地点。(4) 北京建国饭店尽占地利，无论商务及观光均至感便利。(5) 位处北京商业及行政中心地区，距天安门广场只需十分钟车程，而前往首都机场亦只需二十分钟。(6) 四通八达，方便省时。

(A) Situated in the heart of the nation's capital, the Jianguo Hotel Beijing combines elegant traditional interiors with every modern guest amenity. (B) Luxuriant water gardens and a courtyard highlight the hotel's low-rise setting. (C) Just 10 minutes from Tiananmen Square and 20 minutes from Beijing's Capital Airport, we are ideally located for business and sightseeing.

变译过程如下：

1. 通读原文，决定原文内容取舍，摘译价值大的信息。

2. 原句(1)与删节后的句(2)合并，译成(A)句。删节后的句(4)与句(5)合并，译成(C)句，并且句(4)与句(5)的信息出现的时空结构改变了，这些同属编译。

3. 句子经摘译后，仍有一些词语不便实译，如"亭园水榭"，"阔落庭院"等，分别用英文转述为"luxuriant water gardens"和"a courtyard"，并加上一个动词"highlight"来陈述与"the hotel's low-rise setting"的关系。这是译述。

由上例可见，摘译删除的是原文中那些不需要的冗余信息，故而篇幅减少，但有用信息即所需信息凸现，信息相对比重增大。摘译不够就编，编译不够就加入译者的述语。如此施变之后，结构上使原来松散的原文得以浓缩。译者的劳动集约化程度高，译文信息量相对增多，这是变译的特效之一。另则，汉语广告语言的冗余度更大，要在英文中再现几乎是不可能的事，只好抛开原文的语言形式，按照其实际的内容施行变译。请看下例一则餐厅广告：

海湾餐厅
意气洋洋　意味深长

意国风情，创新演绎。秘制意粉面食，特式扒海鲜，选料新鲜上乘。明炉新鲜烤烘薄饼，口味香脆，必令您再三回味。

每日中午12时至下午3时，下午6时至11时营业，逢星期一休息。

Restaurant Littoral

Looking for some great Italian food?

Treat yourself to antipasti, mouth-watering pastas, grilled seafood and pizzas baked to perfection in our wood-fired oven. All dishes are prepared in our open kitchen using only the freshest ingredients.

Lunch from 12 a. m. to 3 p. m. and dinner from 6 p. m. to 11 p. m. Closed on Monday.

原文汉语有三个以"意(意大利)"押头韵的词语，意在给予读者先入为主的印象。游客还未入店门，广告词就送来扑鼻的意大利食品异国风味。这种意境在英文里无法再现，取而代之的是一个设问句"Looking for some great Italian food?"；接着，如同数学里提取公因子一样，广告其余句子里含有的"新""鲜"或"新鲜"都被提了出来，译成"using only very freshest ingredients"并另起一段。除了以上编译手段外，译者还删除了原文中比较虚的华丽辞藻："口味香脆，必令您再三回味"，提高了译文的集约化程度。

六、结语

如前所述，变译是全译的重要补充方法，有时甚至变译译文质量超过全译译文。变译是"变"和"译"的结合，但更强调"变"。面对我们所接待的旅游者，他们的社会地位、阶层、职业、受教育程度、兴趣、文化、宗教信仰、年龄各异，来华想了解的东西也不一样，因此，我们必须采用不同于全译的翻译方法，因人而异，因材施变，切不可使旅游翻译千篇一律，不能不看对象地照本宣"译"。另则，我们已生活在网络信息时代，时间就是生命，速度就是效益，变译即为上策。有效的变译有及时、节省篇幅、降成本的特效。而且，网络使全世界的人感觉是在同一个地球村里，随着中外文化的不断融合，游客的旅游观念和知识结构亦在不断更新。故而，我们的旅游翻译必须要变着花样迎合外国游客的口味，使他们真正感到游有所值、游超所值。总之，旅游翻译工作者有责任随时做到有针对性地变译，以满足游客的特殊要求，达到旅游翻译的目的。当然，必须说明的是，尽管变译理论特别适用于旅游和广告翻译，但对政治、法律和科技(尤其是正规的文件和论著)翻译则有一定的局限性。

【问题研讨】

1. 何谓"变译理论"?
2. 人们认为变译是翻译实践中的一种普遍现象，你是否认同这种观点?
3. 变译理论对旅游翻译研究和实践有何意义?
4. 旅游翻译中的变译理据有哪些?
5. 旅游翻译中变译手段的使用与读者反应有何内在联系?

【延伸阅读】

[1] NEWMARK P. A textbook of translation [M]. Shanghai: Shanghai Foreign Language Education Press, 1993.

[2] 陈水平.旅游翻译的误区与价值伦理回归[J].中国科技翻译,2012(3).

[3] 程尽能,吕和发.旅游翻译理论与实务[M].北京:清华大学出版社,2008.

[4] 崔娟,李鑫.变译理论视角下的旅游文体英译研究[J].鲁东大学学报(哲学社会科学版),2017(5).

[5] 黄忠廉.变译理论[M].北京:中国对外翻译出版公司,2002.

[6] 黄忠廉.变译理论研究类型考[J].外语学刊,2011(6).

[7] 金隄.论等效翻译[M].北京:中国对外翻译出版公司,2001.

[8] 罗建生,李敏杰.变译理论指导下的西部民族地区旅游景点公示语英译研究[J].中南民族大学学报(人文社会科学版),2015(5).

[9] 阳琼.变译理论视角下的旅游文化意象重塑[J].长春大学学报,2017(5).

[10] 杨丹屏.变译理论关照下跨文化旅游英译研究——贵州青岩古镇旅游英译之管窥[J].贵州师范大学(社会科学版),2015(5).

第六章　认知图式视角下的旅游翻译研究

导　论

“认知图式”是瑞士心理学家皮亚杰提出的认知发展理论的一个核心概念。他认为，发展是个体在与环境不断地相互作用中的一种建构过程，其内部的心理结构不断变化，图式是人们为了应付某一特定情境而产生的认知结构。

这种知识结构并非毫无秩序地将知识储存在人的大脑中，而是围绕某一主题相互联系，形成知识体系储存起来。图式可被理解为人思维中固定的抽象结构，是个体思维在记忆中的储存方式，可分为语言图式、内容图式和形式图式三大类。其中语言图式包括语音、词法、句法等语言知识，是最基本的图式因素；内容图式涉及文本中与文本内容相关的文化背景知识，这些知识一般隐含在文本中，有待读者的挖掘和发现；形式图式指的是关于文本篇章结构的知识，即语篇知识，包括文本文体和风格等内容。

认知图式视角下的翻译过程分为以下几个步骤：首先译者要进行图式转换，将源语进行解码；其次以译文的形式表达出原文信息，使解码的图式移植到目标语中；最后使得译文能激活读者头脑中的相应图式，从而获得与原文读者相同或类似的理解。译者在翻译时要关注源语作者的图式，激活与源语相关的信息，在正确理解源语信息的基础上进行解码，以译文的形式将解码信息正确地表达出来。另外，译者还要留意目的语读者的图式，在翻译过程中，采用灵活变通的手段激活读者固有图式，填充或改变其图式，帮助他们建立更多新的图式，尽量缩小目的语、读者、源语在语境组合方面的间距，引导读者形成相同的语境前提，只有这样才能成功化解图式差异或缺失造成的理解障碍。

国内利用认知图式这一视角来探讨旅游文本汉英翻译策略与技巧的研究者有李庆明(2015)、郭定芹(2011)、刘慧(2017)等；一些研究者对认知图式视角下景区解说词做分析探讨，如王绍舫(2013)、胡密密(2012)等；有的研究者从宏观层面探讨了认知图式对翻译的作用，如李庆明(2015)；有的将研究范围细化，具体到某地区的旅游文本翻译研究，并总结技巧，如胡密密(2015)、王绍舫(2013)、郭定芹(2011)等。认知图式视角下的旅游文本颇有研究价值。

选文一

外宣旅游翻译的认知修辞研究

麻金星

导　言

此文选自《长春大学学报》2013年第1期。本文分为三部分。在第一部分，作者简述了翻译的认知修辞观，强调了翻译中的认知修辞是集语言使用、信息加工与语用交际为一体的认知活动。在第二部分，作者对外宣旅游翻译的认知修辞进行分析，从受众认知预设修辞、受众认知语境修辞两个方面进行举例分析。在第三部分，作者强调了译者要积极发挥其主体认知优势，从宏观修辞角度出发，在译文信息加工与用词修饰表达时充分考虑其受众群体文化预设和认知语境方面的照应，促使译文更好顺应文化心理，提高旅游宣传文本的可读性与交际效度。

修辞(figure of speech or rhetoric)即修饰或调整言辞，是运用和加强语言表达效果的一种艺术手法。最新版的《现代汉语词典》(2012:1465)对"修辞"的明确定义是：修饰文字词句，运用各种表达方式，使语言表达得准确、鲜明而生动有力。西方修辞学鼻祖亚里士多德(Aristotle)认为，修辞效果的实现取决于三种诉求方式：理性诉求(ethos)，情感诉求(pathos)和伦理诉求(logos)。然而，人们对修辞的理解一般有广义和狭义之分。狭义的修辞仅囿于日常写作与阅读活动中所使用的修辞格，譬如比喻、夸张、拟人、排比、反复、顶真、委婉等修辞手法；广义的修辞就是行文中的措辞，它包括词语的选择、搭配、修饰和谋篇布局的整个过程。在我国，现代修辞学学科的确立是从著名修辞学家陈望道先生于1932年发表的力作《修辞学发凡》算起，之后几十年的修辞学研究成果可谓不胜枚举。进入21世纪以来，学界不断提倡语言研究的跨学科性。陆俭明(2008:5)指出语言学功底在修辞研究中的重要性，强烈呼吁从语言学或其他学科视角深入研究修辞格、修辞方式的形成机制。沈家煊(2008)创新地把认知语言学中的"距离相似性"理论应用于诗歌修辞表达差异解读分析，发现这些差异背后认知机制形成的重要性。熊学亮(2010:1)介绍语篇结构中几种有代表性的认知修辞分析方法，为今后语篇研究的人工智能化奠定了基础。王寅(2010)阐明了认知语言学在学理、内容和研究方法上与修辞学有着较大的重叠性和互补性，两者的联姻可为"认知修辞学"的构建提供可能。本文拟取修辞的广义范畴，融合认知、语用学相关原则，佐以贵州对外旅游宣传翻译文本为研究语料，旨在探索分析旅游翻译中受众群体认知因子照应对构建得体的旅游话语的积极作用，缩短原语内容与目的语读者的认知距离，减少为译文信息理解付出的心智努力，增强他们对旅游产品信息宣传与介绍的理解效度，从而激发或说服这些受众采取实际行动前往目的地游历。

1. 翻译的认知修辞观

哈里斯(Harris)认为认知修辞包括认知写作理论、文学研究、某些当代逻辑应用于成功的交际和话语语法四方面主要内容。无论是哪一方面的内容,认知修辞学均以语法结构的知识、百科全书或世界的知识、象征的知识为基础(胡壮麟,2012:167)。作为一种言语行为,修辞是话语(包括口头语与书面语)交际互动过程中表达者言语生成所运用的一种语言策略。它是表达方(发话者)一种积极的、有意识的言语行为。就修辞者而言,“他需要对所使用的语言有充分的认知”(陈汝东,2001:11),因为言语的生成无不伴随着对语言结构、词句修饰与语境判断的心智意识;而对于受众,解读对方的言语表达信息自然会激活与调用自身认知资源。理解对方信息成功与否主要看所接触的信息与受话者认知储备资源匹配的程度。换言之,“话语理解过程就蕴含着一种语境直觉活动”(陈汝东,2001:13)。从语用关联的角度审视,话语交际中的这种编码修辞行为与信息解码被视为同一交际过程的两个方面:明示与推理。明示是表达者信息意图的传递阶段,如何有效地传递(生成)信息在某种程度上取决于明示行为过程中发话者言语修辞的能力以及多大程度上对受众语境认知的把握维度。而此过程中解码对方信息意图则是受话者根据相应语境对明示行为进行非展示性的推理。同理,作为一种跨语交际形式,翻译同样归属于译者对读者执行言语表达的修辞行为,不同的是该种言语交际行为中的译者扮演着双重角色,即原语作者的读者和目的语受众的交际者。译者这样的双重角色可视为同一过程的两次交际,前者属于原语语内交际,后者为译者与目的语受众在译语语内的交际。(王建国,2009:40)

诚然,为交际成功,译者不仅要具备原文作者理想的意向性读者的相关认知经验与背景知识,而且还需了解目标语文化的相关词汇、逻辑、百科知识等认知方式。有鉴于此,孕育于翻译过程中的修辞是翻译主体为实现译文信息有效传递而不断选择与修饰语言的措辞表现;“通过对语言素材的提炼,获得更具特色的描述世界的方式,并因而成为更恰当、更具有价值的表达方式。”(徐盛桓,2008:2)实际修辞过程中,译者拟以译文受众为核心,充分考虑他们的认知背景,通过修辞并明示更易于目标语读者理解与接受的表达内容,进而确保译文信息的可读性与交际性。一言蔽之,翻译中的认知修辞是集语言使用、信息加工与语用交际为一体的认知活动。

2. 外宣旅游翻译的认知修辞分析

旅游宣传主要目的在于劝说,翻译是实现旅游话语国际化的重中之重。作为加强文化软实力手段的外宣翻译工作对提升旅游形象的重要性不言而喻,它是宣传主体,把要宣传的文本资料用另一门语言进行转述,再通过宣传媒介作用于受众群体。从文化角度来看,将原语翻译为目的语不仅仅是语言符号之间在表象上的“对等”,而且在语言背后映射出使用者在文化价值、认知思维与风俗习惯等方面的差异。因此,译文内容的适切性应该着眼于目的语受众的认知对等,通过策略性的措辞与言语修饰、提炼来照应读者文化预设、心理顺应与认知关联等方面的诉求。

2.1　受众认知预设修辞

预设即预先假设的前提或条件，这种事先的定识是个人经验与认知要素在某种程度上的存储。1974年，罗伯特·斯多内科(Robert Stalnaker)(1974)在其专著《语义与哲学中的语用预设》强调了"预设"的语用属性，认为预设的潜在主体是人，而不是符号表征的命题结构或言语行为。为适应言语交际层面需要，预设表现出适切性与共知性两种基本特征。在跨文化翻译活动中，由于原语和目标语的异同，原文作者的预设不被译语读者共享，就会给翻译带来种种难题(蔡平，2007)。这为译者在处理外宣旅游资料时通过言语修辞把原文作者与目的语读者的预设实现语用等效交际提供了理据，因为"预设并不是一种单纯涉及语句本身的语言现象，而是说话人的语言认知活动"(莫爱屏，2010:31)。请看下面例子：

(1) 苗绣将鱼和龙组合在一起，表明苗家人寄希望于未来：他们望子成龙，望女成凤，生活年年有余。

译文：By the association of embroidered pattern with fish and Chinese dragon, Miao people hope their coming generations can become more successful in the future and live a prosperous life every year.

这是一则有关松桃苗族服饰的旅游推介资料，原文作者意在宣传苗绣常以动物图案为临摹对象，凸显鱼、龙是苗家人图腾与崇拜的象征。然而各民族历史文化渊源的差异，带来各自特定文化意象的迥异。这种差异再现文化认知域中所预设的意义差异。例(1)中"望子成龙""望女成凤"的文化蕴含在汉语读者认知心理中能轻而易举引起共鸣，但其文化预设意义在英美民族人中却荡然无存，甚至有可恶、恐怖之心理反应。因此，译者翻译时，应探究语言表层"鱼、龙"所触发的文化预设与暗含，通过意译翻译策略，洞悉原文的语符信息，另择措辞，换个角度表达，顺应于目的语受众的文化心理，确保原语宣传内容在目的语读者心中形成认知连通。再如贵阳市黔灵公园的一则路标指示：

(2) 白象山

译文：White Elephant Mountain

语言具有预设性，交际者可根据交际需要，通过用词或句式选择适合于交际的表达内容，确保更好的修辞效果。从该路标指示牌"白象山"的语符对等直译，我们不难看出该译文完全忽视了"white elephant"在英美文化的预设意义，究其原因是译者缺少这方面的跨文化意识。《牛津高阶英汉双解词典》对该词的释义是"a thing that is useless and no longer needed, although it may have cost a lot of money"(Hornby，2009)。试想，如果译者事先与目的语读者就"white elephant"享有等同的文化预设意义，这种有悖于受众认知价值的译文是完全可以避免的。可见，透过语言层面所暗含的文化预设为译者言语认知修辞表达提供了某些参考理据，因为顺应于译语读者文化价值的译文既能提高译文的可读性，又能促进旅游宣传劝说功能的实现。对"白象山"的翻译，我们不妨采取音译加直译的方法回避其负面的文化蕴含而译成"Baixiang Mountain"，这也印证了黄友义提出的外宣翻译应坚持"三贴近"的翻译原则(黄友义，2004:27)。

2.2 受众认知语境修辞

语境是语言使用的场合，其交际价值是为交际主体话语认知意义的判断或确定提供参考空间。斯珀伯和威尔逊(Dan Sperber & Wilson)(1986)指出，认知语境是交际者对现有世界的一系列假设，交际之所以能完成主要归结于双方认知语境的互明性。本质上，翻译就是原作者、译者与译语受众在认知上的解读与交际，处于三元关系核心地位的译者首先借助于原语"认知语境"解读原文，进而确保原作者欲予交际的信息意图；其次，结合对目的语受众"认识语境"进行估算，通过策略性的语言措辞与形式选择，最大限度地将原作交际意图提供给读者。概言之，翻译过程中的认知语境既制约着译者对原文的理解，也约束着他对译文修辞的表达。

(3) 遵义市是中国的革命圣地，因著名的遵义会议而得名。遵义会议、四渡赤水、娄山关大捷、强渡乌江等长征经典事件，在这里留下了众多革命遗址，组成了长征文化的宏伟篇章。

译文：As one of the sacred places of Chinese revolution, Zunyi is famous for the Zunyi Conference, a historical meeting held in 1935 and marking a turning point in contemporary Chinese history. It has also witnessed other historically classical events about Chinese Red Army like Crossing the Chishui River Four Times, A Great Victory at the Loushan Pass and Forcing its Way Across the Wujiang River, all of which have constituted the magnificent chapters of the Long March culture.

"外宣翻译不仅涉及不同语系的原文、原语、译文、译语以及不同社会和文化背景的译者、受众，还涉及译者和受众不同的认知环境和认知能力等。"(刘雅峰，2010:124)上文中"遵义会议、四渡赤水、娄山关大捷、强渡乌江"均属中国红军长征时在贵州遵义所创造的辉煌史实，具有典型的历史文化背景。对于一般不熟悉中国历史的欧美受众来说，缺乏这样的历史知识的确很难唤起他们相应的认知关联。这就需要译者充分发挥其主体性，周全考虑原文宣传意图以及译文读者的认知语境和接受能力，在译文中以恰当的文字修辞提供给他们最大的语境信息，减少他们的认知努力。例(3)中，为帮助读者构建相应的认知参数，译者不拘泥于原文结构表达，采用增译、重构的处理办法对"遵义会议"等一系列历史事件加以修饰与调整，增强读者语境效果。又如：

(4) 在郎德，你可走近绿水青山的田园风光，更可亲身体验意味情长的苗家人礼节——拦路酒！

译文：In Langde, you are embraced with the green hills of rural sceneries. Above all, you can have a personal experience of the road-block drinks (a traditional way of welcoming at the entrance of the village where Miao people ask their guests to drink off two ox-horns of rice wine, even for those who never drink wine, they must press their lips to the ox-horn before entering the village).

位于贵州黔东南州雷山县城北的郎德上寨是对外接待最著名的苗寨之一，根据当地风俗，凡是进寨做客或旅游观光的来宾均享有拦路饮酒的招待礼节。译者在翻译时，为让译文

受众迅速明白何为“the road-block drinks”的原文宣传意图，可以通过信息补偿法，补充加注拦路酒是苗家人迎宾的民俗礼节，进一步充实目的语受众认知语境，提升原语文本的交际效度，促进苗乡旅游风情文化的有效传播。综上所述，外宣旅游翻译是一种意向性认知交际，译者在这种交际活动中的主要任务是确保译文信息能有效共享与交流。文化预设、语境认知的相融与关联可以通过言语修辞手段来实现。作为一种注重于文本信息有效传递的修辞表现，外宣旅游翻译要实现其劝说目的有赖于译者构建译文的适切性和交际性。为此，译者要积极发挥其主体认知优势，从宏观修辞角度出发，在译文信息加工与用词修饰表达时充分考虑其受众群体文化预设和认知语境方面的照应，促使译文更好地顺应他们特定的文化心理，减少理解译文的认知努力，提高旅游宣传文本的可读性与交际效度。

选文二

认知图式理论视角下的旅游资料翻译

李庆明　同婷婷

导　言

此文选自《重庆交通大学学报》(社会科学版)2015 年第 6 期。选文分五部分。第一部分为引言。第二部分介绍了认知图式理论，包括图式理论概述以及翻译过程与认知图式理论。第三部分首先对旅游资料翻译的特点进行了分析，然后从认知图式理论对译者在翻译策略决策中的作用这一角度展开了研究。第四部分对基于认知图式理论的旅游资料翻译进行讨论，包括语言图式、内容图式及形式图式在旅游资料翻译中的体现。第五部分为小结。

一、引　言

旅游是一种生活方式，旅游业的蓬勃发展带来各个国家和不同语言者之间语言文化的频繁交流。到一个新的国家或景区旅游，旅游者通常是通过各种旅游宣传资料对该地形成一定的了解，因此，旅游资料的翻译成为不同国家和不同语言者之间旅游资源和文化交流的重要媒介。认知语言学认为翻译的本质是认知结构从原文本到译文本之间的重建过程。图式理论来源于认知心理学，在翻译过程中，图式理论注重译者的思维认知模式，认为翻译文本受到译者自身认知图式结构的影响，并作用和反作用于翻译文本。基于此，本文以认知图式理论为视角，探索认知图式在旅游资料翻译文本处理过程中的机制，希望以此为旅游资料这一实用文体类型翻译质量的提高寻找新的理论支持。

二、认知图式理论

(一) 图式理论概述

图式(schema)的概念最先出现在德国古典哲学家伊曼努尔·康德(Immanue Kant)的哲学著作中。最早对"图式"进行定义的是德国心理学家莱德瑞克·巴特利特(Frederick Bartlett),在他的《记忆》一书中,他认为图式是一种思维组织,是人的大脑吸收新信息的过程或已有信息对新信息吸收起作用的过程。现代认知心理学的产生和发展使图式含义有了更深更广的扩展。认知心理学家鲁梅哈特(Rumelhart, 1980)指出图式理论就是一种关于人脑中已存知识的理论,它既反映个体的认知结构,也包含着较为抽象的认知策略。20世纪70年代以来,现代图式理论不断发展,已先后广泛运用于篇章语言学等领域。国内的很多学者如常宗林、刘明东、李永红等,曾先后尝试将图式理论应用于英语写作教学、阅读理解等方面。刘明东教授将图式理论应用于翻译领域,他认为图式翻译过程是"源语图式解码和目的语图式再编码",提出翻译即图式翻译的翻译观。

在认知语言学的框架中,图式可被理解为人的思维中一种固定的抽象结构,是个体思维经验在记忆中的储存方式,具体来讲是人脑中贮存的各种显性和隐形的知识内容。这些知识内容由于包含不同性质和特点,可分为语言图式、内容图式和形式图式三大类。其中,语言图式包括语音、词法、句法等语言知识,是最基本的图式因素。内容图式涉及文本中与文本内容相关的文化背景知识,这些知识一般隐含在文本的字里行间,有待读者去挖掘和发现;形式图式指的是关于文本篇章结构的知识,即语篇知识,包括文本文体和风格等内容。

(二) 翻译过程与认知图式理论

认知语言学的发展为翻译研究带来了新的活力,认知语言学应用于翻译时注重翻译活动的体验性和互动性,其中原语作者、译者和读者是翻译体验和互动的对象。图式理论源于认知心理学,从认知语言学角度看图式理论对翻译的作用,翻译就是原语作者、译者和读者之间思维图式和体验传递的活动。这种思维图式和体验一般分为两个重要的步骤:解码(decoding)和再编码(re-encoding)。

首先,译者在看到原语文本后调用自身认知图式知识,构建认知结构,在理解原文本的基础上进行正确的解码,然后将这一解码传输给目标语读者。在把原语译成目标语时,译者对原文本的理解常常受到认知图式的影响。面对一篇语言材料,译者应关注原语文本中的认知图式,激活大脑中相关知识图式,最大限度地理解原语文本。接着,译者要对目的语进行再编码。译者要恰当地处理文本中的认知图式,才能将所获得的信息用目的语的形式进行合理的再编码。作为译文的作者,译者还需要有充足的目的语图式,他的原文认知图式使他的译文紧密围绕原文整体内容,而他的目的语图式帮助重现与原文相应的语言信息知识,一篇译文就是在这样的过程中产生的。译者的再编码建立在对原语文本的认知图式理解上,不仅需要调用自身的认知图式,更重要的是要考虑目的语读者的认知图式。在解码和再编码的过程中,二者的效度取决于原文作者和译入语读者如何最大限度地从语言中得到所转达的信息。解码再编码的效度越大,越能使翻译文本成功激活作者和读者头脑中相应的

认知图式，从而获得类似或等同的认知图式信息。

在这样的翻译过程中，我们看到认知图式作用和反作用于译者、原文本和译文中：① 认知图式在理解原文本和译文中发挥作用，对原文本的理解是译者进行翻译的前提，读者对译文的理解是翻译目的。② 译者作为翻译的媒介，通过再编码激活旅游资料读者的相关认知图式，提供相应的语言文化信息，帮助读者构建新的认知图式知识。认知图式对三者互为作用，其中对译者的作用尤其重要，这也从侧面反映了译者主体性的重要性。上述翻译过程见图 1。

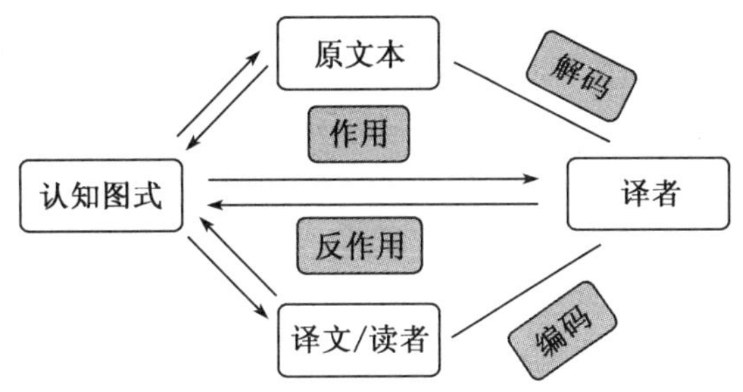

图 1　认知图式理论在翻译过程中的作用机制

三、旅游翻译中图式理论的作用

(一) 旅游资料翻译的特点

旅游资料的翻译是以目标语译文读者为对象，介绍原语中旅游资源的语言转换过程。旅游资料翻译属于应用翻译范畴，包括旅游图书、广告宣传、景区文字说明、电视电影纪录片等。旅游资料翻译的目的是传递旅游目的地的文化信息，吸引读者参加旅游活动。它的功能包括信息功能、呼唤功能和美学功能。信息功能是最基本的功能，指旅游者在参加旅游活动前会通过各种途径得到相关信息和背景知识；呼唤功能指旅游资料翻译旨在吸引和刺激读者旅游，文体当有其特色，才能使读者过目不忘；美学功能指旅游资料翻译要符合旅游者的审美特点，为读者带来美的享受。旅游资料翻译涉及原语文本、译者和读者三方面的信息文化交流沟通，在翻译过程中，译者需综合考虑原文文本和译文读者两方面的诉求，绝不可厚此薄彼。

旅游资料翻译的译文本应当客观，突出原文本独特的语言、内容、形式之处，以达到传递文化信息、吸引游者前来鉴赏观看的目的。大多数旅游景点不仅有绚丽的自然景观，还有丰富的人文景观。在宣传旅游资源的过程中，由于各个国家在政治、经济、文化、历史上存在着巨大的差异，当旅游资源被介绍给旅游者时，不被接受或者引起游者困惑的事时有发生。如何解决旅游资料翻译中缺失及不对等问题，对从事这类翻译的译者提出了新的挑战。

(二) 认知图式理论对译者在翻译策略决策中的作用

文化转向以来，翻译学界对翻译伦理和翻译哲学的关注使得译者主体性得到强调。译者主体性指译者为实现翻译目的而在翻译活动中表现出的主观能动性。作为将原文本转换为目的语文本的媒介，译者在整个翻译过程中扮演的重要角色显而易见。旅游资料翻译实际上是将原语中各种旅游文本用目标语进行表达和宣传的过程。从表面上看是两种语言之间的替换活动，但从译者角度来看更是一种大脑中认知上的交流。在旅游资料翻译过程中，译者阅读原文本后，需有意识无意识地运用脑中既存的认知图式知识，例如百科知识、原作者意图和风格、中华文化背景、读者群体文化背景知识等。在这个过程中，各个图式因素融合到一起，译者对原文本的理解也形成、修正和丰富了，最终体现于翻译文本中。

在旅游资料的翻译中，译者的主体性最直接地体现在译者对旅游资料翻译策略的选择上，如果旅游资料原文本与译入语文本之间在认知上出现图式对应，即译者能在两种语言之间找到对等点，此时便可以采用直译的方法。但在翻译实践中，译者更多遇到的是图式缺失或者图式差异现象，图式缺失要求译者在头脑中重构相应的语境，填补空缺信息，例如涉及旅游资源所负载的中华历史文化典故、旅游特产的传统文化知识等需采用注释说明的翻译策略。图式差异则需要译者化解冲突，另辟蹊径，以达到翻译的目的。此时，释义、增删、转化的翻译策略皆可使用。在笔者看来，认知图式差异的翻译策略选择是最能检验译者功力的。

四、基于认知图式理论的旅游资料翻译

旅游资料的读者是来自不同语言背景下的旅游者，他们的语言文化、思维方式和生活体验各具特色，因而导致其认知图式有重合也有不同之处。不同的认知图式造成读者对一些旅游资料介绍理解困难，对旅游资料翻译的译者也是一种挑战。基于此，译者在翻译时不仅需要掌握旅游文本原语作者的认知图式，即原文本的宣传目的、选词用句、表达技巧及文化背景知识等图式，而且还要具备译语旅游者的认知图式。译者为了达到翻译的对等，减少原语和译入语之间语言文化交流的障碍，需要变换认知图式的方法，即变换翻译策略。以下是三种不同的认知图式方式在旅游资料翻译中的具体体现。

（一）语言图式在旅游资料翻译中的体现

在旅游资料翻译中，语言图式是指一些负载语言文化信息的称谓、词汇、固定表达等。中华文化源远流长，在很多旅游景点留下了印记，但对于多数对中国只有浅层次了解的旅游者来说，显得新奇且一知半解。译者要充分了解原语作者和读者语言图式的异同，搭建桥梁，适时运用各种翻译技巧如增译、标注、省略等，来扫除障碍。一篇好的译文最直接的体现是在语言的运用上，因此，译者的认知语言图式和译文的翻译质量有着最直接的联系。汉语注重意合，文字重渲染而轻描写；英文则重形合，重形式和逻辑思维。英汉两种不同的语言图式在人们头脑中形成的印象使得译者在处理翻译文本时要适时变化。例如：

> 如今，西安古城墙经过重新修葺，面貌焕然一新。城墙四周的环城公园与雄伟的古城墙交相辉映，把古城西安点缀得更加美丽多姿。

看到这段文字，我们眼前似乎已经看到了古老与现代完美结合的城墙，想要马上去西安参观。

> 译文：Today, after the repairs that have been made on the wall by the local

government, the city wall has taken on a new look. A circular park has been built in between the high wall and the deep moat, all around the city. Together they make Xi'an all the more beautiful.

原文对西安城墙的描述用了“焕然一新”“交相辉映”“美丽多姿”几个四字成语极力渲染,这种表述符合汉语言受众的认知语言图式习惯,使读者体会到西安城墙古代与现代结合的意境。但在英语语言旅游者的认知图式里,他们并不关注这样的渲染,更关注的是古城墙的布局及当地政府是如何保护和开发这一历史遗迹的。考虑到汉英认知语言图式的差异,译者没有直译“交相辉映”,而是译为“A circular park has been built in between the high wall and the deep moat”,这样的译文不仅使不了解城墙的游客对城墙的空间位置和布局清晰明了,也符合英文讲求逻辑的认知图式习惯。

比如对景点名称“黄龙吐翠”的翻译,汉语“吐”字是一种形象的说法,听起来让龙吐出的水动态十足,如果对汉英语言图式差异不甚了解,直译为“Yellow Dragon Spiting Green”,英语语言旅游者会感到困惑甚至不快。译者若具备丰富的汉英语言图式知识,便知道译为“Yellow Dragon Exuding/Displaying Green”,更能为目标旅游者接受。

(二) 内容图式在旅游资料翻译中的体现

在旅游资料翻译中,内容图式主要涉及和各国旅游文化相关的背景知识,如历史典故、人物传奇和地理分布等。认知语言图式是基础,但语言毕竟是翻译中最表层的因素,实际翻译中,译者所掌握的内容图式时时需要被激活,以填补语言图式的不足。旅游是文化知识的交流,丰富的文化背景知识有助于译者更加自如娴熟地担当翻译媒介。在旅游资料翻译中,内容图式可以等同于文化图式。不同的文化交流之间会出现文化对应、文化缺失、文化差异,相应地,原语图式和译语图式之间也可能出现这样的“对应、缺失和差异”。图式对应可采用直译的方法,图式缺失和差异则需要译者发挥主体性作用,采用不同的翻译策略,其中最常用的是音译、释义和删减策略等。例如:

石榴原产于中亚的阿富汗、伊朗及塔吉克斯坦一带。汉朝使节张骞从西域引入国内,最先在临潼地区种植,其种植历史已有两千多年……中国人普遍对石榴的喜爱,其中的传统文化因素缘由为:石榴多籽,而汉语中“籽”和“子”二字是谐音,表达人们多子多孙的愿望。

这段描述性文本中有很多历史文化知识,译者在翻译时一定要先对这些知识有所准备。在提到石榴悠久的栽种历史,涉及的历史人物张骞(Zhang Qian)以及背景知识石榴受国人欢迎的原因为“籽”(seed)和“子”(child)在汉语里是谐音,对于了解中华文化和汉语发音的人来说再熟悉不过,但是对于不同语言文化背景下的游客来说却会显得不知所云。

译文:Pomegranates were originally grown in the area of Central Asia, including Afghanistan, Iran and Tadzhikistan. It was introduced from the Western Regions and first planted in Lintong by Zhang Qian, an envoy of the Western Han Dynasty more than two thousand years back. The Chinese people have a common taste for this particular fruit since there has been an influence of traditional culture over them. A pomegranate, as it is, contains many seeds, and the words "seed" and "child" are homophones in Chinese language. So, the association be tween these two different elements is quite evident; that is to say, many seeds mean many children.

译者在翻译时要察觉到中英之间内容图式的缺失，采用释义的方式予以说明，告知读者张骞的身份和历史背景为"2100 年前西汉时期的一位使者"、石榴多籽意味着"孩子多"即人丁兴旺。对译文本进行这样的处理，译者选用这样的翻译策略，旨在达到原语和译入语之间认知图式的对等，进而实现旅游资料翻译文化传播的目的。

另一则典型的例子是翻译中国历史时期的翻译策略选择。中华文化历史悠久，两千多年封建朝代的不断更替时期旅游文化遗迹众多，对此段时间描述时，汉语言文本习惯用唐代、明代等。这样的描述让大多数对中华文化没有深入了解的旅游者产生困惑，这种内容图式的差异需要译者发挥媒介作用。译者可采用音译加释义的方法，译出朝代名称，还需补充说明具体准确年代，才能更加容易理解。如果能引用国外大事记或外国人熟悉的历史术语，会方便旅游者理解，起到进一步加深印象的效果。如遇到"新石器晚期的彩陶""商代甲骨文""西周青铜器"等时，分别用"When the Egyptian Pyramids were built"(埃及金字塔兴建时期)，"at the time of Babylonia"(巴比伦王国时期)等加以比较说明，会更生动些。

综上两例可以看出，高质量的旅游资料翻译需要译者掌握大量的旅游文化内容图式和灵活的翻译策略。

(三) 形式图式在旅游资料翻译中的体现

在旅游资料翻译中，形式图式指的是旅游资料文本的文体和篇章结构知识。为详尽描述旅游资源的特色，吸引旅游者前往，旅游资料文本的作者往往会穷尽所能，运用各种文体形式进行描述宣传，这种多样化无疑会为翻译带来一定的障碍。为了实现旅游资料独特的信息功能、呼唤功能和美学功能，译者应在确保翻译准确性的基础上适时发挥主体性，对文体和语篇的差异采用增减翻译的策略，以便实现中华文化的传播。

在旅游资料文本中描写自然景物时，汉语往往不追求具体而详尽的信息，它讲究情景交融，注重意象的传达，因而这类文本中多出现诗化语篇；相反，英语在描写景物时往往客观具体，重理性和写实，尽力还原景色真实的面目。例如：

> 镜泊湖湖岸群崖陡立，湖周峰峦叠翠，湖中水平如镜，真是山在水中起，水在山中生，山山水水，相依相恋。叶剑英赋诗镜泊湖："山上平湖水上山，北国风光胜江南。"可谓画龙点睛，概括了镜泊湖的旖旎风光。

原文中出现了叶剑英将军的诗句，来加深汉语言读者对镜泊湖美景的印象，诗句读起来韵律优美，大气磅礴。但在原文本中是画龙点睛之处的文体形式若直译成英文，很难起到形式图式对等。译者意识到中英文之间形式图式的缺失后，不妨对这样的文体形式予以忽略。

> 译文：Jingpo Lake is surrounded by high cliffs and forests. The calm water reflects the mountains. As the mountains rise from the water, the water comes from the mountains. Jingpo Lake impresses visitor with its beautiful scenery, which often appear in poetry.

笔者认为这样的省略译文符合英语语言旅游者对旅游资料篇章结构的期望和阅读习惯，实现了原文本和译文本形式图式的对等。

另一例是对中国俗语的翻译处理。

> 跨进庙门，左边有一颗巨大的柏树，树高 19 米，树干下围 10 米，中围 6 米，俗语称它“七搂八扎半，疙里疙瘩不上算”。一些外国学者称它为“世界柏树之父”。相传此柏为黄帝亲手所植，故称“黄帝手植柏”，距今已 4000 多年的历史了。

原文本在介绍黄帝陵中“黄帝手植柏”时运用了俗语“七搂八扎半，疙里疙瘩不上算”来表达这棵树的粗壮，在中文读者看来，俗语除了读起来朗朗上口、便于记忆外，应用于篇章中有助于增强语言的地方色彩，凸显其文化特色。但对于不同文化背景下的英语语言旅游者而言，俗语的这些作用微乎其微。因此，翻译时译者需将原文文本形式予以整合，改用其他方法进行描写。

> 译文：The first thing that strikes one's eye upon entering the gate is a huge cypress, 19 meters tall, ten meters in circumference at the bottom, and six meters in circumference in the middle. It would take more than seven people to encircle the tree with outstretched arms. Some foreign scholars call it “father of world cypress”. Legend goes that it was planted by Yellow Emperor himself, and it could be over 4000 years old.

原文本中国的俗语被译为了“It would take more than seven people to encircle the tree with outstretched arms”，这样的翻译方式无论在句型还是文体上，都符合译语读者的认知图式方式和表达习惯，且译文准确简洁，易于理解和接受，避免了直译给读者带来认知形式图式上的困惑。

五、小　结

通过将认知图式理论引入旅游资料翻译并分析其翻译过程，我们看到认知图式理论贯穿于翻译过程的各个环节，并起到一定的辅助构建作用。要实现旅游资料翻译中的原文认知图式和译文认知图式的对等，译者在旅游资料翻译原文本的解读、翻译策略的选择及译本的构建中都调用了自身的认知图式知识。因此，为了使旅游翻译更加准确和具有吸引力，译者要尽力激活大脑认知中既存的语言、内容、形式图式，运用灵活的翻译策略，才能达到旅游翻译的目的，提高翻译质量，最终在不同国家和语言的文化交流中有所作为。

选文三

认知图式理论关照下旅游文本的生态翻译研究

——以广州旅游景点介绍的中译英为例

戴桂玉 蔡 祎

导 言

此文选自《西安外国语大学学报》2018 年第 4 期。选文分五部分。第一部分为引言。第二部分介绍了认知诗学下的图式理论研究和生态翻译学下翻译适应选择论的理论基础知识及其在翻译过程中的综合运用。第三部分首先对生态翻译过程中认知图式建构的三个步骤进行分析,然后对生态翻译过程中认知图式建构三步骤准则进行建构与运用的讲解。第四部分是旅游文本生态翻译策略的探析,作者依次讲解了生态翻译图式移植、生态翻译图式补偿和生态翻译图式弱化以及生态翻译图式改写。第五部分为结语。

一、引 言

旅游翻译是为旅游活动、旅游专业和行业进行的翻译(实践),是一种跨语言、跨社会、跨时空、跨文化、跨心理的交际活动,其文本范围涉及较广,具有应用频率高、实用性强、文体活泼的特点(陈刚,2014:59)。关于旅游文本的前期研究,从图式理论角度来看,主要侧重于翻译策略层面,对翻译过程研究涉及较少;从生态翻译学视角来看,则更侧重于旅游文本的翻译过程研究,翻译策略的提出仅局限于语言、文化、交际三个宏观维度。由此可见,两者的融合具有一定的理论和实践意义。迄今为止,鲜有学者将图式理论和生态翻译理论相结合进行旅游文本的翻译研究。因此,本文在整合以上两个理论视点的基础上,建构生态翻译过程综合模式,并以广州旅游景点介绍为例,分析旅游文本的翻译过程,即译者如何通过文本的"三维转换"实现脑中图式的转换及译文的选择,同时在此基础上构建旅游文本生态翻译的一般性准则并提出具体翻译策略。

二、理论基础

(一) 认知诗学下的图式理论研究概述

认知诗学是一种具有认知维度的解释学理论,其目的是为了抓住语篇意义与体验的互动过程,其研究焦点是信息内容,即语篇意义。认知诗学涉及不少理论,其中有图式理论。图式这一概念最早由德国哲学家 Immanuel Kant 在 1781 年出版的著作《纯理性批判》中第一次提出,他认为图式是连接概念和感知对象的纽带,概念只有同人们已有的知识发生联系时才具有意义。瑞士心理学家 Jean Piaget 提出了发展的认知图式理论,认为图式是个体对

世界的知觉、理解和思考方式，是心理活动的框架或组织结构，是认知结构的起点和核心，是人类认识事物的基础。英国心理学家 Frederick Bartlett 在其代表作 *Remembering*（1932）中将图式理论用于心理学领域，认为我们对语篇的记忆并不是基于直接的复制（straight reproduction）而是解释性的（constructive）（刘文、赵增虎，2014：135－136）。到了 20 世纪 70 年代，美国人工智能专家 D. E. Rumelhart 在“Schemata: The Building Blocks of Cognition”（1980）一文中将认知图式理论发展成了一种系统完整的理论，并指出：人们在理解新事物时，需要将新事物与已知的概念、过去的经历，即背景知识联系起来。对新事物的理解取决于它与人脑中已经存在的图式是否相吻合，如果不吻合，我们就无法理解输入的新信息（闫爱花，2016：26－27）。这一点将在下文详细介绍。

（二）生态翻译学下翻译适应选择论概述

生态翻译学于 2001 年由胡庚申教授首度提出，是由中国学者首次提出的具有中国本土化特色的原创性翻译理论（陈金莲，2015：86）。它“是一种生态学途径的翻译研究，抑或生态学视角的翻译研究”（胡庚申，2008：11），生态翻译学立足于翻译生态与自然生态的同构隐喻，是一种从生态视角综观翻译的研究范式。本文将从其核心理论视角“翻译适应选择论”出发，结合图式理论，分析旅游文本的翻译过程。翻译适应选择论的核心要素可以概括列述于下表（岳中生、于增环，2016：28）：

表 1　“翻译适应选择论”的本体

译论元素	主题描述
哲学依据	达尔文生物进化论中的“适应/选择学说”。
基本理念	翻译即适应选择；译者为中心；最佳翻译是译者对翻译生态环境多维度适应与适应性选择的累计结果；对于译者，适者生存、发展；对于译文，适者生存、长存。
翻译实质	翻译是译者适应翻译生态环境的选择结果。
翻译过程	译者适应与译者选择交替进行的循环过程。
翻译原则	多维度适应与适应性选择。
翻译方法	“三维”转换即语言维、文化维、交际维的适应性选择转换。
评价标准	多维度转移程度、读者反馈、译者素质；最佳翻译是“整合适应选择度”最高的翻译。

（三）认知图式理论和翻译适应选择论在翻译过程中的综合运用

翻译涉及两个重要的过程，即理解和表达，从“图式”的角度来理解，即在理解阶段，译者应具备并激活大脑中已存的与源语相关的图式，以确保对源语的正确解码；在表达阶段，译者对目的语图式的编码应有利于激活潜在读者已有的相关图式，同时有利于帮助读者建立更多的新的图式以达到翻译的跨文化交际的目的（刘明东、刘平宽，2004：51）。图式是理解空间概念和各种抽象概念的基础，对人来讲具有直接的感知、认识意义，各种认知概念和范畴都通过意象图式得以确立和明晰化（彭玉海、吕烨，2014：11）。

根据生态翻译理论，源语和译语系统的文本生态包括以下三个方面：语言生态、文化生态和交际生态。翻译的过程不单单是源语系统与译语系统之间语言文字的差别问题，“而是源语生态与译语生态里的语言生态、文化生态、交际生态之间的'差异度'问题"(宋志平、胡庚申,2016:107),因而在翻译过程中译者要进行"语言维""文化维"和"交际维"的适应性选择转换。结合图式理论,本文提出与"语言生态""文化生态""交际生态"以及"语言维""文化维""交际维"相对应的"语言图式""文化图式"和"交际图式",用以表明在翻译过程中译者需要根据上述三类图式对文本进行解码和编码。本文将整个翻译过程中图式转换以及三维转换关系进行梳理并构图如下:

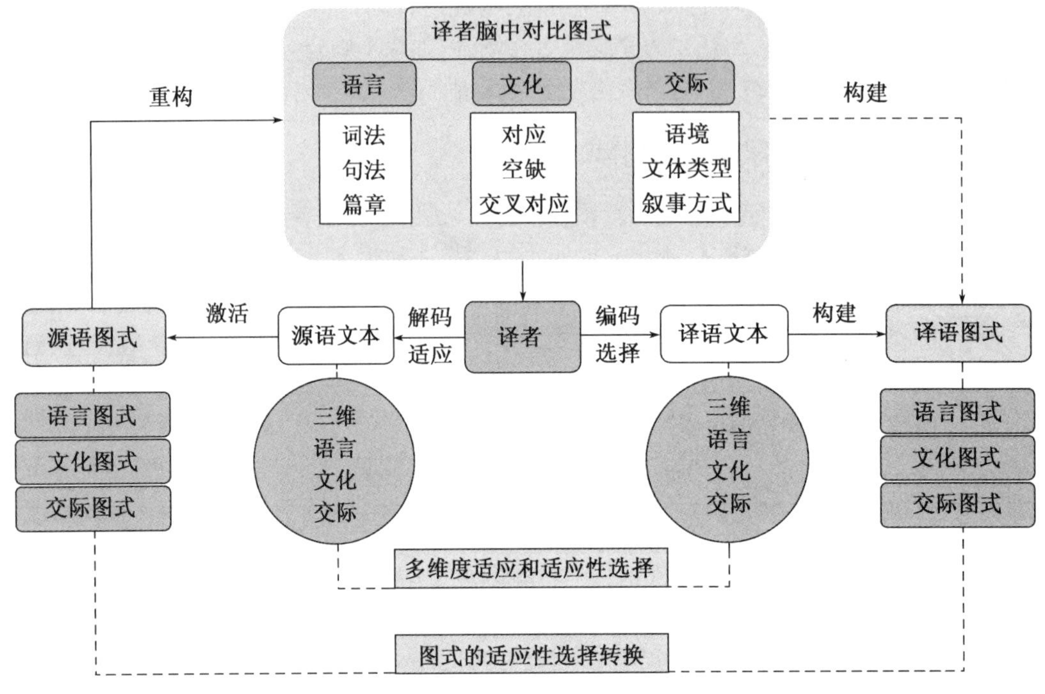

图 1　基于认知图式理论与翻译适应选择论的生态翻译过程综合模式

生态翻译学认为,翻译是以"译者为中心"进行的,因为翻译活动自始至终都必须通过译者主体意识和主导作用才能完成,同时译者处于不同语言不同文化间各种力量交互作用的交互点上,是翻译过程的主体和译事得以进行的基石(胡庚申,2011:8),故图 1 所示流程由处于中心地位的译者开始。首先,译者要适应源语生态环境,从语言、文化、交际三维出发对原文进行解码,激活源语图式;其次,译者需要从上述三个维度分析源语和译语的异同,重构源语和译语的对比图式;最后,译者需要对译文进行选择(对目的语进行编码),实现图式之间最大限度的适应性选择转换,以便激活读者脑中图式,达到信息交流的目的。

三、基于生态翻译过程综合模式的旅游景点介绍实证研究

(一) 生态翻译过程中认知图式建构三步骤分析

根据上文的分析框架,本文以广州旅游景点介绍的中文原文与英文译文为基础,尝试分析在翻译过程中:① 译者如何从语言、文化及交际层面激活源语图式;② 如何利用被激活的图式从语言维、文化维、交际维重构原文,构建源语和译语的对比图式;③ 如何在生态翻

译理论的指导下对译文进行适应性选择转换，积极构建读者脑中图式。下文分析所涉及的旅游文本均来源于广州旅游景点宣传册或景区的宣传介绍栏。例如：

原文：陈氏书院是现存广东规模最大、装饰华丽、保存完好的传统岭南祠堂式建筑，总面积 15 000 平方米，主体建筑面积为 6 400 平方米，由大小十九座单体建筑组成，建筑长廊相连，庭院穿插。厅堂轩昂，空间宽敞，廊庑秀美，庭院幽雅。

陈家祠

译文：Well-preserved and magnificently decorated, the Chen Clan Ancestral Hall is the largest Lingnan architecture still extant in Guangdong. It covers a total area of 15,000 square meters. Its nineteen individual units are connected by long corridors, with halls, rooms, pavilions and courtyards neatly arranged to provide comfortable living space.

Chen Clan Ancestral Hall

根据图 1，译者在翻译过程中可按照以下三个步骤进行分析：① 解码原文，激活源语图式；② 对比分析源语译语，构建源语和译语的对比图式；③ 对译文进行适应性选择转换，积极构建译语图式。具体分析过程如下：

Step 1：解码原文，激活源语图式

三维	源语图式	分析
语言维	文中四字格的使用较为突出。	“规模最大、装饰华丽、保存完好”，“长廊相连，庭院穿插，厅堂轩昂，空间宽敞，廊庑秀美，庭院幽雅”，四字格的成串使用使原文言简意赅，整齐匀称，形象生动，气势磅礴，音韵优美。
文化维	文中出现了较多中国特有的建筑相关词汇。	文中出现了“祠堂式建筑”“长廊”“庭院”“厅堂”“廊庑”等中式建筑词汇。
交际维	旅游景点介绍，其目的是传达信息吸引游客，原文表述较为简洁，众多四字格的使用使得文本极具美感，对于游客具有一定的感召作用。	

Step 2：对比分析源语和译语，构建源语和译语的对比图式

三维	源语译语图式对比		分析
	源语（中）	译语（英）	
语言维	中文注重词与词的搭配以及句子之间的隐性连贯（implicit coherence）。	英文注重句子结构及句子之间的显性衔接（explicit cohesion）。	原文中未见明显的连接词；译文中句子结构较为完整，有明显的主谓宾结构，开篇分词短语作状语“Well-preserved and magnificently decorated”，句末介词短语作后置修饰语“with ... neatly arranted”，体现了译文的结构特征。

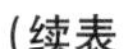（续表）

三维	源语译语图式对比		分析
	源语(中)	译语(英)	
文化维	中西建筑文化有很大的区别，在用词上也一定会有所差异，翻译过程中要尽可能寻找概念意义对等的词语，进行图式移植；在概念空缺的情况下，应尽量进行图式补偿；有时也会存在文化交叉对应的情况。		原文中提及的“祠堂式”建筑，为中国传统文化所特有，翻译时要对文化图式进行处理，译文将这一概念融入“陈家祠”的翻译，译为“the Chen Clan Ancestral Hall”。
交际维	从交际层面看，源语和译语之间有些相同之处，如语言表述简洁，颇具美感，但中文辞藻华丽，英语文辞却朴实无华，因而汉英翻译过程中在传达形美的同时要注意精简语言，明确主要信息。		

Step 3：对译文进行适应性选择转换，积极构建译语图式

三维	分析
语言维	1）译文对原文进行意群划分，切分为三个句子进行翻译； 2）过去分词做状语“Well-preserved and magnificently decorated”以及介词“with”使句子的逻辑关系更为明显；3）每一个句子都有完整的主谓结构。
文化维	1）“祠堂式建筑”译文中并没有给出一一对应的翻译，而是将这一内涵与“陈家祠”（the Chen Clan Ancestral Hall）进行了合并翻译； 2）对于“长廊”“庭院”“厅堂”“廊庑”这些中式建筑特有的词，译者从文化维进行了适应性选择，选取英文中近乎对应的概念进行翻译，实现图式对应，将其分别翻译为“corridors”，“courtyards”，“halls and rooms”，“pavilions”。
交际维	1）译语将源语中短句加以整合译为结构完整的三个句子； 2）译语用词简洁，逻辑清晰，便于游客理解，符合景点介绍的文体特点。

图式理论与翻译适应选择论的综合运用对于翻译实践具有一定的指导意义，但在具体翻译过程中，并非所有源语文本都完整地包含了语言、文化、交际三个维度，某些情况下原文中某一维度的信息可能并不凸显，这时需要译者根据具体情况做出适应性选择，如：

原文：这是纪念伟大的革命先行者孙中山先生的丰碑。中山纪念堂是在1926年1月召开的中国国民党第二次全国代表大会上决议兴建的，于1929年1月奠基，当年建成。此碑坐北向南，与中山纪念堂形成前堂后碑的雄伟气势，沿碑南侧498级石阶（俗称“百步梯”）即可到达纪念堂。纪念碑由著名建筑师吕彦直先生设计。碑高37米，全部用花岗岩石砌成，基座呈四方形，碑身下大上小，略呈方柱型，正面镌刻有《总理遗嘱》。中山纪念碑于1978年7月被公布为广东省文物保护单位，2001年6月与中山纪念堂一起被列为全国重点文物保护单位。

中山纪念碑

译文：As a representative historical relic of modern times in China, Sun Yat-sen Monument was voted to be built by the 2nd Congress of the Chinese Nationalist Party (KMT) in January, 1926, in memory of Dr. Sun Yat-sen—our great revolutionary forerunner. Erected in 1929, the monument was oriented south and composed an imposing and magnificent scene together with Sun Yat-

sen Memorial Hall in front. What we commonly refer to as "100-step-staircese" locates to the south, actually with 498 steps. Designed by the famous architect Lv Yanzhi, the 37-meter-high monument, including quadrate pedestal and main block in square column shape, was all made of granite roll. The "Premier Wills" was engraved on the front surface as well. The monument became a cultural protective relic of the Guangdong Province in July, 1987, and with Sun Yat-sen Memorial Hall, it was listed as a national cultural protective relic in June, 2001.

Sun Yat-sen Monument

下面,我们将对例二中译者在翻译过程中可遵循的三个步骤进行分析:

Step 1:解码原文,激活源语图式

三维	分析
语言维	原文结构松散,短句较多。
文化维	文本重点在于介绍纪念碑外形、设计、材质等方面内容,文化维度不突出。
交际维	对中山纪念碑的介绍,更偏重于客观事实的阐述而非主观情感的表达。

Step 2:对比分析源语、译语,构建源语和译语的对比图式

三维	源语译语图式对比		分析
	源语(中)	译语(英)	
语言维	中文采用流水记事法(chronicle style),即常用散句、松句、紧缩句、省略句、流水句或常用分句或流水句来逐层叙述思维的各个过程。	英文采用楼房建筑法(architecture style),即英文句子一般有完整的结构,许多有关的成分通过各种表示关系和连接的手段组成关系联结。	中文原文流水句较多,重意念连贯,结构不求整齐,如原文中"碑高 37 米,全部用花岗岩石砌成,基座呈四方形,碑身下大上小,略呈方柱型";译文重形式接应,句子结构及表意完整,如用连词"as"连接或用分词"Erected ... ""Designed ... "作状语,使其结构更为完整。
交际维	具体到纪念碑介绍,原文偏重事实信息的传达,因而译文需表述客观,物称表达或者被动句的使用可避免作者的主观臆断;同时,纪念碑的目的是为表达对先人的缅怀,因而其介绍语要更为正式,体现其庄重之感。		

Step 3:对译文进行适应性选择转换,积极构建译语图式

三维	分析
语言维	1) 将汉语中短句、流水句进行句义的整合,形成英文中结构意义完整、逻辑清晰的复合句,体现文本的严肃性。如将"这是纪念伟大的革命先行者孙中山先生的丰碑"这一句话转化为译文中的介词短语"in memory of Dr. Sun Yat-sen—our great revolutionary forerunner";将原文中的"纪念碑由著名建筑师吕彦直先生设计"一句与后文整合,翻译成方式状语从句——"Designed by the famous architect Lv Yanzhi"; 2) 简单句与复杂句相结合,体现英文翻译的节奏感。
交际维	译文中大量使用被动语态以及物称表达,使得表述更为客观,未有任何主观情感的流露,体现了文本的庄重之感。

综合以上分析，旅游文本在翻译过程中可以遵循上述三个步骤进行。首先，译者需要解码原文，激活源语图式，分析源语在语言、文化、交际维度的特点。其次，将源语和译语进行对比分析，构建源语和译语的对比图式。从语言维来看，中文重意念连贯(semantic coherence)，结构不求整齐，句子以意役形、以神统法，句段流泻铺排，采用散点句法，而英文重形式接应(formal cohesion)，句子结构及表意完整，结构要求整齐，句子以形寓意，以法摄神，句段严密规范，采用焦点句法(连淑能，2010：93)；从文化维来看，中英文化中的一些概念会出现文化图式对应、空缺或交叉对应等情况，需要在具体翻译中加以鉴别；从交际维来看，不同的语境下，中英文交际方式和交际目的会存在差别，即使在相同语境下，两种语言在文体类型及叙事方式的选择上也会有较大差异。最后，译者需要对译文进行适应性选择转换，积极构建译语图式。

(二) 生态翻译过程中认知图式建构三步骤准则的建构与运用

通过上述实例分析，我们可以发现生态翻译过程中认知图式建构的三步骤在指导翻译实践时具有一定的可行性。在以上三步骤的基础上，可以建构检验其他译文是否完备的三个准则，即① 译者是否做到从语言、文化及交际维激活源语图式；② 译者是否正确构建源语译语三维的对比图式；③ 译者是否从三维进行适应性选择，实现信息完整充分的传递。下文将以此准则为依托，分析广州某些景点介绍存在的不足之处并加以修改。

原文：大小五只羊造型生动可爱，在最前面的这只跪地吸乳的小羊，象征着报恩的精神；旁边那只回首俯盼的母羊象征着慈爱；另外一边，一只正在低头专心吃草的羊，象征着勤劳；在它身后，有一只帮他挠痒痒的羊，象征着互动；而站在高处的大羊，头部高高昂起，羊角伸向半空，口衔“一茎六出”稻穗，回眸微笑，探视人间，象征着勇敢。报恩、慈爱、勤劳、互动、勇敢不但是五羊石像的寓意，也是广州人的精神。

五羊石像

译文：These five goats are in vivid and lovely shape, among which the lamb keening and suckling in the front represents gratitude; besides, the ewe looking back represents kindness; on the other side, the goat lowering its head in grazing represents diligence; the goat behind tickling it represents cooperation; the big one, standing in a high position, with its head held high, horns into sky and ears of rice in the mouth, turning back with a smile and looking into the world, represents bravery. Gratitude, kindness, diligence, cooperation and bravery are not only the implication of the statue, but also embody the spirits of people in Guangzhou.

Five-Ram Statue

总体而言，译文并未很好地构建源语译语的对比图式。

从文化维来看，译文注意到了原文中的“羊”在英文中的不同表达方式，但是在一味寻求表达多样化的同时却忽视了词语背后所具有的文化内涵。英文中“羊”有不同的表达方式，如“goat”“sheep”“lamb”“ewe”“ram”。根据 *Oxford English Dictionary* (*OED*)上的解释，

goat 指"A domesticated browsing ruminant mammal, Capra aegagrus hircus, having backward-curving horns and typically a beard, kept worldwide for milk, wool, and meat"。而 sheep 是指"Any animal of the ruminant genus Ovis (sometimes horned), closely allied to the goats; esp. of the widely domesticated species. Ovis aries, of which there are many varieties, and which is reared for its flesh, fleece, and skin. **The male of the sheep is a ram, the female a ewe, the young a lamb**",但根据五羊石像所塑造的羊的形象,应选择"goat"较为合适。原译文中将景点名"五羊石像"中的羊译为"ram",在介绍中将"羊"分别译为"goat""lamb""ewe",这明显不太恰当。"goat""sheep""ram"这三个词在西方所代表的并不是同一类羊,其背后的文化图式并不一样,同时 sheep 中雄性为 ram,雌性为 ewe,小羊为 lamb。译文中这几个词语的混用会造成读者脑中图式紊乱,于理解无益。所以宜将文中所有羊的表达统一为 goat,而小羊应该用 kid 或 baby goat,母羊用 female goat,公羊用 male goat。

从语言维来看,译文中出现了一些词语的误用、不恰当使用以及语法错误。比如译者想表达"跪地"这一概念,本应用"kneeling"却误用"keening",想表达"在另一边"的概念,却误用"besides",该词本意为"除此之外,而且";同时也存在词汇的不恰当使用,主要表现在:kindness 一词虽对应到中文的"慈爱",但对应到原文中母羊对小羊的慈爱,用 affection 更合适;tickle 表达的含义是"To touch, or poke (a person) lightly in a sensitive part so as to excite spasmodic laughter (from *OED*)",若要表达原文中"挠痒痒"的含义,用 scratch[To rub or scrape lightly (a part of the body) with the finger-nails or claws (e. g. to relieve itching)]一词更合适。文中还出现语法错误,如译文中"not only ... but also ... "这一结构中句法不对等,implication 为名词,而 embody 为动词,故需要将 embody 改为 embodiment。

从交际维来看,译文语言表达虽然生动简洁,但是在方位描述方面不够清晰,也就是说,不能只是按照中文字面意思进行翻译,而要使方位具体化,如:将"旁边的"具体译为"to the right"等。

改进的译文如下:

> These five goats are lovely-shaped and vividly modeled. In the front, the baby goat kneeling and suckling represents gratitude; to the right, the female goat looking back at her baby symbolizes affection; to the left, the goat absorbed in grazing the grass stands for diligence; in the back, the goat helping scratching represents cooperation; the biggest goat at the top, with its head held high, horns into the sky and plump rice ears in the mouth, looking back at the world with smile, is a symbol of bravery. Gratitude, affection, diligence, cooperation and bravery are not only the implication of the statue, but also the embodiment of the spirits of people in Guangzhou.

四、旅游文本生态翻译策略探析

Rumelhart & Norman(1978)基于图式理论提出了学习的三种方式,即图式增加

(accretion),图式调整(tuning)和图式重组(reorganization);Piaget 提出了学习中图式的同化(assimilation)和顺应(accommodation)。在此基础上,Seel(2012: 2937)将两者融合,分析图式的构建过程:在处理一项任务时,人们首先会激活大脑中与此相关的图式,如果该图式能与任务"同化",则可获得解决方案;如果脑中图式不能与该任务相匹配,则需要通过图式的增加、调整或重构来"顺应"任务的要求以获取有效对策。图式的构建过程启发译者在生态翻译过程中首先要对源语图式进行同化(图式移植),若此路不通,则应使源语图式顺应译语图式,通过图式增加(生态翻译图式补偿),图式调整(生态翻译图式弱化),或图式重组(生态翻译图式改写)以寻找最佳译文。下文将结合图式构建过程及上述翻译步骤和翻译准则,对生态翻译策略进行具体分析,以期为后续旅游翻译实践提供参考。

(一) 生态翻译图式移植

生态翻译图式移植指在翻译过程中译者要在目的语中寻找与源语相对应的表达,准确地传递源语的语言信息、文化信息和交际信息。

在翻译过程中,译者要注意生态翻译学关注的重点是文本(原文)内在的"可移植性"(transplantability),强调译语翻译生态环境的"重构"和翻译生态的"再建"(叶朝成、柳琴,2016:59)。在图式理论关照下,生态翻译理论中所强调的"移植"具体到图式理论中就是指在翻译过程中要实现源语和译语之间语言、文化、交际图式的"移植"。刘明东、刘宽平(2004:51)也强调:在翻译过程中,译者必须对源语图式进行正确解码才能达到"信",同时还必须将解码了的源语图式恰到好处地移植到目的语中去才能达到"达、雅"。例(1)中,"规模最大、装饰华丽、保存完好"翻译为"well-preserved and magnificently decorated",其结构对称,用词凝练,很好地移植了中文四字格的美感;同时对"长廊""庭院""厅堂""廊庑"等中国文化中特有的建筑词汇也进行了恰当的移植,选取英文中概念相同或相近的词来表达:corridors、courtyards、halls and rooms、pavilions;英文翻译语言简洁,表意明晰,也很好地实现了交际图式的移植。

(二) 生态翻译图式补偿

由于不同语言所表达的文化具有一定的差异,有时一种语言所表达的图式在另种一语言里是缺失的,更没有相应的表达方式,在译者大脑中就无法建立相对应的图式,从而产生图式缺省的情况(杜冰,2013:123)。图式补偿是指在出现图式缺省情况时,译者要在忠于原文思想内容的基础上适当地增添语言、文化、交际信息。

中国作为一个文明古国,有着悠久的历史和古老的文化,中国的风景名胜蕴含着许多民族传统文化的东西,这在中国可能妇孺皆知,但翻译成英文时,就要添加必要的解释,以帮助外国游客更好地理解和接受译文(杨红英、黄文英,2009:107)。在广州荔枝湾(Litchi Bay)景区的介绍中出现了这样一句话:"故有'小秦淮'及'岭南第一胜景'之誉。"该句被译为:"... was praised as'Xiao Qinhuai' and 'The first Lingnan sight'."其中关于"小秦淮"若直接音译为"Xiao Qinhuai",会造成文化信息缺失,无法实现信息的完整传递。秦淮河是南京古老文明的摇篮,南京的母亲河,历史上极负盛名,这里素为"六朝烟月之区,金粉荟萃之所",更兼十代繁华之地,被称为"中国第一历史文化名河"。对于中国历史鲜有了解的目的语读者若不了解相关背景信息,则无法准确把握"小秦淮"所代表的文化内涵。故而在这里需要对

“Xiao Qinhuai”进行释义，翻译为：“Xiao Qinhuai，a Cantonese version of the prosperous and historic Qinhuai area in Nanjing”。

(三) 生态翻译图式弱化

生态翻译图式弱化是指在翻译过程中，对原文所构建的语言、文化或交际图式有意地弱化，削弱相关信息的传递，使交流更为顺畅。在旅游景点的介绍中，中文所表现出来的特点是言辞华美，声韵和谐，词句对仗工整，并且大量使用形容词，讲究诗情画意；而目的语在遣词构句上常常显得客观朴实，以便给读者一个直观明确的印象，更多地借助鲜明可感的语言去表现景物，而不刻意在描绘的语言上做过多的意象渲染(陈晨，2013：13)。比如陈家祠的景点介绍中出现了“题材广泛、造型生动、色彩丰富、技艺精湛，是一座民间装饰艺术的璀璨殿堂”“集广东民间建筑装饰艺术之大成”等词句来渲染陈家祠建筑之美以及在艺术史上的重要地位。这些词句使得篇章更具文采感召力，但若逐字逐句翻译往往会使文本显得华而不实，因此，译者在翻译过程中对其语言图式进行一定的弱化，保持原文美感但不流于浮夸。

有时还需要对交际图式和文化图式进行弱化。例如，在广州海员亭(Pavilion of Seamen)这一景点的介绍中，其中“二十世纪初，香港中国海员饱受帝国主义者和外国资本家的剥削和奴役，残酷的生活现实使他们团结起来斗争……”等关于海员亭兴建的历史背景略去不译，因其涉及西方的侵华史，为实现友好交流的目的，故选择弱化其文化图式。

(四) 生态翻译图式改写

生态翻译图式改写指在原文基础上，译者仅对原文重点信息进行重组翻译或脱离原文按照新的行文方式对景点进行介绍，其目的是为简化信息，使游客对景点的相关介绍一目了然或减少文字篇幅适应版面需求等，以适应文本生态。

在中科院华南植物园(South China Botanical Garden，CAS)景区的景点介绍栏中，中文部分用了约570字描写了华南植物园的历史发展、重要地位及特色景点(如龙洞琪林、温室群景区、广州第一村等)。英文翻译部分以原文为基础，选择重点信息进行翻译，在对特色景点介绍时，对原文信息进行精简，同时为行文需要增加原文中并未出现的新信息，如“a center for science communication have been constructed with a total investment of RMB 300 million by the CAS，Guangdong provincial government，and Guangzhou municipality”，这一新信息表现政府高度重视华南植物园的建设，体现了其重要地位。译者对原文进行了大量的删减和改写，译文部分仅用192词就完成了景点介绍，信息简洁明快，同时也适应了旅游景点介绍篇幅有限的特点。

五、结　语

本文将生态翻译理论与认知图式理论相结合，建构了生态翻译过程综合模式，在此基础上阐释了旅游文本的翻译过程，并提出生态翻译过程中认知图式建构需要遵循的三个步骤：① 解码原文，激活源语图式；② 对比分析源语译语，构建源语和译语的对比图式；③ 对译文进行适应性选择转换，积极构建译语图式。同时，本文对生态翻译的一般性准则进行了构建，即译者是否做到从语言、文化及交际维激活源语图式，正确构建源语译语三维的对比图式，并从三维进行适应性选择，实现信息完整充分的传递。基于旅游景点介绍的译文分析，本文还在认知图式理论和翻译适应选择论指导下提出了具体的旅游文本生态翻译策略：① 生态翻译图式移植；② 生态翻译图式补偿；③ 生态翻译图式弱化；④ 生态翻译图式改写。本研究给译者带来的启示是：要不断丰富源语图式和译语图式，才能适应“文本生态”，更好地对译文进行文本内部及文本外部的适应性选择。本研究最终证明，生态翻译学立足于翻译生态与自然生态的同构隐喻，是一种从生态视角综观翻译的研究范式，当与认知诗学中的图式理论相结合时，能运用于翻译过程及策略的分析与探索，并为翻译理论和实践提供新的研究视角。

【问题研讨】

1. 何谓“认知图式理论”？
2. 请描述认知图式理论在翻译过程中的运行机制。
3. 认知图式理论视角下的旅游翻译有何特点？
4. 旅游翻译中译者的认知图式有哪些？
5. 认知图式理论对旅游翻译研究和实践有何意义？

【延伸阅读】

[1] GUTT E A. Translation and relevance cognition and context [M]. Shanghai: Shanghai Foreign Language Education Press, 2004.

[2] 陈刚. 导游翻译中的文化背景和心理因素[J]. 中国翻译，1987(3).

[3] 李江春. 认知语言学翻译视角下图式知识对旅游翻译的启示[J]. 外国语文，2012(4).

[4] 刘明东. 文化图式翻译原则与策略[J]. 安徽理工大学学报(社会科学版)，2014(5).

[5] 龙仕文，殷阳丽，苏已贵. 模因论视角下的旅游资料翻译[J]. 重庆理工大学(社会科学)，2012(7).

[6] 王旻晨. 关联理论视角下的旅游外宣翻译原则研究——以北京故宫博物院英文网站为例[J]. 湖北师范大学学报(哲学社会科学版)，2019(1).

[7] 王明煊. 中国旅游文化[M]. 杭州：浙江大学出版社，2000.

[8] 吴力群. 旅游文本文化图式翻译研究[J]. 当代教育理论与实践，2014(10).

[9] 张国洪. 中国文化旅游[M]. 天津：南开大学出版社，2001.

[10] 邹建玲. 汉语旅游语篇英译中的连贯构建[J]. 上海理工大学学报(社会科学版)，2013(1).

第七章　基于语料库视角下的旅游翻译研究

导　论

我国旅游业的发展，迫使学术界对旅游翻译的研究范式与时俱进，采用相应的实证研究方法，利用全新的研究工具与理念对译本进行描述性研究，以切合旅游翻译文本真实性、客观性、互动性的特点。在客观实证的案例中分析旅游文本特征，有助于该领域的全面发展，提升旅游翻译的质量。因此本单元将从语料库出发，探讨旅游翻译。

语料库翻译学研究肇始于 Mona Baker 于 1993 年发表的“Corpus Linguistics and Translation Studies: Implications and Applications”一文，该文指出了语料库可用于描写和分析大量客观存在的翻译语料，揭示了翻译的本质。随后，她又于 1996 年将“基于语料库的翻译研究”正式界定为一个全新的译学研究领域。此外，Sara Laviosa 在 1996 年针对该领域的特征与性质提出了语料库翻译学的研究重点和方法；Maria Tymoczko 则于 1998 年对这一领域的研究进行了正式命名。国外语料库翻译学研究蓬勃发展，直至 20 世纪末至 21 世纪初，国内始有学者引入相关概念，分别从概念引介、翻译共性、译者风格、翻译教学等维度切入，不同程度地应用语料库技术，以“定性＋定量”的研究范式讨论翻译问题，开启了国内译学和语料库翻译学的研究进程。

语料库翻译研究注重客观、真实、动态，这与旅游翻译研究的要求不谋而合，正因如此，相关研究意义重大。纵观国内外学术动态，该领域研究主要集中在以下方面：① 旅游语料库的研制；② 基于旅游语料库的应用研究。在语料库建设方面，国外有芬兰萨翁林纳翻译研究院创建的英语旅游文本语料库(2005)、日本大学的“京都旅游语料库”(2006)以及英国埃塞克斯大学建立的英语旅游文本语料库(2007)；国内则主要以地方性小型语料库为主，最具代表性的语料库为香港理工大学李德超组织研制的新型双语旅游语料库(2010)。在国内外基于语料库的研究中，不难发现，各学者均注重旅游语料库的研制过程，讨论标识语翻译，特别是英译的翻译特点，也有学者通过建立的旅游语料库进行翻译教学的研究。近年来，该领域的研究视角不断拓宽，深度不断拓展，但仍潜力无限，开创性的旅游语料库亟待研制，学术价值更待深入发掘。

选文一

新型双语旅游语料库的研制和应用

李德超　王克非

导　言

此文选自《现代外语》2010 年第 1 期。选文分四部分。第一部分，作者简要介绍了翻译研究常用语料库的现状。第二部分，作者介绍现有旅游专门语料库的种类及其缺点。第三部分，作者阐述了新型双语旅游语料库的设计思路和特点。第四部分，作者介绍了新型语料库的研究前景。

过去 20 年来，基于语料库的翻译研究从无到有，发展迅速。目前，翻译研究中常用的语料库主要有译文语料库（translational corpus）、类比语料库（comparable corpora）和对应语料库（parallel corpus）三种。译文语料库收录译文，其研究旨在揭示翻译语言本身独有特征（如 Mona Baker 建立的“翻译英语语料库”，即 TEC）。类比语料库主要是同一种语言的原生文本和翻译文本（译自某种外语）构建的语料库，它们之间无翻译对应关系，但在时代、体裁、主题等方面具有可比性，可用来研究翻译语言的特点。这类研究可参看 Laviosa(2002)。

相较以上两种语料库，翻译研究中更为常用的是对应语料库，它收录原文与译文双语对照的文本，通常会按事先设定的标准（如以句或段为单位的方式），对语料进行某一语言单位上的对齐（如句或段），以方便检索。对应语料库常用于考察原文中的某些语言现象如何在译文中得到反映，最终目的在于揭示翻译活动中隐性的规律。目前对应语料库在不同的国家和地区都有广泛应用，比较知名的有挪威的“英语-挪威语对应语料库”、英国的“德语-英语文学文本对应语料库”以及我国由北京外国语大学中国外语教育研究中心研制的“通用汉英对应语料库”，等等。

纵观目前为翻译研究而建的上述三种语料库，多数以文学文本为主，或是以收纳百科文本（包括各种文学与非文学作品）为特色，而结合地域特点的或针对某一文类而专门研制的双语专门语料库则较为少见。专门语料库指的是“关于特定主题文本的集合”，且这些文本“均由行内专家为不同的读者群所写”，这些读者群可能是同行的专家，或是缺乏相关专业知识的大众，亦可能是学生等（Kübler，2003：29）。双语的专门语料库则收集包括原文与译文的专题文本。

迄今为止，专门为翻译研究而研制的应用型双语专门语料库并不多，且通常规模较小，从几万到几十万词。小型的双语专门语料库因其规模小、建造方便和针对性强等特点，常在术语翻译研究或特定领域（如法律翻译、财经翻译等）的译员培训中作为辅助工具，如 Kübler(2003)为培训软件指南译员而建立的小型英法计算机语料库。

双语专门语料库无论对翻译研究还是译员培训都有其潜在的价值。Johansson 早在 1991 年就提出，双语专门语料库可以帮助我们解决不少特定的问题，因而在各种语料库中，

尤其值得提倡。从语言运用角度而言，双语专门语料库（尤其是非文学专门语料库）能帮助译者理解和掌握同一领域中不同语言的常用术语、惯用表达式、文章语气及典型的语篇结构，避免在专业翻译中经常出现的语言“不自然”或“形似而神不似”的现象。但时至今日，无论国内国外，较具规模的双语专门语料库还不多见，如旅游方面就仅有一些小规模的语料库。

1. 现有旅游专门语料库

迄今，国内外专门收录旅游文本的单语或双语语料库均不多见。纵览相关文献，我们发现国外的旅游专门语料库主要有以下三个，分别为芬兰、英国和日本学者研制。

1) 芬兰萨翁林纳翻译研究学院（Savonlinna School of Translation Studies）英语教师 Michael Wilkinson 研制的合共 67 万词英语旅游文本语料库。该语料库主要供芬兰学生将芬兰旅游文本译至英语时参考，检验他们的译文用词是否地道。同时，学生可以利用该语料库来“确认、证实或摒弃主观的决策，或是获得搭配方面的用法”(2005:1)。

2) 英国埃塞克斯大学（University of Essex）研究生 Carlota Alcantar 于 2007 年研制的英语旅游文本语料库。该语料库总词数为 37 795，收集的旅游文本分别来自：① 政府旅游部门的介绍；② 酒店、餐馆和旅行社的宣传资料；③ 语言培训学校相关的资料。研制语料库旨在总结出英语旅游文本写作中最常用的 421 个词汇和短语，以帮助墨西哥纳亚里特州立大学旅游学院的教师有效地教授旅游常用词汇。

3) 日本大学（Nihon University）Kiyomi 等人于 2006 年研制的“京都旅游语料库”（Kyoto Tourism Corpus）。此单语语料库收集的均为日本京都市用英文写就的关于京都旅游介绍的文本，共 885 篇，平均每篇 47 个词，收录了 2 786 个不同类符（types）和 42 025 个形符（tokens）。库中所有的词语都用 CLAW7 标注软件消除屈折形式，还按词性做了标注。语料库旨在归纳出适合于日本旅游市场（尤其是京都地区）的几百个最常用的旅游英语词汇，以供在日本大学学习旅游英语课程的不同程度的学习者使用。

我国国内研制旅游专门语料库就更为鲜见。冯志伟(2001)提及，中国科学院自动化所建立了一个旅游咨询口语对话语料库和一个旅馆预定口语对话语料库，但关于这个口语语料库的情况却一直不为人知。除此之外，国内尚不见有其他专门研发的旅游语料库（无论是单语还是双语）。

综上所述，国内外旅游专门语料库的研制还很不够，现有的几个也存在以下缺点：一是规模小，除了 Wilkinson 的语料库有 67 万词外，其他两个语料库的规模均不超过 5 万词，并且形式单一，均为单语（英语）语料库。二是语料库的设计比较简单，选择语料的方法含糊不清，也没有说明其选择语料的标准，容易让人质疑其语料的代表性。三是相较其他综合语料库，这些语料库对语料的处理都很粗糙，除日本大学的语料库外，其他的均未对语料做后期整理（包括对齐、标注、加篇头等）。四是这些专门语料库的用途都较单一，都是为旅游英语（尤其是词汇）的教学而研制。至于旅游文本在结构、修辞上的特点等深层次的问题完全没有探究，也没有考虑到旅游翻译教学与研究上的问题。本文介绍的新型双语旅游语料库希望能克服以上弱点，既可直接用于指导现实中的旅游翻译（实践意义），亦可促进旅游翻译教学和研究（理论意义）。

2. 新型双语旅游语料库的设计思路和特点

本文以下着重描述香港理工大学中文及双语学系最近研制的新型双语旅游语料库。这是香港以至全国第一个较大容量的英汉/汉英旅游语料库。我们主要介绍这个语料库的研制思路和方法、语料库的构成和特点，并讨论专门语料库的发展前景。

如 Kennedy 所言，无论何种语料库，其整体的设计和语料的汇集对于"基于该语料库的研究的信度和效度都具有十分重大的作用"(1998:60)。它还直接影响到语料库所设计的研究目的和教学作用能不能有效实现。就本旅游语料库而言，设计目的有三：

一是研究用途。包括旅游语言本身特点的研究及旅游翻译特点的研究。前者研究旅游语言在语篇、修辞、词汇等语言层面上与普通语言不同的特点；后者则研究在翻译过程中旅游翻译与普通翻译的不同特点。研究问题包括：旅游翻译在语言特点上是否存在与普通翻译一样的共性？抑或有自己另外的特点？这些特点是与特定时期的翻译规范有关还是超越时间、时空限制？

二是翻译教学用途。具体来说，本语料库将为教授中英双语旅游翻译的教师提供真实的教学材料，并为设计数据驱动教学(data-driven learning，简称 DDL)提供真实和多样化的资源。DDL 这里指的是"在课堂上利用电子计算机生成的索引(concordances)来帮助学生发掘目标语模式(pattern)中的规律，并根据索引结果来研发种种学习活动及设计学习练习"(Johns & King, 1991:iii)。就本旅游语料库而言，就是根据语料库比较和检索的结果，开发出各种 DDL 的教学手段来辅助旅游翻译的教学。而学生亦能从语料库中揣摩职业旅游翻译译员所用的翻译策略，从比较、思考中学习他们老到的方法与技巧。开发 DDL 教学手段往往需要更大规模的语料库，本库建成后会持续扩容，以满足 DDL 需求。

三是实用性。即能够为国内外从事涉外旅游的英汉语从业者提供方便的旅游翻译参考或用作自学材料，提高他们的业务水平。

为了实现上述目标，本语料库在设计时必须严谨，确保语料库的效度和信度。语料库设计时要考虑的因素很多，大体可分为整体设计和具体操作两个层面。下面分述这两个层面。

2.1 整体层面的考虑

从性质来看，本语料库属于专用(specialized)、同质的(homogeneous)语料库(参见黄昌宁，2002)，只收集与旅游景点介绍相关的中、英文原生性文本(spontaneously sourced texts)(Mason, 2001:68)及相关的中英互译文本(在时机成熟后亦会扩展至收集与旅游相关的行业，如酒店、交通等介绍的文本)，这就局限了本语料库的文本采样不能像异质语料库般采用随遇性的文本采样原则，而只能是采取目的性取样标准(purposeful sampling)。为了确保采集到的文本在内容上与语料库研制目的相关，在语言上符合标准，本语料建设中除了会实行多个专家把关制之外，还会推出同侪报告(peer debriefing)及研究成员的检视(member check)等方法来核实文本的适合性和代表性。同时，对于某些介绍比较多的旅游景点文本材料，在选取这些材料入库时我们亦会附加以三角验证法(triangulation)，多渠道、多方式地反复核对入库文本(参见 Li, 2004)。以上这些确保文本数据有效性(validity)的做法均为传统双语旅游语料库研制中所鲜见。

下面我们就本语料库在构成、大小、语料的代表性及语料的选择等具体做法做进一步介绍。

1）语料库的构成和大小：从整体上看，本语料库由一个双语旅游翻译对应语料库（parallel corpus，简称 PC）与一个双语旅游翻译类比语料库（comparable corpora，简称 CC）组成。在研究的第一阶段，这两个语料库暂定为各 100 万字/词（为统计方便，中文部分按字数计算，英文部分按词数计算），目前各个语料库已经完成三分之二。按照我们的设计，PC 与 CC 均为动态语料库（dynamic corpora），即在将来会按每两年一次的频率，把符合条件的文本补充至各库之中，并不断提高加工的深度。与那些只是选择特定时间范围内部分语言现象的静态语料库相比，本语料库的动态设计能够反映旅游用语及旅游翻译的时代变迁和语言风格的变化。动态设计的思路会让本旅游语料库的规模逐渐扩大，同时也为研究旅游翻译和旅游语言提供了纵向研究的可能。在现阶段，PC 与 CC 合并起来有 200 万字词。语料库是否适用的主要因素并非全在于其规模的大或小，而主要在于"适用于语料库的文本是否容易获得，或是取决于其他因素，诸如文本是否需要手动标注，等等"（Hunston，2002：26），以及语料库能不能实现研制目的（如旅游翻译的教学）和解决预定的一些研究问题（如旅游语言的特点）。对于本研究而言，各 100 万字词的 PC 和 CC，在语料收集和分析上较易做到，且在现阶段为达到这个目标，在财力和在人力的资源上尚可操控。

PC 是一个双向的汉英/英汉旅游翻译语料库，先收录香港地区的英译汉和汉译英的旅游翻译文本，并逐步将收集的范围扩大到大陆、台湾以及全球华人地区的旅游文本。这些文本包括网页形式的电子文本和书面形式的文字文本（包括书籍、宣传册、旅游区内张贴的介绍，等等）。

CC 主要收录以香港地区为主的两岸三地非翻译（non-translation）的中文和英文旅游原生性文本。英文旅游文本将涵盖英、美、澳等主要以英语为母语的国家（国别在语料中加以标识）。与 PC 一样，CC 收录的文本范围同样包括来自电子、书面以及其他媒介形式的文本。在构建 CC 时，我们注重让中文文本库与英文文本库在以下几个主要参数上具有一致性，以确保收录在 CC 中的中英文文本具有最大的可比性，如文本均全文收录、长度大致相近、文本创作的时间跨度均为过去十年、文本的作者尽可能多样，等等（参考 Laviosa，1997）。这些参数的一致性至少能确保 CC 在设计上避免由于中英文本语料的不均衡而造成研究中出现错误的或有偏差的结论。

PC 与 CC 相结合的设计考量在于让这两种语料库的特点互补。Johansson（1998：6）认为，PC 研究中出现的一些不容易解答的问题，需以 CC 为比较参照系才能得到让人信服的答案。这些问题包括：译文在多大程度上体现普通语言的运用？译文在多大程度上受到原文的影响？以及译文具有什么样的总体特征？等等。正因为 PC 与 CC 结合能在语料库翻译研究中发挥更大的增效作用，近来有不少翻译学者都提倡把 PC 中的一些发现运用在 CC 的背景框架中解释，充分发挥语料库翻译研究的定性与定量研究相结合的优势（参看 Kenny，2006）。除此之外，本语料库里具有双向性的 PC 与 CC 结合还能提供更广阔、更丰富的语言对比潜能。如下图所示（C 表示本旅游语料库的组成部分）：

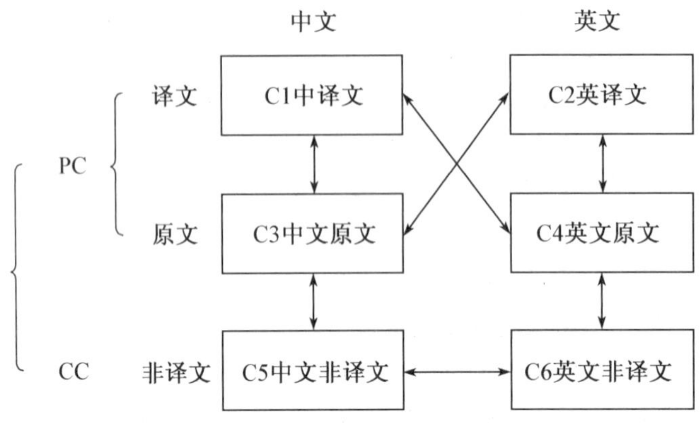

图1　旅游语料库结构图[1]

从图1可见,若以库为单位,本语料库内可以做子库之间的比较,至少有以下几种可能性:一、可以是PC研究中常见的原文与译文的比较(C1:C4;C2:C3);二、可以做同一种语言之间译文与非译文的比较(C1:C3;C5:C3;C2:C4;C6:C4);三、亦可以是不同语言之间(这里即中文与英文)非译文之间的比较(C5:C6)。同时,C5和C6还能起到参考语料库的作用,为C1:C4和C2:C3时提供尽可能多的参照系。本旅游语料库的这种设计方式为最大限度地有效利用语料库创造了条件。

PC与CC选取的旅游文本主要包括:① 自然景观、人文景观的介绍;② 观光小册子;③ 酒店、旅馆、餐饮业及娱乐场所和设施的介绍;④ 博物馆(包括展品)的说明和介绍。将来还可考虑收集与旅游业相关的其他行业的文本,如与交通、导游、票务、旅行社业务(包括旅游行程设计)、货币兑换、投诉处理、旅游安全、旅游管理部门的宣传和公示语等相关的文本。

2) 语料的选取和代表性问题:香港旅游业兴旺,市场上充斥着大量与旅游相关的宣传页和小册子。数量多,质量难免良莠不齐,这就更凸现了语料选取过程的重要性。Kennedy特别指出语料的代表性问题,即所选语料能否代表这个领域中的大多数文本——是语料库建设必须考虑的一个重要问题。他认为,选择语料时必须注意的问题包括:语料的文学价值、社会上的影响、所面向的读者群体、文本地区性和时间因素,等等(1998:62－66)。由于Kennedy针对的是单语普通语料库(尤其是文学语料库)的建设,他所提及的上述要素并非全都适用于本语料库。但就本语料库而言,在面对大量有关旅游的文本时,“研究者需要考虑一系列的问题,确定一系列的标准,帮助做出选择和排除某些文本的决定”(Olohan,2004:46)。

借用Maia(2003:45)的做法,本旅游语料库订出以下几条标准:① 据社会语域标准(如分为景点介绍、观光介绍、旅游配套设施介绍等若干类),将分层抽样、均衡抽样和比例抽样结合使用,使入库语料具有一定代表性;② 所有文本,若含任何语法、用词或印刷上的错误,均不收录,或略加更正后收录;③ 就翻译文本而言,任何太过贴近原文句法结构以致僵硬的译文不予收录;④ 在最后阶段,部分文本请精通中英双语的专家和翻译教师审阅其语言和用法上的可接受性。由于本旅游语料库除了用于语言研究外,还会用于教学,上述严谨选材除了尽量使语料具有代表性外,还要确保文本有一定的质量,这样才不会对旅游翻译教学造

成反效果。

可能有人认为,语料若不是全部用随机方式而任意抽取,反而不利于呈现旅游文本的"最自然的状态",因而语料库也并非所有香港旅游文本的最真实反映,而是带有很大的主观色彩。对此,我们认为:一、对语料进行适当选择是当今绝大部分语料库的通用做法,亦是一种发展趋势(如BNC就对不少语料进行了剪裁),只不过很多语料库建设者未将选材标准明确列出而已。未经挑选的大量原始语料的集合只会让语料库内容参差不齐,水平不一。由这些材料集合而成的语料库虽然最少受到研究者的"干扰"(即研究者主观性的影响),但它却不利于开展研究或教学,而后者恰恰才是语料库建设的目的。二、所有语料库都不可能做到完全客观,不受研究者主观性的影响。正如Crisafulli所言,"语料库从开始设计就是一种(设计者)诠释的表现"(2002:32)。不少学者亦指出,语料库的设计以及语料的收集(包括要容纳哪些主要信息和次要信息,等等),都要根据研制语料库之前所设定的研究目的和研究问题而定(参看Olohan, 2004:42),只要语料库的选材能够达到预定的目的,语料库的设计和语料的组成能与研究目的相符,能让学者进行相应的研究,这就是一个好的语料选取过程。

2.2 具体操作层面的考虑

语料库具体操作层面的考虑因素包括语料文本的数字化、语料的标注、语料的对齐、语料的篇头标注等实际问题。

1)语料文本的数字化。目前,语料库所收录的文本绝大部分来源于以下三种途径:网上的电子文本、以纸质形式出现的印刷品、书籍或宣传页和拍摄下来的以建筑物形式树立的有关旅游景区的介绍。所有的这些材料都需转为txt文档备用。

不少印刷品都带有插图、照片、标志等Nord称之为"非言语因素"(non-verbal elements)(2005:118)以及用不同字体大小、形式、下划线等来模仿语调、语气和停顿功能的"超音段特征"(suprasegmental features),它们都构成了旅游文宣中不可缺少的一部分。但在转换成语料库电子文本后,无论是"非言语因素"和"超音段特征"都得去除,以方便标注和以后的检索,因此,我们对于具有这些特征的文本就在其电子文本的"篇头"上注明,方便研究者和学习者如有需要时去打开相应的扫描文档来查找,同时亦会在文本中出现这些"超音段特征"的地方以赋码<SUS>做人工标注,让使用者能够通过计算机快速查找。以相片出现的旅游介绍则需要手工输入,之后亦存为txt文档备用。

2) 语料的标注。在本文,标注指对语料成分(通常是词性、词类)的划分,以方便进一步检索和研究,这种标注方式称之为POS标注法(part-of-speech tagging)。对于英文语料,一般的POS标注法就是参考BNC对语料词性和词类的划分和缩写方法(如NN1表示单数名词、NN2表示复数名词、NP0表示专有名词等,参看BNC网站),先用软件(如CLAWS标注系统)进行机器标注。由于机器标注都不能达到百分百的标注准确率(最好的CLAWS标注系统也只能达到96%左右,见Kennedy, 1998:218),因此机器标注完成后还要进行人工修正。中文亦有类似标注词性和词类的系统,但其准确性不如CLAWS,且中文词性的区分不如英文的清晰,因而标注中文语料人工后期修正的时间要花费更多。

本语料库除了按照传统的POS标注外,还根据旅游文本中的一个突出的修辞特点,在语料上采用相应的修辞手段标注。研究员在研读文本时,分别会根据文本在语音、词汇和语法上的修辞特点，在语料中标出所使用的修辞或比喻手法。这种标注方法由于没有现成的软件可以做到，一切只能人工进行，所以费时甚巨。但一旦标注完成，它将为我们揭示英汉旅游文本在修辞用法上的不同，甚至为文本背后两种民族的审美观念的不同提供有力的佐证，这对比较修辞学、比较美学研究等都大有裨益。

针对旅游文本及旅游翻译的特点，本语料库亦会使用一些 CLAWS7 的码集中没有的自主创设码来对语料进行标注。这些自主创设码主要有两类：一类是用于标注上述提及的“超音段特征”，以创设码＜SUS＞表示；另一类是各种类型的修辞手段（rhetorical devices），在创设码上全以＜RHE＞开头，后面会加一个或两个字母来表明语料中所用的具体修辞手法，如隐喻以＜RHEM＞表示，头韵以＜RHEA＞表示，排比以＜RHEP＞表示，等等。因为 CLAWS7 软件只能标注词类，上述标注因而不能采用机器进行，只能手工赋码。之所以创作这些码集，主要是因为它们所代表的语言特点在旅游文本体裁中非常显著，且作用重大，往往决定旅游文本的呼唤功能（vocative function）是否能得以实现，因而有必要在语料库中将这些特点明示。

另外，标注还涉及 CLAWS7 的码集与自主创设码的兼容问题。因为作者并非 CLAWS7 的开发人员，亦无权将自创的码集加入至 CLAWS7 的码集之中，从而达到以 CLAWS7 软件统一以计算机赋码的目的。事实上，即便作者有权将自主创设码加入 CLAWS7 的码集，但对于作者自主创设码的标注（如修辞手段的标注），主要是基于对整个句子的认知理解，以目前人工智能的发展程度来看，计算机亦不能对此赋码。为了与 CLAWS7 的码集相兼容，我们采取的手法是：在所有的语料用 CLAWS7 的码集标注后，再用手工形式对处理过的语料加注自主创设码。手工赋码费时，但准确性高。我们力求在手工赋码时做到标注格式与 CLAWS7 的码集格式完全一致，以便在检索语料时用软件统一提取。

3）语料的对齐。PC 里的中、英文语料都先用 Paraconc 软件以句为单位粗略对齐，然后再人工检查，以方便用 concordancer 检索。中文语料还会用中科院计算所开发的“汉语词汇分析系统”（ICTCLAS）进行切分。旅游文本的翻译很多时候并非完全遵守句对句的原则，摘译、扩译或省译情况还比较多见。软件在某些地方找不到一对一的对应，就容易发生错配。我们设想将来在此新型双语旅游语料库的基础上，根据词频来自主开发中、英文旅游文本中常用的双语词汇（bilingual lexicon），这样就方便在语料库扩充和更新时，把这些双语词汇用作语料句与句对齐的另一附加条件，进而提高对齐的准确率。但无论如何，机器对齐之后，均需要人工检查做进一步的确定。对于摘译、扩译或是省译的现象，运用 concordancer 检索相关的句子时，可以在检索时设定 concordancer 同时出现相对应的句子的相邻的几个句子，提供更为详尽的语境，这样就能较为准确地知道是哪一部分原文受到改动。语料对齐后，会将文本转换成 XML 格式，这样就能让语料库以多种语言格式编码，方便传播和检索。

CC 中汉语旅游语料的词汇切分与赋码亦是采用的中科院计算所的 ICTCLAS 软件。该系统分词精度高，分析速度佳，唯一不足就是对词性的标注仍不够精准。因此，经过 ICTCLAS 分词后的语料仍需大量的手工校对，以提高中文语料的词性标注正确率。

4）语料的篇头标注。篇头提供所收语料的进一步信息。根据不同的研制目的，不同语料库纳入篇头的内容亦不同。本语料库里，篇头内容包括篇名、作者名、作者背景、译者名、

译者背景、年代、出版信息（书籍、电子或图片）、文本字数、有无“非言语因素”及“超音段特征”等。

从以上介绍可以看出，与传统的旅游语料库相比，本语料库的“新”主要体现在以下几点：(一) 从语料库的结构成分来看，本语料库一反传统旅游语料库均由 PC 单轨组成的特点，改为由 PC 与 CC 联合双轨组成。正如图 1 所示，这种组合形式能提供更为丰富的各子库之间比较的可能性，使研究者能更全面地考察旅游文本的体裁惯例，更深入地了解旅游翻译与其他类型的翻译（如文学翻译、法律翻译等）在词汇、句法和修辞等多个语言层面上呈现出来的不同特点；(二) 从语料库的词容来看，本语料库中 PC 与 CC 加起来共 200 万字，这亦是目前世界上最大的双语旅游语料库。更为重要的是，本语料库建成之后，每二年将更新一次语料库的内容，使语料库能反映旅游语言的最新变化。可以设想，在较长的一段时间之后，语料库这种动态的、增进式(incremental)的特点将会使研究者能够对旅游语言和旅游翻译的特点进行历时或共时的研究，从而丰富目前双语旅游语料库研究中较为单一的研究范式；(三) 从语料的收集上，本语料库的语料选材严谨，特别是针对双语旅游语料良莠不齐的普遍现象，提出双语语料均需由专家认定后才能入库。这就能避免目前某些双语旅游语料库中出现的部分收录译文错误百出的毛病，从而在保证本语料库的语料具有代表性的同时，亦不会误导用户；(四) 从语料库的运用前景上，传统旅游语料库作用相当单一，几乎都是为旅游英语教学，尤其是词汇教学而设；而本语料库的用途则广泛得多：它除了可以采用 DDL 形式，开展多层次、多类型的旅游英语教学与中英-英中旅游翻译教学之外，亦可以用于语言研究及供旅游从业人员使用，这样就使双语旅游语料库的价值得到更大的体现，亦能给其他专门语料库的研制和发展提供宝贵的经验。

3. 研究前景

目前，本旅游语料库只是初步建成，以后将会逐渐由主要收集香港地区的语料扩展为收集两岸三地的中英文旅游语料，并考虑将语料库上网或制成可供检索的光盘。同时，我们还会不断完善现有的标注体系，根据研究和教学目的，进行新的语义和句法标注（参看王克非，2004:75)，最大限度地发挥语料库的潜能。在教学方面，将根据语料特点，开发出一系列可供教师在课堂上使用以及学生随时使用的教学材料（拟另文叙述），为开展 DDL 旅游翻译教学提供直观和真实的语料基础。另外，我们亦考虑建立学习者旅游翻译语料库，收集大学生旅游翻译作业的电子文本，把它与其他两个语料库相对照，找出学生常犯的错误，寻求产生这些错误的文本内及文本外的原因。

在研究过程中，我们基于本语料库已经做了一些研究。例如，研究英汉酒店文宣的文本比较模式，从而得出在语篇结构、语言惯例上更为适切的中译英酒店文宣译文（李德超、王克非，2009)，研究基于旅游语料库而开发各种 DDL 教学方法。本语料库将来的研究前景相当广阔。比如，在词汇层面，我们可以比较汉英旅游语篇的词汇色彩和风格（如是正式、幽默、低调、口语化还是其他），或是通过词频来统计在特定旅游场景中最常用的词汇，作为编纂不同程度的旅游教材的基础，或是考察特定的形容词（如“美丽的”）在译文中对应的词汇，从而挖掘旅游翻译过程中的审美因素，等等。在句子层面，我们可以考察汉英旅游语篇在句子结构和句子复杂程度上的偏好，或是研究句子选择主动或被动表达式的深层原因，或是了解句子在不同的文化场合所传达的不同语用效果，所能激发起读者不同的文化联想，等等。在语篇层面，我们可以比较汉英旅游语篇在衔接手段上的差别，或是归纳出它们在语步结构和体裁结构潜势上的不同特点，从而考察它们在社会认知根源上的异同。而在修辞层面，我们亦可以比较汉英旅游语篇最常用的修辞手法，考察读者对这些手法的接受和反应，或是考察中文旅游语篇中用到的特定修辞手法在英文中的习惯处理方法，并了解它们在译文读者大脑中构成的或主观，或客观，或夸张的印象，等等。除此之外，我们亦可从翻译的共性入手，探讨旅游翻译是否具有“共性”，而目前翻译研究中发现的一些所谓“共识”(common ground)是否又适用于旅游翻译，等等。当然，这些研究前景都需在进一步提升本语料库研制程度之后进行。

选文二

公示语翻译语料库的研究与建设

吕和发　蒋　璐　周剑波

导　言

此文选自《当代外语研究》2015 年第 10 期。选文分六部分。第一部分，作者介绍了语料库的分类及专题语料库的定义。第二部分阐述了公示语翻译语料库研究与建设现状。第三部分，作者介绍了全国公示语汉英/英汉翻译语料库的研发定位。第四部分，作者利用图表形式阐述了语料的标注与加工。第五部分，作者介绍了公示语汉英/英汉翻译语料库特点与有效利用。第六部分为结语。

1. 引言

语料库翻译研究是 20 世纪 90 年代兴起的一种全新的翻译研究范式。目前，翻译研究中常用的语料库主要有译文语料库(translational corpus)、类比语料库(comparable corpus)和平行语料库(parallel corpus)三种。翻译研究语料库还可以根据语料收录的规模分为大型、中型和小型三类。上述三种语料库中多数以文学文本为主，或是以收纳百科文本为特色，大型、中型翻译研究语料库多归属此类；而针对某一文类或结合地域特点专门研制的专题语料库虽为数不多，但应用前景看好，中、小型翻译研究语料库多归属此类。

专题语料库指的是“关于特定主题文本的集合”，且这些文本“均由行内专家为不同的读者群所写”，这些读者群可能是同行的专家，或是缺乏相关专业知识的大众，亦可能是学生等(Kübler, 2003:29)。双语的专题语料库则收集包括原文与译文的专题文本(李德超、王克非，2009)。

2. 公示语翻译语料库研究与建设现状

公示语翻译语料库是专题语料库。国内最早探讨公示语翻译语料库建设的论文是2007年7月在上海同济大学举办的第二届全国公示语翻译研讨会上，由蒋璐代表北京第二外国语学院公示语翻译研究中心宣读的论文《公示语翻译与语料库建设研究》。2008年7月，在距奥运会开幕前30天之际，由北二外公示语翻译研究中心开发研制的“全国公示语翻译语料库”并网运行(冀远，2008)。

国内公示语翻译语料库研究论述总量有限，但目前已经完成和正在研制的公示语翻译语料库总量却在专题语料库研究与应用方面一枝独秀。公示语翻译语料库可依据其性质特点分为平行语料库、类比语料库和综合语料库；从语料来源来分类，又可以分为原语语料库、译语语料库、原语和译语综合语料库三类。另外，从语料形态来分类，还有文字和图片语料库；依据主办研制机构背景还可分为政府主办、院校主办和学者主办三类；从应用角度来划分，还可以分为应用型、实验型和研究型。

2.1　政府主导型公示语翻译语料库

政府主导型公示语翻译语料库基本为平行语料库。北京市民讲外语活动组委会“公共场所标识英文译法”(2008)在线检索依托北京市市民讲外语活动组委会网站，该网站是北京市公共场所双语标识英文译法地方标准的在线查询，兼具专业语料库功能。深圳市政府外办的“深圳公示语翻译在线检索”(2010)是深圳市公示语英译地方标准经编辑整理为《深圳公示语翻译词典》的在线查询形式。据报道，上海市语言文字工作委员会的“公示语英译语料库”建设已于2012年启动(陆梓华，2012)。

2.2　院校主导型公示语翻译语料库

院校主导型公示语翻译语料库既有平行语料库、类比语料库，也有综合语料库。公示语在线平台(2011)由北京大学软件与微电子学院语言信息工程系研发，主要用于收录、审核、发布公示语翻译，为公众用户提供展示、搜索公示语及其翻译的功能。该系统提供公示语分类管理、标签管理，还可以发布与公示语相关的研究论文，以及翻译技巧类文章等。目前该语料库收录词语累计9 303条。

2.3　学者主导型公示语翻译语料库

学者主导型公示语翻译语料库既有平行语料库，也有类比语料库，但规模都比较小，专业特点更突出。

英语原生公示语语料库(2009)由赵秋荣、马会娟研发，属类比语料库，主要采用AntCount和PatCount作为语料分析工具，所采用的语料是随机从国内外各大英语网站上搜集的国外公示语，共1 592条，7 346词。语料运用UCRELCLAWS7进行加工标注，分析了英语公示语在句长、词语使用频率、词性、句法和修辞等方面的特点，探讨了目前汉语公示语英译存在的问题，并提出相应的翻译策略。

南华大学李广伟、戈玲玲研制的“标识语汉英双语平行语料库”始建于2013年3月，目前已初步建成。其语料主要来源于网上的电子文本、以纸质形式出现的印刷品、书籍或宣传页和实地拍摄的汉英标识语图片。该语料库(2015)为开放的英汉标识语双语平行语料库，初期库容约为100万字/词。随着时间的推移和研究的深入，研究人员将及时更新语料，把符合条件的文本不定期录入语料库，以反映标识语的动态发展及语言的历时变化。

2.4 地方特色公示语翻译语料库

地方特色公示语翻译语料库是学者主导型公示语翻译语料库的另一主要形态。

陕西省旅游景区公示语翻译语料库(2012)由西北大学董李鹏、高东怀、朱益平、张知元研发，结合陕西省旅游景区的文化特色及多样性特点，对陕西省旅游景区公示语翻译语料库的主题栏目进行了规划，开发了一套基于PHP的陕西省旅游景区公示语翻译语料库系统。该系统的设计与实现对国内其他省市公示语翻译语料库的建设和应用研究具有一定的参考价值和启示作用。

天津师范大学袁朝云主持研制的天津公示语翻译语料库是为了规范天津地区的双语公示语而建设的，分为双语平行语料库和类比语料库。语料来源主要为天津市当地采集。根据语料的具体应用场所，两个子语料库下设包括政府机构、商业服务部门、企事业单位等场所在内的十七个子项目，每个子项目下的语料又分为通用语料和天津特色语料两个类别(王凤娇，2013)。

无锡旅游景区公示语翻译语料库(2013)由崔建周研发，分析旅游景区公示语的特点，重点统计分析了无锡市旅游景区公示语翻译中采用的翻译策略及其主要问题，最后探讨了改进旅游景区公示语翻译的有效策略。

河北经贸大学郝丽宁将教学研制的公示语语料库(2014)分为库一“英文原生公示语语料库”和库二“石家庄城市公示语平行语料库”。库一规模比较小，在与库二进行对比研究中、英公示语异同时稍显逊色，难以对更深层次的语言本质进行挖掘。

西藏大学谭益兰主持的西藏自治区社科基金项目“藏汉英公示语翻译语料库研究与建设”不仅是地方特色公示语语料库，而且也是民族地区特色公示语语料库。

2.5 公示语翻译语料库理论或应用研究

另外，一些旅游或公示语翻译语料库研究旨在探讨专题语料库对于旅游或公示语翻译实践及教学的特殊意义。河南城建学院秦平新的《基于平行语料库的公示语翻译个案调查》(2011)就公示语中常见词语“禁止”的翻译，利用“全国公示语语料库”的资源平台对该词的翻译做个案研究，对基于语料库的调查结果进行观察、分析，从语义韵和词语搭配两方面进行讨论，以期对该词在公示语翻译中的使用提供一个合理的依据。

总的来讲，实验型和研究型公示语翻译语料库仍然占主流，而应用型公示语翻译语料库，无论是总体规模，还是语料质量，都难以满足公示语翻译实践与研究需求。

2.6 国外公示语翻译语料库理论或应用研究

根据长期关注和网络检索获得的信息，国外与公示语概念相近的术语是signage，除了政府、行业标准机构提供图形标识标准信息的网站，尚未发现提供标识或公示语双语查询和翻译研究的语料库。

3. 全国公示语汉英/英汉翻译语料库研发定位

李德超和王克非在《新型双语旅游语料库的研制和应用》(2009)一文中指出:无论是通用类的译文语料库,还是类比语料库、平行语料库,或是专门语料库,均以关注翻译教学、翻译培训和翻译研究为主;即便是为翻译实践提供参照,其紧迫性和示范性也都因语料典型性、规模性等局限而难以产生期待的效益。为数不多的专业语料库多数却不以服务社会为宗旨,受益面也极为有限。语料库翻译研究是20世纪90年代兴起的一种全新的翻译研究范式,多项指标评估都符合第三代语料库的特点。翻译语料库的优势毋庸置疑,而其发展进程中存在的问题同样值得关注。

3.1　基本思路和主要内容

语料库翻译研究,无论是理论研究,还是建库实践都处于"初级阶段",全国公示语汉英/英汉翻译语料库研究与建设既要注重汲取近20年语料库翻译研究的理论成果和实践经验,更要着眼全球文化发展,强调形式服从功能,发挥电脑和网络技术优势,遵循学术研究规律,在公示语英汉/汉英翻译语料库的研发过程中实现理论和实践创新。

3.1.1　现代国际先进公共信息服务文化和管理的系统性引进

公示语汉英/英汉翻译语料库研究与建设实践引进现代先进文化和管理系统,促进中国社会发展、经济变革、文化进步和走出去与走进来中外双向交流;弘扬翻译学者为改革开放先锋的传统,以实证、实践推动翻译理论创新;全面有效地展现语料库语言学在翻译研究、教学、实践方面的优势和潜力。

3.1.2　全国公示语汉英翻译研究语料资源中心

全国公示语汉英/英汉翻译语料库的定位是全国公示语汉英翻译研究语料资源中心;力图在语料的典型性、规模性和为社会服务的指导性、权威性方面寻求突破和创新;服务走进来的外国民众和走出去的中国旅游者;为世界城市和国际一流旅游目的地建设提供语料支持;语料库在语料采集、选择上,在规模控制上,在网络传播上都力图与时俱进,适度超前;期望在不远的将来成为全球公示语英汉/汉英翻译语料中心。

3.1.3　典型性、规模性语料应对需求的紧迫性,确保应用与研究示范性

公示语汉英/英汉翻译语料库通过语料典型性和规模性服务需求的紧迫性,并确保应用与研究示范性。全部语料来源于过去10年间在美、英、澳等举办过奥运会和世界博览会的国家、城市与旅游目的地实地考察;依据北京、深圳、上海等地公共场所标识英译规范和标准、国家语言文字委员会制定的《公共服务领域英文译写规范》。语料库从世界城市和国际旅游目的地语言环境建设对于公共信息需求的角度采集、汇编涉及常用公示语汇、商业推广语汇、公共设施标示语、行政区划、交通运输、购物消费、观光游览、娱乐休闲、旅游服务、职务职称、机构名称、新兴行业、危机管理、常用缩略语等公示语。

短语篇作为语料库研发重点,在旅游景点解说、规范要求、告示条例等方面进一步延伸了公示语翻译理论与实践研究的内涵和外延;系统引进目前国内明显"空缺"或"急需"的环境保护、危机管理、安检防恐、应急救助等方面的公示语,从而强化世界城市和国际一流旅游目的地语言环境建设,提升整体服务质量。

3.1.4 网络传播直接服务全国翻译和语言服务业

标识行业、教学研究机构充分利用语料库提供规范双语公示语示范和模板，利用专题网站服务全国标识行业、翻译和语言服务业、翻译研究和教学机构。

3.1.5 满足后奥运会和后世博世界城市和国际旅游目的地

旅游目的地建设发展需求扩大的北京、上海、深圳、江苏等省市制定的公共场所公示语英译规范和标准，以及国家语言文字委员会制定的《公共服务领域英文译写规范》重点是对通用和常用公示语英译的规范。全球化条件下，多元化、多领域、多层次、多媒体需求使得大量公示语难以在近期得到规范，成为术语。公示语汉英/英汉翻译语料库提供省市、国家标准之外的、海量的发达国家世界城市、国际旅游目的地真实在用的公示语语料，是省市、国家标准的重要补充和有效支撑。

3.1.6 避免形象与经济重大损失

有规可循，有据可依，可有效避免因公示语错误翻译引发的国际媒体的负面报道、导致的海外旅游者不愉快经历和国家、地区、企业产生的形象损失，形成“正能量”；同时可以避免全国各地在公示语牌示制作中可能产生的数以亿计的资金浪费。

3.2 语料库的基本框架结构

“语言检索是语料库应用于翻译的实现途径。通过检索语料库中特定词汇和表达，可以有效地加强译者对文本的理解和掌控，并保证主要术语准确、一致，对翻译，尤其对特殊领域文本的翻译，具有很大帮助。”“双语语料库的语料不仅是词汇和术语的重要资源，而且是文本、话语结构和文本类型等信息的源泉，还是专业翻译实用的数据库。”(刘稳良，2013:58)公示语汉英/英汉翻译语料库包括了平行语料库、类比语料库、研究交流平台三大板块。

3.2.1 公示语汉英/英汉翻译平行语料库

“以人为本”，以需求为导向是公示语汉英/英汉翻译语料库语料选择和类别划分的依归。语料库核心部分公示语汉英/英汉翻译平行语料库依据海外旅游者和常驻外籍人员需求及行为特点将通用公示语和与行、食、宿、游、娱、购等相关的专类公示语词条、短语篇、景点解说分为13个大类。各大类中的词条按相关领域、行业特点、服务形式细分为宏观领域和微观方向的公示语专类，如“第一部分通用公共与旅游信息公示语”分为46个专类。各专类亦都依据该类别应用需求特点细分为若干子类，如“第十三部分短语篇：景点解说”分为13个专类，其中“中国专题解说”细化为10个子类：玉器、青铜、陶瓷、书法、绘画、工美、雕塑、饰品、家具等。

3.2.2 公示语汉英/英汉翻译类比语料库

类比语料库“通过比较相似词或词组及译文中的对等来探讨特定文本的类型特征，深化源语言和目标语言的对比知识”(刘稳良，2013)。公示语汉英/英汉翻译语料库类比语料库的对比研究在公示语文化语用和语境对比方面的探索力度较大，以突出汉英/英汉公示语的系统性和生态性特点。同时，公示语汉英/英汉翻译语料库类比语料库的建设借助了计算机检索、存储、显示、链接、动态、交互等特点，在提高效益的前提下提高满意度。

这一类比语料库包括以下几类：

错误类型分析与规范译文对比：根据中外专家确认的26种错误类型对国内发现的错误译文标注、点评，提供规范译法。

词语译法对比：同语境不同区域、国别系统比较，如英—美—中的伦敦—纽约—北京系统对比。

语用对比：同类型不同机构对比，如对比大英博物馆—大都会艺术博物馆—维多利亚与阿博特博物馆—中国国家博物馆—故宫博物院等；

语境对比：同语境不同区域、国别系统比较，如英—美—中的伦敦—纽约—北京系统对比。

3.2.3　公示语汉英/英汉翻译交流平台

计算机技术应用于语料库建设大大提高了语言和翻译研究的效率和质量。现代互联网技术的应用将使语料库语言学和翻译学研究插上腾飞的翅膀，既可成倍提高成果利用率，实现成果共享；又可及时交流最新研究成果，通过专家和业内人员及时互动，确保语料库建设研究适应社会经济、文化的发展。公示语汉英/英汉翻译语料库借助专题网站搭建公示语源语信息平台、公示语翻译标准法规平台、公示语翻译专家交流平台、公示语翻译实践互动平台四个平台。

(1) 公示语源语信息平台

公示语翻译语料库的核心内容是“公示语汉英/英汉翻译语料库”与“新语新译”。

“公示语汉英/英汉翻译语料库”提供我们所搜集的公示语语料 5 万余条，100 万字词，访问者可以通过输入汉语关键词或英语关键词获得对应译法。注意到目前类似 wikipedia、yourDictionary 等网络词典都提供了词语的语境和使用方法，公示语翻译语料库将逐渐完成语汇定义和用法解释。有关专家和研究者可以通过“投稿中心”或“专家信箱”将自己采集的公示语词条提交、上传，与大家分享。

“新语新译”将我们搜集的最新公示语词条及其译文上传，供访问者参考交流。

(2) 公示语翻译标准法规平台

“通用图标”部分包括了“国家标准图形标识”“国际标准图形标识”“国际标准图形标识图片”“国外标准图形标识影像”四大板块。其中 25000 幅“国际标准图形图片”把我们在英国伦敦、美国纽约和世界其他国家采集的图片配以参考译文提供给研究者参考、欣赏，直观了解这些公示语使用的语境、特殊语境的特殊功能用语和整个公示语信息系统的各自功能与相互关系。

(3) 公示语翻译专家交流平台

“研讨交流”“译家译论”和“学术著述”三个板块旨在进行深度学术交流和理论探讨，发现这一特殊语言现象的文化特点和理论依托，分享知名专家学者的研究成果和学术思想。

(4) 公示语翻译实践互动平台

“快讯公示”报道或转载国内外有关研究和活动信息。“译难杂症”就那些没有源语对应的公示语的译法进行探讨，交流意见。“SignsForum”是研究者、实践者、学习者直接对话、交流的论坛。松散的研讨、直接的对话、专题辩论，以及论坛主持的协调和参与将使这项研究更加开放、深入而生动。网站链接将“名家博客”“专业网站”“翻译协会”“翻译院系”“学术团体”等整合在一起，互连互动。

4. 语料的标注与加工

公示语语料的标注与加工方式选择取决于语料库的功能定位和服务对象需求。语料标注加工大多数情况下都在专用程序的支持下完成，专门语料库或许还要研发人员设计专用程序，甚至需要人工操作实现。目前公示语语料库多采用 UCRELCLAWS7 进行语料加工标注，采用 AntCount 和 PatCount 进行语料分析；一些研究者自主开发语料标注与加工软件，满足研究的特殊需要，如 BFSU Sentence Segmenter 1.0 等。正如前面已经介绍的，绝大多数语料库都是服务于教学和研究，服务应用的语料库，特别是专题语料库依据语料用途等情况确定是否进行语料标注。全国公示语汉英/英汉翻译语料库现阶段以对齐处理为主，主要是考虑到处理大量原始语料需要大量投入，而国内超大型活动和世界城市建设、国际旅游目的地建设都急需短时间内大批量引进原始语料。无论是翻译从业者，还是教学研究人员，都需要短时间内大量的公示语信息输入，形成感性认识。学术研究和深度探讨可以通过开放后台，依据实际研究的侧重点由研究者自行标注、加工、分析。

4.1 平行语料库

4.1.1 中文—译文/原文

捷通安检 3 步 请准备好安检： 1. 出示身份证和登机牌 2. 取出液体和笔记本电脑 3. 脱掉鞋和外套 感谢您参加安检。 您的安全是我们的头等大事。	3 Simple Steps to Security Please be ready for security: 1. Show ID and boarding pass 2. Take out liquids and laptops 3. Take off shoes and jackets Thank you for participating in security. Your safety is our priority.

4.1.2 中文—译文/原文—原始公示语

捷通安检 3 步 请准备好安检： 1. 出示身份证和登机牌 2. 取出液体和笔记本电脑 3. 脱掉鞋和外套 感谢您参加安检。 您的安全是我们的头等大事。	3 Simple Steps to Security Please be ready for security: 1. Show ID and boarding pass 2. Take out liquids and laptops 3. Take off shoes and jackets Thank you for participating in security. Your safety is our priority.	3 Simple Steps to Security Please be ready for security: 1. Show ID and boarding pass 2. Take out liquids (in a baggie) and laptops 3. Take off shoes and jackets Thank you for participating in security. Your safety is our priority

4.1.3　中文—译文/原文拆分

捷通安检 3 步	3 Simple Steps to Security
请您准备好安检：	Please be ready for security:
1. 出示身份证和登机牌	1. Show ID and boarding pass
2. 取出液体和笔记本电脑	2. Take out liquids and laptops
3. 脱掉鞋和外套	3. Take off shoes and jackets
感谢您参加安检。	Thank you for participating in security.
您的安全是我们的头等大事。	Your safety is our priority.

4.1.4　中文—译文组合形式

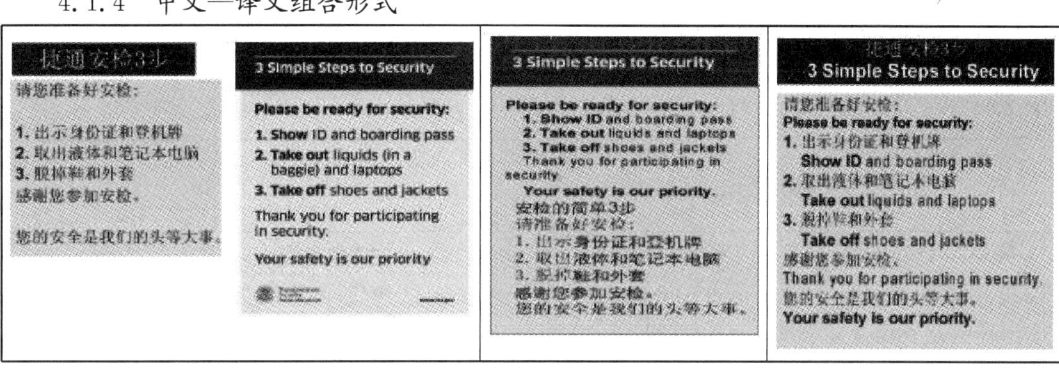

4.2　类比语料库

4.2.1　一词多译比较

宣传部	propaganda department	publicity department	information office	public relations department	communications department

4.2.2　错误类型—心理感受—评点规范

样本举例(混类)	错误类别	心理感受强度	评点与规范
此段200米，当心落石，请靠岩壁行走，快速通过请勿逗留。 Within 200 meters,notice the rockslide,please is run about by cliff. 此段 200 米，当心落石，请靠岩壁行走，快速通过请勿逗留。 Within 200 meters, notice the rockslide, please is run about by cliff.	9 Confusing/Unclear 16 Imprecise 18 Wordy	10 警示性公示语以“告示”形式出现未尝不可，这是目前国内很多景区的惯例。国际惯例则是使用警示性文字加图形标志，信息传达醒目、直观、明确、简洁。“此段 200 米”游客不易判断，采用标识(a)、(b)明确地质灾害区界，有助防微杜渐。	危险 Danger 当心落石/山体滑坡区 Rock Slide Area DANGER　ROCK SLIDE AREA 山体滑坡区始/终止 (a) SLIDE AREA　(b) END SLIDE AREA　(c) 沿路通过 stay on Trail Please Stay On The Trail

4.2.3 文化语用特点比较：三彩骆驼

(1) 国内博物馆

三彩骆驼 唐(618—907年) 馆藏	Tri-coloured Camel Tang Dynasty(618－907) Collection of the Museum

(2) 大英博物馆

Lead-glazed ceramic figure of a camel China Tang dynasty, 8th century AD Camels were essential to the trade along the Silk Route and were frequently represented among the tomb figures in early Tang burials. Their presence may have been a recognition of the importance of trade to Tang court life.	三彩骆驼 唐朝，公元8世纪 骆驼对于丝绸之路上的贸易至关重要。在唐朝早期的随葬品中，骆驼是经常出现的形象。贸易对唐朝宫廷生活起着重要作用，可以说骆驼是这段历史的见证。

(3) 大都会艺术博物馆

Figure of a Camel Tang Dynasty, ca. late 7th—first half of the late 8th century Earthenware with three-color (*sancai*) glaze Although the camel is not native to China, representations of the two-humped Central Asian camel are frequently founded in Chinese ceramic tomb sculpture. This pack animal was an indispensable carrier of goods on the Silk Road that linked China with the regions to her west. In all likelihood, the demonic masks that dominate the load of the camel here were intended to ward off evil. Gift of Stanley Herzman in memory of Adele Herzman, 1991 1991.253.13	三彩骆驼 唐代，公元7世纪末—8世纪上半叶 骆驼虽不是中国土生土长的动物，然而这种源自中亚的双峰驼在中国古墓葬发现的陶罐中却屡见不鲜。这种牲畜是当时连接中国和西亚的丝绸之路物资运输的重要方式。驼峰间以神兽面为主的装饰是中国人驱魔辟邪的一种形式。 斯坦利·赫兹曼为纪念阿德勒·赫兹曼1991年捐赠 编号：1991.253.13

4.2.4 篇章结构与语言风格比较

大英博物馆		国家博物馆		V&A博物馆	
China	中国	The Unified Empire	大一统帝国	China	中国
Ancient China	古代中国	Rival State and the Seven Powers	大国争霸和七雄并文	Ruling	治国
The Great Dynasties	伟大的朝代	Han Dynasty Stone Carvings	汉代画像石	Living	起居
Later Religious Images	后期宗教雕像	Porcelain and *Sancai* Ware	瓷器与唐三彩	Eating & Drinking	餐饮
Later China	后期中国	Prosperity of the Western Han	西汉的强盛	Collecting	收藏
Trade with the Outside World	与世界的贸易	Ethnic Cultures	周边民族		
Chinese Jade	中国玉器	Foreign Relations	中外交流		
Chinese Ceramics	中国陶瓷	Daily Life	社会生活		

4.2.5 世界城市和国际旅游目的地系统对比

(1) 主题型

中国北京国家博物馆	英国伦敦大英博物馆	英国纽约大都会艺术博物馆	法国巴黎卢浮宫博物馆

(2) 区域型

中国北京 CBD	英国伦敦 CBD	美国纽约 CBD	法国巴黎 CBD	澳洲悉尼 CBD

(3) 城市/目的地型

中国北京	英国伦敦	美国纽约	法国巴黎	澳洲悉尼	意大利罗马	德国慕尼黑	奥地利维也纳

5. 公示语汉英/英汉翻译语料库特点与有效利用

国家语言文字工作委员会“公共服务领域英文译写规范”课题专家委员会成员、上海市语言文字委员会“十二五”规划课题“公示语英译语料库”课题主持人林元彪(2014)指出，现代电脑技术和翻译工具还远未成熟，翻译不是机器能做的事情，而公示语翻译又恰恰是最不适合机器做的一种翻译。号称世界目前最先进的、基于统计算法的翻译引擎谷歌试译“公共卫生间”，得出的结果“between public health”令人瞠目结舌。因此，语料库的质量关键依赖于语料的质和量。公示语汉英/英汉翻译语料库的特色正是基于世界城市和国际旅游目的地建设需求，对真实、海量的语料进行加工与汇聚。

专业语料库与网络传播相结合，便于全国公示语翻译者、研究者、使用者交流、检索、应用；有利于公示语规范译法在全国的普及和产学研的最佳结合，也为地方标准和国家标准的制定提供重要的语料资源和咨询。语料以“篇章”形式出现，为社会特定文化和应用提供经验和参照；防止使用者断章取义，词对词转换翻译，或随意组合搭配现象发生。

模糊检索有利于使用者在类似的语料中通过对比，发现与语境和受众需求形成最佳匹配的语料。从语料库一期 2008—2013 年运营的 5 年时间获得的反馈来看，这样的技术安排有利于教学、研究和翻译实践。访问者可以依据自己研究和教学的需要进行标注加工，获得更多成果，更多启发。研究成果可以通过网站及时交流。大多数用户尚未形成对汉英公示语的感性认识，保持了语料的原生态，便于理解，更便于普及。

参考译文有助于各级领导和专家了解情况，有利于普及、规范。语料图片实地采集，“小系统”和“大系统”衔接，有助于还原语境，再现公示语使用原生态。使用者可以参照、模仿、规划、设计不同规模的国际公共信息服务系统。在翻译语料库研发方面，语料库的使用可能会导致研究者更加强调翻译规范，忽略译者的创新性，甚至把创新视为错误。而公示语翻译迫切需要的恰恰是规范，将语料库的“劣势”化为“优势”，成为推广规范公示语译法的平台。

公示语汉英/英汉翻译语料库建成后将通过“全国公示语翻译语料库”网站、公示语研究在线网站等提供在线检索、查询服务；继续提供与“公共服务领域外文译写规范”课题专家组所属公共服务领域外文译写网站等的链接。公示语翻译语料库建设将极大提高北京乃至全国城市和旅游目的地的形象效益、经济效益、社会效益、教育效益。

汉语公示语使用不规范情况也是世界性问题。我们相信，中国文化走出去，中国企业走出去，中国旅游者走出去都需要准确的汉语公示语保驾、护航。公示语汉英/英汉翻译语料库有助于这种全球化时代的扩大化交流，有助于促进这种交流。

6. 结语

全国公示语汉英/英汉翻译语料库新版将于2015年10月联网运行。正如马会娟(2009)强调的那样，语料库通过观察真实语料，为译者提供了一种新的思维方式。同时，大型语料库的研制和开发，为翻译提供了重要的启示和借鉴。译者借鉴语料库，可以采用更加灵活、地道的译语，同时有利于提高自主性和创造性，拥有更广阔的实践空间。同样，公示语翻译也要充分挖掘语料库的作用，在翻译中借鉴英语中已有的固定模式。公示语翻译术语化是公示语翻译与应用规范化的必由之路。全国公示语汉英/英汉翻译语料库在公示语翻译术语化建设进程中，毫无疑问将成为该领域术语研发的重要资源。在语料库前期研究的基础上，《汉英公示语词典》第二版的编写得以完成；以语料库语料为重要参照，我们完成了北京市政府外事办公室为APEC会议场所和周边地区公示语文本的翻译、审校，这些从实践方面验证了公示语翻译语料库的有效性。全国公示语汉英/英汉翻译语料库课题组还有一个美好的愿景，就是仿照谷歌百科，对语料库中的词语提供更为详尽的信息；仿照谷歌街景技术再现典型城市、典型景区、典型设施、典型机构的语言环境。

选文三

基于语料库的旅游文本英译词汇特征及翻译研究

熊　兵

导　言

此文选自《华中师范大学学报》(人文社会科学版)2016年第5期。选文分六部分。第一部分为引言。第二部分介绍了作者构建旅游文本语料库的语料、研究工具和研究思路。第三部分首先对CTETT和COETT语料库的总体语言特征进行统计，然后从词长与文本难度、类符/形符比与用词变化、词汇密度与信息量、人称代词与叙事态度/叙事视角、词频与主题表达及特定旅游词汇的翻译等方面展开深入研究。第四部分为小结。

一、引　言

传统上，对旅游文本的语言特征及其翻译的研究，多是基于某种翻译理论(如功能对等理论、目的论等)，同时也基于研究者对旅游文本的印象式或感悟式的个人体验，以此探讨旅游文本的语言特征和翻译方法与技巧，如陈刚、方梦之、毛忠明、贾文波、伍锋、何庆机，等等。

近些年来，随着语料库翻译学的发展，学界开始把语料库的理论与方法引入旅游文本的翻译研究。这一新的研究视角拓宽了旅游翻译的研究渠道，增强了研究的实证性、客观性和可验证性，促进了旅游翻译研究的发展，其中较有代表性的研究者包括李德超、王克非、侯晋荣、肖庚生、陈欣、张苇、韩江洪、夏蓓洁。不过，这些研究多泛泛讨论汉英平行语料库的构建及旅游文本的各类语言特征，对英译旅游文本的词汇特征及该特征与原创英文旅游文本词汇特征的异同挖掘不够深入，而这些特征与汉英旅游翻译的关系也尚未得到明晰阐述。有鉴于此，本研究拟基于笔者自建的"旅游文本汉英平行语料库"及"旅游文本英文可比语料库"，对英译旅游文本的词汇特征、该特征与汉英旅游翻译的关系以及特定旅游词汇的翻译问题进行深入考察，以期能深化对汉英旅游文本词汇特征的认识，并对汉英旅游翻译提供一定的借鉴和指导。

二、语料、研究工具和研究思路

(一) 语料

本研究基于笔者所构建的旅游文本语料库下的两个子语料库。第一个子语料库为"旅游文本汉英平行语料库"。从该库中，我们提取了经过句对齐和词性赋码处理的汉英双语平行语料共计 191 940 字/词，其中汉语原文语料(corpus of Chinese tourism texts，简称为CCTT)109 431 字，其英译文 82 509 词，此英译文语料在本研究中称为"旅游文本英译文语料"(corpus of translated English tourism texts 简称 CTETT)。这些语料内容涉及旅游景点介绍及浏览(如故宫介绍、湖北旅游、长江三峡旅游、西安旅游等)、旅游指南、旅游服务(如餐饮、酒店预订、公交服务)等不同主题，英译文翻译质量较好。

第二个子语料库为"旅游文本英语可比语料库"。这是个单语(英语)可比语料库，由"旅游文本英译文"和"旅游文本英文源文"构成。其中"旅游文本英文源文"(即原创英文旅游文本)大都采集于国外的英文旅游网站和旅游手册，具有较好的语言质量。其内容涉及景点介绍及游览(如大峡谷景点介绍、旧金山旅游介绍)、旅游指南、旅游服务(如餐饮、酒店预订)等方面。从该库中我们提取经过词性赋码处理的"旅游文本英文源文语料"共计 82 401 词(corpus of original English tourism texts)，该语料与前述 CTETT 一同构成可比语料库的一组研究对象。这两组语料总形符数十分接近，便于研究中(必要时)对相关数据进行直观的比较。

子库一：旅游文本汉英平行语料库	子库二：旅游文本英文可比语料库
旅游文本汉语原文语料(CCTT)	旅游文本英文源文语料(COETT)
旅游文本英译文语料(CTETT)	旅游文本英译文语料(CTETT)

图 1　本研究的两个子语料库

（二）研究工具

研究工具主要为 WordSmith(6.0)和 ParaConc(1.0)。

WordSmith 是一个用以观察文字在文本中表现的语料分析软件。该软件由英国利物浦大学 Mike Scott 设计，牛津大学出版社出版。该工具自开发以来已经过多次升级，功能得到不断完善，界面更加友好，目前最新版是 WordSmith Tools 6.0。其中主要包含 Concord（语境共现检索工具）、WordList（词频列表检索工具）、Keywords（关键词检索工具）等工具。

ParaConc 是一个用于双语平行语料库检索的软件。该软件由新西兰奥克兰大学应用语言学系教授 Michael Barlow 开发，目前版本为 1.0。该软件主要用于双语句对齐语料的检索，可以方便地呈现翻译中原文与译文在字/词/句层面的对应关系，帮助研究者发现原文与译文的区别性特征及这些特征与翻译中的各类转换的关系。

（三）研究思路

本研究将利用 WordSmith 对旅游文本英译文及旅游文本英文源文的词长、类符/形符比、词汇密度、词频等项目进行统计和分析，并通过对比研究的方法，探讨旅游文本英译文与原创英文旅游文本在词汇层面上各自的典型特征，以及这些特征与文本难度、用词变化、信息量、叙事态度/叙事视角及主题表达的关系；同时基于上述分析，结合 ParaConc 对旅游文本汉英平行语料进行考察，探讨特定旅游词汇的汉英翻译，以期深化学界对英译旅游文本词汇特征的认识，并对汉英旅游翻译提供有益的指导和借鉴。

三、旅游文本英译文的词汇特征及汉英旅游翻译

（一）CTETT 和 COETT 的总体语言特征统计

把“旅游文本英译文语料”(CTETT)和“旅游文本英文源文语料”(COETT)分别用 WordSmith 的 WordList 功能进行处理，得到如下统计结果：

表 1　旅游文本英译文语料(CTETT)总体语言特征统计

Text file	Tokens (running word) in text	Types (distinct words)	Type/token ration (TTR)	Standardised TTR	STTR basis	Mean word length	Mean sentence length (in words)
CTETT	82.509	8.136	10.08	42.15	1.000	4.65	20.48

表 2　旅游文本英文源文语料(COETT)总体语言特征统计

Text file	Tokens (running word) in text	Types (distinct words)	Type/token ration (TTR)	Standardised TTR	STTR basis	Mean word length	Mean sentence length (in words)
COETT	52.401	11.119	13.68	50.50	1.000	4.76	20.45

下面将基于以上统计数据，并结合 WordSmith 对子库二其他相关词汇项目的统计（如词汇密度、词频等）和 ParaConc 对子库一的相关检索，对旅游文本英译文的词汇特征及汉英旅游翻译相关问题进行考察。

（二）词长与文本难度

词长在一定程度上反映了一个文本中用词的大小（“大词”或“小词”）和难易程度（“难懂”或“易懂”）。根据 Edward B. Fry 的观点，英语文本的难度主要取决于句子的长短和句子中单词音节的多寡。如果句子长，且句中单词的音节又多，那么一般来说难度就大；反之，如果句子短而句中单词的音节又少，那么难度就小。后来 Danielson & Bryan 也提出，可依据以下两个要素来判断英语文本的难度：① 每个单位空间中的平均词数（实际上是对词长的测量）；② 句子的平均词数（实际上是对句长的测量）。以上观点都表明，文本的难度除与句长关系密切外，与词长也有密切的关系。一般而言，文本中的平均词长值越高，则文本中大词的使用也越多，难度也越大。

以上表 1 和表 2 中的数据显示，CTETT 的平均词长（mean word length）为 4.65，COETT 的平均词长为 4.76，两者十分接近，前者比后者略低。再结合 CTETT 与 COETT 的平均句长的统计数据（20.48 vs. 20.45），可以看出旅游文本英译文与旅游文本英文源文的词汇难度非常接近，虽然前者比后者在用词上会略微简单一些，但两者并无明显差异。这与侯晋荣的研究结果一致，不过在具体的平均词长的数值上与其研究略有差异。

（三）类符/形符比与用词变化

形符（token）是语料库语言学中的一个术语，类似于我们日常所说的“词”，一个文本中的形符，就是指该文本中所有的词。类符（type）是指不重复计算的形符。“类符/形符比”（type/token ratio, TTR）指文本中类符和形符的比例。它可以在一定程度上反映文本用词的变化和丰富程度。类符/形符比越高，文本的用词变化越大，用词也越丰富；类符/形符比越低，文本的用词变化越小，用词也越单调/重复。由于语料库的容量越大，其中的大量的功能词（如 the，a，of）会反复出现，形符会相应增加，但类符却未必会相应增加。这导致文本越长，功能词的重复次数也越多，类符/形符比就会越小，这样不同容量的语料库的类符/形符比就不具有可比性。因此在实际研究中，我们用“标准类符形符比”（standard type/token ratio, STTR）来衡量文本的词汇变化情况，通常是按每 1 000 个形符来计算一次类符/形符比，再求其平均值。这种计算可由 WordSmith 自动完成。

以上表 1 和表 2 中的数据显示，CTETT 的标准类符/形符比为 42.15，COETT 的标准类符/形符比为 50.50。这表明与旅游文本英文源文相比，旅游文本英译文的词汇变化不够丰富，用词较为单调，词汇重复率偏高；而旅游文本英文源文用词变化较为丰富，用到的不同词的词汇量要大于旅游文本英译文。这提示在汉英旅游翻译中，译者应该尽量使用不同的词汇来对相同或相似的意义进行表达，以使词汇变化更为丰富。

（四）词汇密度与信息量

语言中的词分为两类：一类是开放类词（open-class words），也即实义词或实词（content words），指那些数目较大而且可以持续增生的词，这类词一般具有较为稳定或明晰或实在的词汇意义，如英语中的开放类词包括名词、动词、形容词和副词。另一类是封闭类词(closed-class words)，也即功能词(function words)，指数目有限且很少增生的词，这类词不大具备稳定、实在的词汇意义，或意义模糊，或主要起语法功能作用，如英语中的封闭类词包括介词、连词、限定词、代词、数词、助动词和感叹词。词汇密度(lexical density)是指一个文本中开放类词数量占总词数的比例，这个比例在很大程度上可以体现文本的信息量(information load)，这是由于开放类词传递大部分具有实质性内容的信息，而封闭类词主要起语法功能的作用，较少传递实质性信息。因此文本中开放类词比例越高，则词汇密度越大，文本的信息量越丰富；反之，文本中开放类词比例越低，则词汇密度越小，文本的信息量则较少。另外，词汇密度与文本的难易度也有一定的关系，一般而言，词汇密度越高，文本难度越大；反之则文本难度越小。

本研究对词汇密度的计算采用 Ure 和 Stubbs 提出的方法：词汇密度＝(实词数/总词数)×100％。我们把经过用 TreeTager 词性赋码的 CTETT 和 COETT 分别用 WordSmith 进行处理，统计其各类开放类词的数量及在总词数中的比例，结果如表 3：

表 3　CTETT 和 COETT 的词汇密度

词类 \ 语料		CTETT		COETT		卡方值	P 值
		比例	密度	比例	密度		
开放类词	名词	27.908	33.8％	28.747	34.8％	20.638 2	0.000***
	动词	10.865	13.2％	11.323	13.7％	11.627 8	0.000***
	形容词	8.522	10.3％	7.783	9.4％	36.102 7	0.000***
	副词	2.918	3.5％	3.846	4.7％	134.034 8	0.000***
合计		50.213	60.8％	51.699	62.6％	116.794 6	0.000***

表 3 显示，CTETT 和 COETT 的词汇密度分别为 60.8％和 62.6％，两者比较接近，前者略低。卡方检验显示，开放类词在两类语料中出现的频数具有显著性差异。这表明一般情况下，与旅游文本英文源文相比，旅游文本英译文中开放类词使用的比例会小一些，因而信息量也会低一些。

再具体考察四种实词词类在总形符数中所占的比例，可以发现，名词、动词和副词的比例在 CTETT 中均比在 COETT 中略低，卡方检验显示其出现的频数具有显著性差异。其中名词在两类语料中所占的比例均为最高，分别为 33.8％和 34.8％；其次是动词，分别为 13.2％和 13.7％。王克非的研究显示，在英语原创文学语料中，名词所占比例为 20.65％，动词所占比例为 19.88％，对照本研究，可发现英文旅游文本中(包括英文源文本及英译文本)，名词所占比例要大大高于英语文学文本中的比例，而动词所占比例则要大大低于英语文学文本中的比例。究其原因，主要在于旅游文本区别于文学文本的一个典型特征：旅游文本的叙事方式总体上是介绍性的。一方面旅游文本会涉及大量的人名、地名及事物名的介绍(如对旅游景点/设施、风俗习惯、历史事件及器物用品等的介绍)，因此名词的使用自然会非常频繁；另一方面，对事物介绍性的叙事方式会导致旅游文本中所使用的静态性的词汇(如名词)趋多，而动态性的词汇(如名词)趋少，因此名词在英语旅游源文本及英译文本中的比例大大高于英语文学文本中的比例，而相应的动词比例则大大低于英语文学文本中的

比例。

考察表3中形容词出现的比例，发现在CTETT中形容词出现的比例比在COETT中高将近0.9%，究其原因，可能在于"英文旅游文体大多风格简约……行文用字简洁明了，表达直观通俗，注重信息的准确性和语言的实用性"，而汉语旅游文本多华丽的渲染与铺陈，"文采浓郁"且"大多仰仗辞藻的渲染"，而在汉英旅游翻译中，这些"渲染铺陈、文采浓郁"的表述经常会译为形容词，从而导致旅游文本英译文中形容词的比例高于旅游文本英文源文中的比例。这提示在汉英旅游翻译中，对"辞藻华丽"的汉语原文，我们可采用简略化或淡化的处理方法，限制形容词的过度使用，使译文风格简约、直观通达，这样译文才更符合英文旅游文本的词汇规范和行文风格。

（五）人称代词与叙事态度/叙事视角

把CTETT和COETT分别导入WordSmith中，统计两类语料中人称主格代词的使用情况，得到如下统计结果：

表4　CTETT和COETT中主格代词的使用统计

语料	CTETT	COETT
总形符数	82 509	82 401
第一人称主格代词(I, we)频次及比例	65	305
	0.079%	0.37%
第二人称主格代词(you)频次及比例	232	802
	0.28%	0.97%
第三人称主格代词(he, she, it, they)频次及比例	1 017	760
	1.2%	0.92%

考察表4中三类人称主格代词在CTETT和COETT中的使用情况可以发现，第一人称主格代词(I, we)在COETT中的比例(0.37%)大大高于在CTETT中的比例(0.079%)，可见第一人称主格代词在原创英文旅游文本中的使用比例要大大高于旅游文本英译文中的比例。从语用学的角度讲，"在特定情况下说话人对指示方式的特定选择表明了说话人对听话人的态度、情感和相互关系"，而"指示方式"，首先就涉及人称指示，即人称代词的使用。我们知道，第一人称代词的使用可以拉近说话人/作者和听话人/读者之间的距离，产生一种亲近感或亲切感。本研究显示，与旅游文本英译文相比，旅游文本英文源文会更多地使用第一人称代词，从而拉近说话人/作者(通常为旅游公司)和游客之间的距离，以便吸引更多的游客来观光旅游，达到旅游推介的目的。而汉语旅游文本中，则相对来说较少使用第一人称代词来达到以上效果。这提示我们在汉英旅游文本翻译中，可能需要适当地进行人称代词的转换，更多地使用第一人称代词，从而拉近说话人/作者与游客之间的距离，吸引更多的外国游客来参观旅游，以便更好地实现汉英旅游翻译的目的。例如：

> 九龙酒店秉承个性化的温馨服务理念，拥有严格专业的管理团队。饭店所有员工以热情诚挚的服务殷切期待您的光临。

(1) Jiulong Hotel embraces personalized and warm service idea, and boasts strict and professional management team. The staff of the Hotel are ready to welcome you with cordial hearts.

(2) With customer-oriented service and professional management team, we promise to offer you an unforgettable stay in our hotel.

上例选取自本研究的平行语料库。其中第一个译文把原文的“饭店所有员工”直译为“The staff of the Hotel”,虽忠实于原文意义,但在英语读者看起来,显得很有距离感,缺乏足够的感召功能(vocative function)。第二个译文把“饭店所有员工”进行人称转换,译为第一人称主格代词“we”,拉近了酒店和游客之间的距离,具有更强的感召功能。

再来看看第二人称主格代词(you)在 CTETT 和 COETT 中的使用情况。CTETT 中 you 的使用比例为 0.28%,在 COETT 中为 0.97%,可见第二人称主格代词 you 在原创英文旅游文本中的使用比例也大大高于旅游文本英译文中的比例。究其原因,这与第一人称主格代词“I/we”在 CTETT 和 COETT 中的使用情况类似。汉英旅游翻译中,可能需要适当地进行人称代词的转换,更多地使用第二人称代词。

(六) 词频与主题表达及特定旅游词汇的翻译

把经过 TreeTagger 词性赋码的 CTETT 和 COETT 分别导入 WordSmith 中,载入停用词表(stoplist)和词形还原表(lemma list),然后统计两类语料中出现频次最高的居前 15 位的名词、动词和形容词,得出其统计结果。下面分别对这三类词的词频及其特性讨论如下。

1. 名词词频

表 5 为 CTETT 与 COETT 中出现频次最高的前 15 个名词的统计结果。

表 5　CTETT 与 COETT 中频次最高的前 15 个名词

语料	CTETT			COETT		
	排序	词项	词频	排序	词项	词频
名词	1	river	332	1	city	311
	2	mount(ain)	319	2	park	290
	3	city	271	3	hotel	243
	4	tower	268	4	beach	192
	5	dynasty	259	5	world	183
	6	area	238	6	street	159
	7	year	229	7	day	158
	8	gorge	217	8	time	156
	9	China	192	9	museum	153

（续表）

语料	CTETT			COETT		
	排序	词项	词频	排序	词项	词频
名词	10	pavilion	184	10	home	151
	11	people	184	11	island	144
	12	temple	183	12	place	141
	13	stone	167	13	art	136
	14	water	165	14	state	130
	15	world	152	15	area	128

从表 5 可看出，CTETT 与 COETT 中出现的高频名词具有不同的特点：CTETT 中，排在第 1、2、4 位的词分别是 river、mountain/mount 和 tower；而 COETT 中，排在第 1、2、3、6 位的词分别是 city、park、hotel 和 street，这说明旅游文本英译文中对自然（及人文）景观特别是山川河流的介绍占重要分量，而相对而言旅游文本英文源文对城市景观及旅游设施的介绍占很大比重。CTETT 中，dynasty、year 和 people 分别排在第 5、7 和 11 位，而表达类似概念的词在 COETT 中没有出现在前 15 位，这表明旅游文本英译文倾向于通过介绍旅游景点的悠久历史和人文故事来吸引游客，而旅游文本英文源文则不太注重这一方面。CTETT 中，体现中华人文建筑的词 tower、pavilion、temple 分别列第 4、10、12 位，而这些词均未见于上表 COETT 中。与此形成对照的是，在 COETT 中，museum 一词出现了 153 次，排在第 9 位，art 一词出现 136 次，排在第 13 位；而在 CTETT 中，museum 一词仅出现 33 次，art 仅出现 21 次，其排位都在 60 位之后，这表明旅游文本英译文更强调对具有中华建筑特色的“楼/塔”“亭”和“寺/庙”等进行介绍，而旅游文本英文源文则更重视对博物馆等城市人文艺术建筑进行介绍。

值得注意的是，home 一词在 COETT 中出现了 151 次，排第 10 位，而在 CTETT 中仅出现了 34 次，排在 60 位之后。为何该词在两类语料中出现的频率相差如此之大？我们利用 WordSmith 的 Concord 工具考察 home 在 COETT 中的语义及搭配情况，发现在原创英文旅游文本中，home 除了表示常见的 place where one lives, esp. with one's family（家）的意思外，还经常用来表示：① place where an animal or a plant is native or most common; habitat（[动植物的]栖息地，栖息处，生息地）；② place from which sth originates（发源地，发祥地）。在表示这两个意思时，home 之后与介词的常见搭配为 home to 或者 home of，如图 2、图 3 所示。

home 一词出现在 COETT 中共计 151 次，其中表示“（动植物的）栖息地，栖息处，生息地”（55 次）或“发源地，发祥地”（15 次）之义，占该词在 COETT 中出现频数的近二分之一。而在 CTETT 中，home 出现 33 次，其中只有 1 次表示“发源地，发祥地”之义，仅占三十三分之一。这提示在汉英旅游翻译中，在涉及“栖息地，栖息处，生息地”或者“发源地，发祥地”这些表述时，译者的翻译有需要改进之处，特别是译者应注意在此语境中 home 一词的灵活使用。我们用 ParaConc 分别导入 CCTT 和 CTETT，用“栖息”作为关键词进行检索，发现在翻译中的确有些涉及“栖息”这一表述的汉语原文没有得到妥善处理。例如下面两例：

Concord

File Edit View Compute Settings Windows Help

N	Concordance	Set	Tag	Word #	Sen	Sen	Para	Para	Hea	Hea
2	, the Gálapagos Islands are also home to an incredibly diverse collection			42,85	2,2	31	0	53		
3	Avenue Historic Shopping District (also home to an eclectic collection of locally			34,29	1,6	48	0	42		
4	your hand at real cowboy stuff. It's also home to one of the world's greatest			29,42	1,5	27	0	36		
5	worth a visit. The Rialto Market is also home to the ancient Church of San			46,63	2,4	47	0	57		
6	artists, the neighborhood is also home to the perennially popular Beach			65,43	3,2	50	0	81		
7	views of the Manhattan skyline. It's also home to Montague Street Bagels, a			62,44	3,1	17	0	77		
8	located in the heart of the city. It's also home to Anish Kapoor's Cloud Gate			76,65	3,7	9%	0	94		
9	in the middle of wine country. It's also home to a small bunch of breweries			19,29	1,0	19	0	24		
10	games: Lakefront Brewery. It is also home to mascot Bernie Brewer's			20,22	1,0	33	0	25		
11	Pavilion (designed by Frank Gehry and home to the Grant Park Music			76,67	3,7	47	0	95		
12	jewel loaded with Lalique glass and home to some fine modern Italian and			79,97	3,9	71	0	99		
13	the Collegiate Peaks Wilderness Area, home to eight of the state's fourteeners			27,50	1,4	88	0	34		
14	, it's a good idea for people back home to know where you are. Whether			3,884	19	82	0	5%		
15	Museum and the Parc des Bastions -- home to the oldest buildings of the			68,82	3,4	85	0	85		
16	Winter Olympics, also happens to be home to Utah's only Alpine coaster.			40,24	2,1	77	0	50		
17	Hall (H?tel-de-Ville), which has been home to the government of the			68,44	3,3	62	0	84		
18	up to the grand family name it carries. Home to an art center, the GE			64,48	3,2	8%	0	79		
19	bridges in film, TV and art. Chinatown Home to the largest population of			64,08	3,2	12	0	79		
20	beer tour needs to start in Fort Collins. Home to Belgian-inspired Funkwerks			19,76	1,0	5%	0	24		
21	and markets. Madison Square Garden Home to approximately 320 events			64,39	3,2	23	0	79		
22	Alps, and at the top is Stelvio Glacier, home to some of the continent's best			32,60	1,7	67	0	40		
23	(which celebrates 100 years in 2012) is home to the Boston Red Sox, a team			74,51	3,6	29	0	92		
24	in a unique way. This boutique resort is home to one-bedroom Guesthouses			54,16	2,7	40	0	67		
25	Monica Pier The Santa Monica Pier is home to the world's only solar-powered			80,78	3,9	38	0	10		
26	ground at Fifth and Arch Streets is home to the graves of such historic			70,61	3,4	53	0	87		
27	it just so happens that Angkor Wat is home to one of the best sunrises on			14,18	78	79	0	17		
28	southern tip of Manhattan, this park is home to The Sphere -- a large,			63,12	3,1	53	0	78		

concordance collocates plot patterns clusters timeline filenames source text notes

57 entries Row 1 iew World War II airplanes Home to one of the world's larges

图 2　home+to 搭配检索结果

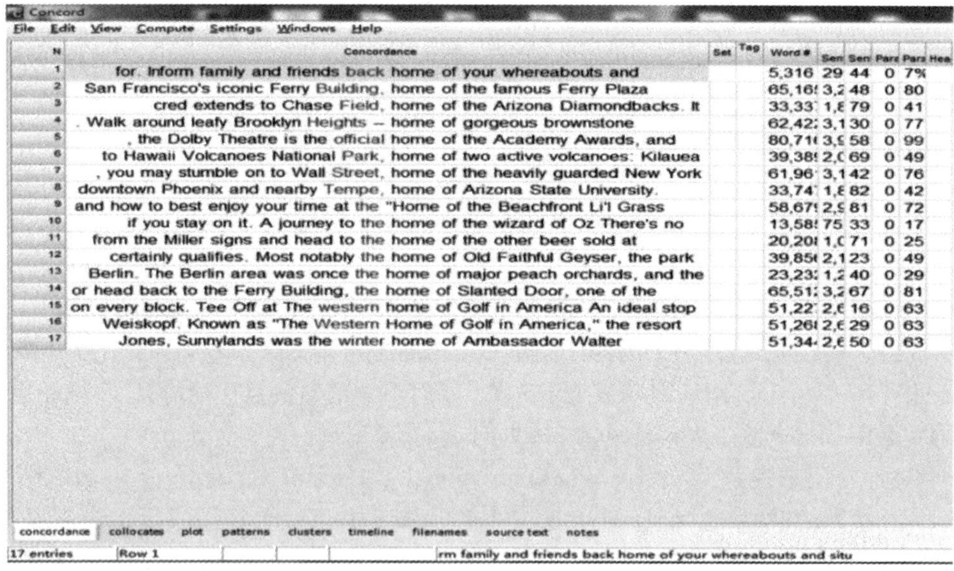

Concord

File Edit View Compute Settings Windows Help

N	Concordance	Set	Tag	Word #	Sen	Sen	Para	Para	Hea
1	for. Inform family and friends back home of your whereabouts and			5,316	29	44	0	7%	
2	San Francisco's iconic Ferry Building, home of the famous Ferry Plaza			65,16	3,2	48	0	80	
3	cred extends to Chase Field, home of the Arizona Diamondbacks. It			33,33	1,8	79	0	41	
4	. Walk around leafy Brooklyn Heights -- home of gorgeous brownstone			62,42	3,1	30	0	77	
5	, the Dolby Theatre is the official home of the Academy Awards, and			80,71	3,9	58	0	99	
6	to Hawaii Volcanoes National Park, home of two active volcanoes: Kilauea			39,38	2,0	69	0	49	
7	, you may stumble on to Wall Street, home of the heavily guarded New York			61,96	3,1	42	0	76	
8	downtown Phoenix and nearby Tempe, home of Arizona State University.			33,74	1,8	82	0	42	
9	and how to best enjoy your time at the "Home of the Beachfront Li'l Grass			58,67	2,9	81	0	72	
10	if you stay on it. A journey to the home of the wizard of Oz There's no			13,58	75	33	0	17	
11	from the Miller signs and head to the home of the other beer sold at			20,20	1,0	71	0	25	
12	certainly qualifies. Most notably the home of Old Faithful Geyser, the park			39,85	2,1	23	0	49	
13	Berlin. The Berlin area was once the home of major peach orchards, and the			23,23	1,2	40	0	29	
14	or head back to the Ferry Building, the home of Slanted Door, one of the			65,51	3,2	67	0	81	
15	on every block. Tee Off at The western home of Golf in America An ideal stop			51,22	2,6	16	0	63	
16	Weiskopf. Known as "The Western Home of Golf in America," the resort			51,26	2,6	29	0	63	
17	Jones, Sunnylands was the winter home of Ambassador Walter			51,34	2,6	50	0	63	

concordance collocates plot patterns clusters timeline filenames source text notes

17 entries Row 1 rm family and friends back home of your whereabouts and situ

图 3　home+of 搭配检索结果

1. 黄鹤楼脚下的黄鹄矶，因附近江洲有天鹅栖息而得名；蛇山形似一条伸入江中饮水的长蛇；龟山则像浮在水上的巨鼋。

——《天下绝景黄鹤楼》

The Huanghuji at the foot of the Yellow Crane Tower was named so for the fact that nearby there was a dwelling area for swans. The Snake Hill zigzags its way forward, like a long snake drinking water across the River, while the Tortoise Hill looks like a giant Yuan (a kind of soft-shelled turtle) floating on

the water.

—"The Superb Yellow Crane Tower Under Heaven"

2. 此楼脚下的山矶名"黄鹤矶",江湾名"黄鹄湾",古时,这一带天鹅繁衍栖息……

——《天下绝景黄鹤楼》

There was a rock called "Huang-He-Ji" (yellow crane rock) protruding over the river at the foot of the tower, and the river bend was hence called "Huang-Hu-Wan (yellow swan bay) where flocks of swans dwelled in the ancient times ...

—"The Superb Yellow Crane Tower Under Heaven"

第一个例子中,"因附近江洲有天鹅栖息而得名"显然译得非常生硬,可改译为"... was named so as its nearby rivers and islets used to be the home to swans ('swan' is pronounced 'huanghu' and 'islet' is pronounced 'ji' in Chinese pinyin)"。第二个例子中,"这一带天鹅繁衍栖息"译得也不地道,可改译为"which was the home to swans in ancient times."

2. 动词词频

表 6 为 CTETT 与 COETT 中出现频次最高的前 15 个(实义)动词的统计结果。

表 6　CTETT 与 COETT 中频次最高的前 15 个动词

语料	CTETT			COETT		
	排序	词项	词频	排序	词项	词频
动词	1	build	160	1	take	250
	2	make	151	2	get	184
	3	locate	135	3	make	148
	4	know	112	4	go	136
	5	call	109	5	offer	133
	6	stand	98	6	know	131
	7	take	94	7	see	89
	8	go	91	8	visit	86
	9	cover	82	9	include	85
	10	look	80	10	want	80
	11	come	79	11	say	79
	12	see	76	12	enjoy	77
	13	become	71	13	find	75
	14	say	65	14	look	74
	15	visit	57	15	walk	71

在(实义)动词的使用上,CTETT 和 COETT 呈现出不同的特点。首先我们来考察一下行为动词的词频。在 COETT 中,词频排在前四位的词分别为 take、get、make、go,这些词均为英语中最常见、也是最常用的共核(common core)行为动词,在旅游文本英文源文中它们也得到了广泛的运用,词频依次排在表中的最前列。不过在 CTETT 中,仅有 make 一词出现在前四的位置里(排第 2 位),take 和 go 分别排在第 7 和 8 位,而 get 没有出现在前 15 位中。我们知道,地道的英语表述离不开对英文中的共核词汇、特别是那些最常见的共核动词(如 take、get、make、go)的灵活运用,而在汉英旅游翻译中,显然这种对最常见的共核动词的灵活运用还做得不够。

表 6 中 offer 这一动词的排位情况颇值得关注。在 COETT 中该词共出现 133 次,高居词频表中的第 5 位;而在 CTETT 中,该词仅出现 9 次,排在非常靠后的位置。考察 offer 在 COETT 中的搭配情况,发现该词经常用于英文旅游风景/景点"呈现状态"的描述中,而在 CTETT 中该词较少用于这一语境。出现这一状况的原因,可能在于旅游风景或旅游景点"呈现状态"的描述中,汉语中常常不太容易找到一个与 offer 直接对应的词(ready-equivalent),如下例:

> The rooftop pool offers some of the best views in the city, and the restaurant is legendary.
>
> —"Old San Juan: The Best Quick (and Cheap!) Weekend Getaway"

这句话如果译成汉语,可译为:

> 从天顶泳池可以看到城市最美的风景,而且这里的餐厅也享誉卓著。

这里 offer 一词并未译为"提供""呈现"之类,而是转换为"可以看到",而这个表述并非 offer 的直接对应的词。相应地,把汉语的"(从……)可以看到……"这个表述译为"... offer ... "也不容易想到。由此可看出,在旅游风景的描述中,汉语中有时不大容易找到一个贴切的词与 offer 直接对应,而这会导致翻译转换中的一些困难。这提示我们在汉英旅游翻译中,译者需要灵活处理原文,在翻译旅游风景/景点"呈现状态"的描述时,要特别注意 offer 一词的灵活运用。我们用 ParaConc 导入 CCTT 和 CTETT,用"offer"作为关键词进行检索,发现在有些句子的翻译中,译者对原文进行了灵活处理,offer 一词运用得当,译文地道自然。例如下例:

> 云南有 26 个少数民族,是中国少数民族种类最多的省份。各民族的服饰、建筑、风俗、歌舞、饮食等,形成了一幅美丽的风情画卷。
>
> ——《云南印象》
>
> Home to 26 ethic groups—the largest number in China—Yunan Province offers tourists a cultural feast of unique ethic costumes, architecture, cuisine, songs and dances, and rituals.
>
> —"A Profile of Yunan"

本例中,"形成了"这一表述用 offers 来译,不仅意义忠实于原文,且简洁地道。虽然"形成了"也可译为 forms,但与该词相比,offers 一词更为贴切,因为 offers 能够更好地体现旅游地域(Yunan Province)对游客的"给予"之意(offers tourists sth; offers sth to tourists),

从而能更好地实现旅游翻译的呼唤功能，而 forms 则很难体现这种意义、实现这种功能。

总之，旅游文本具有强烈的呼唤功能。“英语源语旅游文本在劝导人们时用词平实明快、简洁明了，表达直观通俗，呼唤游客去行动，去思考，去感受。”英语旅游文本在用词特别是动词使用上的以上特征，值得我们注意，并在汉英旅游翻译中加以借鉴。

3. 形容词词频

表 7 为 CTETT 与 COETT 中出现频次最高的前 15 个形容词的统计结果。

表 7 CTETT 与 COETT 中频次最高的前 15 个形容词

语料	CTETT			COETT		
	排序	词项	词频	排序	词项	词频
形容词	1	ancient	199	1	best	139
	2	Chinese	186	2	great	127
	3	scenic	157	3	old	121
	4	famous	143	4	national	107
	5	long	136	5	local	91
	6	yellow	109	6	long	85
	7	high	107	7	big	78
	8	cultural	103	8	historic	73
	9	great	98	9	small	65
	10	natural	92	10	large	63
	11	beautiful	91	11	new	60
	12	white	88	12	hot	60
	13	national	87	13	good	57
	14	historical	83	14	high	57
	15	large	76	15	famous	55

表 7 显示，CTETT 中，排第 1、2 和第 8 位的形容词分别是 ancient、Chinese 和 cultural，这些词均不见于上表 COETT 中，这表明与原创英语旅游文本相比，旅游文本英译文多强调景点的历史和文化元素，以此吸引游客。COETT 中排第一位的词是 best，排第二位的是 great，表明旅游文本英文源文中，倾向于强调某一景点或旅游设施为同类中“最好”“最佳”以及“优秀”“杰出”这些特点来吸引游客。

令人尤为感兴趣的是 scenic 一词的使用情况。在 CTETT 中，scenic 一词共出现 157 次，排第 3 位；而在 COETT 中，该词仅出现 15 次，排位相当靠后。CTETT 和 COETT 均为旅游文本语料，其中肯定都不乏对“风景”“景点”“景区”的表述和描绘，照理说两类语料都应该会频繁地用到 scenic 一词，可为何该词在这两类语料中出现的频率相差这么大？

利用 WordSmith 的 Concord 工具考察 CTETT 中 scenic 的搭配情况，发现 scenic 最常见的搭配为 scenic spot(s)，共出现 85 次，其他的搭配为 scenic area(s)(39 次)，scenic region(s)(13 次)，scenic attraction(s)(6 次)，scenic park(s)(4 次)，等等。显然这些搭配是用来翻译原文的“景点”“景区”“风景区”之类的表述的。问题是这些搭配是否也经常出现在原创英文旅游文本中呢？

考察 COETT 中 scenic 的搭配情况，发现 scenic 出现的 15 次中，其搭配如下：

scenic drive(2)；scenic route(2)；scenic byway(2)；scenic road(2)；scenic (hiking) trails(1)；scenic vistas(1)；scenic (French) island(1)；scenic landscapes(1)；scenic expanses of ... (1)；is (so) scenic ... (2)。

值得注意的是，以上 scenic 在 COETT 中呈现的那些搭配，如 scenic drive，scenic route，scenic byway，scenic road 等，在 CTETT 中一次都没有出现；而在 CTETT 中 scenic 呈现的某些高频次的搭配，特别是 scenic spot(s)这一表述，在 COETT 中也一次都没出现。这一结果令人感到有些意外，它使人想到这样一些问题：我们在汉英旅游翻译中，对 scenic 一词的使用是否妥当？我们理所应当地认为“景点”应译为 scenic spot(s)，这个译文是否足够地道和恰当？或许 scenic spot(s)并非“景点”理想的译文？

具体考察以上 COETT 中 scenic 的搭配情况，可以看出 scenic 的语义韵(semantic prosody)呈现这样一种特点，即该词似乎更多地与表示“(沿着)线路、路径”的名词搭配，而较少与表示“某一特定地点”的名词搭配。可以设想，或许正是这一原因，导致英文中 scenic 一词较少与 spot 或 site 等名词搭配。

为验证以上假设，我们把 scenic spot(s)这一搭配输入英语国家语料库(British National Corpus，BNC)，结果在这个库容为一亿词的权威的英语语料库中，scenic spot(s)的搜索结果居然为零。这也提示 scenic spot(s)这一表述在英语中可能使用相当有限，至少其使用并不像我们想象中那么普遍。

具体考察 scenic 在 BNC 中的搭配情况，发现该词常见的搭配有：

scenic route；scenic drive；scenic railways；scenic promenades；scenic run；scenic road；scenic journey；scenic flight；scenic canter；scenic walk；scenic coastline

从以上搭配可看出，scenic 一词的确更多地与表示“(沿着)线路、路径”的名词搭配，而较少与表示“某一特定地点”的名词(如 spot)搭配。不过，检索也发现，scenic 倒是可以与表示某一“地域/区域”的名词搭配，这种搭配主要出现于 scenic area 这一表述中(相当于“[风]景区”)。

那么 spot 一词前可与什么词搭配表示“景点”呢？在 *Oxford Collocations Dictionary for Learners of English* 中考察 spot 前与其他词语的搭配情况，发现 spot 前可与 beauty 搭配，如：The lake is one of the local <u>beauty spots</u>. 而根据 *Oxford Advanced Learner's Dictionary* (*OALD*)，beauty spot 意为 a place of natural beauty。*Collins Advanced Learner's Dictionary* (5th edition)对 beauty spot 的解释为：a place ... that is popular because of its beautiful scenery. 这与“景点”的意思比较吻合。我们以 beauty spot(s)为关键词在 BNC 中进行检索，可以搜索到 96 个检索结果，如：

Guests can enjoy trips to local beauty spots, dancing at a local hotel, and visits to local theatre.

而在 COETT 中，也可以检索到两个含有 beauty spot 的句子。可见，spot 可与 beauty 搭配（即 beauty spot）表示“景点”之意。

根据 *Oxford Advanced Learner's Dictionary*，spot 前还可与 tourist 搭配。在 *Collins Advanced Learner's Dictionary*（5th edition）中可以找到下面的例句：

They stayed at several of the island's top tourist spots ...

又如在 *Macmillan English Dictionary* 中可以找到如下例句：

... one of the region's best-known tourist spots

以 tourist spot(s) 为关键词在 BNC 中进行检索，共搜索到 14 个结果。如：

It was an almost empty theatre in Long Beach, Long Island, a tourist spot with a boardwalk and beautiful beaches.

可见 tourist spot 也可用来表示“景点”之意。另外，travel spot 在本研究的 COETT 中也可以搜索到，如：

Top Family Travel Spots on Maryland's Eastern Shore

可见 beauty spot，tourist spot 及 travel spot 都可作为“景点”的英译文，而 scenic area 可作为“（风）景区”的英译文。至于 scenic spot 这一译文，虽可以为英语国家读者所理解（抑或可用于口语化的表述中），但并非英文旅游文本中正式、地道和常用的表述。

四、小　结

本研究基于汉英旅游文本平行语料库和英文旅游文本可比语料库，对旅游文本英译文的词汇特征及特定旅游词汇的翻译问题进行了探讨，重点考察了旅游文本英译文的词长与文本难度、类符/形符比与用词变化、词汇密度与信息量、人称代词与叙事态度/叙事视角，以及词频（名词词频、动词词频和形容词词频）与主题表达及特定旅游词汇的翻译问题。研究发现：① 旅游文本英译文与旅游文本英文源文的词汇难度非常接近，只是前者比后者略低，但并无明显差异。② 与旅游文本英文源文相比，旅游文本英译文的词汇变化不够丰富，词汇重复率偏高。在汉英旅游翻译中，译者应尽量使用不同的词汇来对相同或相似的意义进行表达，以提高词汇变化的丰富程度。③ 与旅游文本英文源文相比，旅游文本英译文的词汇密度略低，其信息量也略低一些。④ 与旅游文本英文源文相比，旅游文本英译文中第一人称和第二人称（主格）代词的使用比例明显偏低，故在汉英旅游翻译中，需要适当地进行人称代词的转换，更多地使用第一人称和第二人称代词，从而拉近旅游文本与游客之间的距离，更好地实现汉英旅游翻译的目的。⑤ 旅游文本英译文中对自然景观特别是山川河流的介绍占重要分量，而旅游文本英文源文中对城市景观及旅游设施的介绍占较大比重。⑥ 旅游文本英译文中，对某些最常见的共核行为动词（如 take、get）的灵活运用做得不够，对此需加以改进。⑦ 汉英旅游翻译中，要特别注意对名词 home（表“栖息地”及“发源地”之意）及动词 offer（表“[景色]呈现状态”之意）的灵活应用。另外，形容词 scenic 与名词 spot 一词搭配构成的短语 scenic spot 并非“景点”一词理想的译文，tourist spot、travel spot 及 beauty spot 比 scenic spot 更适合作为“景点”一词的对应译语。

【问题研讨】

1. 简述翻译研究定性定量结合的优点。
2. 语料库研制对旅游翻译研究有何促进作用?
3. 如何把握旅游语料库的代表性?
4. 利用语料库进行旅游翻译教学的优势主要表现在哪些方面?
5. 就旅游翻译而言,利用语料库可以开展哪些方面的研究和应用?

【延伸阅读】

[1] CHESTERMAN A. Beyond the particular[C]. // MAURANEN A & KUJAMÄKI P. (eds.). Translation universals: do they exist? Amsterdam: John Benjamins, 2004.
[2] KENNY D. Lexis and creativity in translation. A corpus-based study[M]. New York: Routledge, 2001.
[3] OLOHAN M. Introducing corpora in translation studies[M]. London: Routledge, 2004.
[4] 侯晋荣,秦洪武. 利用关键词分析旅游文本的文体特征:一项基于语料库的实证研究[J]. 外国语文研究,2012(1).
[5] 康宁. 基于类比语料库的中国网站英语旅游文本语言分析[J]. 青岛科技大学学报,2012(4).
[6] 李德超. 新型双语旅游语料库的研制和应用[J]. 现代外语,2010(1).
[7] 李德超,王克非. 平行文本比较模式与旅游文本的英译[J]. 中国翻译,2009(4).
[8] 李德超,王克非. 基于双语旅游语料库的 DDL 翻译教学[J]. 外语电化教学,2011(1).
[9] 梁晓鹏,康宁. 旅游文本翻译研究的语料库途径[J]. 青岛科技大学学报(社会科学版),2010(4).
[10] 唐芳,李德超. 基于语料库的汉译旅游文本"翻译固有型"词汇特征研究[J]. 解放军外国语学院学报,2016(3).

第八章　跨文化视角下的旅游翻译研究

导　论

跨文化交际顺利进行，需要对与本民族文化有差异或冲突的文化现象、风俗、习惯等有充分正确的认识，并在此基础上以包容的态度予以接受与适应。陈刚教授认为，旅游翻译是为旅游活动、旅游专业和行业所进行的翻译实践，属于专业翻译，是一种跨语言、跨社会、跨文化、跨心理的交际活动。实际上，旅游资料的翻译，不仅涉及语言的转换，更涉及跨文化的沟通；不仅要考虑书面文字材料的表达，更要考虑口头传译的效果。因此在进行旅游资料的翻译时，译者不能单纯追求语言文字的“对等”转换或信息的等量传输，而更应当研究不同文化间信息的有效传递和沟通。由于生活环境和生活经验的差异，不同的民族创立了自己特有的文化体系，也被自己的文化所塑造。文化上的差异，尤其是东西方文化差异，在旅游资料的翻译中表现得更为明显。在英、汉两种语言的翻译中，译者应建立文化语言观，既考虑语言，又考虑文化，追求两种语言之间最贴切的对等，才能最大限度地传神达意。

旅游翻译不单是语言符号的转换，更是一种文化内涵的传递。因此，在旅游的翻译过程中，跨文化意识显得尤为重要，其目的不但要传播景点相关信息，还要吸引外国游客的注意力，进一步引起旅游者对旅游景点的文化、人文、自然景观等的强烈兴趣。为此，我们有必要在旅游景点英语翻译时渗透、融入、运用、强化跨文化意识，为国外游客提供关于旅游景点的准确而又具有丰富内涵的信息，尽量减少因文化差异而引起的误解。

文化内容是旅游业的核心，面对文化差异采取不同的翻译策略，其目的都是为了减少中西文化的碰撞和差异，更好地使旅游翻译符合旅游业的发展。在旅游篇章的宣传或互译过程中，有意识地注意中西思维方式的差异，运用合适的策略进行处理，是旅游活动顺利开展的前提。对这种文化差异的合理处理，不仅可以使外国游客在中国享受到很好的旅游服务，而且更有利于中国文化在国际上扩大影响力，为把我国建设成“世界旅游强国”奠定坚实的基础。

选文一

关于旅游景点名称翻译的文化反思

——兼论旅游景点翻译的规范化研究

牛新生

导　言

此文选自《中国翻译》2013 年第 3 期。选文分为五部分。第一部分为引言。第二部分对国内景点翻译的地方标准和译写规范存在的问题进行剖析。第三部分介绍了旅游景点名称的性质与功能,并强调其性质和功能决定了它有别于普通翻译的本质属性。第四部分介绍了旅游景点名称的翻译原则、策略与方法,指出"全名译音+通名译意"的翻译策略不仅能使景点名称译文更好地传播异质文化,体现多元文化元素,而且能够在其异质性和信息性之间保持相对平衡,具有一定的优越性。第五部分为选文结语。

1. 引言

"把翻译放在人类文化交流的大背景中去进行考察,那就可以非常清楚地看到,翻译绝不仅仅是文字符号的简单转换,它涉及文化交流的方方面面:文字积淀的文化价值、文本所置身的文化土壤、文本转换所涉及的出发语文化与目的语文化之间的关系,等等。"(许钧,2001:81)在全球多元文化语境下,"让中国文化走出去"已经上升为国家文化战略。时代赋予了国内每个译者这一历史重任,作为中国文化的传播使者,我们应该认真思考如何让中国文化走出去。

国内旅游景点名称翻译在这方面具有典型意义。把景点名称的意思转换成英语是否就等同于"让中国文化走出去"?翻译景点名称时,是否应当一味译意来满足外国游客的需要?传达意义与传递文化价值孰轻孰重?如何在景点名称译名中保留民族文化身份并通过译名传递中华文化价值?本文将通过实例剖析对以上问题以及景点名称翻译中存在的一些相关问题进行文化反思与探讨。

2. 问题与剖析

继北京、上海等城市发布公共场所英文译写地方标准之后,陕西省也出台了《公共场所英文译写规范》系列地方标准,并将旅游译写规范(以下简称《旅游规范》)作为系列标准之一单独列出。《中国翻译》2011 年第 4 期刊登了"旅游景点翻译的规范化研究——陕西省地方标准《公共场所英文译写规范:旅游》的编写启示"(以下简称"旅文"),作为此标准的第一起草人,该文作者对其编写思路和具体译做作了详尽的阐述。不难看出,"旅文"和《旅游规范》在旅游景点翻译方面做了大量细致的工作,不过,笔者读后对其中提出的"旅游景点名称翻

译原则和方法”存有不少疑惑。在此，不揣冒昧，提出一些不同看法，旨在共同探讨并促进旅游景点名称翻译规范化。

2.1　缺乏具有宏观指导意义的翻译原则

“旅文”称陕西省“吸取了北京、广东和上海的标准没有列出相应的旅游景点名称翻译方法和原则给使用者造成不便的教训”（杨红英，2011：65），在该省的标准中“列出了15项翻译方法与原则”。然而，在其后列出的15个项目中，我们看到有12项是关于具体细节的翻译方法，仅夹杂在其中的第12、13、14项中提到了三个翻译原则：适当增加或删减原则、简洁原则以及灵活性和针对性原则。

从本质上来说，这几项原则无异于具体的翻译方法。翻译原则应当是宏观指导性的，而不应当是细节描述性的。遗憾的是，“旅文”并没有能够为译者提供一个具有宏观指导意义的翻译原则。此外，把原则和方法混杂在一起也不妥。就二者的关系来说，原则是统领和指导方法的，应当先于方法阐明。

2.2　翻译术语张冠李戴

“旅文”提出了一个景点名称总体翻译方法：“旅游景区（点）的英文译写在尊重目的地文化内涵的情况下宜采用意译法或音译＋意译法”，例如，凤凰亭 Phoenix Pavilion、玉女峰 The Jade Lady Peak。

然而，从这些例子所采用的翻译方法来看，并非“意译”，而是“直译”。直译是在原文字面意义与内含意义一致时，直接译出原文字面意义的方法，比如，把“历史博物馆”译作 History Museum。意译是在原文字面意义与内含意义不一致时，不管原文字面意义而译出其内含意义的方法，比如，把“颐和园”译作 Summer Palace（夏季行宫）。

其实，这并非“旅文”一家之误。多年以来，几乎所有涉及景点名称翻译的论文谈到翻译方法时，都异口同声地声称“专名音译、通名意译”。这是一个亟须辨证的问题。众所周知，翻译方法通常分为三种：音译、直译和意译。但很少有人意识到这三种翻译方法体现了两种不同的翻译策略：译音和译意。译音即译写原文的语音，对应的翻译方法是音译；译意即翻译原文的意义，对应的翻译方法有两种：一是直译，二是意译。由此可见，“译意”不等于“意译”。因此，“专名音译、通名意译”实际上应当是“专名译音、通名译意”。

2.3　专名翻译随意性太强

“旅文”中专名翻译的随意性表现在有的译音，有的译意，以及随意删减词语上。“大唐西市”和“大兴善寺”分别被译作 Tang West Market，Xingshan Temple，两个景点名称中的“大”字都被删减；而“大雁塔”和“大明宫”的译名中却保留了“大”字，分别译作 Dayan Pagoda，Daming Palace。然而，“大雁塔北广场音乐喷泉”却被译做 Yanta Music Fountains，此处“大雁塔”中的“大”字又被省略了。如此随意删减，外国游客怎能知道 Yanta 与 Dayan Pagoda 是同一个景点呢？更何况，随意删减词语破坏了景点名称的完整性，导致其译名丧失民族文化身份。至于景点名称中类似“大”这样的表述词语是否如“旅文”所说“只用于修辞作用而不包含具体实质”，决不能凭空想象，应当从历史文化角度加以考察。比如，大兴善寺“始建于晋武帝司马炎泰始至泰康年间（265—289），初称遵善寺。后隋文帝杨坚于开皇二年(582)诏建大兴城。隋文帝在北周时原为大兴郡公,因此以'大兴'命名,敕令迁寺于新都,命为国寺”。可见,在“大兴善寺”这个景点名称中,“大兴”二字是不可分割的,“大”字并非可有可无,不能随意删减。

2.4 译名或译法不统一

“旅文”声称:“旅游景区(点)名称的翻译应遵循灵活性和针对性的原则。同一汉语名称在不同场合可以有不同的英文翻译。如:红石峡在用于地名时译为 Hongshi Xia,在用于命名风景区如红石峡生态公园时译为 Hongshixia Gorge Eco-Park,在专指一处旅游吸引物时红石峡应意译为 Red Stone Park.”同一个景点名称竟然允许有三个不同的译名!这样的“灵活性原则”无异于“无原则”。译名不统一只会引起混乱,同一个景点名称只能有一个统一的译名,这是景点名称翻译的一个基本原则。

这种不统一现象还表现在景区名称的译法方面。比如,“万花山旅游景区”被译为 Mount Wanhuashan Scenic Area,其中的“万花山”整体译音,然后“山”再重复译意。而“法门寺文化景区”却被译成 Famen Temple Buddhist Cultural Scenic Area,其中只有“法门”译音,“寺”却被译意。这种不统一的译法实在难以成为读者效仿的“规范”。

“旅文”的失误之处首先在于没有把旅游景点名称翻译与其文化身份、文化价值联系起来。忽视景点名称音形的完整性,随意删减其构成成分,使译名丧失文化身份;并且过分强调“意译”,追求字面意思的翻译,导致误译,从而损害了景点名称的文化价值。其次,缺乏明确的翻译原则,导致翻译失去方向,引发了随意翻译、译名译法不统一等一系列问题。最后,“旅文”意欲全面规范景点名称的各种翻译方法,却不料由于过分细化,使自己陷入前后矛盾之中,也令读者感到无所适从。

3. 旅游景点名称的性质与功能

在探讨旅游景点名称的翻译原则和策略之前,我们应当首先明确旅游景点名称的性质与功能。

1996 年 6 月,民政部在国务院《地名管理条例》基础上,制定了《地名管理条例实施细则》,界定了山、河、湖、海、岛礁、沙滩、岬角、海湾、水道、地形区等名称属于地名中的“自然地理实体名称”,并指明“名胜古迹、纪念地、游览地等名称具有地名意义”。因此,本质上旅游景点名称是一种特殊的地名。

从文化角度来看,旅游景点名称首先具有身份识别功能。这种功能体现了它的文化价值,甚至是领土主权,而这种功能与其音形密切相关。中国政府在 2012 年 9 月 25 日发表的《钓鱼岛是中国的固有领土》白皮书中,没有采用由“专名音译、通名意译”而来的通常译名“Diaoyu Islands”,而是采用了“全名译音”的方法,把“钓鱼岛”译成 Diaoyu Dao,体现了“钓鱼岛”的身份识别功能,彰显了中国领土主权意识。“专名音译、通名意译”这种方法往往导致景点名称译名缺乏音形完整性,使译名丧失身份识别功能,有时还可能出现误译,比如,“旅文”把“大雁塔”译成 Dayan Pagoda,“小雁塔”译成 Xiaoyan Pagoda。事实上,“雁塔”是不可分的,这两座塔的区别在“大、小(雁塔)”,而英语译名却把它们变成了“大雁”“小雁”(塔),完全改变了其文化身份。这两个景点名称的翻译可首先全名译音作为专名,然后再通

名译意：Da Yanta Pagoda，Xiao Yanta Pagoda。此外，翻译过程中若是随意删减景点名称的构成成分，也将破坏其音形的完整性，导致译名丧失文化身份识别功能，如前面提到的"大唐西市"和"大兴善寺"的译名。

其次，与其他地名一样，旅游景点名称也具有指向功能。然而，不少译者没能意识到这一点，在翻译景点名称时，往往把它当作一般词语去译，只注重传达景点名称的字面意义，而忽视它的指向功能。比如，贵州省国家级森林公园"百里杜鹃"被译成 One Hundred Li Azalea Belt，这种不中不西的译名结果是国人听不懂，老外不明白，削弱了其指向功能。景点名称的这种功能只有在保留其音形完整性的前提下才能得以充分实现。因此，这个景点名称宜首先全名译音，再添加一个译意的通名，才能达到既保留景点名称的指向功能，又能让外国游客了解景点性质的目的。"百里杜鹃"可译作 Baili Dujuan National Forest Park。

再次，旅游景点名称具有一般地名所没有的诱导功能，这种功能通过景点名称用词中含有的文化信息传递出来。不过，翻译时若只顾追求传达诱导功能而译意可能导致误译。承德避暑山庄中有一个康熙皇帝题名为"南山积雪"的亭子，被译作 Snow-clad Pavilion（白雪覆盖的亭子）。事实上，"南山积雪"是一个观赏远处南山雪景的亭子，并非亭子本身积雪。李显宁等（2007：74）指出该译名犯了望文生义的错误，建议改译为 A Pavilion to View Snowy Mountain（一个观赏雪山的亭子）。改译虽然正确地传递出了原文含意，可是，这么长的译名还像是一个景点名称吗？只不过是一个解释性译文而已。而且，这两个译名都不完整，无端省译了"南山"。如果译出，则译名更长。可见，不能指望通过译意来传达景点名称内含的文化信息和诱导功能。在旅游景区里，游客更多的是从"景点简介"中获取有关景点的文化信息，而不是仅仅依靠景点名称译名。该景点名称宜全名译音作为专名，再增补一个译意的通名，以示景点类别，可译作 Nanshan Jixue Pavilion。

景点名称的性质和功能决定了它有别于普通翻译，不是简单地把景点名称的意思译成英语就万事大吉了。在旅游景区里，景点名称的身份识别功能和指向功能重于诱导功能。景点名称的身份识别功能体现了其文化价值，指向功能则直接关系到游客的方向辨识。景点名称译名如何体现这两种功能是译者应当重点考虑的。这二者都与景点名称的音形密切相关，因此，保留其音形的完整性是景点名称翻译的关键。

4. 旅游景点名称的翻译原则、策略与方法

4.1 翻译原则

1986 年国务院发布的《地名管理条例》规定，"中国地名的罗马字母拼写，以国家公布的'汉语拼音方案'作为统一规范"。用汉语拼音拼写中国地名既是我国的国家标准，也是国际标准，是"单一罗马化"在汉语中的体现。目前，这一方法早已被世界各国所接受，这意味着在这方面我国早已与国际接轨。城市地名，如街道名、路名的拼写应当严格遵守这一规范。

不过，旅游景点是一种供游客观赏游览的地方，景点名称有别于普通地名，是一种特殊的地名，因此，其翻译也具有特殊性：应当音意兼顾。不顾景点的地名性质，完全译意，将会导致景点名称丧失文化价值和身份识别功能；而一味坚持"单一罗马化"，完全译音，也会造成信息不足。因此，旅游景点名称的翻译原则应当是既注重保留其文化价值和身份识别功

能，又重视传递必要的信息，保持文化异质性与信息性之间的相对平衡。

4.2 翻译策略与方法

景点名称翻译在策略上有三种选择：一是译音，二是译意，三是音意兼顾。

译音：即完全用汉语拼音来译写景点名称。由于该策略过于异化，难以传达景点名称信息，因此，在实际中纯译音的景点名称译名不多见。译音主要用于翻译专名：① 景点名称中的专名若为自然地理名称或人名，通常译音。比如，河姆渡遗址 Hemudu Site，洪秀全纪念馆 Hong Xiuquan Memorial。② 有的景点名称中的专名不是简单译意就能表达清楚，也往往译音，比如，龙华寺 Longhua Temple。

译意：即用英语译出汉语景点名称的意义，常见于以下几种情况：① 翻译景点名称中的通名，比如，把"亭"译作 pavilion。② 翻译景区名称中通名前的属性名，比如，"温泉旅游度假区"译作 Hot Spring Tourist Resort。③ 全名译意。这种译法因译者往往只注重翻译字面意义，常常导致误译。比如，西湖十景之一"断桥残雪"被译成 Melting Snow on Broken Bridge。译名听上去很有韵味，但却有悖原意。该景点本是一座"桥"，在译名中却成了"雪"：断桥上正在融化的雪。此桥为一拱桥，只因冬日雪后桥面上积雪融化，桥两端依然覆盖在皑皑白雪中，远远望去，给人一种似断非断的感觉。因此，"断桥"只是写意，并非真的"断"了，译成 Broken Bridge 成了写实，反而令外国游客费解。另外，此处还有白娘子与许仙"断桥相会"的动人故事。类似这种具有丰富含义的人文景观并非三言两语能够解说清楚的，更何况只有区区几个词的景点名称。最好把传递文化含义的重任留给景点介绍。因此，翻译这类景点名称宜全名译音，其后再增添一个通名：Duanqiao Canxue Bridge。

音意兼顾：大多数情况下，景点名称翻译都是音意兼顾。这种翻译策略可以分为以下几种类型：

(1) 专名译音＋通名译意：即通常所说的"专名音译，通名意译"，这是目前景点名称翻译的主要策略。其缺点是把专名与通名分割开，破坏了景点名称的完整性，导致其丧失身份识别功能，进而丧失文化价值。Tai Mountain 或 Mt. Tai 还能让我们感觉到它就是中华民族引以为豪的"泰山"吗？即使是专名为多音节词的景点名称，如此翻译也一样给人以残缺不全的感觉：Dayan Pagoda 还是我们敬仰的"大雁塔"吗？失去音形的完整性必定丧失身份识别功能和文化价值。

(2) 全名译音＋(全名译意)：即首先全名译音，然后再全名译意，把后者放在括号里，比如，太和殿 Taihedian (the Hall of Supreme Harmony)。这不失为一种两全其美的翻译策略，既保留了汉语景点名称的完整性，又传递了景点名称的意义。但缺点是因为重复翻译导致译文太长。这种译法在旅游景点宣传册里是可行的，但是，作为景区里景点标牌上的文字则显得有点臃肿。

(3) 全名译音＋通名译意(或增补通名)：即首先全名译音，然后再通名译意；如果缺少通名，则需增补一个通名。这是一种"整体译音加适度译意"的方法，译音为主，译意为辅。这种译法目前不多见，但它既可保留汉语景点名称的完整性，又能兼顾景点名称译名的信息性，因而不失为一种可取之策。采取这种翻译策略具有以下优势：

第一，能够保留汉语景点名称的身份识别功能。在《旅游规范》中，"黄帝陵"被译作 the Mausoleum of Yellow Emperor。殊不知此"黄帝"非彼"皇帝"。传说中的黄帝是上古时期

部族的“首领”(chief),而非“皇帝”(emperor)。两千多年以后(公元前221年),秦王嬴政统一六国,中国始有“皇帝”。把“黄帝”译作 Yellow Emperor,不仅使其文化身份错位,还会误导外国人,使他们纳闷:既有 Yellow Emperor 在先,为何“秦始皇”被叫作“the First Emperor”?我们有责任让外国游客知道华夏民族的祖先叫“Huangdi”,而不是叫“Yellow Emperor”。“黄帝陵”宜译作 Huangdi Ling Mausoleum。

中华民族独有的人、物都应当译音,而不是译意。被誉为“世界第八大奇迹”的“兵马俑”长期以来一直被译成 Terracotta Warriors 或 Terracotta Army,失去了其独有的中华文化身份识别功能。在文化传播中,我们不能让中国文化特有的东西裹上洋装走出去,应当让它们理直气壮地、堂堂正正地以其本来面目示人,华夏文化价值就体现在汉语原本名称中。“兵马俑”就应当以 Bingmayong 本名扬名世界;“兵马俑博物馆”应当译作 Bingmayong Museum,而不是 Terracotta Army Museum。担心外国游客难以接受吗?其实是我们自己过分多虑。李怀奎、李怀宏(2004:34)早就以调研数据证明,“绝大多数的(外国——笔者注)受访者认为可以接受拼音的翻译方式”。多年来,我们的特色饮食“饺子”和“汤圆”在英语中被混为一谈,都叫作 dumpling,现在,“饺子”不就是 jiaozi,“汤圆”不就是 tangyuan 了吗?我们应当让外国游客领略原汁原味的中国文化。君不见,多年来我们把韩国首都称为“汉城”,现在不是轻而易举地改为“首尔”了吗?

还有中华文明发源地“长江”“黄河”,分别被译成 the Yangtze River 和 the Yellow River。扬子江仅仅是长江的一小段,用这个译名取代长江,不仅使长江的价值严重贬值,而且导致其相关译名极为不合情理。如果说“南京长江大桥”叫作 Nanjing Yangtze River Bridge 还算靠谱的话,“武汉长江大桥”与“扬子江”八竿子打不着,把它叫作 Wuhan Yangtze River Bridge,岂不荒唐?国内早已不用“扬子江”代称“长江”,为何还让其原有英译名大行其道?“黄河”的译名如果说是因其河水颜色是黄的而顺理成章的话,那么,作为世界第三大河流,“长江”就该译成 the Long River 了。显然很荒谬。我们应当为“长江”和“黄河”正名,让 the Changjiang River,the Huanghe River 成为“长江”“黄河”堂堂正正的译名,以保留其民族文化身份。

第二,能够保留汉语景点名称的文化价值。比如,宁波“天一阁”是中国现存年代最早的私家藏书楼,也是亚洲现有最古老的图书馆和世界最早的三大家族图书馆之一,其历史文化价值重大自不待言。可是,按照通行的“专名音译,通名意译”的译法,这个景点名称被译成 Tianyi Pavilion(连中央电视台“万里海疆快乐行”节目里也采用了这个译名!),成了一个不起眼的“亭子”,使其文化价值一落千丈。“天一阁”是一个整体,不能分割,翻译时应当首先全名译音,再增补一个表示景点类别的通名,宜译作 Tianyige Museum,或 Tianyige Ancient Library。

第三,能够避免因逐字译意导致的误译。翻译时若只注重传递字面意义,忽略其文化背景,往往导致误译。“旅文”把“玉女峰”译作 The Jade Lady Peak 即为一例。“玉女峰”得名于春秋时期秦穆公之女弄玉。传说弄玉姿容绝世,通晓音律,与华山隐士萧史笙箫和鸣,互为知音,后结为夫妻,双双乘龙跨凤来到华山。秦穆公千里追寻女儿,虽到华山终未相见,绝望之余建祠纪念,并在玉女祠内供一玉女石尊。玉女峰上还有玉女梳妆台、玉女洗头盆、玉女洞。可见,“玉女峰”之名与“玉”(Jade)无关,而是与人名有关,译成 The Jade Lady Peak 只能误导外国游客。可译作 Yunüfeng Peak,相关故事可在“景点简介”中加以介绍。

第四,能够避免因误解原意而导致的误译。国内不少景区以历史古迹为主,里面的景点都承载着厚重的中国历史文化,景点名称也因此古色古香。如故宫里的景点"涵虚堂",该景点名称被译成 Hall of Embracing the Universe,成了"拥抱宇宙堂"。其实,此处"涵虚"的意思并非是"虚怀若谷",而是"水映天空"。孟浩然有诗曰:"八月湖水平,涵虚混太清",足见该译名是误译。若是全名译音,再加上通名译意,则可避免误译。

第五,能够消除景点名称译名或译法不统一现象。由于缺少统一规范,景点名称翻译各自为政,一名多译现象随处可见,令外国游客大为困惑。比如,武当山"太子坡"有五个不同的译名:① the Crown Prince's Slope; ② Slope of the Crown Prince; ③ the Crown Prince Slope; ④ Taizi Slope; ⑤ The Prince Temple。这些译名大多译意,且把"坡"直译成 slope,让外国游客误以为该景点是一处山坡。其实,"太子坡"又名"复真观",是一依山势而建的道观。可译作 Taizipo Daoist Temple,既能保留其身份识别功能,又可消除译名不统一的乱象。

另据乌永志(2012:29)调查,"秦始皇兵马俑博物馆"有 20 多个英译名,"西安碑林"有 12 个,"黄帝陵"有 6 个,"大雁塔"有 5 个。采用"名译音+通名译意"的翻译策略,能够彻底消除一名多译这种混乱现象。景点名称翻译中存在一个现象,即专名翻译时能译意则译意,无法译意则译音,导致译法不统一。如在《上海市旅游场所英文译写规范》中,"人民公园""友谊公园"被分别译为 People's Park,Friendship Park;而"长风公园""工农公园"则被译成 Changfeng Park 和 Gongnong Park。其实,这些景点中的专名并无所指意义,对外国游客来说,其身份识别功能和指向功能大于诱导功能,因此,不必译意。"全名译音+通名译意"可以解决译法不统一的问题。

这种翻译策略主要用于景点名称翻译,而旅游景区名称通常较长,结构复杂,若机械搬用此法,译名必定过长。不少旅游景区名称为复合结构:(专名+通名 1)+通名 2,翻译时可将前面的专名+通名 1 视为一个整体译音,保留主体部分的身份识别功能;然后通名 2 译意。因此,"万花山旅游景区"可译作 Wanhuashan Scenic Area,前面不必加 Mount;"法门寺文化景区"译作 Famensi Buddhist Culture Scenic Area,其中的"寺"也不必译成 Temple。这样可以消除译法不统一现象。

吴赟(2012:99)从跨文化交流和道德伦理层面对翻译作了探讨,指出,"随着时代的演进和文化的交融,作为跨文化行为的翻译,正逐渐开始关注异质他者的存在,继而从源语文化和译入语文化的角度,对译者提出了道德要求——在操作层面上,应以传达原文的异质性为基本伦理态度,同时在可读性和普遍性的原则约束下,尽量平衡译介过程中所涉及的各方诉求"。"全名译音+通名译意"的翻译策略不仅能使景点名称译名更好地传播异质文化,体现多元文化元素,而且能够在异质性和信息性之间保持相对平衡,具有一定的优越性。

5. 结论

综上所述,把旅游景点名称的意义转换成英语并不等同于"让中国文化走出去"。景点名称翻译不能一味译意,应当更多地考虑如何尽力保留其身份识别功能和文化价值,重视传播中华文化异质元素,这样才有助于"中国文化走出去"。在当今世界多元文化语境下,尊重和认同异质文化有利于促进文化交流。虽然异质文化和异质语言表达方法带来的陌生感起

初可能导致接受语读者某种程度的“抵抗”，不过，随着文化交流的加深，这种陌生感会逐渐淡化，“抵抗”也会逐渐变为“习惯”。本文倡导的“全名译音＋通名译意”翻译策略有利于保留汉语景点名称的身份识别功能和文化价值，避免因逐字译意或误解原意导致的误译，还能够消除一名多译的乱象，因而值得研究。不过，本文无意提出一个景点名称翻译的“全面规范”，只是针对目前过度译意的现象提出一种纠偏的策略。此策略主要适用于一些较短小的景点名称翻译。不少旅游景点和景区名称结构复杂，含义丰富，还需要有更深入的研究来应对这些复杂现象。

选文二

旅游资料翻译中的文化思考

张 宁

导 言

此文选自《中国翻译》2000年第5期。选文分三部分。第一部分分析了旅游资料中蕴含的文化信息以及中西方文化的民族差异。第二部分提出了旅游资料翻译文化处理的两种原则，即以中国文化为取向的原则与以译文为重点的原则。第三部分提出了旅游翻译的四种方法，即增译、删减、转译、改写。

随着中国入世的步伐加快，中国在敞开大门吸纳外资和先进技术的同时，也将迎来大批观光揽胜的海外游客。因此，在紧锣密鼓地进行入世准备过程中，几乎所有具备旅游资源的地区都在考虑如何打旅游牌，把发展旅游作为入世后的经济增长点。中国地大物博，自然风光与人文景观美不胜收。如何向海外游客推介旅游品牌，也就成了旅游战略中的一项重要的内容。笔者通过近年来对一些旅游资料的翻译，发现如何处理旅游资料中的文化因素，既是一件艰难的工作，也是开展涉外旅游中不可或缺的一项工作。因为中西方语言的差异，尤其是东西方文化的差异，不可避免要反映到旅游资料的翻译中。准确地传达旅游资料中的文化信息，让外来游客了解中国旅游景观的文化底蕴，有利于创立我们的旅游品牌，从而吸引更多的国外游客。

一、旅游资料中的文化信息及民族差异

文化是人们通过创造活动而形成的产物，它是社会历史的积淀物，具有强烈鲜明的地方色彩和民族色彩。前来中国旅游的国外游客，年龄不同，文化水平不同，审美兴趣也不同，但他们都有一个共同的目的：欣赏中国的方方面面。当他们决定去某一个地方旅游，必然想先对要去的目的地有一个初步的认识，而其中最重要的媒质便是旅游资料。而许多风景名胜

的旅游资料，都汇集了比较丰富的中华文化的信息。但由于不同国家、不同民族的文化发展道路不同，不同国家旅游景点展示出的旅游资料必然带有各国的文化特色。尤其是不同语种的国度，其文化的差别更大。所以，要想把中文旅游资料里所表现的文化意蕴明明白白地告诉外国游客，达到文化交流的目的，有必要先找出旅游资料中表现出的中西文化差异，然后再考虑如何进行文化处理。试举几个方面：

1. **历史掌故**

中国是一个有五千年文明史的国家，朝代绵延，江山留胜，在祖国大好河山遍布历史陈迹，如万里长城、兵马俑、十三陵、岳阳楼、赤壁……，这些都成为吸引游客的人文景观。而这些地方，一山一石、一草一木都演绎过令人着迷的历史故事，都像一面古镜映照过历史沧桑，往往成为旅游资料中的重要内容，成为国外游客最感兴趣的地方。历史是一个民族成长发展的过程，由于环境的因素，不同民族有着不同的成长道路，发生过不同的历史事件。中国的人文景观往往就是一个凝固的历史，反映着某一时期发生的历史事件。在一些旅游资料里，往往会出现古代的年号、古人名及历史典故。这一些，中国人自己尚不能完全掌握，而对不了解中国历史的外国游客来说，无疑如读天书。

2. **宗教风貌**

古代中国的民众崇佛信道，在不少地方修建了庙宇道观，名山与寺院宝塔的和谐结合，相得益彰，构成了我国风景美的一大特征。杜牧的诗句“南朝四百八十寺，多少楼台烟雨中”，就展示一幅静谧朦胧的美丽图画。我国的名山几乎都有寺院宝塔的点缀，这不仅使山林峰峦显得古雅肃穆，富有西天佛国的神秘异趣，而且形成的自然美和艺术美相合相融的完美境界，给旅游带来了独特的美感和审美情调。这些地方不仅有丰富的宗教知识，还有许多神话为之增辉，从中可以窥探到中国人宗教信仰的印迹，挖掘到中国宗教文化的积淀。例如，为什么一些寺庙进门左右两侧总有两个怒目金刚？为什么几乎所有寺庙都有脚踏莲花的观世音？那笑口常开的弥勒佛又是何方神圣……这些对西方游客都是神奇的谜，在旅游资料中如何解说也是一个值得斟酌的问题。

3. **园林艺术**

园林艺术是人类文化艺术这条群星浩繁的历史长河中一颗璀璨的明珠。中国园林，世界称奇。中国人在建造园林时，总是力求把人工美与自然美巧妙地结合起来，因地制宜、叠山理水，修亭筑屋，配植花木，达到“虽由人作，宛自天开”的艺术境界，带有浓厚的抒情性。每处景观都有自己的主题和精神内容，片山寸石，一花一木都带着自己的气质与品格，富有诗的韵味、画的意趣、人的情感，更体现着中国独有的文化意味。

4. **民族风情**

中国有五十六个民族，各个民族有不同的风俗习惯和民族文化。包括民族独有的建筑、独有的生产、生活用具、独有的民族服饰和民族歌舞。尤其是不同民族的风俗习惯，更让人领略到人类文化的色彩斑斓，是现代旅游者审美探奇的重要内容。但每一个民族都有不同的风俗人情，不同的图腾、禁忌，表现着一个民族深层的文化内容，有的则是一个民族敏感的

话题。例如，猫头鹰在中国被视为不吉利的动物，而在西方则是智慧的象征。在译介旅游资料过程中，也曾出现过这样的事情：我们花很大工夫介绍的有关民俗，最后招致客人不愉快，造成这个情况的原因，就是由于没有照顾到民族习俗的差异。

5. 饮食文化

中国人重视饮食，也十分好客，饮食文化是我国古代文化遗产的一部分，早就在世界上享有盛誉，受到各国人民的广泛欢迎。而且，不仅中国饮食以繁多的种类令人眼花缭乱，更以其繁多的美丽的名目令人向往。不少外国游客来中国旅游，不仅欣赏中国的风景，也非常愿意品味中国的风味饮食，并了解中国饮食文化的内涵。一些中国菜的名字就给人丰富的想象和美好的感受。如把糖拌番茄叫作“仙桃祝庆”，把鱼香肉丝叫作“如意相思”，把芙蓉鸡片叫作“瑞雪丰年”，等等。翻译菜谱时如何进行文化处理，也是一个重要的方面，例如中国有一道名菜叫“龙虎斗”，但如果向外国客人介绍这道菜时，按菜名直接翻译出来，肯定会大煞风景。因为这道菜名中的“龙”在中国是吉祥的象征，英语中与之相对应的词是 dragon，它在西方文化中却是凶狠的恶魔。而虎又是保护动物，若直译菜名或菜谱内容，只会让他们大倒胃口。

6. 思维方式

阻碍东西方相互理解和交流的不仅仅是语言，更是不同文化影响下的思维模式。而不同思维模式下形成的旅游资料也往往成为交流的障碍。中国的文字是表意的，注重含蓄，哪怕是短短的说明文，也尽可能采取一些修辞方法，使语言的意思迂回婉转。而西方人的表达方式多是单刀直入，开门见山，逻辑性很强，结构紧凑。这样一来，他们对汉语曲折的表达方式会感到扑朔迷离，甚至不耐烦。

二、旅游资料翻译的文化处理

一般来说，所有的文本都可以大致分类为表达型、信息型和指示型。表达型附有作者、原文的语言和文化倾向；信息型着力点在于信息的传播，更注重面向读者；而指示型强调的是读者获得信息后所施的行为。旅游资料是一种宣传资料，其目的是吸引游客，激发兴趣，增强乐趣，传播文化。它以传达信息为主，面向读者，无疑属于信息型文本。再者，旅游资料常集多种知识、不同体裁于一体，涉及面广，文体多样。鉴于东西方文化差异及旅游资料的特点，我们认为旅游资料的翻译就是要把原文中的信息转移到译文中，其关键就是文化信息的转移。无论什么内容，什么文体，都围绕向读者传递信息和文化背景知识这一点，让读者读懂、接受是最重要的。

在翻译旅游资料时该怎样进行有效的文化处理呢？笔者在实践中总结了两条原则、四种方法：

两条原则：以中国文化为取向的原则与以译文为重点的原则。

所谓以中国文化为取向，就是尽量保留中国文化信息，尽量多地宣传中国文化，因为了解中国文化也是外国旅游者的重要目的之一，而翻译的主要目的就是促进文化交流。一些外国游客每到一处，总要尽可能多地搜集旅游资料，并把它们作为了解中国的窗口之一。他们有了解和理解异国文化的心理准备。

所谓以译文为重点，即指翻译旅游资料时，既要忠实于原文又不拘泥于原文。要从译文读者的角度出发，对信息进行适当调整，让他们好读好懂。以译文为重点，就是主张在不损害原意的基础上，调整旅游资料的信息量与篇章结构，让译文读者轻松地了解所需的中国文化信息，增加旅游兴趣，达到旅游资料翻译的目的。

三、旅游资料翻译的四种方法，即增译、删减、转译、改写

增译 就是对有关中国历史文化的内容，通过增加字、词、句，对原文作做一步的解释。在译文中，对一些地名、人名、朝代名、佛名等，若根据字面意思再略加注释，则让人易于理解，并加深印象、增添乐趣。

一是增加说明来解释原文意思。在中文旅游资料中某些内容往往一带而过，若在译文中也照样处理的话，外国游客会摸不着头脑，因为中国人了如指掌的东西，往往是外国人理解旅游资料所必需的，译者有义务把这些背景知识补充出来。如一本介绍崂山的资料中有这样一段：三官殿里有一株茶花树，在寒冬腊月开出一树鲜花，璀璨如锦，因此又名“耐冬”。译文则为“There is a camellia tree in the Sanguan Palace blooming fully in midwinter, so it is called Naidong, meaning it can stand bitterly cold winters.”译者根据原文的字面意思，在句末增加了一个非限定性定语从句，对“耐冬”做进一步的解释，加深了读者对茶花树的印象。又如：原文“路左有一巨石，石上原有苏东坡手书‘云外流春’四个大字”。译文则为：To its left is a rock formerly engraved with four big Chinese characters Yun Wai Liu Chun (Beyond clouds flows spring) hand-written by Su Dongpo (1037 - 1101), the most versatile poet of the Northern Song Dynasty (960 - 1127)。译者在译文中增加了对苏东坡的说明，较好地表达了原文要想表达的意图：“云外流春”四个字具有较高的文物价值。

二是音译与意译相结合，用括号里的内容增加对原文的字面意思的解释。如：海南岛著名的旅游景点“天涯海角”和“鹿回头”，就分别译为 Tianya-Haijiao (the end of the earth and the edge of the sea)和 Luhuitou (turn-round Deer) scenic spot。这样，通过意译，引起读者生动有趣的联想与美的享受。又如，“卦台山周围有龙马洞、分心石、洗脚石等景点”。译文则是：Around the Guatai Mountain are the Longma Cave, Fenxin (Distracting Attention) Rock, Xijiao (Washing Feet) Stone and other scenes.

删减 即删去中文资料中对译文理解没有帮助的东西。中国人在写事状物时喜欢引用名人名言或古诗词加以验证，中国读者读了会加深印象，并从中得到艺术享受，而在外国人看来似乎是画蛇添足。译文中删去，反而干净利落，明白晓畅。如一本介绍青岛的旅游资料中有这样一段原文：“‘烟水苍茫月色迷，渔舟晚泊栈桥西。乘凉每至黄昏后，人依栏杆水拍堤。’这是古人赞美青岛海滨的诗句。青岛是一座风光秀丽的海滨城市，夏无酷暑，冬无严寒。西起胶州湾入海处的团岛，东至崂山风景区的下清宫，绵延 80 多华里的海滨组成了一幅绚烂多彩的长轴画卷。”它的译文是：Qingdao is a beautiful coastal city. It is not hot in summer and not cold in winter. The 40 - km-long scenic line begins from Tuan Island at the west end to Xiaqing Gong of Mount Lao at the east end. 译者把古诗全部删减，但不影响译文读者对原文中其他部分的理解，而译文中的第一句却正是对前面古诗简洁的概括。

又如：乐山水光山色独特，地理环境优越，素有“绿杨夹岸水平铺”之称，举行龙舟竞赛得天独厚。译文为：Famous for its “tranquil river fringed with rich vegetation”, Leshan in Sichuan Province has the ideal setting for the Dragon Festival. 原文中“水光山色独特，地理环境优越”的具体表现就是“绿杨夹岸水平铺”，删去前两句，译文简练，更符合外国读者的习惯。

转译　把中文资料中有关的内容转化为外国游客熟悉的同类的内容。如将民间传说中的“梁山伯与祝英台”转作“罗密欧与朱丽叶”，把济公比作 Robin Hood，美国亚洲旅行社的旅游资料中也把威尼斯比作中国的苏州。这样可以简洁而较为准确地介绍人物或景点，使译文读者在自己的文化基础上理解异国文化情调，加强文化的交流与理解。

改写　即把中国古代的纪年、古地名、古官职等，改写成公历、现地名及现职务。在不影响对描述对象理解的基础上，把原文中迂回婉转的表达及修辞改写得直接明了。如“刘备章武三年病死于白帝城永安宫，五月运回成都，八月葬于惠陵”。短短的三句中，就有古年代、古地名四个，若全用拼音直译，译文烦琐，读者也会感然不知其解，如果改写为 Liu Bei died of illness in 233 at present-day Fengjie County, Sichuan Province, and was buried here in the same year. 则一目了然。

又如：满树金花、芳香四溢的金桂；花白如雪、香气扑鼻的银桂；红里透黄、花朵味浓的紫砂桂；花色似银、季季有花的四季桂；竞相开放，争妍媲美。进入桂林公园，阵阵桂香扑鼻而来。译文为 The Park of Sweet Osmanthus is noted for its profusion of osmanthus trees. Flowers from these trees in different colors are in full bloom which pervade the whole garden with the fragrance of their blossoms. 从这里可看到，译文打破原文的句子排列，改写原文的华丽辞藻和细节描写，整体概括，简洁明白。

以上，对旅游资料的翻译作了一些文化方面的思考，仅仅是个人接触到的一些问题。其实，不仅是在旅游资料的翻译过程中要考虑这些问题，而且在导游过程中，也必须考虑到这些问题，而解决了这些问题，则将有效地引发外国旅游者的兴趣，对打出中国旅游的品牌有一定的裨益。我们相信，随着国内旅游业的繁荣，旅游资料的翻译作为翻译与文化交流工作的一个方面，必将得到越来越多的重视。

选文三

论旅游翻译中文化差异的处理

朱益平

导　言

此文选自《西北大学学报》2005 年第 3 期。选文首先介绍了我国旅游背景和旅游资料中译英的翻译现状。在此基础上选文第一部分分析了旅游宣传资料中的文化因素：旅游资料中包含着丰富的文化内涵，旅游资料翻译的目的恰为了吸引游客，传播中国文化。第二部分探讨了文化因素导致的翻译障碍。第一类是由文化空缺和文化冲突造成的词汇空缺和词汇冲突;第二类是由语篇层面上的行文和修辞的差异引起的问题。第三部分介绍了目的论和旅游翻译的原则,认为旅游翻译应该将传意性和可接受性作为最根本的指导原则。第四部分选文通过举例的方式详细阐述了旅游翻译的策略。

中国是一个文明古国,祖先为我们留下不可胜数的文化遗迹;中国又是一个幅员辽阔,自然风光优美的国度,有着令人叹为观止的风景名胜。这些名胜古迹每年都吸引大批的外国游客来中国旅游观光。随着全球化程度的加深和我国对外开放步伐的不断加大,外国游客的数量也在急剧增长。根据世界旅游组织(World Tourism Organization)预测,到2020年,中国将超过其他国家,成为世界第一大旅游目的地国、第四大客源输出国,届时,将有1.37亿人次来中国参观、访问和游览。为此,2000年,我国首次提出建设"世界旅游强国"的宏伟战略目标——到2020年,我国要实现从"亚洲旅游大国"到"世界旅游强国"的历史性跨越。(张国洪,2001:7)由此可见,旅游业的确是21世纪的朝阳产业。要实现上述目标,推动旅游业的发展,不可或缺的一个环节就是旅游文化的宣传和旅游景点的推荐。旅游资料翻译是向海外宣传和推荐旅游景观,其质量的好坏直接影响到旅游业,尤其是入境旅游的发展,因为外国朋友往往是阅读、观看或聆听了准确、生动、形象的旅游景点介绍后,才心向往之,产生亲临景区一睹为快的旅游冲动,进而导致旅游行为的发生。恰当的翻译有助于树立我国的对外形象,开拓国际旅游市场;蹩脚的译文有可能让读者或听者产生疑惑、误解甚至反感情绪,不仅达不到预期的对外宣传、吸引游客的目标,还会影响我国旅游事业的发展。因此,对旅游材料翻译的研究具有很大的必要性和紧迫性。事实上,我国已有不少学者和译者将眼光投向旅游翻译领域,提出了一些相当精辟的论点,但是对旅游资料翻译中文化层面的探索还不够全面和深入。本文拟从文化信息处理的角度来探讨旅游资料汉译英的原则和方法。

一、旅游宣传资料中的文化因素

旅游是集多种学科于一身的边缘科学,涉及面既广又杂,"从自然科学到社会科学,从天文地理到风土人情,甚至文化娱乐、吃穿用住,真可谓无所不包,无所不有。因此,旅游资料也涉及多种知识,多种体裁"(王治奎,2001:364)。旅游宣传资料种类很多,包括与旅游有关的书信、广告、旅游日程安排及旅游条件书、旅游景点介绍、通知、电讯、有关合同、讲话等。本文所说的旅游宣传资料特指其中的旅游景点介绍,而旅游宣传资料的翻译是指以国外普通旅游者为对象,介绍中国旅游资源的各种资料的翻译,不包括为到中国旅行的各方面的专家翻译的各种专著。从类型上来说,旅游宣传资料包括图书、画册、导游图、明信片、幻灯片、电视录像片、电影纪录片等,旅游者主要是通过阅读、观看或听取这些介绍资料来获得信息的,其中的图书类还包括导游词的汇编,如中国旅游出版社出版的《走遍中国——中国导游词精选》。

无论属于何种类型,旅游资料中都包含着丰富的文化内涵,因为旅游和文化有着千丝万缕的联系,提到旅游就必然要涉及旅游文化和文化旅游。1984年出版的《中国大百科全

书·人文地理学》对"旅游文化"的界定是:旅游与文化有着不可分割的联系,而旅游本身就是一种大规模的文化交流,从原始文化到现代文化都可以成为吸引游客的因素。游客不仅吸取游览地的文化,同时也把所在国的文化带到游览地,使地区间的文化差别日益缩小。绘画、雕刻、工艺作品是游人乐于观赏的项目。戏剧、舞蹈、音乐、电影又是安排旅游者夜晚生活的节目。诗词、散文、游记、神话、传说、故事又可将旅游景物描绘得栩栩如生。

实际上,旅游自古就同文化结下了不解之缘。唐代是中国古代文化发展最灿烂的历史时期。作为中国文化瑰宝的唐诗,其中很多诗篇就是诗人在云游名山大川,纵览风景名胜时写就的。大多数名胜古迹都与华夏五千年文明和文化传统息息相关,如长城、兵马俑、丝绸之路、紫禁城,等等。介绍这些自然景观和人文景观的旅游宣传资料,不可避免地渗透着浓郁的民族气息,包含着深厚的文化底蕴。一山一水,一草一木都与文化紧密相连,旅游不仅是生态旅游,也是文化旅游,越是民族的东西,越是世界的。外国游客徜徉于山水名胜之中,不仅需要得到感官上的满足和享受,使身心极度放松,更重要的是想了解奇观异景中蕴含的独特文化信息,感受异国他乡的历史文化,使知识得以丰富,精神得以升华。因此,旅游资料翻译的目的就是要吸引游客,传播中国文化,"激发他们参观景点的兴趣,增强其参观乐趣,同时增加对中国历史文化的了解"(刘慧梅、杨寿康,1996)。

二、文化因素导致的翻译障碍

文化是旅游的核心,是旅游业蓬勃发展的源头和潜能。然而恰恰是旅游资料中蕴含的文化因素给旅游翻译带来很大的困难,因为汉英两种语言的差异和中西文化的差异必然要反映到旅游资料的翻译中。本文主要从两方面讨论文化差异带来的翻译障碍:

第一类是由文化空缺和文化冲突造成的词汇空缺和词汇冲突给翻译带来的困难。语言是文化的载体,不同的地理环境、历史条件、宗教信仰、社会习俗,使两种语言的词汇出现非对应和非重合的现象,它们之间没有语义共鸣,有的只是语义空缺或语义错位,也就是文化空缺所产生的词汇空缺以及文化冲突导致的词汇冲突,而这些词汇往往都是王德春教授所说的"国俗语义词",也称作"文化负载词"(culture-loaded or culture-bound words)。民族文化的特殊性形成了语言的特殊性,像"阴阳""八卦""五行""气功""太极拳"等词汇,严格来说,在英语中找不到对应的词,像饺子、粽子、元宵等食品也没有相应的词来翻译,如果勉强将"饺子"翻译成"dumpling",不仅后者意思要宽泛得多,而且更重要的是失去了逢年过节一家人围坐一起包饺子、拉家常、其乐融融的场面的联想。"粽子"可以解释成"a pyramid-shaped dumpling made of glutinous rice wrapped in bamboo or reed leaves (eaten during the Dragon Boat Festival),但是,外国朋友如果不知道屈原这位伟大的楚国诗人,不知道龙舟节的来历,不知道为什么要在那天吃粽子,粽子的内涵意义仍然没有传递过去。"元宵"也可译做"a rice glueball" or "sweet dumplings made of glutinous rice flour (for the Lantern Festival)",如果缺乏一定的背景知识,译文读者也体会不到元宵的象征意义,更无法欣赏"元宵元宵元元宵,宵圆宵圆宵宵圆"这副对联的绝妙之处。因此,许多专家主张以音译加注的方式来保留这类词汇的特殊文化联想意义。随着文化交流的日益频繁,外国朋友对中国文化的了解不断深入,这些词汇不需要加注解释也能被理解和接受,如"饺子"(jiaozi)、"气功"(qigong)、"阴阳"(yinyang)、观音(guanyin)和风水(fengshui)等词的翻译已经证明了这一点。另一种现象就是汉语中的某些词汇即使能在英语中找到指称意义相同的词,其联想意义或隐含意义也不同。就以动植物的联想意义为例,北京外国语大学的陈德彰教授专门以调查表的形式,分别向以中文和英文为母语的人发出问卷,分析结果表明,在中英两种文化中,有些动物代表类似的形象,如狐狸;有的代表完全不同的形象,如狗和龙;有的不同很微妙,如猪(郭建中,2000:346)。柳树、红豆、松、竹、梅、兰、菊等植物的联想意义也是“表同质异”(张安德、杨元刚,2003:97)。此外,颜色词在两种文化中也有不同的联想意义,这一点众多学者均有论述。因此,译者在翻译时要克服的不仅有语言障碍,而且有文化障碍,正如王佐良先生所说的“译者处理的是两种文字,面对的却是两大片文化”。

第二类翻译障碍是由语篇层面上的行文和修辞的差异引起的。不同民族在长期的社会实践中形成了不同的文化心理、思维方式和审美观念,反映在语言中就是谋篇布局、修辞方法等行文习惯的差异。汉民族主张“天人合一”的哲学理念,强调客观融入主观,喜欢借景抒情、托物言志,书画、建筑、诗歌都讲究神似重于形似、简隽空灵的风格,反映在语言上就有了汉语行文辞藻华丽,情感横溢,讲究声律对仗,音韵和美的特点(贾文波,2000:74)。此外,“受‘中庸’哲学思想的影响,中国人美学观念中特别强调平衡美,除了极为频繁地使用对仗这一修辞格,还大量使用四字词组,特别是前后两部分有并列关系的四字词组”(陈宏薇,1998:28),如天造地设、天涯海角、四通八达、德高望重等。在这些方面,西方民族则迥然不同,西方哲学强调分析型抽象理性思维,在主观和客观的物象关系上,更多地注重模仿和再现,体现了“天人各一”的思想。“这种趋势反映在语言表达形式上,就出现了英语重形式、重写实、重理性的特点,形成了其句式构架严整、表达思维缜密、行文注重逻辑理性、用词强调简洁自然、描述突出直观可感的风格”(贾文波,2000:75)。

这些行文和修辞差异,也不可避免地表现在汉、英旅游文体中。在行文用字、篇章布局、文体修辞等方面各有讲究,美学标准和文体风格可谓大相径庭。

三、目的论与旅游翻译的原则

面对这些文化差异和翻译道路上的困难,应该遵循什么样的翻译原则,采取何种翻译方法和策略来处理旅游资料的翻译呢?笔者认为,我们可以从目的论中得到启示。

目的论(Skopos theory)是德国功能派翻译理论中最重要的理论。由汉斯·威密尔(H. J. Vermeer)提出,贾斯塔·赫兹-曼塔利(Justa Holz-Manttari)和诺德(Christiane Nord)使之进一步完善。Skopos是希腊词,意思是“目的、动机、功能”。目的论中一个极为重要的概念就是翻译的目的,通常情况下是指译文的交际目的。根据目的论,所有翻译遵循的首要法则就是“目的法则”,翻译行为所要达到的目的决定整个翻译行为的过程,即结果决定方法。“翻译目的论注重的不是译文与原文是否对等或译文是否完美,而是强调译文应该在分析原文的基础上,以译文预期功能为目的,选择最佳处理方法,即译者必须能够针对特定翻译目的选择特定的翻译方法或策略。”(张锦兰,2004)

此外,从文本类型和功能方面来讲,根据现代翻译学理论,旅游资料属于“信息文本(informative text)、表情文本(expressive text)和祈使文本/召唤型文本(vocative text)的结合体(陈刚,2004:313),同时具有信息功能、美感功能和祈使功能,旅游资料的翻译,其目的

就是要“向外国游客介绍景点情况，传递有关信息”（文军，等，2002），“让国外普通旅游者读懂、看懂、听懂，并且喜闻乐见”（蒲元明，1997），实现译文文本的这种交际功能，从而推动国内旅游业发展，对外传播中国文化。

目的明确了，旅游翻译也就有了应该遵循的原则。旅游翻译应该是“文化的使者”，以传播中国文化为己任，以旅游者为导向（陈刚，2002），因此，在翻译旅游资料时应该“以中国文化为取向，以译文为重点”（张宁，2000）。所谓以中国文化为取向，就是尽量保留中国文化信息，尽量多地宣传中国文化，因为了解中国文化是外国旅游者的重要目的，而翻译的主要目的就是促进文化交流。所谓以译文为重点，即指翻译旅游资料时，既要忠实于原文又不拘泥于原文，要从译文读者的角度出发，对信息进行适当调整，让他们好读好懂。总之，旅游翻译应该将传意性和可接受性作为最根本的指导原则。

四、旅游翻译的策略

旅游翻译以传播中国文化，吸引游客，促进中国旅游业发展为宗旨，本着以中国文化为取向，以译文为重点的翻译原则，旅游资料的翻译就应该有针对性和灵活性，不能死扣原文，亦步亦趋，而是要在不影响原文思想表达的前提下，对原文做适当的增删等必要的调整，力图达到语言具体生动，语法简单明了，表达简洁传神。

1. 旅游景点名称的翻译

景点名称是游客接触到的第一道风景，是他们对景观本身的第一印象，好的译名对吸引游客注意力，提高他们的游览兴趣至关重要。一般来说，“景点名称的翻译不外乎直译、意译、音译、音译加直译、直译加音译、意译加直译等几种。然而，什么情况下采用什么译法就需要译者具备敏锐的跨文化意识，其指导原则应是始终以传播中国文化为取向”。下面就以故宫里的几个景观名称的翻译为例来比较说明旅游景点名称翻译的方法。故宫里面几个主要宫殿的名称历来有多种译法，有的是完全音译，有的是音译和意译结合，还有的是完全意译。例如：

太和殿——Taihedian；Taihedian Hall；Hall of Supreme Harmony

中和殿——Zhonghedian；Zhonghedian Hall；Hall of Complete Harmony

保和殿——Baohedian；Baohedian Hall；Hall of Preserving Harmony

完全音译的方法适用于行政区划名称，如城市、乡镇、县城、村庄等的翻译，如北京(Beijing)、八达岭(Badaling)、北戴河(Beidaihe)、西安(Xi'an)、长安(Changan)、临潼(Lintong)等。在这个原则的指导下，“银川”只能译成 Yinchuan，而不能译作 Silver Stream；同样，长安只能是 Changan，而不是 Everlasting Peace。如果用完全音译的方法来翻译非行政区划的景点名称，情况又另当别论。故宫里面的皇家寓所如果均采用音译，对外国游客来说，仿佛是毫无意义的符号的堆砌，达不到介绍中国文化，让游客看懂、听懂的翻译目的。

音意双译一般都采用专名音译、通名意译的方法，牵涉到历史上和传说中的人物时，尤其如此。例如茅盾故居(Mao Dun's Former Residence)、杜甫草堂(Dufu's Thatched Cottage)等。许多山河湖海的名称也多采用此译法。这里牵扯到译名统一的问题。笔者赞成这样的做法：如果景点名称属于汉语的“单名”，为照顾音韵，应将通名音译出来，例如太湖(Taihu Lake)、黄山(Huangshan Mountain)、华山(Huashan Mountain)、豫园(Yuyuan Garden)，等等；如果是“双名”，则不必将湖、山、海、园等词音译出来，如普陀山(Putuo Mountain)、峨眉山(Emei Mountain)等。

完全意译对保留原文形象及文化、历史内涵至关重要，如以上所列举的故宫景点名称的意译。此外像“三潭印月”(Three Pools Mirroring the Moon)、“紫来洞”(Purple Source Cave)、“寒山寺”(Cold Mountain Temple)、“拙政园”(Garden of Humble Administrator)、“狮子林”(Lions Grove)等，都是很好的例证。

但是，完全意译也有不足之处，因为没有音译，外国人就缺少一个途径，无法与中国读法之间建立直接的联系。比较恰当的译法是音译与意译相结合(闵大勇，1997)，如可将“鹰嘴岩”译作 Yingzuiyan (Eagle Beak Cliff)。《红楼梦》译本里不少地名均采用了音译和意译结合的办法：

大观园：Daguanyuan (Grand View Garden)

潇湘馆：Xiaoxiangguan (Bamboo Lodge)

怡红院：Yihongyuan (Happy Red Court)

2. 增添

增添理解原文内容所必需的背景知识，如历史事件发生的年代，名人的生卒年代，他们的身份及其在历史上的贡献，名胜的具体位置，等等。旅游资源除了其本身的自然景观所具有的欣赏价值外，大多含有丰富的文化内涵，从而产生了特殊的欣赏价值。如果不增添背景信息，一般外国游客则无法理解。如：

(1) 路左有一巨石，石上原有苏东坡手书“云外留春”四个大字。

To its left is another rock formerly engraved with four big Chinese characters Yun Wai Liu Chun (Beyond clouds and flows spring) written by Su Dongpo (1037 - 1101), the most versatile poet of the Northern Song Dynasty (960 - 1127).

译文中增加了对苏东坡的说明，也就体现了“云外留春”四个字较高的文物价值，因为这是一位多才多艺的北宋大诗人的大手笔。

(2) 林边有一个洞，叫白龙洞。传说《白蛇传》的白娘子曾经在这里修炼。

Near the forest is the White Dragon Cave which is said to be the very place where Lady White, the legendary heroine of *The Story of the White Snake*, cultivated herself according to Buddhist doctrine.

白娘子是何许人也？她为何在此修炼？不加说明，游客如堕五里雾中。

(3) 绍兴是越瓷的产地。

Shaoxin is the home of Yue Porcelain. Yue is a state name used to refer to the Shaoxing region in Ancient China.

如果不增加说明，外国游客不知这种瓷器为什么叫越瓷，也不知绍兴和“越”有何关系。

3. 解释

解释是指增加的部分是对字、词、句的字面意思的解释。前面提到的景点名称的音译加意译就是采用的这种方法。这样，一方面能让外国游人及读者建立起读音和意义的联系，了解汉语名称的字面意思；另一方面也使他们了解了这些名称的由来，增加了旅游的趣味性。如：

（1）湖南省位于长江中下游南部，东经 108 度至 114 度，北纬 24 至 30 度。因地处洞庭湖之南，所以叫作湖南。

Hunan Province lies just south of the middle reaches of the Changjiang (Yangtze) River between 108′ and 114′E longitude and 24′ and 30′N latitude. As it is also situated south of Lake Dongting, the Province has the name Hunan, which means "south of the lake".

译文用一个非限定性定语从句对"湖南"进行了解释，使外国游客明白了"湖南"这个地名的由来，对它有更深的印象。

（2）传说中的白鹤泉、笑啼崖、响鼓岭旅游点。登上传说中的望湘亭，俯瞰长沙，景象万千。

There are also legendary Baihe (White Crane) Spring, Xiaoti (laugh and cry) Cliff and Xianggu (Loud Drum) Ridge. From the Wangxiang (looking down at Hunan) Pavilion high on the Yuelu Peak, one can have a bird's-eye view of the beautiful Changsha.

译文对几个地名都做了解释，有助于外国朋友理解地名的含义并产生丰富的联想。

4. 借用

"借用手法指借典译典，借译语表达式和形象来翻译源语有特定文化含义的表达式和形象，以求等效。"（何自然，2004：209）有的学者称这种方法为文化替换（cultural substitution），在找不到文化对应词的时候，使用译语文化中同类典故、成语、委婉语等，有时会收到意想不到的效果。"这样可以简洁而准确地介绍人物和景点，使译文读者在自己文化的基础上理解异国文化情调，加强文化的交流与理解。"（张宁，2000）如将济公比作罗宾汉，将西施比作埃及艳后，将梁山伯与祝英台比作罗密欧与朱丽叶，将苏州比作意大利的威尼斯，将银川市比作小麦加，将孔子比作希腊的亚里士多德，等等。

5. 删减

在旅游资料的翻译中，删减有时是十分必要的。应该删减的是多余的对译文理解没有多大帮助的内容。需要对原文进行删减的有几种情况。首先，中国人写文章，喜欢做各种历史考证。这些考证对熟悉祖国历史和文化的中国读者来说是必要的，而对外国人来说，则是不必要的，有时还可能使他们越看越糊涂。其次，中国人在叙述完一件事或描写完一个景点后，喜欢引用名人、名言、名诗来验证自己的感受。然而，诗词毕竟是最难翻译的，无论是以书面形式还是以口头形式，能将诗词的"音美、形美、意美"都恰如其分地传达给外国读者和游客，增加游客的游兴，应该是每个译者的理想和追求。如果由于种种原因，这些诗词翻译过去，造成译文的累赘和臃肿，甚至扭曲原意，妨碍外国游客的理解，破坏他们的游兴，达不到预期的交际目的，则可删去不译。

6. 改写

改写主要适用于以下几种情况：

(1) 对原文句子结构的改写

由于思维方式不同，中国人和西方人写作时的推理方法也不同。西方人是直线思维，多采用演绎推理；而中国人是螺旋式思维，多采用归纳推理。在展开一个话题时，汉语往往迂回曲折，先分说，再总括，多用掉尾句；而英语则开门见山，先总括，再分说，多用松散句。翻译时有必要对原文的结构加以调整，使其与西方读者或游客的习惯相吻合。如：

在四川西部，有一处美妙的去处。它背倚岷山主峰雪宝顶，树木苍翠，花香袭人，鸟语婉转，流水潺潺。这就是松潘县的黄龙。

One of Sichuan's finest scenic spots is Huanglong (Yellow Dragon), which lies in Songpan County just beneath Xuebao, the main peak of the Minshan Mountain. Its lush green forests, filled with fragrant flowers, bubbling streams, and songbirds, are rich in historical interest as well as natural beauty.

译文用两个句子改写了原文，并且将“松潘县的黄龙”放在了句首，这样更符合英语的写作方式，也更符合西方游客的思维习惯。

(2) 对原文诗词的改写

前面已经谈到，诗词的翻译比较困难，改写可以算作一种补救措施。如：

水映山容，使山容益添秀媚，山清水秀，使水能更显柔情，有诗云：岸上湖中各自奇，山觞水酌两相宜。只言游舫浑如画，身在画中原不知。

The hills overshadow the lake, and the lake reflects the hills. They are in perfect harmony, and more beautiful than a picture.

译文省略了原文那首诗，用明白晓畅、浅显易懂的两句话概括了原诗的中心思想。

(3) 对原文行文风格的改写

汉语和英语在行文风格和修辞上存在着较大的差异。汉语旅游资料中有许多华丽辞藻、四字词组，这只是为了音韵的和谐和渲染气氛，并无多大实际意义，翻译时应该调整措辞，将这些虚华之词用明白晓畅的语言重新表述，使译文通达流畅，符合英文的表达习惯，增强译文的可读性，也更利于外国游客和读者的理解和接受。旅游翻译首先应该以旅游者为导向(tourist-oriented)，让他们听懂、看懂、读懂。如果遇到非常主观性的描述语言，如“重峦叠嶂”“广袤无垠”“分外妖娆”“美不胜收”“争奇斗艳”“千姿百态”，等等，可以简单概括一下。这就是改写。

再如：

她（黄河）奔腾不息，勇往直前，忽而惊涛裂岸，势不可挡，使群山动容；忽而安如处子，风平浪静，波光潋滟，气象万千。

It tears and boils along turbulently through the mountains and at some places, flows on quietly with a sedate appearance and glistening ripples.

汉语用对仗的修辞手法和四字词组的排列，表现出黄河的磅礴气势；英语译文对原文进行了改写，去掉了那些带有主观色彩的词语，变得直观简洁，形象生动，和原文有异曲同工之妙。

这儿的峡谷又是另一番景象：谷中急水奔流，穿峡而过，两岸树木葱茏，鲜花繁茂，碧草萋萋，活脱脱一幅生机盎然的天然风景画。各种奇峰异岭，令人感受各异，遐想万千。

It is another gorge through which a rapid stream flows. Trees, flowers and grass, a picture of natural vitality, thrive on both banks. The weird peaks arouse disparate thoughts.

译文去掉了原文中的虚华成分，将"Trees, flowers and grass"三词并列，措辞精练；用 vitality 和 thrive 二词表达"葱茏""繁茂""萋萋"之意，简洁自然，又不失生动形象，使译文读者和原文读者一样感受到字里行间的诗情画意。以上探讨了旅游资料翻译中文化因素的处理原则和方法，旨在提高旅游资料翻译者的跨文化意识，克服中西文化差异所引起的翻译障碍，实现源语文本的交际功能，达到旅游翻译的最终目的。在目的论的指导下，本着以中国文化为取向，以译文为重点的翻译原则，译者可以发挥译语优势，灵活变通，采用一系列的方法和策略，增加译文的可读性和可接受性，在传播中国文化的同时，使外国读者和游客得到身心的愉悦和美的享受，从而促进中国旅游业的发展和中西文化的交流。随着全球化进程的进一步加快，各国之间更加频繁的交往，旅游业会更加繁荣，旅游翻译必定会越来越重要。

【问题研讨】

1. 如何理解"旅游翻译不仅是语言符号的转换，更是一种文化内涵的传递"？
2. 中文旅游文本中有哪些具体的文化表征？
3. 现有的旅游翻译存在的主要问题是什么？
4. 为了实现跨文化沟通，在旅游翻译中应采取哪些翻译策略和方法？
5. 如何培养旅游翻译活动中的译者的跨文化意识？

【延伸阅读】

[1] NORD C. Text analysis in translation: theory, methodology, and didactic application of a model for translation-oriented text analysis[M]. Amsterdam: Rodopi, 1991.
[2] 陈刚. 跨文化意识——导游词译者之必备[J]. 中国翻译，2002(2).
[3] 贺继宗. 新疆地域文化旅游翻译现状及规范化研究[J]. 语言与翻译，2006(4).

[4] 赖少华.旅游资料中的文化翻译[J].广西教育学院学报,2005(3).
[5] 廖素云,冯琰.杂合理论下的旅游文化翻译[J].东南大学学报(哲学社会科学),2011(5).
[6] 刘德军,陈艳君.跨文化传播下的旅游资料翻译策略选择——以景点名称翻译为例[J].南华大学学报(社会科学版),2013(3).
[7] 刘慧梅,杨寿康.从文化角度看旅游资料的英译[J].中国翻译,1996(5).
[8] 汪翠兰.河南旅游英语翻译的跨文化审视[J].中国科技翻译,2006(4).
[9] 闫丽俐.旅游文本英译的跨文化反思[J].广东外语外贸大学学报,2010(4).
[10] 杨敏,纪爱梅.英汉旅游篇章的跨文化对比分析[J].外语与外语教学,2003(11).

下篇　实践篇

第九章　旅游资料翻译研究

导　论

旅游资料指的是涉及旅游主题的各种形式的资料，其目的是向游客介绍和宣传旅游景区和旅游景点。孟庆升教授认为："旅游资料是一种对外宣传材料，其主导功能在于吸引游客，激发他们对风景名胜的兴趣，这种诱导性功能的实现，必须以提供足够的信息为前提。信息性是旅游资料的前提，而诱导性则是最终目的。"

旅游资料根据信息的呈现形式可以划分为文本类、图形图像类、音频类和视频类，涵盖旅游资源、旅游产品、旅游统计、旅游文娱、旅游科研、旅游交通、旅行社、旅游饭店、旅游教育等。陈刚教授在《旅游翻译》一书中针对这些类目做了分类举例或阐释：旅游资源可以划分为地文景观、水域风光、生物景观、天象与气候景观、遗址遗迹、建筑与设施、旅游商品和人文活动等；旅游产品涉及旅游经营者提供给旅游者购买的完整的旅游经历，包含吃、住、行、游、购、娱等六大要素；旅游统计指的是有关旅游的统计数据、报告、年鉴等；旅游文娱涉及本国的传统文化、多种形式的文娱活动等；旅游科研指的是有关旅游学科、行业等的学术研究；旅游交通指的是旅游者利用某种手段和途径，实现从一个地点到达另一个地点的空间转移过程；旅行社指以营利为目的，从事旅游业务的企业，包括入境游旅行社、出境游旅行社及其他国际旅行社；旅游饭店指的是以旅游接待设施为依托，通过向旅游者及所在社区提供住宿、餐饮、娱乐等综合服务来实现经济效益和社会效益的企业；而旅游教育有广义和狭义之分，广义的旅游教育是指以影响人的身心发展为直接目的而进行的一切旅游教育活动，包括家庭旅游教育、学校旅游教育和社会旅游教育，狭义的旅游教育仅指学校旅游教育中的专业教育。

由上述类目形成的旅游资料通常是应用型文本，包括旅游指南、旅游行程、旅游委托书、旅游意向书、旅游合同、旅游广告、旅游表格、导游解说词、景点介绍、参观点介绍、博物馆解说词、旅游推销手册、旅游宣传册、旅游地图、旅游宣传标语、文艺演出节目单、餐厅菜单、宾馆指示牌/标志、公园指示牌、参观点标语、各类通知、路标、地名、各种（旅游）会展/文本、各种（旅游）会议文本等。正如陈刚教授指出："它们使用面广、应用频率高、实用性强、文体活泼，是旅游翻译应首先并重点掌握的。"

选文一

旅游资料英译浅谈

姚宝荣

导　言

此文选自《中国翻译》1998 年第 5 期。选文主体分为四部分。第一部分强调译者可根据实际需要，在翻译旅游资料时灵活运用适当的手法，如释义、增补、类比、删减，再创造等，对译文进行调整。第二部分提出译者应注意到敏感词的历史背景及政治含义，掌握好译文的分寸。第三部分认为译者要切实为旅游者着想，尽量选用通俗易懂的常用词汇。第四部分强调注意转换度量衡，以便于旅客阅读。

旅游资料的翻译，同其他资料的翻译一样，首先是传达原文信息。但它也有自身的特殊性。旅游资料的翻译不同于官方文件、文献、高级领导人讲话、经贸合同、法律文书等的翻译，这类资料的翻译要求译文力求遣词用句严谨准确，最充分、最客观地体现原语的信息及语言风貌，译者的自由度相对很小。而旅游资料的功能是通过对景点的介绍、宣传，扩展人们的知识，激发人们旅游、参观的兴趣，因此，旅游翻译的最终目的就是通过传递信息来吸引旅游者。翻译这类资料，译者要考虑到译文的可读性及读者的接受效果，所以，译者的自由度相对较大。

在翻译过程遇到的众多问题之中，相当一部分是文化差异造成的交际困难。中西方文化差异相当之大，辐射的范围包括人们的生活方式、行为方式、思维方式、语言方式、历史习俗、等级观念、道德规范、审美情趣、政治法律等。而这些差异经常表现在语言文字这一文化的载体之中，更是无时无刻不表现在旅游资料的翻译当中。

要处理好旅游资料中大量的文化信息，译者必须要以偏向译文、侧重读者的方向为准则。

译者既不能不顾及英语的表达习惯和读者的接受能力，让英语就范于汉语的概念和意象，追求语言文字和信息量的“对等”转换，也不能因两种文化的差异造成的“词汇空缺”而经常回避困难。

译者在旅游资料翻译实践中考虑以下诸方面是有必要的。

1. 调整翻译手法

在翻译实践中，译者可根据实际需要，运用适当的手法（常用的有释义、增补、类比、删减、再创造等）对译文进行调整。

(1) 释义

释义是指对原文字面意义的解释。如“西安古称长安”，可译成“Xi’an was called

Changan, or 'everlasting peace' in ancient times."。"天安门"可译为"Tian'anman, the Gate of Heavenly Peace"。这样的译法将名称与其含义联系起来,便于英语读者记忆,加深他们的印象,增加他们的游兴。又如:

端午节那天,人们都要吃粽子。

译文为:

During the Dragon Boat Festival (which falls on the fifth day of the fifth lunar month), it is a common practice to eat Zong-zi, which is a rice pudding wrapped up with weed leaves.

译文对粽子的解释说明弥补了"词汇空缺",很好地传递了文化信息。

(2) 增补

增补是为了易于读者的理解而添加的相关知识和背景资料。我们译人名时,可补充这个人的身份,在历史上的地位和功绩等。

秦始皇可译为"Qin Shihuang, the first emperor in Chinese history who unified China in 221 BC"。林则徐可译为"Lin Zexu, government official of the Qing Dynasty (1636 - 1911) and key figure in the Opium War"。

在译地名时,有时得为读者补充必要的相关知识及其地理方位。在有关丝绸之路的旅游资料中经常提到"西域"这个地理名称,如果不做任何增补而音译为"Xiyu"或再加释义"the Western Regions",英文读者会误以为这是一地名。做过增补后,概念就清晰了:"the Western Regions (a Han Dynasty term for the area west of Yumenguan Pass, including what is now Xinjiang Uygur Autonomous Region and parts of Central Asia)"。

在译朝代名时,需要补充该朝代的公元年份,以避免不谙中国朝代的外国旅游者"望洋兴叹"。

(3) 类比

为使旅游信息在英语读者中产生反响,我们可用"以此比彼"的方法拉近读者与中国文化的距离,使他们产生亲近感,激发他们的游兴。译者可以根据潜在旅游市场的历史文化等有的放矢地对旅游促销资料进行"加工"。如关于故宫的介绍里有这么一句话:

故宫耗时 14 年,整个工程于 1420 年结束。

如果这份旅游资料针对北美市场发行,译者则可处理为:

The construction of the Forbidden City took 14 years, and was finished in 1420, 72 years before Christopher Columbus discovered the New World.

若这份资料的目标市场是欧洲,则可在"in 1420"后加上"14 years before Shakespeare was born"。

采取这样的类比手法能使外国人将他们陌生的中国历史年代与他们熟悉的历史或人物所处的年代联系起来,便于他们理解。类比可以是多方面的。北京的王府井可以比作美国纽约的第五大街;郑州在其交通位置上可以比作美国的芝加哥,中国的孙悟空和猪八戒在家喻户晓的程度上可以同米老鼠和唐老鸭相提并论,等等。

(4) 删减

汉语旅游资料的撰写者们往往在描述一个景点时，喜欢旁征博引。例如有这样一段对西安附近“八水”之一的“沣河”的描写：

在我国最早的典籍中，即有关这条河的记载。尚书禹贡：“漆沮既从，沣水攸同”。诗经大雅：“沣水东注，维禹之绩”。说明沣水在远古就是一条著名的河流。(《西安文物圣迹》)

汉语撰写者引经据典的目的，无非是想证明沣河的悠久历史。但是，所引的汉语文字对大多数中国人来说都难以明白，更何况外国旅游者？纵然译者费九牛二虎之力将引文的来龙去脉及其意义在英语中交代清楚，效果又会如何？不如省些力气，做如下处理，求得功能上的对等：

Records about this river can be found even in the earliest Chinese classics, which proves that the Feng River has been well-known since ancient times.

此外，关于华清池有这样一段文字描写：

华清池内有一贵妃池，相传是杨贵妃当年沐浴的地方。唐代名诗人白居易的“长恨歌”中有“春寒赐浴华清池，温泉水滑洗凝脂”的诗句。

译文为：

Inside the Huachingchi Spring, there is a bathing pool called Kueifeichi which is said to have been the bathing place of Yang kuei-fei. The famous poet Po chu-i of the Tang Dynasty wrote “The Ballad of Endless Woe” which contains the following verses:

“'Twas in the chilly springtime
They bathed in Huaching lake.
And in the tepid waters
The crusted winter slack.”(《西安文物圣迹》)

原文不过是想陈述华清池内有杨贵妃当年沐浴的贵妃池。如果说所引白居易《长恨歌》中的两句诗能使部分中国人联想起杨贵妃的“回头一笑百媚生，六宫粉黛无颜色”“后宫佳丽三千人，三千宠爱在一身”这般的美丽与可爱，对英文读者说，从这些诗句的译文中得到的仍不过是杨贵妃曾在此沐浴这个信息，如此说来，译它何用？更何况诗句的译文并没有很好地传递原诗的信息。其中“they”的所指是不确切的，“bathed in the Huaching Lake”错误地理解了原句，至于后一句的译文就离原意更远了，这样费力不讨好的事情还是不做为好。

(5) 创造性翻译

创造性翻译指在不损害原文信息的前提下，不拘泥于原文，对原文不符合译语习惯的词句、语序进行必要的改造和调整，以期更好地服务于读者。何志范先生所译的“乐山龙舟会多姿多彩”堪称创造性翻译的范例。如描写龙舟赛前场面的第三段文字：

江岸上彩楼林立，彩灯高悬，旌旗飘摇，呈现出一派喜气洋洋的节日场面。千姿百态的各式彩龙在江面游弋，舒展着优美的身姿，有的摇头摆尾，风采奕奕；有的喷火吐水，威风八面。

译文为：

High-rise buildings ornamented with colored lanterns and bright banners stand out along the river banks. On the river itself, gaily decorated dragon-shaped boats await their challenge, displaying their individual charms to their hearts' content. One boat wags its head and tail; another spits fire and sprays water.（何志范，1992：61）

译文中，译者多处灵活地处理了中英文行文上的习惯冲突，改变了原文中辞藻堆砌的现象。如译文表面上虽没有与"呈现出一派喜气洋洋的节日场面""风采奕奕""威风八面"等对应的词句，但仍通过"gaily decorated""displaying their individual charms to their hearts' content"将意义与气氛很好地表达出来。此外，正如译者自己认为的："译文打破了原文句子的排列，用 displaying their individual charms to their hearts' content 来表示群龙在竞赛前各显其能、舒展各自身姿的风采和八面威风；await their challenge 又为龙舟夺标做了铺垫，起了承上启下的作用。"（何志范，1992：61）

2. 旅游者对一些敏感词的承受能力

旅游资料是一种对外宣传、推销资料。它的读者由于生活在不同的文化及不同的社会制度之中，自然就形成了自己的政治信仰与思维方式。这就要求我们的翻译工作者在向世界介绍中国时，不但要了解本国的国情，还要了解他国国情及其他地区的情况，在翻译中注意到某些敏感词的历史背景及政治含义，掌握好译文的分寸。如西安碑林艺术博物馆"昭陵六骏"展柜内的中文说明词中有这么一段：

……昭陵六骏是唐太宗李世民为纪念他征战时骑过的六匹骏马，在修建昭陵时诏令雕刻的。其中"飒露紫"和"拳毛䯄"二匹骏马 1914 年被美国人毕士博盗走，现存费城宾夕法尼亚大学博物馆。

如果查找更为详细的历史资料，就会发现其真实的经过：这位美国人与当地军阀勾结，购买了这两件唐代艺术珍品，将其运往美国。1918 年，他又返回陕西，将其余四个石刻每个打成四块，企图再次运往美国，但被当地群众发现后追回。而目前大多数中文旅游资料来源于博物馆的陈列说明，而译者也将这段话忠实地译为：

The six stone horses were sculpted when Zhaoling Maosoleum was built by the order of Emperor Li Shimin in memory of the six horses which served him in wars. Two of them, known as "Saluzi" and "Quanmaogua" were stolen by an American in 1914. They are now kept at the University of Pennsylvania in Philadelphia.（姚宝荣，等，1994）

笔者曾接待过一个旅游团，团内的一位旅游者拿着他从宾夕法尼亚大学博物馆内复印的这位美国人当时在陕西从当地军阀手中购买的这两个石刻艺术品的收据，请笔者与博物馆联系，说明美国人不是"偷"的，而是"买"的。现在让我们来看一看世界著名的 Travel Guide 的创始人 Eugene Fodor 组织编写的 *Fodor's People's Republic of China* 是如何对这段文字加以处理的：

> ... These stone chargers are considered to be masterpieces of sculpture from the Tang period. Two of the original stone horses are on display in a museum in the United States, and the four that are on display in the museum here were damaged during an attempt by a private collector to have them shipped to the United States. This was during the period before 1949 when some great art treasures were stolen from China. (Fodor, 1995)

在这段说明中，作者没有指名道姓地说是谁"偷"了这两个中国石刻珍品，但他却费了些笔墨(画线部分)，将这个历史事件和背景做了一些交代。经这位大师之笔处理后，这段文字就容易使外国读者信服，也使他们不易"对号入座"。

笔者曾于1993年应邀到台湾参加一次有关海峡两岸旅游事务的学术研讨会。许多台湾旅游界同行听说笔者来自西安，就说："你们西安把华清池内的'捉蒋'亭改名为'兵谏亭'，在台湾反映很好。你们能否向有关部门建议一下，是否把'解放路'这个名字也改一改。""解放路"是从西安火车站通向市中心的一条干道，也是旅游者参观秦始皇兵马俑的必经之路。许多西安导游员在沿途导游时都忠实地按照某些资料的译文向旅游者介绍这条路的历史以及其名称的来历。资料的译者及导游员都没有考虑到，如果我们的资料译文和讲解词在读者或听者心中产生了负面印象，没有激发他们的旅游欲望，影响到他们的旅游兴趣，那么译文再忠实于原文，又有什么用呢？

3. 选择常用词

旅游者来自各个行业、各个阶层，其中虽不乏在历史、考古、文学方面有造诣的专家学者，但这些人总是少数。因此，译者在工作中要切实替旅游者着想，尽量选用通俗易懂的常用词汇。除非万不得已，否则尽量少用专业词汇。我们不能期望旅游者在使用旅游手册、导游图时还捧着本词典，去查那些生僻的词。如"碑林"最好译为"Forest of Stone Tablets"，而不要译为"Forest of Steles"。Stele是希腊考古学方面的一个词，专指刻有文字或图案的石版、石柱，很多旅游者不知道这个词。而且这个词的拼写有两种形式：stela (pl. -lae)和stele (pl. stalae，～a)，两种拼写的发音也不同，分别为stela [ˈstiːl]和stele [ˈstiːli]。几年前，笔者曾将所译的"西安碑林"画册及导游词送给一位澳大利亚的专家审阅。他在审完稿后特别指出，stele这个词他是借助词典才知道意思的，建议改为人人都知道的tablet这个词。如果一位语言专家都不知道stele这个词，相信大多数旅游者就更不知道了。

又如"昭陵六骏"，若译为"the Six Stone Horses of Zhaoling Maosoleum"，相信人人都懂。但许多旅游手册、画册都将其译为"the Six Stone Steeds of Zhaoling Maosoleum"。翻开词典，原来steed的意思就是horse，它主要用于诗文之中。这样的例子还有许多。"新石器时代"和"旧石器时代"在旅游资料中可以译为"New Stone Age"和"Old Stone Age"，而在考古文献中却需要译为"Neolithic Age"和"Paleolithic Age"。

4. 转换度量衡

旅游资料在介绍某地时，通常谈及面积、月或年平均气温，谈及河流等时要交代其长度，谈及其艺术珍品时，偶尔提到其大小和重量。汉语资料往往用中国人习惯的市制或公制，像平方公里、亩、摄氏度、公里、尺、寸、厘米、公斤等，而英美读者又只熟悉他们惯用的英美制，像平方英里、英亩、华氏度、英里、码、英尺、英寸、镑，等等。这时，译者应考虑将市制、公制换算为英美制，因为，大多数英美人于平方公里、摄氏度、尺、亩就像大多数中国人于平方英里、华氏度、英尺、英亩一样没有概念。如照汉语资料原样译过去，不难想象信息传递的效果。

选文二

旅游资料的语用翻译

叶 苗

导 言

此文选自《上海翻译》2005 年第 2 期。选文从语用含义和语用等效原则在景点名称及介绍中的应用、关联理论在口语化导游词中的应用、语用策略在景点标志牌、景区告示语和旅游标语翻译中的应用三个层面对旅游翻译展开了探讨。第一部分点明了语用翻译注重语言在特定环境中的语用含义与语用等效，后通过举例强调翻译中应追求文化信息恰当、微妙又辩证的等效传达。第二部分先阐释了关联理论是有关语言交际的理论，因为交际的成功取决于交际双方的“互明”，最佳的认识模式——关联性。最后进行举例类比分析。第三部分介绍了翻译语用策略的几种类型：景点标志牌翻译的语体和语词的选择、景区告示语的翻译变异、旅游标语的翻译简化。

语用翻译(pragmatic translation)是从语用学的角度探讨翻译问题，可以说是一种等效翻译理论，即提倡使用语用等效(pragmatic equivalent effect)来解决跨文化交际问题。语用等效可分为语用-语言方面等效(pragmalinguistic equivalence)和社交-语用方面等效(sociopragmatic equivalence)。也涉及核心概念语用含义(pragmatic implicautre)，指的是一种依赖于语境才能推导出来的意义，它不是揭示人们说了什么，而是告诉人们说这句话可能意味着什么。

一、语用含义和语用等效原则用于景点名称及介绍的英译

语用翻译注重语言在特定语境中的语用含义和目的语与源语的语用等效。这里的语用

含义主要体现在我国一些人文景点的实际人文内涵上。能否准确理解景名并且把它译活，是能否再现这一景致和吸引游客的关键所在。故在翻译中要追求文化信息恰当、微妙又辩证的等效传达。

(1)“天下第三泉”——虎跑梦泉

杭州这一著名的景点名，在以前的《杭州》旅游介绍宣传的小册子中，被译为 The Dreamed Tiger Running Spring，与景点的来历很不相符。

相传唐代元和十四年(公元 819 年)，有位法名性空的高僧云游至今日的虎跑寺，想栖禅于此。但苦于无水，准备迁走。夜里忽然梦见神仙报告：“南岳有童子泉，当遣二虎移来。”次日清晨，性空果见有二虎“跑地作穴”，泉水涌出。于是，他建寺居住，并为此泉取名“虎跑梦泉”。这里的“跑”应念作 pao(第二声，意为兽用足扒土)，因此，该景点名称可直译为 The Dreamed Tiger Cawed Spring，不过，通常可简明地意译为 Tiger Spring。

这里，无论直译还是意译，都切合了语用学的原则，有着朴实的语用含义的等效传达。然而，有些景点名称刻意的意译反而弄巧成拙。

(2) 寒山寺

有人将之意译为 Cold Hill Temple 或 Bleak Mountain Temple，这两种译名都是不恰当的。“寒山寺”是因唐代一名叫“寒山”的诗僧曾居于此而得名，故该采用音译 Hanshan Temple 为好。

(3) 曲院风荷

这一景名的译文有多种(陈刚，2003)，如：

A. Lotus in the Breeze at the Crooked Courtyard.

B. Breeze-Caressed Lotus in Yeast Courtyard.

C. Lotus Swaying in the Breeze at Qu Yuan.

D. Windy Lotus in the Winding Courtyard.

哪种译名最贴切呢？还得先了解一下这一景点的来历：南宋时，在今灵隐路洪春桥南端有一家酿造宫酒的曲院，院中种植荷藕，花开时，香风四起，取名“曲院荷风”，日久堙没。清代初期，构亭跨虹桥之西，平临湖面，环亭植荷花，康熙帝南巡遂改为“曲院风荷”。鉴于此，A、D 译对“曲院”的理解仅限于字面，C 译采纳汉语拼音，毫无意义；对于“风”，D 译将含大风之意的词代替原本表达微风之意的词，或许是为了使 windy 与后面 winding 押头韵，以增强表达效果，殊不知，结果却因韵害义。比较而言，只有 B 译体现出原景点的历史文化内涵，取得语用语言的等效，可见翻译中文化内涵的重要性！

但是，有时候源语文化表达有特殊性，旅游翻译中的语用等效就须仔细。

(4)“海宁观潮”的景观介绍描写(朱一飞，1996：250－256)：

> ……从前，在此时此刻，游人惊魂未定，江面上又会出现另一幅奇景：几百名游泳好手，个个披发文身，手擎大小旗帜、红绿小伞，跃入汹涌澎湃的潮头，执旗泅水，踏浪翻腾，动作惊险异常……有一首《酒泉子·长忆观潮》词写道：“长忆观潮，满廊人争江上望。来疑沧海尽成空，万面鼓声中。弄潮儿向涛头立，手把红旗不湿。别来几句梦中看，梦觉尚心寒。”

汉语旅游资料的撰写者往往在描写一个景点时，喜欢引经据典，堆砌成语，铺陈华丽。

这一段中用了许多笔墨，无非是想告诉旅游者，水中好汉“弄潮儿”的惊险表演和观潮者的紧张心情。如果译者费九牛二虎力完全忠实地译出，很可能会费力不讨好。不如省些力气，做如下处理。

In days of old, another astonishing sight would greet the bore-watchers' eyes just as they had recovered from the shock. Hundreds of excellent swimmers, their long hair hanging loose and their bodies tattooed, would play with the tides. Their stunts are no less daring and exciting than surf-riding today!

译文抛开原有的词，而把“弄潮儿”的表演与西方游客熟悉的水上冲浪运动做比较，以求得语用-语言等效，反而事半功倍。

有时，因为汉语多一词多义，若不对景点做实事求是的实地考察，就难以译准景点名称。

(5) 有关“楼”的景名翻译：浩然楼、岳阳楼、天安门城楼、宁波鼓楼等。

浩然楼译为 Haoran Mansion，是因为这是一座公馆、大楼式建筑。岳阳楼不译为 Yueyang Mansion，而译为 Yueyang Tower，是因其形状类似塔。天安门城楼是众所周知的类似检阅台、主席台的建筑，故译为 the Tian An Men Rostrum。而宁波鼓楼中的“鼓楼”是旧时城市中设置大鼓的楼，楼内按时敲鼓报告时辰，有特殊功能，故译为 Ningbo Drum Tower。

二、关联理论在口语化导游词中的应用

关联理论(relevance theory)是一个有关语言交际的理论。交际的成功取决于两个条件：① 交际双方的“互明”(manifestness)；② 最佳的认知模式-关联性。要确定交际者的暗含意义(implicature)，受体(audience)就要寻找话语(utterance)和语境(context)之间的最佳关联(optimal relevance)，也就是找到对方话语同语境假设的最佳关联，通过推理推断出语境暗含，最终取得语境效果，达到交际的成功(赵彦春，1993)。语境效果好，推理时所付出的努力就小，关联性就强；语境效果差，推理所付出的努力就大，关联性就弱。

翻译是一种交际活动。译者从原交际者明示的交际行为中寻找最佳关联，再把这种关联性传递给受体。导游词的翻译，一般要求口语化，但这只是语体上的要求。事实上，西方游客在接受导游词时，有一定的接受(休闲)心境。关联理论要求译者在目的语和源语之间寻找最佳关联性，使语境效果极大地凸出，使口语语体成为语境效果的一部分，契合接受者的认知环境，使导游词亲切、易懂、生动，富有人情味和文化味。具体到实际工作，导游在对旅游景点的介绍中，若能和外国游客较熟悉的人和事联系起来，则会加深游客对景点的了解。

(6) 卢沟桥

通常被接受的译名为 the Marco Polo Bridge，若音译为 Lugou Bridge，只不过是译出地点名称，外国游客无法将之与他们慕名已久的马可·波罗第一次在其著作《游记》中介绍过，并誉之为“世界最美之河桥”的那座有特殊历史意义的桥连在一起。这种替换译法取得了较好的效果。类比也是一种巧妙的寻找最佳关联点的译法。文化交流过程中，类比有利于消除文化陌生感，迅速、有效地实现交际和文化传播的目的。

(7)“舟的前方驾着一柄长舵,形如关云长的青龙偃月刀。”(长江三峡的导游资料,蒲元明,1987)

其中,“形如关云长的青龙偃月刀”怎么译? 试比较一下两个译文:

A. ... is shaped like the sword in traditional Beijing opera used by Guan Yu, a general of the state of Shu of the Three Kingdoms Period (220 - 280 AD).

B. ... is shaped like the knife on the Westerner's dinner table.

译文A运用解释性增译,文字累赘,没看过或不了解有关关羽的京剧情节的外国游客根本不知所云;译文B将西方游客陌生的青龙偃月刀与他们的餐具联系在一起,处理努力(processing efforts)弱化了,语境效果(contextual effects)增大了,找到了最佳关联,照顾了游客心境,达到“导”的效果。

(8)(南岳的)祝融殿 the Hall of Zhurong, the Chinese Prometheus;

(9)炎帝神农氏 Emperor Yandi, the Chinese Saturn

上述两例的解释性增译,抓住中国火神祝融与古罗马传说中为民盗火的英雄普罗米修斯,中国农业文明的始祖神农氏与古罗马神话中的农神的相似点,照顾了西方游客的认知环境,因关联而语境效果突出,译文的语用语言等效达到了,也有利于民族文化的对外传播。

文化类比能大大激发游客的旅游兴趣。比如在向西方游客介绍苏州时,因苏州位于大运河与长江合流之太湖旁,由20多个湖泊环抱而成,可以称之为“Venice of China”。游客一听,哦,中国的威尼斯,这样便于记忆,加深印象,增加了游兴。又如:

(10)北京故宫耗时14年,整个工程于1420年结束。

A. The construction of the Forbidden City took 14 years, and was finished in 1420, 14 years before Shakespear was born.

B. 72 years before Christopher Columbus discovered the New World.

故宫博物院雄伟壮观的建筑完成的时间早在1420年,这时间是个怎么样的概念,游客一下子很难反应过来。如果游客来自欧洲,导游的口译可以是A;若游客来自美洲,可以说成B。增加的解释就是为了给游客一个关联点,从而增强语用效果。但是,此法不可滥用。如某地的一个普通海滩也自夸为“东方的夏威夷”,没有很强的相似性,把不可相提并论的事物放在一起,让人啼笑皆非。

三、语用策略在景点标志牌、景区告示语和旅游标语翻译中的应用

翻译语用策略主要是针对中西文化差异所做的具体语词选择或形象的调整,和源语的认知背景和目的语的文化背景关系极大。在旅游翻译中,语用策略还得和旅游情景相结合,具体表现为几种类型。

第一种,景点标志牌翻译的语体和语词选择。

(11)景点标志牌“碑林”“新石器时代”和“旧石器时代”

很多景点把它们译成Forest of Steles,Neolithic Age和Paleolithic Age。Stele是希腊考古学方面的一个词,专指刻有文字或图案的石版、石柱,连有些语言学家也不一定知道。所以,“碑林”最好译为Forest of Stone Tablets。而Neolithic和Paleolithic是考古文献中的用语,向游客介绍应采纳通俗一些的词,如New Stone Age和Old Stone Age。这样选词既

通俗易懂又在语用-语言的层面上实现了等效，贯彻了语用策略的原则，注重了游客的非专业背景。

同样地，浙江温州市区北部的一个旅游景点名"江心孤屿"，以前曾被译成 Jiangxin Isle 或 Jiangxin Solitary Islet，均是不妥的。"江心孤屿"因它孤浮于瓯江之中而得名，而 Isle 通常在诗或散文中作地名用，指小岛，Islet 本身就是小岛、岛状地带和孤立地点的意思，不必再用 solitary 来修饰，应当译作 Jiangxin Islet 才在语体和语词的选择中，有语用策略效果。

第二种，景区告示语的翻译变异。这是一种特殊的语言传播类型，要通过语用策略提高游客的可接受度和适应旅游休闲心理。

(12) 勿踩草地 Don't Stamp on the Grass!
游客止步 Tourists Stop!
闲人莫入 Strangers are Forbidden!

这些是很多城市处处可见的告示牌。对第一个，外国游客看后定会难以接受，认为"我们哪里会这么没有社会公德，故意去踩草地?"恰当的译文应该是"Keep Off the Grass, Please!"，没有原译的否定祈使句那么严厉，有指责口吻，而只是一个提醒，容易接受。据说在美国密苏里州圣路易斯市植物园里，草坪上的告示语是"Please give me a chance to grow"。试想，看到这一提示的游客哪里还忍心踩下自己的脚？这种翻译技巧，我们称之为 Negation 反说正译法。第二、三个是个主谓结构句，很强硬。其实，挂有这种牌子的地方，一般都是游客不必或不喜欢去的，何必如此气势汹汹呢？恰当的译文应该是"Staff Only!"，这种翻译策略我们称为"社交-语用等效"策略。

第三种，旅游标语的翻译简化。

(13) 向文明游客学习！Learn from Civilized Tourists!
向文明游客致敬！Salute to Civilized Tourists!

在过去的一些公园和景点门口，常能看到这种大幅标语。英译文中，"文明游客"也并不很文明，只不过是 civilized(开化的而非野蛮的)罢了！公园还要号召进出的游人向他们学习致敬？岂非可笑！碰到这种情况，译者可以不译，或采取"内外有别"的原则，改译为"Welcome to ..."。

(14) 在宁波火车站出口处不远的地方，有一块大标牌"全国优秀旅游城市宁波欢迎你！"(郭建中，2003)，其英译文是 National Excellent Touristic City You are Welcomed by Ningbo! 这也是典型的中式英语，正确地道的英译应该是：Welcome to Tourist City Ningbo!

这种逐字对译的标语到处可见，国内一些涉外宾馆喜欢在大厅醒目处或介绍小册子中"喊"这样的口号。其实如"竭诚服务"和"……真诚欢迎各界朋友光临"之类都是宾馆应该做的，最好是在考虑西方习俗的前提下，越简练越好，比如译为"Best Service to All Our Guests!"，或者如笔者在国外所见的一家宾馆宣传册子上的最后一句话："Expect the unexpected!"，一目了然，对游客颇有吸引力。这种简化策略也是一种"社交-语用等效"很好的体现。

选文三

跨文化意识:导游词译者之必备

——兼评《走遍中国》英译本

陈　刚

导　言

此文选自《中国翻译》2002 年第 2 期。选文主要分为两部分。在第一部分,作者指出涉外导游词翻译是一种跨文化翻译,译者必须具备跨文化意识,始终以旅游者为导向,并以传播中国文化为己任。第二部分作者通过点评中国首本全国导游词英译本,指出译者应主要在五个方面具备跨文化意识:1) 地名和景点名字拼写;2) 景点和历史人物名字翻译;3) 语用意义;4) 诗词翻译;5) 文化信息处理。

我们的时代是全球化时代。跨文化交际已成为这个时代的一个突出特征(胡文仲,1999:2)。L. S. Harms 认为,在世界范围内的人类交际经历了五个阶段,第五阶段为跨文化交际,我们现正处于这第五阶段(胡文仲,1999:2)。有鉴于此,我们不但应该了解全球的文化,还应该让中国文化走向世界。据权威人士预测,中国在未来的十几年中将成为全世界最大的旅游目的地国(tourist destination)之一。而旅游实则是一种非常典型的文化活动,一种非常典型的跨文化交际(陈刚,2001:I)。何为跨文化交际?“跨文化交际是指不同文化背景的人们(信息发出者和信息接收者)之间的交际;从心理学的角度讲,信息的编、译码是由来自不同文化背景的人所进行的交际就是跨文化交际”(贾玉新,1997:23)。作为“民间大使”和“旅游业灵魂”的涉外导游翻译(guide-interpreter),在蓬勃发展的国际旅游业中始终发挥着不可替代的作用(陈刚,1996:IV)。何为翻译? Christiane Nord (1991)用“跨文化交际”(intercultural communication)来替代“翻译”这一术语;Holz-Manttari (1984:17)甚至用“跨文化合作”(intercultural cooperation)来替代“翻译”。Andre Lefevere(1992)则把翻译看作“文化交融”(acculturation),而 R. Daniel Shaw(1988)创造了“transculturation”(跨文化交际)这个词。翻译已不再仅仅被看作是语言符号的转换,而是一种文化转化的模式(郭建中,1998:12)。因此,跨文化意识不仅对所有的译者都非常重要,对导游词的译者也尤为重要。翻译界人士(包括教翻译的教师)谈及旅游类的翻译,不外乎指旅游资料(包括旅游见闻)的翻译。其实,中国涉外旅游日常发生的大量的翻译不是笔译,而是口译——尤其是导游翻译(guide-interpretation),换种角度说,是涉外导游词(以下称导游词)的汉译英,即一种典型的跨文化翻译。导游词翻译的内容可谓包罗万象,跨文化交际的例子非常突出,比比皆是。因此,对导游词译者的跨文化意识等问题进行研究不仅具有理论意义,更有实际意义。

导游词的翻译既可以是口译,也可以是笔译。这是由导游词这种文本类型所决定的。导游词是一种比较特殊的文本。它是通过导游员之口直接说给外国旅游者(以下称旅游者)听的。它大量产生于中国改革开放、入境旅游(inbound tourism)蓬勃兴起之际,在很大程度

上是不同于一般旅游资料的。译成外语的导游词，通常是供导游员在途中或景点等地进行口头讲解服务用的，是可以“预制的”(pre-translated)，故又不同于即兴发挥的“现场导译”(on-the-spot interpretation) 和“途中导译”(on-the-way interpretation)——需现编词(排除事先准备等因素)。尽管导游词是可以预制的，但它又不同于一般的笔译，因为导游词译文主要是供导游讲解服务用的，故应是自然的、白描的、口语化的、一听就懂的。优秀的译文及其讲解能使祖国大好河山的“静态”变为动态，使沉睡了千百年的文物古迹死而复活，使优雅的传统工艺品栩栩如生，从而使旅游者感到旅游生活妙趣横生，留下经久难忘的深刻印象。(外语)导游讲解和口译一样，注重的是“现场效果”(on-the-spot effect/immediate effect)。因此，导游词的翻译应注重预期的现场效果和现场气氛。而要达到这样的效果和气氛，译者的跨文化意识起着举足轻重的作用。

但是，跨文化翻译经常会发生故障。这不仅涉及拼写、语法、词汇等，而且涉及语用失误(pragmatic error/failure)和信息处理等方面的问题。先来看一个反面例子。2000 年 8 月由中国旅游出版社出版的《走遍中国——中国导游词精选(综合篇)》(以下简称《中文版综合篇》)的英译本(*TOURING CHINA— Selected Tour Commentaries*〈Volume I〉)，以下简称《英文版综合篇》)。《中文版综合篇》的确“是一本对中国旅游业发展很有益处的书”(国家旅游局局长在该书序言中的话)，但令人遗憾的是，其英译本却是“不合格产品”。整本书共有导游词 31 篇，每篇错误之多，令人“始料未及”，尤其是“杭州西湖”这篇，错误多达 140 处以上，可分为 15 大类。因篇幅所限，笔者仅将其分成跟导游词翻译关系较为密切的 5 大类(每类举一二例；“硬伤”类及其他“浅层次”的问题，诸如前后不一、语法错误、文理不通、张冠李戴、指代不明、缺乏逻辑、不懂乱翻、懒得查证、中式英文、蹩脚译文等，均不在此列举)，并结合其他相关例子，作简要的分析点评。

1. 地名和景点名称拼写与跨文化意识。不少人对地名和景点名称的拼音拼写总欠认真。殊不知拼音是一种语音符号，而语音符号与人类交际极为密切，意义非同寻常。交际是一个编码和译码的心理活动过程，其最主要的目的是意义的获得。而交际规范或符号译码的代码系统的共享对跨文化交际非常重要，实行代码系统共享首先必须依赖一套约定俗成的系统(a system of conventions)。不规范或错误的汉语拼写会给跨文化交际带来诸多困难，对拼音规范化这一目标的实现产生负面影响，这也是与译者的专业素质相违背的。在《马可波罗游记》两本不同的英译本中有 Kinsai (*The Travels of Marco Polo*, 1982：366)/Kin-Sai/Quinsai/Quinsay(《马可波罗游记》，1998：16)和 Sin-Gui/Sugiu/Suju(《马可波罗游记》，1998：15)，分别用来表示两个著名历史名城。若不特别指出，用它们来翻译“上有天堂，下有苏杭”中的“苏杭”，老外肯定不知所云。国内出版的供外国旅游者使用的旅游图或其他书籍中地名或名胜古迹名称随意拼写的现象仍屡见不鲜，如将“西泠桥”(杭州“三大情人桥”之一)译成“Xileng Bridge” (Wang，2000：154)。我们的从业人员在正式和非正式场合使用 Hangchow 或 Soochow 早成为普遍现象，而外国航空公司(如 UA/AA/NW)却早已将中国的城市代号(city code)规范化，如将 BJS(Beijing)取代 PEK (Peking)。20 世纪 90 年代出版的权威地名词典 *Merriam Websters' Geographical Dictionary* (3rd ed.)采取“名从主人”的原则，将规范汉语拼音的中国地名作为“正选”条目，如查得“旧拼法”的 Peking/Peiping，词典均告知“See BEIJING”。上述专有名词的音译不是一个简单的拼写问题，还涉及以下更为复杂的情况。

2. 景点和历史人物名字的翻译与跨文化意识。这类专有名词的具体译法不外乎意译、直译、音译、意译加音译、直译加音译、意译加直译等几种。然而，什么情况下采用什么译法就需要译者具备敏锐的跨文化意识，其指导原则应是始终以传播中国文化为取向：

(1) 保留原文形象及其内涵

"三潭印月"（西湖十景之一）——Three Pools Mirroring the Moon，而非"Santanyinyue"（Wang，2000：158）。

保留原文文化、历史内涵（其实很多名称均能意译）。

"紫来洞"（道教景点）——Purple Source Cave（含"紫气东来"之义），而非"Zilai Cave"（Wan，2000：154）。

"寒山寺"（佛教胜迹）——Cold Mountain Temple，不一定非得译成"Han Shan Temple"。批评意译者其实不了解有关的背景，若从现场交流效果来看，介绍这位诗僧叫"Cold Mountain"会更受欢迎。正如将《茶馆》中"傻杨"分别译成"Silly Yang"（英若诚译，1999）和"Oddball Yang"（霍华译，2001），使人觉得诙谐生动，比音译更为传神。《寒山诗选》著译者是美国 Peter Stambler 教授。他将书名译成"*Encounters With Cold Mountain*"。笔者以为这位美国人 cross-cultural conscious，并深知此时意译胜音译，且意味深长。该书特别提示会令我们豁然开朗："Han Shan was one of the leading poets of the Tang Dynasty ... He retired to Cold Mountain, took its name for his own, and lived the life of a hermit"。

(2) 保留原文发音及联想

瑞士语言学家 Saussure 认为，符号由音象（sound-image）和由其所代表的概念（concept）组成，二者的关系相当于一张纸的不可分割的两个面。比如，"arbor"和它代表的树的物象组成一个符号（贾玉新，1997：209－210）。语言既是文化载体，又是文化的一个重要组成部分。不同的民族在各自独特的文化传统作用下必然会产生附加在词汇本身概念之上的不同的联想意义。不了解这种联想意义的差别，就不能完全接受一个词所承载的全部语言信息量。在当中国人听到"西子"或"（情人眼里出）西施"这样的音时，他们马上会联想到古代（浣纱）美女——一个自然美的、令人回味的（村姑）形象。但如何向欧美旅游者介绍"西子/西施"呢？若将其音译成"Xi Zi/Xi Shi"后效果会好吗？许渊冲教授在翻译苏东坡的"欲把西湖比西子，淡妆浓抹总相宜"时，先后把"西子"译成"the fair lady (at her best)"（许渊冲，《苏东坡诗词新译》，香港，1982）和"Beauty of the West"（许渊冲，《中国古诗词六百首》，新世界出版社，1994），若不加任何铺垫，直接将现成的译诗朗诵给旅游者听，他们就无法了解到中国还有个西子，于是导游员就不易生动地介绍雅称"西子湖"和著名的"西子宾馆"（即汪庄）了。现场导游时，不妨通过必要的铺垫（西子是浙江本地人，中国古代四大美女之一），说明西子以自然美著称；再通过西方人所喜闻乐见的比喻（把西子比作 a Chinese Cleopatra），从而表明西子在中国人心目中享有的地位。接着，面对诗情画意的西湖，向旅游者推出苏东坡的《饮湖上初晴后雨》的英译文，其中大胆地将"西子"译为"Beauty Xi Zi (at her best)"（陈刚，1996：4）。这种"情景交融"的介绍法，屡试不爽，每每赢得旅游者的掌声或赞扬声。这里，问题的关键是：采用意译手法，难以传达"西子"这个专有名词特殊的联想意义。随着跨文化交际的不断深入，不少中国特色专名完全以其音译形式出现在外国词典里或传媒中，如"dim sum"和"feng shui"（*New Oxford Dictionary of English*，1998），"Guanyin"（*Merriam-Websters' Collegiate Encyclopedia*，2000），"jiaozi"（各种媒体），等等。

因为这类词的指示意义和联想意义很难理想地一并意译成英语。来过杭州的外国旅游者一般都会记得有一个中国美女叫“西子/西施”吧，这就是跨文化音译所带来的效果。

3. 语用意义与跨文化意识。语用学“研究语言在交际中的运用”（Richards，Jack C. et al，1998：356）。近几十年来，从语用学的途径来研究跨文化交际尤其是研究跨文化交际故障的人越来越多。国外学者把这种研究称作“跨文化交际的语用学”（Tannen，1984）。由于语用失误（pragmatic error）是导致使用英语的中国人跨文化交际故障的一个重要根源，译者更应对语用意义予以高度重视。有些错误还颇能迷惑人，例如：

芙蓉，有木芙蓉和水芙蓉。（国家旅游局，2000：168）

There are two kinds of lotus，cotton rose and lotus flower.（Wang，2000：138）

原文正确。中文中的“芙蓉”既可指“木芙蓉”，亦可指“水芙蓉”（《应用汉语词典》，2000：374），但是只可在指示意义/指称意义/认知意义/概念意义（denotative meaning/referential meaning/cognitive meaning/conceptual meaning）上相提并论，因为当“芙蓉”仅译成英语中的“lotus”后，便出现了交际故障。“lotus”仅指“水芙蓉”，不包括 cotton rose（木芙蓉）。前者即“荷花”，属睡莲科，莲属，后者属锦葵科，木槿属。两者的学名分别为 helumbo nucifera 和 hibiscus mutabilis（余树勋、吴应祥，1995：159/336），英语中尚未有“wood lotus”和“water lotus”这样的表达法。可见，译者在中英文理解上都存在语用语言失误（pragmalinguistic failure）。这一失误就连高手都“未能幸免”。比如：毛泽东诗句“芙蓉国里尽朝晖”中的“芙蓉”应为“木芙蓉”（唐诗鉴赏辞典，1983：1381；辞海，2000：680）。然而，的确有将其译成“lotus”（水芙蓉）的（赵甄陶，1992：108；黄龙，1993：96；许渊冲，1993：90；辜正坤，1993：173）。

4. 诗词翻译与跨文化意识。《中文版综合篇》中不乏文笔优美之作，文化性、抒情性很强。根据现代翻译学理论，导游词文本具有“表情文本”（expressive text）的特色及功能（Newmark，1988：39）。令人失望的是，书中起画龙点睛的优美诗词佳句大多都跳过不译，最典型的当数“杭州西湖”，篇中十几首诗词均被无情地删去，其实这些诗词大都有现成的译文（陈刚，1996）。“多彩的西湖，优美的诗句，使客人获得了高层次的美的享受，我本人也获得了前所未有的快乐。”（陈刚，1996：IV）这就是笔者的切身体会。如此置中国古诗词于不顾，可谓典型的缺乏跨文化意识，缺乏译者责任感，也是《英文版综合篇》的一大错误。翻译西湖诗词时如何达到既忠实于原文又能“当场见效”的效果，请见拙著《译介西湖诗词中的“隔”与“不隔”》（陈刚，1997，3：156－159）。即使书中有的佳句被保留下来了，译文也让人哭笑不得：

上有天堂，下有苏杭。（国家旅游局，2000：181）

In the sky，the best is heaven；on the earth，the best are Suzhou and Hangzhou.（Wang，2000：150）

5. 文化信息处理与跨文化意识。导游词应是 informative 的，属“信息文本”（informative text）。所以翻译时“要重达，便是漏译一两句也无关宏旨”（罗新璋，1984：136）。当然，我们还须看到问题的另一面。根据从受话人着眼（hearer-oriented）的 Halliday 的信息理论，信息单位分为已知信息（given information，即说话人认为受话人已知的、也应是受话人确实应了解的）和新信息（new information），根据哲学家 Grice 的观点，语言交际需遵守"合作原则"(cooperative principle),其第一准则就是"数量原则"(maxim of quantity,即指提供适量的信息,不多也不少),根据导游翻译应是"文化的使者",以传播中国文化为己任的原则,而了解中国文化也正是来华旅游者的重要目的或主要目的,译者在处理导游词时应以旅游者为导向(tourist-oriented),尽量保存中国文化等信息。但在实际操作中,译者或评论者的做法往往与上述原则不一致。比较典型的例子是2000年第5期《外语教学与研究》中《英汉翻译中的信息转换》和2000年第5期《中国翻译》中《旅游资料翻译中的文化思考》等文反复引用《旅游翻译初探》(中国翻译,1995:188)中的例子:

> 满树金花、芳香四溢的金桂;花白如雪、香气扑鼻的银桂;红里透黄、花多味浓的紫砂桂;花色似银、季季有花的西季桂;竞相开放,争妍媲美。进入桂林公园,阵阵桂香扑鼻而来。
>
> 译文:The Park of Sweet Osmanthus is noted for its profusion of osmanthus trees. Flowers from these trees in different colors are in full bloom which pervade the whole garden with the fragrance of their blossoms.

上述文章作者对译文加以"赞美":"把文中的实用信息传达出来","改写原文的细节描写,整体概括,简洁明白"。其实,译文未把各种花——实用信息或新信息——译介给旅游者,可谓是一大缺憾,若作为导游词则更难以接受。试想,难道参加桂花节的旅游者会不问导游员这些不同颜色的花叫什么名吗?而导游员会因不知有关花名反倒心安理得吗?再则,原例作者清楚地表明,"翻译时很难找到相应的外文花名,因此做些变动,是否恰当,尚待研究"。金桂、银桂、紫砂桂和四季桂均有相应的英译文,即 golden/orange osmanthus, silver/white osmanthus, purple osmanthus (学名 purpuretus,见中国农业出版社1995年版《花卉词典》)和 four-season osmanthus。请注意:旅游者中知道 osmanthus 这个词的人很少,他们对该词的反应和中国人对桂花的反应相去甚远。我在导游中常用 fragrant flower(见中国农业出版社1997年版《园艺学词典》)引出 sweet osmanthus,能起到较好的效果,但最好能让旅游者亲眼看到这种花。至于如何有效地处理有文化背景信息的词汇,详见拙文《导游翻译中的文化背景和心理因素》(陈刚,1987:3)。

以上是有感而发。其实,导游词的翻译还涉及其他重要方面,主要有文化特色词(含俗语、谚语、俏皮话、地方话等)、楹联、古诗词;思维方式、语篇、话语结构;汉英句型转换;口语化、"剧本化"、生动化;更为深入的理论研究……所有这些,只能另文探讨。希望有更多的人来关心导游词的翻译工作,关心21世纪的朝阳产业——旅游业。

【问题研讨】

1. 何谓"旅游资料"?
2. 旅游资料具体涵盖哪些领域?
3. 译者在翻译策略的选择时是否需要注意旅游资料的文本功能?
4. 旅游资料的翻译方法主要有哪几种?试举例逐一说明。
5. 跨文化意识在导游词的翻译中扮演着何种角色?

【延伸阅读】

[1] REISS K. Translation criticism, the potentials and limitations [M]. Shanghai: Shanghai Foreign Language Education Press, 2004.

[2] 陈爱钗,叶曼雯.论佛教旅游资源文本英译的问题和策略——以福建地区著名寺庙为例[J].外国语言文学,2016(3).

[3] 金惠康.贵州旅游体会[J].中国科技翻译,1998(2).

[4] 蒲元明.谈谈旅游资料英译的几个问题[C]//中译英技巧文集.北京:中国对外翻译出版公司,1997.

[5] 王晓珊,李伟彬.生态翻译学视角下景区介绍性文本英译现状研究——以绵阳A级旅游景区为例[J].西南科技大学学报(哲学社会科学),2019(5).

[6] 萧洁汶.两篇旅游文章的文体比较[J].外语教学与研究,1986(1).

[7] 叶苗.旅游宾馆介绍语篇的语用分析及其翻译[J].中国翻译,2008(4).

[8] 张香宇.旅游景介的翻译技巧——以少林寺景介为例[J].中国科技翻译,2015(1).

[9] 赵攀.功能等值:旅游英语翻译中的原则[J].河南科技大学学报(社会科学版),2013(2).

[10] 朱歧新.英语导游必读[M].北京:中国旅游出版社,2005.

第十章　旅游公示语翻译研究

导　论

公示语，又名标识语、社会标志语，属于社会管理用语范畴，是应用于社会公共场合的一种特殊语言现象，涵盖范围很广，凡在公共场合张贴或印刷的旨在为一般公众或特殊群体提供宣传和服务的语言标牌或标语都可归于公示语范畴。

根据言语行为理论，公示语是一种通过有效的言语手段说服他人的艺术，也是语言活动的一部分，属于一种特殊的交际。其特殊性在于，它发生在管理者与被管理者之间，有特定的语境，即特定的交际场所。但它不是一种发生在某一特定时段的面对面的交际，其参与双方都不以个体身份出现，对象为在该场所内有社会行为的所有人群，不分男女老少，不论地位高低，不分文化程度。公示语属于"单向交际"，其约束力或影响力不会像直面交际那样大，但它的使用也是为了以言行事，影响受众的行为举止，有鲜明的目的性。根据统计，多数公示语是对受众进行指示、提示，或对其行为加以限制或强制，以进行规范和管理，这也就是公示语的交际目的。

公示语可分为四类，即指示性公示语、提示性公示语、限制性公示语和强制性公示语。指示性公示语给予其交际对象以周到的信息服务，其目的在于向公众提供某种相关信息或指南，如问询服务、售票处等。提示性公示语对其交际对象起到提示或告知作用，使交际对象根据提示的内容做出相应的安排，用途广泛，如"车位已满""伸手出水"等。限制性公示语对相关交际对象的行为进行限制、约束，对交际对象的行为按照其交际意图进行规范，但其指令性语气较弱，留给交际对象选择服从或拒绝的余地较大，语言应用直截了当，如"顾客止步""保持安静"等。强制性公示语的交际意图在于以强制的方式来要求相关交际对象必须采取或不得采取某种行动，指令性语气较强，语言直白、强硬、不容交际对象选择。如"严禁吸烟""严禁携带危险品进站"等。

公示语不仅是一种语言现象，同时也是一种文化形象，虽然有些公示语在国际上都十分接近，比如交通标识语，但不同国家的标识语在某些方面还是存在着一定的差异。因此，要翻译好公示语，首先要了解目的语国家标识语的语言习惯和文化特性的差异。旅游公示语的翻译是我国对外宣传的有机组成部分，好的公示语译文有助于提升我国的国际形象，吸引更多的国外游客来我国旅游观光，从而促进我国旅游行业快速和健康的发展。

选文一

旅游景点翻译的规范化研究

——陕西省地方标准《公共场所公示语英文译写规范:旅游》的编写启示

杨红英

导 言

此文选自《中国翻译》2011年第4期。规范的旅游景点译文是国家对一个国际化旅游地区的基本要求,是一个地区整体文明程度的体现。选文主要内容为陕西省《公共场所公示语英文译写规范:旅游》的编写启示。选文详细指出了改译写标准的创新之处,包括标准体例的创新、翻译原则的规定、景点名称结构的细化与翻译规范、旅游翻译为行业服务的独特性,并以翻译实例阐述了各类旅游资源英文翻译的选定。

2011年1月24日,陕西省质量技术监督局召开新闻发布会,正式发布了陕西省《公共场所公示语英文译写规范》系列地方标准"第1部分:通则""第2部分:交通""第3部分:旅游"(中国质量报,2011-1-26)。该系列标准的出台旨在通过规定公示语译写所遵循的基本原则和规律,规范陕西省公共场所公示语英文译写。此标准有哪些创新之处、标准中的英文译文是如何选定的等都是各方面关注的热点。本文作者作为此标准的第一起草人,希望能分享一下这方面的经验,供同行们参考。本文中的译文指英文译文。旅游景点包括旅游景区和景点。标准指陕西省《公共场所公示语英文译写规范:旅游》。

一、标准的创新之处

本标准的制定参照了北京、广东、上海等地的相关标准,同时引用和参考了国家相关标准,如GB 17733—2008 地名标志,GB/T 16159 汉语拼音正词法基本规则,GB/T 18972—2003 旅游资源分类、调查与评价,GB/T 17775—2003 旅游区(点)质量等级的划分与评定等。同时还在指导思想上遵循了陕西省《公共场所公示语中英文译写规范通则》的各项要求。

为了确保标准质量,标准制定过程中,陕西省质量技术监督局还征求了公安、文化、交通、民政、旅游、新闻出版、广播电影电视等政府相关部门的意见,在网络上广泛征求了社会各界的意见,还同时征求了国家语言文字工作委员会、上海等外省市一些专家的意见,在充分吸收各类反馈意见的基础上,又组织了陕西省各高校语言专家、陕西省翻译协会、陕西省语言文字工作委员会办公室、西安市语言文字工作委员会办公室、陕西省民政厅、陕西省交通运输厅、陕西省旅游局、陕西省新闻出版局、西安"世园会"筹委会等单位的专家,对标准进行了两次会议审定,确保了标准的权威性、科学性、适宜性和可操作性。

标准相对于国内其他地区同类标准,显示了较明显的特点和创新之处,包括标准体例的创新、翻译原则的规定、景点名称结构的细化与翻译规范等。

1. 标准体例的创新

旅游景点翻译在北京、广东、上海等地，皆为一个地方标准的一部分，而陕西省的此项标准是一系列标准中的一个，具有独立的标准号。整个标准全文7千多字，由范围、规范性引文、术语和定义、翻译方法和要求、书写要求、附录A旅游景区(点)及旅游资源名称译写示例和附录B旅游类设施及功能信息、警示和提示信息译写示例等7部分组成。此标准在标准范围和体例上皆有所创新。

标准在第一部分范围一项中表明“本部分规定了旅游景区(点)公共场所公示语和旅游资源的英文译写术语和定义、翻译方法和要求、书写要求等。本部分适用于旅游景区(点)名称、旅游资源、旅游类设施及功能信息、警示和提示信息等英文译写要求”。同时界定了相关术语旅游资源 Tourism Resources 和旅游景区(点)Scenic Area(Spot)，并明确两者的关系，指出旅游资源是旅游景区(点)的核心吸引力。

相对于北京标准中的“旅游景区景点”(Tourist Areas and Scenic Spots)、广东的“旅游景点”和上海的“景点景区”(Tourist Attractions)，陕西的标准中增加了“旅游资源”部分。而旅游资源正是吸引游客到一个目的地的核心吸引力，是旅游景点的生命力，是体现一个地方旅游特色的载体。

一个地方的旅游资源包罗万象，如何合理编排以方便使用者是一个关键问题。其他各地的标准中只笼统地列出了各类景点的通名的译法，而没有按照一定的规律细化各类旅游资源的翻译。陕西省的标准为了全面展示陕西独特、深厚、丰富的旅游资源，在4.2旅游资源一项中将全省旅游资源分为地文景观、水域风光、生物景观、遗址遗迹、建筑与设施、历史年代等6大类，针对每类公示语的英文译写进行了明确规定，请看标准的4.2.1部分：

4.2.1　生物景观

生物景观包括自然保护区、森林公园、草原等。其翻译方法应符合以下要求：

——自然保护区译为 Nature Reserve。如：牛背梁国家级自然保护区 Niubeiliang National Nature Reserve，子午岭自然保护区 Ziwuling Nature Reserve。

——自然保护区如果以所保护的物种命名的，则直接译为动物名＋Reserve。如：朱鹮自然保护区 Ibis Reserve，大熊猫自然保护区 Giant Panda Reserve。

这样的编排体例更有利于使用者查找和使用，也体现了标准的完整性和科学性，在编写体例上更突出了合理性和实用性。

2. 翻译原则的规定

根据翻译规范论观点，翻译是一种受规范制约的社会行为(崔学新，2010)。这种社会行为是要有一定的规范原则制约的。翻译原则的制定有利于人们在碰到相同或相似问题时有章可循。这样的原则不仅对现有旅游景点翻译起到了规范的作用，而且对以后新出现的类似情况也具有一定的指导作用。

正是基于这一指导思想，陕西省的标准在4.1.3中明确并细化了“旅游景区(点)名称翻译特殊情况应遵循以下方法及原则”，吸取了北京、广东和上海的标准没有列出相应的旅游景点名称翻译方法和原则给使用者造成不便的教训。其中列出了15项翻译方法与原则：

① 旅游景区(点)的英文译写在尊重目的地文化内涵的情况下宜采用意译法或音译＋意译法。

② 旅游景区(点)名称具有意象意义的应意译。如:凤凰亭 Phoenix Pavilion。

③ 旅游景区(点)名称强调其文化内涵和性质的,宜采用意译法。如:玉女峰 The Jade Lady Peak,彬县大佛寺 Binxian Giant Buddha Temple。

④ 旅游景区(点)名称的冠名、属性名或专名已失去其所指称的意象或性质,冠名、属性名或专名用汉语拼音译出,通名采用意译法。如:小雁塔 Xiaoyan Pagoda,周公庙 Zhougong Temple,杜公祠 Dugong Memorial Temple。

⑤ 旅游景区(点)通名为较生僻名称或专名与该通名分开容易产生歧义的,专名与通名宜采用音译,随后重复意译出通名,表明景区(点)的性质。如:白鹿塬 Bailuyuan Tableland,八仙庵 Baxian'an Temple,鸡心岭 Mount Jixinling。

⑥ 旅游景区(点)通名为常用名称的,通名不需要重复音译,宜采用意译法。如:兴教寺 Xingjiao Temple,大雁塔 Dayan Pagoda,大明宫 Daming Palace。

⑦ 旅游景区(点)为森林公园或地质公园,其名称的专名是地名或人名,此地名或人名部分宜遵从地名人名翻译标准音译。如:终南山地质公园 Zhongnanshan Geopark,王顺山国家森林公园 Wangshunshan National Forest Park。

⑧ 旅游景区(点)名称的专名是地名或人名,此地名或人名部分宜遵从地名人名翻译标准音译,同时重复意译出其中的通名,表示此旅游景区(点)的性质。如:(延安)万花山旅游景区 Mount Wanhuashan Scenic Area,红碱淖风景区 Hongjiannao Lake Scenic Area。

⑨ 旅游景区(点)名称较短,应采用顺译法。如:乾陵 Qianling Mausoleum。

⑩ 旅游景区(点)名称较长,应采用调整顺序法,先译出旅游景区(点)性质。如:章怀太子墓 Tomb of Prince Zhanghuai,张学良公馆 Former Residence of Zhang Xueliang。

⑪ 在旅游景区(点)范围内的旅游景区(点)冠名可以不译。如:三原周家大院 Zhou Family Mansion,蓝田水陆庵 Shuilu'an Temple,西安碑林博物馆 Beilin Museum。

⑫ 旅游景区(点)名称的翻译应考虑受众的可接受性,遵循适当增加或删减的原则。如:法门寺文化景区 Famen Temple Buddhist Culture Scenic Area,英文译名中增加 Buddhist 用来说明此景区的性质。只用于修辞作用而不包含具体实质的表述词语可删去不译。如:大唐西市场 Tang West Market,大兴善寺 Xingshan Temple,其中的"大"不用译出。

⑬ 旅游景区(点)中文名称较长时,在不引起歧义的情况下,只需译出其核心词,遵循简洁的原则。如:大雁塔北广场音乐喷泉 Yanta Music Fountains。

⑭ 旅游景区(点)名称的翻译应遵循灵活性和针对性的原则。同一汉语名称在不同场合可以有不同的英文翻译。如:红石峡在用于地名时译为 Hongshi Xia,在用于命名风景区如红石峡生态公园时译为 Hongshixia Gorge Eco-Park,在专指一处旅游吸引物时红石峡应意译为 Red Stone Gorge。

⑮ 旅游景区(点)名称是沿用已久或约定俗成的应使用原名。如:大唐芙蓉园 Tang Paradise,华清·爱琴海国际温泉酒店 Huaqing Aegean International Hot Springs Resort & Spa。

这些翻译原则首先遵循了联合国和国家的相关法律法规,如地名的单一罗马化等。明确了旅游景点翻译和地名翻译的不同。在遵守国家相关法律的前提下突出了旅游景点的特色,照顾了游客的需求。译文力求符合公示语字数少、语言精练、冠词略而不用、使用祈使句等语言及文体特点的要求(杨全红,2005:45),同时吸收了前沿的翻译研究理论如翻译适应选择论(胡庚申,2004:39)等,考虑并照顾到语言维、文化维、交际维的适应性选择转换问题(束慧娟,2010:39)。翻译原则还采用了常用的跨文化的翻译策略,在翻译过程中鼓励进行适当的删减和增加,不必一定要做到字面的对应等。这样翻译的名称容易被游客记住并接受,突出了地方旅游资源的特色,显示了旅游翻译的服务功能,达到了传播旅游目的地文化和吸引旅游者的目的。

另外,标准中强调,旅游景点英文译写名称宜采用意译法或音译+意译法。这样的做法是为了区别于地名的翻译。旅游景点名字本身应具有吸引力,全部音译不利于国际游客了解中国的旅游景点。这正如对于一个中国人来说基督城(Christ Church,新西兰第二大城市)要比"克里斯特彻奇"更容易接受一样。

当然,意译法或音译+意译法一直到音译法也是一个动态的变化过程,随着旅游景点知名度的提高,旅游景点的英文译写名称也会逐渐过渡到异化的译名阶段,就如同强势文化一样。某一天秦始皇兵马俑可能就不用费力地译为 Emperor Qinshihuang's Terracotta Army,而会直接称为 Bing Ma Yong 了。现在,维基旅游网已经把西安的回民街(Hui Muslim Quarter)译为 Huimin Street 了。(维基旅游网,2011-1-12)

3. 景点名称结构的细化与翻译规范

分析旅游景点名称的构成是其翻译的基础,而且也受到了一定的关注与研究(徐剑,2006:71),但同类标准中还没有出现此类内容。细化景点名称的构成会提高标准使用中的指导作用。

旅游景点名称一般可分为冠名、专名、属性名和通名等。如:关中(冠名)民俗艺术(属性名)博物院(通名),王家坪(专名)革命(属性名)旧址(通名),大禹庙(专名)景区(通名)。景点名称的结构一般可分为以下四种:

(1) 专名+通名,如:柞水(专名)溶洞(通名),李自成(专名)行宫(通名);

(2) 专名+属性名+通名;如:陕西(专名)历史(属性名)博物馆(通名);川陕(专名)革命(属性名)纪念馆(通名);

(3) (专名+通名)+通名,如:红石峡(专名+通名)风景区(通名),法门寺(专名+通名)旅游区(通名);

(4) (专名+通名)+属性名+通名,如:曲江池(专名+通名)遗址(属性名)公园(通名),大雁塔(专名+通名)北(属性名)广场(通名)。

一般来说,冠名、属性名与通名在英语里较容易找到对应的翻译表达,少数属于文化空缺的,一般采用音译策略处理。在标准的 4.1.3.5 中规定"旅游景区(点)通名为较生僻名称或专名与该通名分开容易产生歧义的,专名与通名宜采用音译,随后重复意译出通名,表明景区(点)的性质。如:白鹿塬 Bailuyuan Tableland。

相对于属性名和通名的英译而言,景点名称中最具争议的便是专名的翻译。例如,红石峡风景区就可能译为 Hongshi Xia Scenic Area,Hongshi Gorge Scenic Area,Red Stone Gorge Scenic Area 等。

旅游景点名称翻译的复杂性就体现在第(3)与第(4)类中，其名称的第一部分由专名与通名一起又构成了新的专名(红石＋峡)，使得原本通名部分也转化为专名的一部分，这使得翻译这一部分时，在没有标准的情况下不同的译者将选择不同的翻译策略。第一部分的通名究竟是音译还是意译，是造成译者困惑的地方。旅游景点名称及公示语的翻译难点恰在于这种专名翻译的复杂性，这也是造成一名多译的根源之一。

北京、广东和上海三地的标准对此采取了较为笼统的表达方式。北京和广东标准规定为意译，而上海采用音译。但由于对于旅游景点的名称没有细化其结构，在实际操作中会碰到很大的困难。北京的景点由于历史悠久或知名度高，大多都有被公众所接受的英文名称，如天坛 Temple of Heave 和明十三陵 the Ming Tombs。但一概而论的这种标准缺乏对其他景点的指导作用。另外，在翻译上海玉佛寺一类的景点时可能不会采用音译法翻译为 Yufo Temple，而是译为广为接受的 Jade Buddha Temple。虽然三个标准都有在景点名称翻译时“采用被社会普遍接受的名称”(北京和广东)或使用“现用的成熟译名”(上海)，但在具体到旅游景点名称的翻译时还是缺乏具体的规范。

陕西的标准正是为了试图解决这一难题，细化了旅游景点名称的结构，在 4.1.3.3，4.1.3.4，4.1.3.5，4.1.3.7，4.1.3.8 和 4.1.3.14 等项中制定了相应的翻译方法与原则，规定了在什么情况下可以意译，在什么情况下应该音译。希望这种翻译原则可以从根本上解决大部分旅游景点名称的翻译难题。

4. 突出旅游翻译为行业服务的特色

旅游景点的所有公示语翻译基本都是为国际游客服务的，而不是为懂英文的中国人进行对比或评论的。景点的翻译要突出实用功能，要紧跟旅游业的发展，体现新技术新科技的运用，同时要体现为游客服务的特色。

标准中收录了目前较新的景区规划与文化展示手段，如附录 B 中的幻影成像 Hologram Show(有的博物馆将这种高科技的展示手段误译为 Phantom Image，给游客造成误解)、枯山水景观庭园 Dry Landscape Garden、鸟舍(旅游景区内用于游人观赏的禽类饲养场所)Aviary、立体模型仿真展/微型立体景 Diorama 等。这为那些由于不了解此类新知识，在现有的汉英词典中又无法找到对应翻译而导致的不规范翻译的译者提供了正确的译文。

标准中另一类译例是希望纠正在翻译时缺少从游客角度出发的意识，只注重译文语言对应，缺乏翻译的服务意识的问题。这在旅游场所旅游类设施及功能信息、警示和提示信息的翻译中尤为突出。如各类景区常见的“电瓶车”大都译为 Battery Car、Battery Driven Car、Electric Car 等。虽然译文没有错误，但这样的译文导致游客根本不知道这些车是干什么的。这些车是用电还是用油做动力不是游客关注的重点，他们只要知道这些车的功能是用来在景区内摆渡和运送游客的就达到目的了。在旅游翻译为游客服务以游客为中心的思想指导下，标准中将电瓶车译为 Shuttle，使游客一目了然，也为这一类信息的翻译提供了一个新的翻译视角。

二、各类旅游资源英文翻译的选定

该系列地方标准涉及面广、意义深远，标准制定严格遵循了既尊重外籍人士语言使用习惯，又要能充分体现民族尊严；既充分吸收、借鉴北京、广东和上海等地相关标准中的有益成分，又要充分展示陕西独特、深厚的历史文化底蕴的原则，但是，由于汉语、英语作为不同文化背景下逐步形成的两种语言，其语言表达方式、使用习惯、语法结构都有很大的差异，即使是将英语作为官方语言的国家，也有美式英语、英式英语之分，遵循不同翻译习惯和方法对同一公示语进行译写，就会产生不同的版本。因此，如何甄别、统一、规范长期沿用的习惯译法，既符合现行法规、标准的要求，又符合中国文化，而外国人又能看得懂，使标准成为提供最恰当表述各类公示语含义的英文译写范本，就成为摆在起草组面前最大的一道难题。其中最为烦琐的工作就是各类旅游资源的英文翻译的选定。这包括在翻译的过程中要抓住景点现有名称的核心突出其性质、考虑词汇的历史演变、正确处理一词多义、尊重当地文化等。下面的例子希望能给大家提供一种思路，在碰到类似问题时有所帮助。

在标准制定过程中，"曲江池"的译文选定具有一定的代表性。曲江池是中国唐代著名的风景区，在唐长安城东南隅，因水流曲折得名。唐朝时期全池水面约 0.7 平方公里，池形曲折，南北长，东西窄，因地势开凿，极为自然。现在的国家五 A 景区西安曲江大雁塔·大唐芙蓉园景区的一部分就建于原来的曲江池遗址上。在制定标准的过程中，对于"池"的译法，一直是课题组争论的焦点之一。"池"根据各类字典的解释可视不同情况译为 Pool、Pond、Lake、Moat 等。对于此处的"池"该如何翻译大家各持己见，且都有理有据。有的专家主张尊重历史，指出唐朝的曲江池面积并不大，主要是用于观赏，而且并不给当地人提供水源，所以从性质上应属于 Pool；有些专家认为虽然唐朝的曲江池面积不大，但重建并与 2008 年 7 月 1 日开放的曲江池遗址公园占地多达 471 亩，水面仅南北纵长就达 1 088 米，东西宽窄不等，最宽处达 552 米，湖泊绵延，蔚为壮观。若将曲江池译为 Qujiang Pool，游客就会觉得名不副实。经过多次讨论，在征求了唐史专家、考古专家、景区管理者等多方的意见后，大家最终达成一致，同意在尊重历史的基础上体现现有的景区特点，将曲江池译为 Qujiang Lake，并将这种不同的译法详细体现在标准中。在标准 4.2.2"水域风光"部分中表述为：

——汤、较小面积的池译为 Pool。如：莲花汤 Lotus Pool，九龙池 Nine-Dragon Pool。

——较大面积的池译为 Lake。如：曲江池 Qujiang Lake。

在翻译时一定要处理好一词多义的问题，同时要体现景点的特色，避免绝对化的译法。同样的例子还有"山庄、庄园"的译法。由于词义随着时间的变化，同一个词就要有不同的译法。标准对此做了细化处理，在 4.2.5"建筑与设施"部分标明：

——度假山庄、度假庄园译为 Holiday Resort。如：沣峪庄园 Fengyu Holiday Resort。

——庄园(封建领主的宅第)译为 Manor。如：姜氏庄园 Jiang Family Manor。

同类的译例还有：

——塔(现代)译为 Tower。如：陕西电视塔 Shaanxi TV Tower，长安塔 Chang'an Tower。

——塔(与宗教有关)译为 Pagoda。如：宝庆寺塔 Baoqing Pagoda，法门寺塔 Famen

Pagoda。

——灵塔、舍利塔译为 Dagoba/Stupa。如:阿育王塔 King Asoka Stupa。

这样的译法和译例为同类的旅游景点翻译提供了可行的翻译思路与方法。

三、结 语

陕西省旅游景点公示语翻译标准的制定与发布,建立在地方政府对翻译工作的重视和全国各地许多专家的指导与帮助的基础上。此标准虽然在制定过程中经过了无数的反复斟酌,提炼出了一些有意义的做法,在编写体例、翻译原则制定以及译文的选定上都做出了一定的创新,但还存在许多不完善的地方,希望我们的做法能给大家提供一种思路,大家一起把旅游景点翻译做得更好。

选文二

旅游景区牌示解说英译失误分析及对策

——以辽宁红色旅游经典景区为例

王文彬

导 言

此文选自《沈阳师范大学学报》2016 年第 5 期。选文正文分三部分。第一部分介绍红色旅游景区牌示解说及其英译特点。第二部分探讨红色旅游景区牌示解说的英译失误问题,包括语用性翻译失误、文化性翻译失误、语言性翻译失误和文本特有性翻译失误。第三部分提出了红色旅游景区牌示解说英译规范化的对策。

近年来,我国旅游业蓬勃发展,亮点频出,各种新兴旅游形态日渐崛起,其中红色旅游发展尤为迅速,呈逐年升温之势。“红色旅游是指以革命纪念地、革命纪念物及其所承载的革命精神为旅游资源,并把革命传统教育与促进旅游产业发展结合起来的一种新型主题旅游形式。”(方世敏、阎友兵,2007:101)作为一种特殊的物质文化遗产,红色旅游资源不仅成为国内游的热点,还受到许多外国游客的关注和青睐。

辽宁是东北亚地区重要的旅游目的地,具有丰富而独特的红色旅游资源。全省现已开发建设红色旅游景区、景点 50 余处,其中 10 处景区被列入全国百个红色旅游经典景区,8 条红色旅游线路入选全国 65 条抗战主题红色旅游精品线路。为了更好地对外介绍和传播辽宁红色文化,提升景区的品质和涉外服务水平,红色旅游景区外宣翻译,尤其是牌示解说翻译格外重要。然而,从实地调研的情况看,目前红色景区牌示解说英译情况不容乐观,各类翻译问题层出不穷。鉴于此,本文首先对红色旅游景区牌示解说及其英译特点进行概述,进而分析辽宁红色旅游经典景区牌示解说英译中存在的问题,拟出相应的参考译文,最后提出改进英译质量的规范化对策，这对提升我省红色旅游景区对外形象、增强整体旅游竞争力具有重要意义。

一、红色旅游景区牌示解说及其英译特点

在范畴上，牌示解说可以归入“公示语”，对旅游者的旅游活动起到很好的引导、服务和教育作用。特别是在自助游日益盛行的今天，牌示解说已经成为最主要的、使用频率最高的自导式解说系统的表达方式，其设计、开发和管理也越来越受到相关部门的重视。然而，红色旅游景区牌示解说翻译的受众群体主要是对中国红色历史感兴趣的普通外国游客、历史专家或军事爱好者。他们的文化背景、意识形态、思维方式、价值观都与国内游客存在较大差异。因此，在翻译过程中应明确红色旅游景区牌示解说的翻译目的，以传播中国革命历史知识为主，增强其对中国国情的了解以及对红色文化的认同，同时考虑到文本空间局限性、旅游的暂时性等客观因素，对汉语牌示解说文本进行适当调适，灵活运用翻译策略和方法，用准确、规范的译文实现预期功能和目的。

二、红色旅游景区牌示解说的英译失误例析

德国功能翻译学派的代表人物克里斯蒂安·诺德(Christiane Nord)曾对“翻译失误”进行了专门的梳理与研究。诺德将“翻译失误”分为语用性(pragmatic)、文化性(cultural)、语言性(linguistic)和文本特有性(text-specific)四种类型。根据诺德的翻译失误概念及分析模式，结合调研的实际情况，下文将对其中典型的误译进行剖析，并对每个误译拟出修改译文，突显研究的实践意义。

(一) 语用性翻译失误

语用失误是指“在言语交际中导致交际者本人未能取得完满交际效果的差错。语用失误主要表现为说话方式不妥，或者不符合特定语言和文化社区的表达习惯，或者说话不合时宜”(何自然，2002:168)。这类翻译失误主要是由于译者忽视译语读者的语用习惯或译文预期功能而产生。在红色旅游景区牌示解说的英译中，一些译文虽然没有明显的语言方面的错误，但在译语读者看来却感觉别扭，甚至难以理解，这类译文不符合英语类似情景的语用表达方式，违背了译语表达习惯或相关语用原则，多见于忠告类、提示类或警告类标识牌。

例1:原文:严禁携带易燃、易爆等危险品及管制刀具入场。(抗美援朝纪念馆)

原译:Inflammable and explosive dangerous goods are strictly banned to be carried with, as well as the controlled knives.

原译不符合英美游客的语用表达习惯。在西方国家一些公共场所中，也有类似内容的标识牌。根据英语的语用习惯，可改译为“Flammables, Explosives and Restricted Knives Strictly Prohibited”。

例2:原文:因维修，游客止步。(鸭绿江断桥景区)

原译：Because of maintenance，tourists stop.

原译虽无明显的语法错误，但语气生硬，违背了礼貌原则，特别是“tourists stop”还会令英语读者误以为是“游客们在此地停留”，应改为“No Entry. Maintenance in Progress”。

（二）文化性翻译失误

红色旅游景区牌示解说往往蕴含大量的文化信息，译者在再现这些文化规约或信息时如果决策不当，便会出现文化性翻译失误。换言之，这类翻译失误主要是由于译者对原语文化规范或惯例采取忠实再现还是灵活调整的处理方式难以决断而产生。在实地调研中发现，虽然一些牌示解说符合汉语文化规约或具有明确的指向性，但译者在翻译时没有考虑到中西文化差异，特别是某些词汇特殊的文化内涵，对原文的文化信息不加取舍地全盘照译，引起目的语读者的困惑和误解。

例3：原文：未成年人要有监护人带领参观，高龄老年人、行动不便者要有人陪同参观，否则，后果自负。（抗美援朝纪念馆）

原译：The underage and the old should be accompanied by their guardians，as well as persons with disability，otherwise，you have to bear full responsibility for the consequences arisen there from.

原文提到的“高龄老年人”被译为“the old”，是典型的文化性翻译失误。在中国的文化语境中，尊敬老人是传统美德，在谈论“老”时往往是充满敬意的。然而，在西方文化中，“old”意味着能力衰退、精力不济，人们惧怕衰老，使用“old”这个词也极为谨慎，尽量避免用它来直称老人，根据英语国家的文化传统，可以选用其委婉语“senior citizens”。同时，原文中的“否则，后果自负”这一表达多用于传播者和接收者关系紧张的情况，感情色彩比较浓厚，国内游客对此已习以为常。且不论用在原文语境是否合适，就翻译而言，应该予以省略，以免造成不必要的文化误解。据此，原译可改为“The minors，the senior citizens and the disabled should be accompanied by their supervising companions.”

文化性翻译失误也表现为对原文中的文化缺省缺少必要的补偿，导致交际受阻。比如译者未能对某些重要的历史文化信息加以必要的解释说明，给不同文化背景的外国游客带来理解上的困难。

例4：原文：塔山阻击战，是全国解放战争时期辽沈战役中保障我军攻克锦州的关键一战。（塔山阻击战纪念馆）

原译：Tashan blocking action is a crucial battle of the Liaoxi-Shenyang Campaign to ensure our army intaking Jinzhou city during the period of the national Liberation War.

原文包含了“解放战争时期”“辽沈战役”“我军”等多个历史文化信息，大多数外国游客对这些文化背景缺乏了解，译者有必要在译文中适当增补相关信息，使重要的文化因子更易于理解，有利于发挥译文的信息功能。因此，可改译为“The blocking battle at Tashan was crucial in determining the Northeast Field Army's capture of Jinzhou City in the Liaoshen Campaign，one of the three major campaigns in the War of Liberation (1945－1950).”

(三) 语言性翻译失误

语言性翻译失误指的是译文中出现的违背译语语言规范或惯例的现象(曹立华、王文彬,2015),这类失误产生的主要原因是译者缺乏扎实的语言驾驭能力、必要的责任心和严谨的工作态度。在所调研的红色旅游景区牌示解说的英译中,语言性翻译失误最为常见。

例 5:原文:序厅以白色的浮雕和黑色的大理石地面营造出白山黑水的壮美景象,象征美丽富饶的东北大好河山。("九·一八"历史博物馆)

原译:The Prelude Hall creates a majestic scenery by white relief sculpture and black marble floor, which symbolizes the beautiful land of the Northeast.

该译文存在冠词、介词误用问题。"scenery"属于集合名词,前面不应该用不定冠词"a",而在"white relief sculpture"和"black marble floor"中,"sculpture"和"floor"为单数可数名词,应该分别加上不定冠词 a。此外,原译的介词"by"使用不当,改为"with"更为合适。

例 6:原文:翻身农民、青年工人和学生踊跃参军,出现了"父母送儿妻送郎,兄弟争相上战场"的许多动人场面。(辽沈战役纪念馆)

原译:The emancipated peasants, young workers and students vied with each other to join the army. There appeared many moving scenes that parents sent their sons to the front, wives sent their husbands to join the army and brothers tried to be the first to go to the battlefield.

第二句译文中"moving scenes"后面定语从句的关系词选用存在问题。在英语语法中,定语从句的关系词可分为关系代词和关系副词,关系代词在从句中充当主语、宾语,而关系副词在从句中作状语。显然,上述译文的定语从句不缺主语或宾语,应将关系代词"that"改为关系副词"when",以符合英语语法规范。

(四) 文本特有性翻译失误

文本特有性失误指特定文本方面的翻译误差。根据功能翻译理论,译者在翻译过程中首先要区分原文和译文的文本功能与类型,确定是否需要保持一致,选用适当的翻译策略以避免出现文本特有性失误。尽管汉英两种语言的牌示解说在功能方面存有共性,但它们实现文本功能的方式表现出一定的差异。汉语牌示解说多倾向于抒情、唯美的文学化文本,英语牌示解说则是以信息传递为主导的说明性文本。同时,由于文本空间与游客阅读时间所限,加上汉英语言书写方式及对应文本篇幅的差异,在翻译时应以传达原文实质信息内容为重点,用平铺直叙、清晰明了、合乎逻辑的译文传达客观事实。

例 7:原文:关向应同志在长期的革命斗争中,在党的领导下,历尽艰辛,百折不挠,艰苦奋斗,兢兢业业,为青年运动的发展,为工人运动的深入,为人民军队的建设,为革命根据地的开创和巩固,为中国新民主主义革命的胜利,建立了不朽的功勋。(关向应纪念馆)

原译:Experiencing numerous hardships and perils in his long time revolutionary struggles but still indomitable, Comrade Guan Xiangying under the

leadership of the CCP, had contributed his immortal services with his diligences and whole-heartedness to developing the Youth Movements, deepening the Workers' Movements, founding and consolidating the Revolutionary Base Areas, building the people's army, and to the victory of the new democratic revolution in China.

原文使用了汉语特有的四字格短语和排比结构，行文整齐匀称，读起来顺口悦耳，歌颂了关向应伟大的功勋事迹，这一兼具表达功能与信息功能的复合型文本可以有效引发中国游客的情感共鸣。原译除了个别语言性翻译失误之外，基本上是对原文的语言形式和内容全盘照译，违背了英语牌示解说的体裁常规，其可理解度和可接受度也大为降低。因此，应适当转换文本功能，选取关键内容，以凸显信息功能，符合英语牌示解说文本规约，拟改译为"Having experienced numerous adversities but still indomitable in the course of long revolutionary struggles, Guan Xiangying under the leadership of the CPC rendered his immortal service to the Youth Movements, the Workers' Movements, the People's Army, the Revolutionary Bases and the victory of the New Democratic Revolution in China. "

三、红色旅游景区牌示解说英译规范化对策

通过实地调研可知，辽宁红色旅游景区牌示解说英译中出现种种不规范现象，既有拼写问题、语法错误、用词不当、望文生义等明显的语言性翻译失误，也有语用原则相悖、文化惯例冲突和缺省译文不符合特定文本类型之类的隐性失误。这些不规范的译文不仅有损红色景区的对外形象，降低景区的文化品位，还会令外国游客感到费解，甚至对红色文化产生误解。为了解决红色旅游景区牌示解说英译中存在的问题，推进今后翻译规范化工作的顺利开展，笔者认为要从以下几方面着手。

第一，旅游主管部门应加大对红色旅游景区牌示解说英译质量的监管力度。红色旅游景区牌示解说翻译是旅游目的地对外服务水平和人文环境建设的重要体现，旅游主管部门应给予充分重视。可以通过成立专门机构或增加现有机构行政职能定期检查红色旅游景区牌示解说的英译情况，对有问题的译文提出整改意见，督促景区管理者及时对翻译问题进行更正。同时，还应联合政府其他相关职能部门尽快制定有关景区外宣翻译的规章标准，建立相应的标准化审定制度，为规范景区牌示解说英译提供制度保障。

第二，景区管理者要完善外语解说系统，采取一系列有效措施对牌示解说英译进行规范。首先，聘请翻译专家和外籍人士组建景区外宣翻译工作指导小组，综合评估景区内现有的各类牌示解说英译质量，修正既存的错译、误译、漏译等各类问题。其次，选择有资质的专业翻译公司合作，其译品由景区外宣翻译工作指导小组严格审核把关。在牌示制作过程中也要加强监督，确保制作环节不出差错。最后，建立游客反馈机制，广泛汇集游客的意见和建议，定期对载有译文的标识牌做好维护，避免因文字褪色、字母脱落等导致译文难以辨认。

第三，译者须提高自身的翻译水平和文化素养，具备一定的翻译理论素养和跨文化交际意识。译者是翻译活动的执行者，其专业素质水平直接影响红色旅游景区牌示解说的翻译质量。因此，译者不仅要具备扎实的双语语言功底，熟悉红色旅游景区牌示解说的文体特点和文本功能，还要深入了解中国革命历史，对红色文化有扎实的知识储备。同时，译者要掌

握一些翻译理论，如德国功能翻译理论、生态翻译学理论、黄友义提出的“外宣三贴近”原则、丁衡祁的“模仿、借用、创新”原则等。这些理论实用性强，对红色旅游景区牌示解说英译具有较强的指导意义。此外，译者要充分考虑东西方传统观念、思维方式、语用习惯等方面的差异，在翻译中采用恰当的翻译策略和方法，架起不同文化相互交流的桥梁。

四、结　语

目前，红色旅游景区牌示解说的英译存在诸多翻译失误，不仅影响外国游客的旅游质量，也不利于传播地方红色文化，还可能会对入境旅游业带来负面影响。而规范牌示解说英译是一项复杂的系统工程，终归离不开旅游主管部门、景区管理者和译者的通力合作和共同努力。本文基于对辽宁红色旅游经典景区的实地调研，总结分析其中存在的各类翻译失误，希望为红色旅游景区牌示解说英译的规范化工作提供一定的实践依据。同时，本文提出的规范化对策可以为促进我省红色旅游景区优势品牌建设，推动红色旅游景区的国际化进程提供有益参考，吸引更多的国际游客踏上红色之旅，体验红色文化。

选文三

从地方标准到国家标准：公示语翻译研究的新里程

王银泉　张日培

导　言

此文选自《中国翻译》2016 年第 4 期。选文主体分五部分。第一部分介绍公共场所双语标识地方标准的发布和实施。第二部分聚焦教育部、国家语委启动国家标准的相关过程及分则的主要内容。第三部分分析国标研制过程中的若干焦点问题。第四部分以“起步价”“客房服务”的翻译为例讨论了国标若干条目的翻译争议问题。第五部分就公示语翻译的实施和研究提出了富有建设性的建议。

翻译在中国文化对外传播中起着桥梁与纽带的作用，是文化传播的必经之道。公示语翻译被纳入了对外传播翻译和文化翻译的范畴，而文化翻译是对外文化传播的第一关，也是最重要的一环。公共场所双语标识（公示语）是城市外语服务和我国城市国际化语言环境建设的重要组成部分。近年来，随着中国对外交流的日益频繁，尤其是在 2008 年北京奥运会、2010 年上海世博会和广州亚运会成功举办后，双语标识在我国大中小城市公共场所及旅游景点到处可见。与此同时，随着公示语翻译存在的各类错误引起舆论关注，学术界对公示语翻译的研究也取得了长足的进步，研究所涉及的领域不断扩大，所依托的理论也不断深化。进一步而言，随着中国文化走出去国家战略的出台，如何创新方法和手段，向世界讲好中国故事、传播好中国声音，让中国形象在世界范围内得到更好的展示和理解，已经赢得越来越广泛的共识。公示语翻译及其研究不仅关系到如何去积极主动地讲述中国的故事，如何去用国际化的语言讲述中国的故事，而且对于我国外语战略规划、外语教育政策和外语使用政策理论和实践意义的重要性也日益凸显。

一、公共场所双语标识地方标准发布和实施

显而易见，公示语翻译如何提供地道和规范的译文，赢得目标受众的认同，从而从正面展示中国的形象，提升对外传播成效，成了刻不容缓的大事，制定相关标准的呼声也就日益高涨并最终付诸实施。2006 年至 2010 年，北京、山东、广西、广东、江苏、浙江、上海和陕西等地以当地举办大型国际体育赛事和会展活动为契机，先后研制和颁布实施了本地的公共场所双语标识英语译法地方标准。以迎接 2008 年北京奥运会为契机，北京市率先于 2006 年 11 月 3 日发布了中国第一个公共场所双语标识英文译法地方标准(DB11/T 334—2006)并于同年 12 月 1 日起实施。此后不久，作为北京奥运会分赛场之一的青岛市也着手制定了该市的《青岛市公共标识英文译法通则》地方标准(DB—3702/T094—2007)，于 2007 年 6 月 18 日发布并实施。为了迎接第十一届全运会，山东省于 2008 年 10 月 1 日发布了《公共场所双语标识英文译法》地方标准(DB37/T XXX—2008)，于 2009 年 10 月 1 日实施。随后，广西壮族自治区为举办第六届中国—东盟博览会和中国—东盟商务与投资峰会制定了《公共场所汉英标识英文译法》(DB45/T 578.1—2009)，并于 2009 年 3 月 1 日发布实施。广东省以迎接 2010 年亚运会为契机也制定和颁布了公共场所双语标志英文译法规范(DB44/T 603—2009))，并于 2009 年 3 月 25 日发布，同年 5 月 1 日实施。2008 年春夏，上海市、江苏省和浙江省联合起草长三角地区公共场所英文译写规范地方标准(沪苏浙三地的地标代号分别为 DB31/T457.1—2009，DB32/T 1446.1—2009，DB33/T 755.1—2009)，并于 2009 年 8 月 24 日同时发布，同年 10 月 1 日同时实施。为配合 2011 西安世界园艺博览会，2011 年 1 月 24 日，陕西省质量技术监督局发布了《公共场所公示语英文译写规范》(DB61/T 510—2011)，于 2011 年 1 月 24 日发布和实施。多个省区市陆续出台公共场所双语标识英文译法地方标准，也促使公示语翻译研究得到了前所未有的关注。

上述有关省市自治区制定的地方标准，在中英文名称、组成部分(大多由通则和分则组成，但是分则有多有少，有的没有分则和通则，只有一个总则和规范性附录)、通则适用范围的说明以及具体的措辞，通则中的“术语和定义”部分的解释，“功能设施信息”的总体翻译规定和要求以及规范性附录的名称、组成部分、具体条目收录和条目译文，等等，都存在着一些差异，因限于篇幅，在此不做详述。不言而喻，上述地方性标准存在使用地域局限性，而《公共服务领域英文译写规范》国家标准则是对这些碎片化的地方标准进行全面整合和提升。

二、国家标准研制工作全面启动

（一）教育部、国家语委启动国标研制

为促进我国公共服务领域外文译写的规范化，提升我国外语使用政策的规范水平，教育部、国家语委于2011年5月19日，在北京举行了《公共服务领域外文译写规范》研制启动仪式暨专家研讨会。2011年8月，教育部语言文字信息管理司成立课题组，开展《公共服务领域英文译写规范》国家标准的研制工作。为保证课题研究的规范性和科学性，2011年8月29日成立了《公共服务领域外文译写规范・英文》专家委员会。2011年8月30日，在专家委员会成立仪式暨研讨会上，教育部副部长、国家语委主任李卫红指出，建立全国统一的标准，规范我国公共服务领域的外文译写，是即将颁布的《国家中长期语言文字事业改革和发展规划纲要》规定的重要任务，需求迫切，意义重大。首先，做好这项工作是促进我国对外开放的现实需求。制定外文译写规范，为社会外文使用提供统一的参照标准，有利于提升我们的语言服务能力，促进我国的对外开放和国际交流。其次，做好这项工作有利于提升我国国际形象。语言的背后是文化，在全球化的大背景下，外文如何使用、如何译写，在一定程度上反映了我们对全球概念、世界精神的理解，展现我们"对外开放、融入全球"的气度。其三，做好这项工作是传播中国理念的重要途径。语言文字是信息载体，是文化基石，我们既要通过汉语的国际传播向世界传播中华文化，也可以通过外国语言文字来输出中国概念和中国文化。

根据相关文件精神，《公共服务领域外文译写规范・英文》（后改名为《公共服务领域英文译写规范》）国家标准为国家级工作课题，主管部门为教育部和国家语委，责任部门为教育部语言文字信息管理司，由北京、上海、江苏语委联合承担，秘书处设在上海市语委，专家委和课题组由京沪苏三地英语语言学以及汉英翻译专家、汉语语言学专家、标准化专家、公共服务领域行业专家等组成，由语信司任命或聘任。秘书处开通了专门的工作网站（http://www.wwyx.cn）。2011年12月7日至8日，教育部语信司在上海组织召开国家标准《公共服务领域外文译写规范・英文（通则）》研制工作会，审议通过了《通则（草案）》，同时对《通则》附录部分在前期网络审核过程中仍未达成一致意见的70余个条目的英文译法逐一进行了审核。

2012年12月10日，国家语委语言文字规范标准审定委员会（简称审委会）审定通过了《公共服务领域英文译写规范通则》。经国家质量监督检验检疫总局、国家标准化管理委员会批准，《公共服务领域英文译写规范第1部分：通则》于2013年12月31日发布，自2014年7月15日起实施。2014年4月23日，教育部语信司专此发布了"关于做好国家标准《公共服务领域英文译写规范第1部分：通则》宣传实施工作的通知（教语信司函2014[14]号）"。

（二）分则主要内容

在审委会审核通过《通则》之后，2012年12月，《公共服务领域英文译写规范》（第2～10部分，即9个分则）经国家标准委批准立项，《分则》研制工作全面启动。9个分则具体为《第

2 部分：交通》《第 3 部分：旅游》《第 4 部分：文化娱乐》《第 5 部分：体育》《第 6 部分：教育》《第 7 部分：医疗卫生》《第 8 部分：邮政电信》《第 9 部分：餐饮住宿》《第 10 部分：商业金融》，共涉及 13 个服务领域。

2014 年 9 月，语信司就 9 个分则的"征求意见稿"在全国范围内征求了意见，共收到交通部、公安部、民政部等 26 个部门或单位反馈的意见 1115 条。12 月，统稿组在上海召开会议，逐条讨论处理征集到的意见，决定"采纳"239 条、"部分采纳"284 条，"不采纳"592 条。2015 年 1 月至 3 月，统稿小组主要针对征集意见的处理结果，对 9 个分则再次进行了修订和统稿，形成了"鉴定稿"。9 个分则鉴定稿的附录条目共 3265 条。相比第一阶段课题组遴选的 3565 条，第二阶段"征求意见稿"的 3419 条，条目数持续减少。

2015 年 4 月 15 日，《公共服务领域英文译写规范》（第 2～10 部分）通过专家鉴定，同年 11 月 26 日，通过了审委会的审定，形成"报批稿"报国家标准委，等待批准发布。审委会专家指出，研制公共服务领域外文译写系列标准非常必要，是传播中国理念、提升我国国际形象的重要途径，尤其是我国即将举办冬奥会大型国际活动，迫切需要规范外文的使用。

三、国标研制过程中的若干焦点问题

在《公共服务领域英文译写规范》国家标准的研制过程中，很多焦点问题引起了争议，凸显了这项工作的艰巨性，同时也彰显了制定国家标准的必要性和紧迫性。

（一）国标英文名称问题

首当其冲的争议就是国标的英文名称。国标最初名称是《公共服务领域外文译写规范・英文》，其英文名称曾出现过以下多个版本：

Guidelines for Foreign Languages (English) Translation in Public Service Sectors
Guidelines for the Use of Foreign Languages in Public Signs/Services (English)
Guidelines for the Use of English in Public Signs/Services
Guidelines for the Use of English for Public Service Information
Guidelines for the Use of Foreign Languages in Public Service Areas—English
Guidelines for the Use of English in Public Service Areas

对上述英文名称存有的争议主要有以下几点：第一，中文名称中的"英文"在英文名称中怎么处理，也就是放在什么位置，是否用括弧；第二，"公共服务领域"对应的英文怎么说，是沿用地方标准广泛采用的"公共标识"对应的英文说法 Public Signs，还是用 Public Services，Public Service Areas，或是表达为 Public Service Information；第三，"规范"所对应的英文应该是 guidelines 还是 standards。第四，"译写"是翻译为 translation 还是使用 the use of。上述问题好比是摊烧饼一样反反复复经过多次讨论之后达成了共识，决定采用 Guidelines for the Use of English in Public Service Areas，尤其是关于使用 guidelines 而非 standard，主要理由是，"翻译"的问题很难确定"标准"，所谓"译无定法"，而这个国标虽然是一个标准，但其所提供的译文大多也不是唯一的、标准化的，而只是建议性的。

关于名称的另一个问题是，中文名称中是否使用"公共场所""公共标志"或"公共领域"。课题组最终达成的一致意见是，不使用这些名称，理由如下：

第一，这些名称容易使人产生"一切公共场合、公共领域或一切公共标志中的用语均需翻译成外文(英文)"的误解，可能使本标准招致"有引导社会扩大外文使用场合的嫌疑"的指摘。这是外文使用政策层面的斟酌与考量，理应成为确定名称时的首要考虑因素。

第二，"公共场所"和"公共领域"所指范围都太过宽泛，难以界定。政治学术语中除了"私域"(家庭、个人领域)，皆为"公域"，即"公共领域"或"公共场所"。

第三，"公共标志"缩小了本标准的执行范围，而本标准拟规范的外文使用，可能大多数是公共标志上的用语，但同时也包括相关公共信息的口语播报、宣传材料，乃至各类广告。同样，关于不使用"公示语""公共标志语"或"公共信息语"等名称，课题组最终也达成了共识，理由如下：

第一，这些名称同样容易使人产生"一切公示语、公共标志语、公共信息语均需翻译成外文(英文)"的误解，舍弃不用，仍是以政策层面的考量为首要因素。

第二，有专家指出，需要译写的不是"领域""场所""标志"本身，而是在这些"领域""场所"和"标志"中使用的语言，因此学术界多用"公示语英译"等术语，这有一定道理。如何消除这个疑问，课题组认为，现用名称的含义是"公共服务领域中的外文译写规范"，相应英文名称中用介词 in。至于中文名称中是否需要明确加上"中的"二字，课题组认为字面意思还是较为明确的，建议不必累赘。

第三，"公示语"和"公共标志语"等词也尚未看到有完全对应的英文译法，多见 Public Signs，回译之后又成了"公共标志"。

关于名称使用"公共服务领域"的问题，课题组最终形成的共识有如下理由：

第一，"服务"二字暗含本标准的服务性，也暗指一般在服务领域才有使用外文的需求，使用外文是为了提供服务，以规避引导社会扩大外文使用场合的嫌疑。

第二，表明本标准试图规范的不仅包括公共标志上的外文使用，还包括公共服务领域中的其他语用。

第三，教育部、国家语委从将此项目列入工作计划以来，一切文案中均使用"公共服务领域"，使用现名称可以保持相对稳定。

关于"公共服务领域"的英文名称，课题组曾探讨过两种方案。第一，"公共服务领域"有两种选择，Public Services 和 Public Signs。其中，关于公示语英译研究，Public Signs 较为常见，但与中文字面不对应。Public Services 则容易理解为政府提供的公共服务(这源自公共管理理论)，而本标准执行范围包含大量的市场服务。

第二，the Use of 试图包括"译"和"写"两方面问题，故不用 Translation，也不用 Translation and Writing，Writing 还是不能将"转写""拼写"和"书写"的意思全都包括进来。

既然确定了是"译写"，课题组就译写原则进行了反复商议，最终达成的 4 条译写原则如下：

(1) 公共服务领域中的英文译写应当符合《中华人民共和国国家通用语言文字法》，在首先使用国家通用语言文字的前提下进行译写；

(2) 英文译写应当准确表达所对应的国家通用语言文字的原文含义；

(3) 地名标志应符合 GB 17733—2008《地名标志》的规定；

(4) 设施及功能信息、警示和提示信息属于 GR/T 10001《标志用公共信息图形符号》所列范围的，应当首先使用公共信息图形标志。

（二）地名译写问题

在国标研制过程中，争议最大的就是地名的译写问题。虽然在研制过程中始终坚持了严格遵循《通则》关于地名译写的规定，兼顾“合法性”与“服务性”原则，进行妥善处理，但是这个问题还是成了一个最大的胶着点，无论是在网络审核阶段、邮件商议阶段还是会议讨论阶段，都形成了最大的争议。

关于地名译写的争论，其中的最大问题就是地名译写原则：用汉语拼音转写还是用外文翻译？在讨论中存在着“使用汉语拼音转写”和“使用外文翻译”而截然对立的意见，以及“介乎于二者之间”的意见。其中“使用汉语拼音转写”以“合法性”为依据，这里不妨称之为“正方意见”；相应地，将“使用外文翻译”定义为“反方意见”；“介乎于二者之间”的则是“中间意见”。

正方意见认为，地名的专名和通名一律不可以用外文翻译，只能用汉语拼音转写，如虹桥机场：Hongqiao Jichang。中间意见认为，专名不可以翻译，通名视情况可以翻译，专名、通名先用汉语拼音转写，再用外文重复意译通名，或用括弧标注，如虹桥机场：Hongqiao Jichang Airport。反方意见认为，专名和通名都可以翻译，特别是有实际意义的专名应翻译，如虹桥机场：Hongqiao Airport。

正反意见坚持的是合法性理由，即地名不可以用外文翻译，只能用汉语拼音转写，其依据包括① 国际惯例，联合国第三届地名标准化会议通过了“采用汉语拼音方案作为中国地名罗马字母拼法的国际标准”的决议；② 国家法律、法规和规范标准的规定，国务院行政法规《地名管理条例》、民政部部门规章《地名管理条例实施细则》、国家标准《地名标志》(GB17733)均有相关的明确规定；③ 有事实论据，欧洲和不少亚洲国家地名牌均不使用外文。

正方意见的学理依据就是关于“地名标准化”的“单一罗马化”原则，其中又包括三个要点：

(1) 地名不需要翻译。地名的根本作用在于区分不同的地理名称，语义信息对地名而言是第二位的，甚至是不必要的，实际使用中的绝大多数地名不需要承担传达语义信息的功能，当然也就不需要翻译。

(2) 地名不可以翻译。地名的本质属性是唯一性。从功能上看，地名应当追求其在本国本族乃至在全球范围内的唯一性，如果对地名进行翻译，那么对同一地名就会出现多种不同的语言文字形式，背离唯一性的要求，不利于使用，严重的可能导致法律问题。为了追求地名的唯一性，国际标准化组织规定，不同语言文字在指称同一地名时的罗马字母形式应保持一致，也即“单一罗马化”原则，这是地名唯一性要求的集中体现。对中国地名而言，单一的罗马字母形式就是汉语拼音，英语、法语、德语等各种语言在其语境中指称中国地名，均应使用汉语拼音转写。

(3) 地名难以翻译。地名往往带有本民族特殊的文化内涵，不易在本族语言之外的语言（外语）中找到对应而贴切的语词进行翻译。

正方意见还认为，即便是通名也不能翻译，其中的理由如下：① 通名是地名不可缺少的重要组成部分，同样应贯彻“地名标准化—单一罗马化”原则，使用汉语拼音；② 通名有专名化倾向，通名专名化主要指单音节的通名，如山、河、江、湖、海、港、峡、关、岛等，按专名处理，与专名连写，构成专名整体，如“乌镇”中的“镇”，“桐乡”的中“乡”，“都江堰市”中的“堰”等，“绥芬河市”中的“河”，“青铜峡”中的“峡”，等等，应当使用汉语拼音转写；③ 不少通名存在翻译上的困难，如中国特色明显的“亭”“台”“楼”“阁”等，直接使用汉语拼音已被国际上广泛接受，如安徽有个花亭湖风景区，这里的“花亭湖”显然宜用汉语拼音转写为 Huatinghu，而不是翻译为 Flower Pavilion Lake。又如，南京新建的小红山客运站，这里的“小红山”显然只能用汉语拼音转写为 Xiaohongshan，而不宜翻译为 Little Red Mountain。

另外，很多地名不是简单的“专名＋通名”的构成方式，可能还有其他成分，尤其是方位词（如“中山北路”中的“北”，“北京南站”中的“南”），如果通名可以使用外文，那么这些其他成分也应可以使用外文，这时在翻译上会面临更多困难，“中山北路”应该表达为 Zhongshan North Road，North Zhongshan Road，Zhongshan Road (North)还是用汉语拼音转写为 Zhongshan Beilu？

更为值得一提的是，就在分则研制期间，2013 年 9 月 18 日，《新京报》刊出报道《火车站名英文拼写统一用汉语拼音》，称：日前，铁道部下发通知，为规范铁路车站站名的英文译法，铁路车站站名的英文拼写统一采用汉语拼音，“东南西北”方位词作为车站站名的固有部分，不按英文翻译。涉及“地名＋方向”的站名，方位词统一采用汉语拼音。如“北京西站”的英文翻译为“Beijingxi Railway Station”。但这样一来，问题再次凸显，首先是北京地铁系统中的“北京西站”中的“西”是翻译为英文 west 的。按照这样的翻译，在中国的外国人大可不必理会 xi 和 nan 是什么意思，只要知道 Beijingxi 和 Beijingnan 是不同的 Railway Station 即可，但是一定要知道地铁上的 Beijing West Railway Station 与铁路上的 Beijingxi 是一码事，否则非误事不可。

再者，目前的铁路系统，至少就京沪高铁而言，其列车播音系统使用的英文名称和站台上使用的英文名称说法不一致，如同样是“徐州东站”，列车播音系统称之为 Xuzhoudong Railway Station，而高铁站台上的牌子上则写着 Xuzhou East Railway Station。

正方意见坚持地名使用汉语拼音转写的其他理由还包括：① 地名尤其是地名标志是国家主权的象征，不应使用外国语言文字；② 现实需求。汉语拼音具有音素化、国际化等特点，容易拼读。通名使用汉语拼音，可以方便在华外籍人士通过拼读其读音来问路，在国民外语水平普遍不高的现状下，这一点现实意义突出。相反，通名使用外语，问路时不懂外语的中国人反而不能理解，不方便外国人使用。

反方意见则坚持认为，不仅通名可以翻译，专名也可以翻译，其理由包括：① 从翻译的角度看，能译的应尽量意译，专名亦同此理。② 具有明确语义信息的专名，使用外文意译方便理解和使用，如“滨江大道”中的“滨江”，意译能够提示这条大道大致的方位是在江边，使用外文比使用汉语拼音更方便。又如，大量旅游景点名称中的专名，如“凤凰亭”“珍珠滩”“玉女峰”“大佛寺”等中的专名，意译有利于理解。③ 直接源自外语的专名，宜使用外语原文，如“世博园”“奥运村”等。④ 相当一部分地名，特别是具有地名意义的组织机构名称没有专名，若认可通名可以使用外文意译，等于认同全文意译，本方意见所主张的就是全文意译。例如，“中国人民银行”“中华人民共和国教育部”“中华人民共和国民政部”“上海交通大学”，等等，除了作为机构名称之外，均具有地名意义，应当属于地名，应该用英文全文意译。

其实，正反两方的意见孰是孰非，追根溯源，还是要探究相关法规的要求，尤其是关于地名标准化的“单一罗马化”规则。1967 年第二届联合国地名标准化会议做出决议，要求各

国、各地区在国际交往中都使用罗马(拉丁)字母拼写其地名,做到每个地名只有一种罗马字母的拼写形式,称之为"单一罗马化"(a single Romanization system)。1977 年,在雅典举行的第三届联合国地名标准化会议上,通过了中国提出的关于采用汉语拼音方案作为中国地名罗马字母拼写法的国际标准的提案。因此,使用汉语拼音作为中国地名拼写规范,不仅为我国法律法规所规定,也是国际标准,得到国际上的承认。1978 年,国务院批准了中国文字改革委员会、外交部、国家测绘总局、中国地名委员会《关于改用汉语拼音方案为我国人名地名罗马字母拼写法的统一规范的报告》。1987 年,中国地名委员会、城乡环境保护部、国家语委颁发《关于地名标志不得采用"威妥玛"等旧拼法和外文的通知》。通知标题就很清楚,地名标志不得使用外文。1986 年国务院《地名管理条例》第 8 条规定:"中国地名的罗马字母拼写,依国家公布的《汉语拼音方案》作为统一规范。拼写细则,由中国地名委员会制定。"1999 年国家质量技术监督局发布《城乡地名标牌国家标准》,对地名标志上的地名书写及汉语拼音字母拼写作了强制性规定。2000 年 10 月 31 白,九届全国人大常务委员会第十八次会议通过了《中华人民共和国国家通用语言文字法》,其中第十八条规定:"国家通用语言文字以《汉语拼音方案》作为拼写和注音工具。《汉语拼音方案》是中国人名、地名和中文文献罗马字母拼写法的统一规范,并用于汉字不便或不能使用的领域。"

(三) 关于指示指令类服务信息中 Please 的使用

国标研制过程中存有争议的问题还包括指示指令类信息中的 please 使用与否,即中文信息中带有"请"字,英文中是否需要统统翻译为 please。例如:

(1) 贵重物品请您自己妥善保管 Keep Your Valuables with You/Please Keep Your Valuables with You

(2) 宠物便后请打扫干净 Clean Up After Your Pet/Please Clean Up After Your Pet

(3) 请勿在殿内燃香 Do Not Burn Incense Inside/Please Do Not Burn Incense Inside

经过课题组多次会议讨论形成的决议是:根据指令内容、要求的强度决定,而不是根据中文中有无"请"字来决定是否使用 please。涉及人身安全等重大事项的,不用 please;一般性的提醒事项,中文中有"请"字的,可以使用 please。

(四) 名词的单复数问题

关于名词单复数形式,也是课题组反复商议的一个问题,例如:

(1) 禁止无照经营 Licensed Vendors Only/Licensed Vendor Only

(2) 观光船 Sightseeing Boat/Sightseeing Boats

(3) 丝织品 Silk Fabric/Silk Fabrics

(4) 手工艺品 Handicraft/Handicrafts

(5) 公交车专用停车位 Bus Only/Buses Qnly

虽然《通则》中就此问题做了原则性规定,但实际翻译中遇到了很多困难。经课题组会议讨论形成的决议是:原则上使用单数,除非明确指向一个以上的对象以及英文使用习惯上必须使用复数的。

四、若干条目翻译争议

国标共有 1 个通则，9 个分则，几千个条目，这些条目如何找到对应的英语，绝非一件易事。诚然，绝大多数的条目都可以轻松地找到英语国家的对应说法，但由于同一个事物在不同的英语国家往往有不同的说法，因此就带来了如何取舍的问题。另一种情形是英语国家的一些说法，如果我们望文生义加以理解，就会有失偏颇。这里举几个例子加以说明。

(1) 起步价

出租车的“起步价”在英语中该怎么说，看似十分简单，但如果不了解相关背景，很容易会将其翻译为 initial price 或 minimum price，貌似像那么一回事，其实不然。课题组经过咨询和网络检索，最终确认“起步价”对应的地道英语表达应该是 flag down fare, flag down rate, flag fall rate, base fare，其中前面三个说法在英国、澳大利亚、新加坡等常用，而最后一个则常用于美国。

(2) 客房服务

在国标研制过程中，课题组成员曾经遇到一个引起争议的词条，即“客房服务”所对应的英语是否就是 room service? 答案是否定的。这里的 room service 切不可望文生义，其真正含义是指旅馆的“送餐服务”，即旅馆应客人之要求，把客人点的饭菜送到客房，供客人享用的服务。宾馆的“客房服务”应该是 housekeeping services，“客房部”则是 housekeeping department，而 room service 绝不可以望文生义地理解为“客房服务”。

五、公示语翻译：路漫漫其修远兮

《英译规范》国家标准对公示语的类型分析、采用的公示语翻译策略以及对 3 700 余条公示语的翻译实践，丰富和发展了我国的公示语翻译研究，并将推动相关研究在此基础上进一步深入发展，从某种程度上来说可以被视为开启了公示语翻译研究的一个新里程。但是，这绝不是宣告公示语翻译研究已经大功告成，公共场所标识的翻译错误也将不复存在。事实上，根据媒体报道，大量公示语翻译错误依然屡见不鲜，甚至可以说是触目惊心，例如，南京市中山陵风景区将该市的“游 1 路”公交车翻译成了“游泳一号路巴士”(swim 1 road bus)，大名鼎鼎的“明孝陵”居然被翻译成了 Ming Tomb Dynasty，俨然就是“明朝坟墓朝代”，实则是此译文的译者将“明孝陵”出现过的另外两个译文 Xiaoling Tomb of the Ming Dynasty 和 Ming Tomb 混杂在一起了。再如，南京市在 2014 年夏季青奥会之前更换了全市的所有路牌，结果，路名中的通名“路”“街”“巷”统统采用英译 road、street、alley，而之前该市的路牌中的通名则无一例外使用的是汉语拼音。看来在遵守地名翻译的相关法规和现实应用之间存在的争议仍然在继续，是法规已经落后于时代的变化和发展了，还是说实际应用坚决不能突破法规的上限，亟待学术界做进一步的探讨，需要有关部门做进一步的规范，更需要政府层面对已经出台的国家标准做好贯彻落实和督查。

在过去的十多年中，公示语翻译研究从无到有，可谓日渐声势浩大，超过了新闻翻译、旅游翻译和法律翻译，成为应用翻译研究领域的热门，在推动我国翻译研究、规范公共标识翻

译、促进标准制定等方面都发挥了重要作用。但是，公示语翻译研究也存在着低水平重复研究等比较突出的问题，大多数研究还是停留在侧重于对翻译错误从语言、文化和语用交际这三个层面进行例证分析的层面，理论指导也缺乏较为统一的理据。据此，本文认为，公示语翻译研究下一步的重心应该关注三个维度，即政策维度、理论维度和应用维度。在政策维度，除了已经发布的国标之外，国家相关部门是否制定专门的政策乃是当务之急。在理论维度，什么样的翻译理论对于公示语翻译研究最具指导意义，这是亟须专家学者进行深入探讨的。从过去一段时间的研究来看，公示语翻译研究所依据的理论较多，有功能翻译理论、文本类型理论、交际翻译理论、关联理论、读者反应理论、语用等效理论、跨文化交际理论、接受美学理论、归化异化理论、语用学，等等。在应用层面，应该从语言、功能和文化维度来探究如何做好公示语翻译。在语言维度，应重视公示语的简约性、规范性和交际性文体特点，依据“简洁、统一、易懂”三原则来做好公示语翻译。在功能维度，应突出公示语的指示/提示功能，警示功能，限制功能和强制功能；在文化维度，公示语翻译应该要求既吃透原文的文化信息，也要考虑受众的文化习惯和思维方式，以期原文和译文实现同等的交际功能和语用效果，如同美国翻译理论家尤金·奈达(Eugene Nida)的功能对等翻译理论的重要组成部分“读者反应论”所强调对译文受众的重视，评价公示语译文的优劣要看读者的反应是否与源语读者的反应大致相同，因为翻译就是交际，翻译归根结底是为读者服务的，因而翻译应以译文受众为中心，译文受众和原文受众在阅读过程中的认知反应是否一致是衡量翻译产品质量优劣的至高无上标准。

【问题研讨】

1. 何谓“公示语”?
2. 国内旅游公示语翻译存在的主要问题有哪些?
3. 为什么说国内旅游公示语的翻译规范刻不容缓?
4. 旅游公示语翻译应遵循哪些原则?
5. 旅游公示语有哪些翻译方法?

【延伸阅读】

[1] 崔学新. 公共场所英文译写规范研究[M]. 杭州：浙江大学出版社，2010.
[2] 贺学耘. 汉英公示语翻译现状及其交际翻译策略[J]. 外语与外语教学，2006(3).
[3] 李增垠. 二十年来的国内公示语英译研究综述[J]. 中南大学学报(社会科学版)，2013(2).
[4] 罗选民，黎土旺. 关于公示语翻译的几点思考[J]. 中国翻译，2006(4).
[5] 吕和发，蒋璐，等. 公示语翻译[M]. 北京：外文出版社，2011.
[6] 牛新生. 从感召功能看汉语公示语英译——以宁波城市公示语为例[J]. 中国翻译，2007(2).
[7] 王晓明，周之南. 汉英公共标识语翻译探究与示范[M]. 北京：世界知识出版社，2011.
[8] 王银泉，陈新仁. 城市标识用语英译失误及其实例剖析[J]. 中国翻译，2004(2).
[9] 杨全红. 也谈汉英公示语的翻译[J]. 中国翻译，2005(6).
[10] 杨永林，刘寅齐. 双语标识译写研究——理论方法篇[J]. 外语电化教学，2010(2).

第十一章　旅游景点名称翻译研究

导　论

旅游胜地一般分为三种类型：一种是纯自然景观，一种是纯人文景观，第三种是自然景观与人文景观兼而有之。

为了吸引游客，展示旅游地的风采，国内旅游景点的命名富有浓厚的文学色彩。如果是园林建筑一类的观光地，其用名更显文雅，如山西太原晋祠，内有水镜台、待凤轩、流碧榭、难老泉、胜瀛楼等景点，这些景点名称有较强的文人意趣。

富有文学意味之名是中文旅游名胜用名的一大特点。这方面的代表包括自然景观如九寨沟、黄龙洞、张家界十里画廊等；人文景观如邯郸黄粱梦村、解州关帝庙、三峡的神女峰等；人文景观与自然景观二者兼有的名胜，如四川峨眉山不仅有万年寺、仙峰寺、洗象池、雷音寺等人文景观名，也有一线天、白龙洞、洪椿晓雨等自然景观名。中文旅游胜地用名的另一个特点是注重名字的文化内涵，多与历史传说、民间故事、神话传说、文学典故等联系起来，如峨眉山巨型“卧佛”、昆明滇池的“睡美人”等均是后人根据山形并赋予想象力而得来的景点名称。

旅游景点名称大多用词典雅考究、音韵优美、寓意深刻，有的源于历史典故，有的出自神话传说，有的富有诗情画意，有的饱含人生哲理。陈刚教授在《旅游翻译与涉外导游》一书中指出：“景点名称的翻译主要偏重于对文化内涵的理解，当然还需结合语言的表达。诗情画意、寓意深刻的汉语景名翻译之难不言而喻，似乎是专名翻译中最难的一种。”因此，译者在翻译中文景点名称时，需要反复斟酌，提供既精确凝练又不失底蕴的地道译文。

选文一

文化遗产类旅游景点名称汉英翻译规范研究

乌永志

导 言

此文选自《外语教学》2012年第2期。选文分四部分。第一部分为引言。第二部分介绍了陕西文化遗产类景区名称翻译的现状。第三部分首先分析了中英文旅游景点名称的语言特点，然后对陕西省著名文化遗产类景点名称的翻译做了案例分析。第四部分针对文化遗产类景点名称提出了具体的翻译原则及启示。

1. 引 言

旅游景点名称就像一个商品的品牌名称，一本书名，一部电影的片名，往往起着画龙点睛的作用，好的译名可以瞬间抓住游客的眼球，打动游客心理，给游客留下深刻印象（张慧，2010：144－145）。文化遗产旅游可以激发各民族对自己历史文化的自豪感，对其他民族历史文化的理解与尊重，促进世界文化间的相互理解从而达到世界和平（ICOMOS，2010）。文化遗产旅游景点名称所包含的文化信息直接影响旅游者旅游目的地的选择决策（Pearce，2006：50－58）。显然，在没有亲身体验旅游景点活动前，旅游者只有通过名称来了解该景点的内涵，因此景点名称的表述是否吸引人就直接影响游客的购买决策。央视和凤凰卫视等主流媒体中的城市旅游宣传广告，除了运用响亮的城市宣传口号外，其宣传的主要手段是运用动听的旅游景点名称来吸引潜在的旅游者。陕西省是我国著名的文化和旅游大省，国际化程度非常高，其独特、厚重、丰富的旅游文化资源，使其成为全世界知名的文化遗产旅游目的地之一。然而，陕西省的文化遗产类旅游景区的翻译现状不容乐观（乌永志，2010：135－138）。随手翻开公开出版的双语旅游手册、地图、教材、宣传册就会发现，就旅游景点名称翻译而言，存在大量的问题。比如，著名旅游景点“大雁塔”的英文名称就曾在全国翻译界和社会媒体上引起过很激烈的讨论。近年来西安曲江新区建成的文化遗产主题公园如“大唐芙蓉园”“大唐不夜城”和“曲江池遗址公园”等景点的英文名称翻译，亦引起了不少的争议，因此，很有必要对文化遗产类景点名称的翻译进行梳理和研究。本文以陕西省最具争议的几处文化遗产景点名称翻译为例，通过对陕西省公示语译写地方标准制定过程中的讨论以及最终翻译名称的确认，提出了文化遗产类旅游景点名称的翻译策略，以期为文化遗产类景点名称翻译实践提供参考。

2. 陕西文化遗产类景区名称翻译现状

陕西省是中华民族和中华文明的发祥地之一，在中国历史上先后有14个封建王朝在此建都，长达 1 000 多年，遗留有非常丰富的历史文化遗产。据第三次全国文物普查不完全统计，陕西省有 52 000 多处文物点(赵荣，2009：22－25)，确认身份的帝王陵墓就有 73 座。截至 2009 年，陕西省现有世界文化遗产 1 处，国家级历史文化名城 6 座，省级历史文化名城 11 座，全国重点文物保护单位 89 处，省级文物保护单位 464 处。据国家旅游局统计数字显示，在旅游接待人数总量中，陕西省旅游接待量中的国际游客比例是最高的地区之一。但是，陕西省文化遗产类景点名称的翻译问题不少，在旅游国际推广中造成极大的不便和误会，因此旅游景点名称翻译亟待规范。

受陕西省科技厅、陕西省质量监督局和陕西省、西安市文字委员会的委托，笔者就陕西省境内国家旅游局颁布的 5A 级旅游景区，包括黄帝陵、秦始皇兵马俑、大雁塔、西安碑林博物馆(4A)等著名文化遗产类景区的英文名称使用情况，进行了为期 3 个月的调研。调研的主要媒体为：国家旅游局、陕西省旅游局、西安市旅游局等官方网站，旅行社网站，国外知名旅游网站；国家、省、市旅游局官方旅游宣传册、景区宣传册和出版物；英语导游教材；国外出版物；双语地图等；同时，收集这些景点在陕西省高速路、市区街道标识中的实际使用情况。

表 1　黄帝陵景点名称翻译

<table>
<tr><th>名称</th><th>英文翻译</th><th>出处</th></tr>
<tr><td rowspan="6">黄帝陵</td><td>1. The Mausoleum of the Yellow Emperor</td><td rowspan="3">旅游局宣传册</td></tr>
<tr><td>2. Yellow Emperor Mausoleum</td></tr>
<tr><td>3. Huangdi (Yellow Emperor Mausoleum)</td></tr>
<tr><td>4. Yellow Emperor's Mausoleum</td><td>教材</td></tr>
<tr><td>5. Mausoleum of Yellow Emperor</td><td>省、市旅游局网站</td></tr>
<tr><td>6. The Yellow Emperor's Tomb</td><td>国家旅游局网站</td></tr>
</table>

表 2　西安碑林景点名称翻译

<table>
<tr><th>名称</th><th>英文翻译</th><th>出处</th></tr>
<tr><td rowspan="11">西安碑林</td><td>1. Xi'an Forest of Stone Tablets Museum</td><td rowspan="2">博物馆官方刊物(成健正，2001)；教材博物馆官方网站：beilin-museum. com</td></tr>
<tr><td>2. Xi'an Beilin Museum</td></tr>
<tr><td>3. The Museum of Forest of Stone Tables in Xi'an</td><td>教材</td></tr>
<tr><td>4. The Forest of Steles</td><td rowspan="3">国家旅游局、陕西省旅游局宣传册</td></tr>
<tr><td>5. Forest of Steles</td></tr>
<tr><td>6. Xi'an Stele Forest Museum</td></tr>
<tr><td>7. Forest of Steles Museum</td><td rowspan="3">陕西省旅游局网
西安市旅游局网
国外出版物(Bonavia，2004)</td></tr>
<tr><td>8. Xi'an Forest of Steles Museum</td></tr>
<tr><td>9. Forest of Stone Steles Museum</td></tr>
<tr><td>10. The Forest of Stone Steles Museum</td><td>旅行社网站：www. warrior-tours. com</td></tr>
<tr><td>11. Forest of Stelae Museum</td><td>国外旅游网站：www. lonelyplanet. com</td></tr>
</table>

表3　大雁塔景点名称翻译

名称	英文翻译	出处
大雁塔	1. Dayanta	绕城高速出口(同一出口两个不同牌子)
	2. Dayan Tower	
	3. Greater Wild Goose Pagoda	旅游局宣传册
	4. Big Wild Goose Pagoda	旅游教材、旅行社网站
	5. Big Goose Pagoda (Da Yan Ta)	国外出版物(Bonavia，2004)
	6. The Big Wild Goose Pagoda	陕西省旅游局官方网站：同一网站，图片与内容名称不一致
	7. The Greater Wild Goose Pagoda	
	8. Big Goose Pagoda	国外旅游网站：www. lone-lyplanet. com

表4　秦始皇兵马俑博物馆英文名称

名称	英文翻译	出处
秦始皇兵马俑博物馆	1. Emperor Qin's Terra-cotta Museum	1. 秦始皇兵马俑博物馆英文书 2. 中文网站首页 www. bmy. com. cn 3. 英语网站首页
	2. Museum of the Terra-cotta Warriors and Horses of Qin Shihuang	
	3. The Museum of the Terracotta Army	
	4. Terra-cotta Warriors and Horses of Emperor Qin	陕西省旅游宣传册
	5. Museum of Emperor Qin's Terra-cotta Warriors and Horses Museum	
	6. Museum of Qin Dynasty Terra-cotta Warriors and Horses	
	7. Museum of Terracotta Warriors and Horses	
	8. Museum of Emperor Qin Shihuang's Terracotta Warriors and Horses	
	9. Qin Terra-cotta Warriors and Horses	
	10. Museum of Qin Terra-cotta Soldiers and Horse Figures	国家旅游局宣传册
	11. The Museum of the First Qin Emperor's Terra-cotta Warriors and Horses	教材
	12. The Museum of Emperor Qin Shihuang's Terra-cotta Warriors and Horses	
	13. Museum of Qin Terra-cotta Warriors and Horses	官方英语旅游网站： 1. 西安市旅游局官方英语网站 2. 陕西省旅游局官方英语网站 3. 国家旅游局官方英语网站
	14. Museum of Terra Cotta Warriors and Horses	
	15. the Emperor Qin's Terracotta Warriors and Horses Museum	
	16. Museum of Terra Cotta Warriors and Horses	

（续表）

名称	英文翻译	出处
	17. Terracotta Warriors and Horses Museum	旅行社网站
	18. Museum of Qin Terra-cotta Warriors and Horses	
	19. Mausoleum of the First Qin Emperor	UNESCO 官方网站
	20. Terracotta Warriors	www.lonelyplanet.com
	21. The Museum of Terra-cotta Warriors and Horses	Birmingham Museum of Art，1996
	22. Qin Terracotta Army Museum（Qin Bing Ma Yong BOWUGUAN）	Bonavia，2004
	23. Museum of Terracotta Warriors	
	24. Qin Terra-cotta Warrior Museum	高速路旅游景区导引牌

统计结果发现，“黄帝陵”的英文翻译名称有 6 个（见表 1），“西安碑林”有 11 个（见表 2），“大雁塔”有 8 个（见表 3），“秦始皇兵马俑博物馆”的英文翻译名称 24 个（见表 4），其英文名称翻译在各种公开出版的刊物中几乎成了英文关键词排列组合的最大公约数，就连景点自己公开出版的英文刊物、官方网页中英文名称也不统一。其他新建文化遗产类旅游景点名称的翻译问题也比较普遍，如“大唐不夜城”被翻译为“Great Tang All Day Mall”等。这些景点名称翻译的乱象给国际旅游者在信息搜集和信息服务方面造成了诸多的错觉和不便。为了解决陕西省旅游景点的翻译问题，很有必要对主要旅游景点的翻译进行规范。

3. 文化遗产类旅游景点名称语言特点与翻译

3.1 中英文旅游景点名称的语言特点

从国内已经颁布的公示语译写标准来看，旅游景点名称属于“实体名称”规范的范畴，是一种“静态”公示语（王颖、吕和发，2007），具有“信息”和“宣传”语言功能（牛新生，2008：89－92）。从语言结构来看，旅游景点名称一般由专名和通名构成，为了方便译写，国内部分省市公示语译写地方标准把实体名称细分为冠名、专名、属性名和通名（上海市公示语译写标准《实体名称》，2009；陕西省公示语译写地方标准《通则》《旅游》，2011）。专名是景点名称中表示某一特定景观的独特名称，通名则是表示景观类别的名称。如：西安（冠名）碑林（专名）博物馆（通名）；大雁（专名）塔（通名）秦始皇（冠名）兵马俑（专名）博物馆（通名），黄帝（冠名）陵（通名），关中（冠名）民俗艺术（属性名）博物院（通名）。对景点名称翻译一般采用音译、直译、意译、音译加意译和音译加注释等策略（张慧，2010：144－145；孙益春，2008：297－298）。但是在翻译实践中，由于译者对于专名和通名意译、直译和音译的尺度把握不够，因此就造成了一名多译的结果。旅游景点的英文名称一般由能表达该景点核心吸引力的名词，以非常简洁的偏正结构形式来表达，如世界古代七大奇迹的英文名称皆用“of”偏正结构：The Great Pyramid of Khufu，The Hanging Gardens of Babylon，The Temple of the Artemis at Ephesus，The Statue of Zeus at Olympia，The Colossus of Rhodes，The Mausoleum at Halicarnassus，The Pharos of Alexandria。美国著名的史密斯学会下属的 18 个博物馆和

艺术馆的名称，如 Air and Space Museum，American History Museum，Natural History Museum，Portrait Gallery，Lincoln Memorial 等都是简短明了，主题突出，容易记忆。

3.2 陕西省著名文化遗产类景点名称翻译案例分析

3.2.1 黄帝陵和炎帝陵

黄帝陵和炎帝陵是中华民族始祖黄帝轩辕氏和炎帝的陵墓，现行名称翻译的焦点和差异主要在于如何翻译冠名“黄帝”“炎帝”和通名“陵”方面。查阅国外大学的历史文献、报纸、杂志等出版物，在海外注册的“黄帝陵基金会”英文名称中皆使用“Yellow Emperor”，Wikipedia 等工具书都把黄帝翻译为“Yellow Emperor”。但是，据《国语・晋语四》载：“昔少典氏娶于有蟜氏，生黄帝、炎帝。黄帝以姬水成，炎帝以姜水成。成而异德，故黄帝为姬，炎帝为姜。”显然“黄帝”不应该为“黄颜色的皇帝”。如果把黄帝翻译为“Yellow Emperor”，那么同时代的历史人物炎帝将如何翻译？为什么一个意译，而另一个用音译？通名“陵”的翻译相应比较简单，“mausoleum”为帝王陵墓，而“tomb”为普通坟墓，因此“陵”翻译为“mausoleum”。鉴于“黄帝”名称的约定俗成性，综合考虑各方面的因素，黄帝陵和炎帝陵分别翻译为“The Mausoleum of Huangdi (Yellow Emperor)”和“The Mausoleum of Yandi Emperor”。

3.2.2 西安碑林

西安碑林是全国重点文物保护单位，国家 4A 级旅游景区，是收藏我国古代碑石时间最早、名碑最多的文化艺术宝库。其所藏碑中饱含卓越的历史、文化、书法和艺术价值，因此被誉为“东方文化的宝库”“石质书库”。西安碑林名称现有 11 个翻译版本，问题主要集中在“碑林”的翻译方面。西安碑林实际上是一个博物馆，但是英文翻译中必须译出省略的通名，版本 5、6 把“林”当作通名来对待，显然不妥。既然要译出省略的通名博物馆，“碑林”就成了专名。而在碑林这个专名中，“碑”修饰“林”，是否要同时翻译，需要斟酌。“林”翻译为“forest”没有争议，但是“碑”如何翻译，分歧较大。现代汉英词典对“碑”的解释为：刻上文字竖起作为纪念或标记的石头(a stone tablet; stele)。英英词典对“tablet”的解释为“a flat piece of stone or clay with words cut into it, for example above someone's grave”。“stele”词条在一般通用词典中很难查到，因此可以判断“stele”是一个生僻的英语单词。事实上，由于西安碑林由“孔庙、碑林、石刻艺术”三部分构成，碑林中的碑石不仅仅是“墓碑”，而英文不论是“stone tablet”还是“stele”都和墓碑有关，因此，名称中“碑林”实际上已经失去原有的意义，成为固化的专名来修饰省略的通名“博物馆”。鉴于此，西安碑林翻译为“Xi'an Beilin Museum”比较合理，该翻译名称也得到了博物馆官方的认可。

3.2.3 秦始皇兵马俑博物馆

秦始皇兵马俑博物馆是建立在兵马俑坑原址之上的遗址性博物馆，为世界文化遗产、全国重点文物保护单位、国家 5A 级旅游景区，也是目前中国最大的古代军事博物馆，被誉为“世界第八大奇迹”。秦始皇兵马俑博物馆名称中秦始皇为“冠名”，兵马俑为“专名”，博物馆为“通名”。在调研中发现的 20 多个翻译版本中，除了“博物馆”的位置前后不同外，翻译本身没有歧义，问题焦点在冠名“秦始皇”和专名“兵马俑”的翻译方面。其中冠名“秦始皇”被翻译为“Qin Shihuang”，“Emperor Qin”，“First Qin Emperor”，“Qin Emperor”，“Qin”，“Qin Dynasty”和“Emperor Qin Shihuang”等。按照“名从主人”的原则和相关规定，秦始皇应该音译为“Qin Shihuang”，问题是秦始皇陵是陕西省唯一的一处世界文化遗产，UNESCO官方网站公布的秦始皇名称为“First Qin Emperor”而没有用“Qin Shihuang”，翻译时面临归化和异化的问题。专名“兵马俑”中的“兵”和“马”是修饰“俑”的，被翻译为“Terra-cotta”，“Terra-cotta Warriors and Horses”，“Terracotta Army”，“Terra-cotta Soldiers and Horse Figures”和“Terracotta Warriors”等。“俑”除了拼写不统一外，用词基本上没有歧义，“马”的翻译也没有歧义，分歧主要在“兵”的翻译以及整个词条的翻译是用直译还是意译的策略上。《新世纪汉英大词典》中“兵马俑”直译为“terracotta warriors and horses”。无论是直译、意译还是音译加意译，如果忠实该景点的原文名称，翻译就会非常长，使用起来非常不方便。张慧(2010:135-138)提出的旅游景点翻译策略对于信息量特别多的文化遗产类景点名称的翻译有一定的指导意义。综合分析，秦始皇兵马俑博物馆可采用模糊对等的原则翻译为:Qin Terracotta Warrior Museum。

3.2.4 大雁塔

大雁塔是我国佛教建筑艺术的杰作，是西安市地标性建筑之一，为全国重点文物保护单位，国家5A级旅游景区。雁塔的命名和唐代著名高僧玄奘去西天取经途中传说的经历有关，佛塔本身不论从建筑形式和功能都和“雁”无关，之所以称为“大雁塔”是因为西安还有一座“小雁塔”。造成大雁塔现有多种英文翻译名称的原因分析如下:一是修饰词“大”的翻译问题，主要是“Big”“Giant”“Greater”三个英文词的选用问题;二是“雁”译与不译的问题，有的直译为“Wild Goose”，有的音译为“Dayan”;三是“塔”的翻译问题，有的误译为“Tower”，有的直译为“Pagoda”，有的音译为“ta”。在所有版本中，“The Big Wild Goose Pagoda”使用比较广泛。然而，就是这个已广泛使用多年的英文名称翻译在国内外引起了广泛的争议。分析可以看出，争议的焦点不在通名“塔”，而是专名“大雁”的翻译，该争论实质上是翻译的标准之争，即翻译中如何处理专名的问题。作为塔形的建筑物时，“塔”应翻译为“tower”，如电视塔 TV Tower，但是如果是佛教的舍利塔，“塔”应翻译为“stupa”或“dagoba”，如阿育王塔 King Asoka Stupa。修建于唐代的大雁塔是专为收藏唐玄奘从印度带回来佛经的佛塔，因此翻译为“Pagoda”比较准确。经过笔者与各方面专家以及与国内外社会各界人士的广泛讨论和意见征集，最终确定“Dayan Pagoda”为“大雁塔”规范的英文名称列入陕西省公示语译写标准之中。专名“大雁”音译为“Dayan”的理由如下:第一，“大雁”作为“塔”的专名，已经失去了原专名的指代意义，如果翻译后会给其他景点名称中专名的翻译带来一系列的问题，如大明宫、兴庆宫、曲江池、草堂寺和慈恩寺等景点名称中的专名翻译问题。第二，英文中“Goose”的寓意往往和“笨鹅”相连，和大雁塔的藏经功能相悖，已经造成了误解。第三，雁塔已不单纯是一个景点名称，它已经成为行政区和新建旅游景区、道路和广场的冠名或专名，如“雁塔区”“大雁塔文化休闲广场”等，如果直译会导致英文名称过长，不符合简练原则和国家有关地名标志的规定。第四，音译“Dayan”读音清楚，容易上口，即使外国人也很容易模仿。第五，专名音译符合名从主人的翻译原则，有利于弘扬中华文化。

4. 文化遗产类景点名称翻译的原则与启示

4.1 翻译原则

通过对本文翻译案例的分析，结合在陕西省公示语译写地方标准制定过程中对 118 个旅游景点名称翻译标准的制定，文化遗产类旅游景点名称翻译可以遵循以下原则与方法：

4.1.1 模糊对等翻译

对冠名、属名、专名通名等信息量特别详细的文化遗产类景区宜采用模糊对等的策略。翻译时选取最能代表该景点文化价值的关键词，如故宫博物院 Palace Museum；秦始皇兵马俑博物馆 Qin Terracotta Warrior Museum；大雁塔北广场音乐喷泉 Yanta Square Music Fountain。

4.1.2 直译和意译

文化遗产类旅游景点的英文名称有传播旅游目的地文化和吸引国际游客的作用，在尊重目的地文化的情况下，对于强调文化内涵的景点，如果能在目标语中找到语义对等的词汇时，专名和通名尽量采用直译和意译，如钟楼 Bell Tower；大清真寺 The Great Mosque；大佛寺 Giant Buddha Temple；青铜器博物馆 Bronze Ware Museum。

4.1.3 专名音译

所有冠名和已失去专名所指称的意象或性质的专名应采用音译，如小雁（塔）Xiaoyan（Pagoda）；周公（庙）Zhougong（Temple）；张学良（公馆）（Former Residence of）Zhang Xueliang；章怀（太子墓）（Tomb of Prince）Zhang Huai。

4.1.4 增译

为了方便国际旅游者对信息的全面掌握，对于原景点名称中省略的功能性通名需要增译，如西安碑林 Xi'an Beilin Museum；楼观台 Louguantai Daoist Temple；镇北台 Zhenbeitai Fortress；水陆庵 Shuilu'an Temple；华清池 Huaqing Palace Heritage Site。

4.1.5 减译

对于景点名称中只用于表示修辞作用而不具体指规模大小的词不翻译，如大唐西市 Tang West Market，其中的“大”不用译出；赵公明财神庙 The God of Wealth Temple，“赵公明”与“财神”属于重叠信息，减译不影响景区名称的核心信息。

4.1.6 顺译

通过对陕西省公示语译写地方标准《旅游》（2010）中 118 处主要旅游景点、10 处旅游景区名称翻译的分析可以看出，95％以上的经典名称采用顺译法，只有少数较长的景点名称采用了“of”结构。

4.2 启示

4.2.1 文化遗产类景点名称翻译是景点品牌的再创造

文化遗产景点名称的翻译是一个跨文化交际活动，由于中英语言和文化的不同会导致中英文受众对同一特定名称的理解存在较大差异（张美芳，2009：29－33；王燕、王金波，2005：81－83），这就要求译者不仅要理解中文景点的历史文化含义，还要了解译名的语义、语用和文化含义。西安某房地产在媒体上悬赏 6 万为自己的新楼盘征名，足以看出他们对名称的重视程度。想必新建文化遗产类景区在中文名称策划方面肯定花了不少心思，却很少在英文名称方面下功夫，往往是把文本交给翻译公司，随便起一个名称，结果造成了很多笑话。西安大唐芙蓉园在这方面做得很好，在开园前很认真地对其英文名称"Tang Paradise"进行了论证，且不说名称翻译是否忠实历史，就景点名称的品牌宣传来看也非常成功，至今很少造成曲解和混乱。而大唐不夜城的英文名称(Great Tall All Day Mall)就相形见绌了。

4.2.2　文化遗产类景区名称翻译是一个系统工程

仔细分析造成目前国内一景多名现象的根源就会发现，问题不完全在于译者的水平(王同军，2008:32 - 36)，而在于政府主管部门和景点管理部门对于景点英文名称的重视不够。从最具争议的著名文化遗产景点名称翻译分析来看，除个别通名误译外，大部分翻译都没有错，问题出在核心词选用的差异方面，由于缺乏统一标准，不同的译者就根据自己的理解选词，因此造成了一景多名的现象，如果政府和景点管理部门出面正式颁布景点的官方英文名称，就会改变现状。

4.2.3　文化遗产类景点名称的翻译者必须要有强烈的责任感和职业道德

翻译者的责任感体现在遇到把握不准的问题时一定要多查、多问、听取多方意见，切勿望文生义。大唐不夜城位于西安市南郊大雁塔景区南，流光溢彩，夜景璀璨，具有盛唐风韵，是购物天堂和娱乐圣殿，这个被誉为中国第一文化 MALL 的地方，注定为不眠之夜。但是"Great Tang All Day Mall"肯定包含不了这些文化信息。"all day"的意思是"白天"，和"不夜"没有关系。位于华盛顿特区的美国国家公园"The National Mall"，"mall"前加"national"修饰，意思就很清楚，如果前边加"all day"时间来修饰，"all day mall"意思就成了"白天营业的商场"。如果把"all day"改成"cultural"或"palace"，景点译文名称的内涵就比较接近中文。有经验和负责任的翻译者，在拿到任务后一定会先解决术语翻译的统一问题，只有这样才不致造成混乱，文化遗产类景点名称翻译同理。

选文二

跨文化传播下的旅游资料翻译策略选择

——以景点名称翻译为例

刘德军　陈艳君

导　言

此文选自《南华大学学报》2013 年第 3 期。选文分为四部分。第一部分为导语，引出文章拟讨论的内容。第二部分强调了跨文化传播理论对翻译的影响，并通过旅游资料翻译典型实例重申了跨文化传播理论对翻译的重要指导作用。第三部分则探讨了跨文化传播

视角下的景点名称翻译及策略选择，并结合相关实例，对音译加意译法和文化内涵深入法进行了分析。第四部分为结语，对文章进行了总结，希望更多译者关注旅游资料翻译的跨文化特性，传播更多中国特色文化。

翻译作为一种语际交流活动，是把一种文化中的语言代码转换成另一种文化中的对应语言代码。实质上，翻译就是一种跨文化交流活动，翻译已不再被视为简单的两种语言之间的对等转换，而被看作是一股塑造文化、文学的重要力量，是一种独特的政治、经济和文化行为。因此，用跨文化传播理论对待和处理翻译过程中遇到的问题，无论在理论还是实践上都具有重要意义。同时，据世界旅游组织预测，到 2020 年，中国将成为世界上第一大旅游目的地国和第四大客源输出国。威廉·瑟厄波德指出：开展国际旅游的主要目的是使人身临其境体验其他文化，了解人与文化。来华旅游的异国游客尤其对我国的文化情有独钟，文化游成了他们最核心的目的。这就使得旅游资料翻译成为翻译界研究的持续热点。但是，问题接踵而来，翻译者缺乏对应的理论指导，翻译标准各自为政，一知半解的误读误解成为旅游资料翻译中司空见惯的现象。这一现象不仅导致异国游客因无法正确领略东方神韵而热情大受打击，还使得我国旅游景点形象大打折扣，起不到本身具有的传承文化的功能。

鉴于此，本文以我国部分著名旅游景点翻译为例，探析旅游资料翻译现状并以跨文化传播理论为指导结合翻译策略提出合理翻译建议。

一、跨文化传播与旅游资料翻译现状

（一）跨文化传播理论对翻译的影响

跨文化传播又称文化扩散，是人类文化由文化源地向外辐射传播或由一个社会群体向另一个群体的散布过程。作为人类传播活动的重要组成部分，跨文化传播与各种交流、共享和互动过程相关联，涉及不同文化背景的人们之间发生的信息传播化在时间和空间中的人际交往，以及人类各个文化要素的扩散、渗透和迁移。跨文化传播有三种研究模式，即跨文化传播的行为模式、跨文化传播的认知模式和跨文化传播的理解模式。本文主要运用跨文化传播的理解模式进行旅游资料翻译活动的探析。理解模式以建构主义（Constructivism）和意义的协调处理理论（CMM）为基础。理解模式认为：① 跨文化传播是来自不同文化背景的人协调建构意义的一个象征性过程；② 传播者须清楚自己在跨文化传播中所扮演的角色；③ 意义是跨文化冲突的中心，研究重心在于探讨人们如何在相互之间建构意义；④ 跨文化传播需要传播双方的合作与协调。

这一模式凸显了跨文化互动活动中意义的建构并指出了文化与传播的紧密联系。如霍尔所言，文化即传播，传播即文化。而翻译则被认为是一种跨文化的信息交流与交换活动，其本质是传播。翻译已不再只是语言学层面的字面诠释，更是文化层面的阐释和再现。作为译者（即理解模式中的传播者），我们应认识到这三者之间的关联并积极运用跨文化传播理论为基础，将跨文化传播作为翻译的出发点和最终目标。我们应植根于两种甚至是多种文化的土壤，在翻译活动中充分考虑文化差异的因素，运用文化策略与翻译策略最大限度地消除由于文化差异造成的歧义或误解，从而进行恰到好处的意义构建，达到文化传播的目的。

旅游资料翻译是一种集旅游特色与翻译于一体的特殊翻译活动。尤其是近年来的跨国游、全球游更使得旅游资料翻译承载了越来越重的跨文化传播的重任。因此，跨文化传播是旅游资料翻译的前提和基础，也是旅游资料翻译的目的和方向。旅游的本质是感受文化，尤其感受异域文化，而旅游资料翻译的核心任务就是传播特色文化，进行目的语文化和本土文化的传达与融通，实现两种文化之间的深层次转换，使一种文化的含义在另一种新的文化语境和接收空间中获得再生，在文化交流的层面达到意义的对等。而实现意义的最大可能的对等正是旅游资料翻译中的译者，即跨文化传播者在进行资料翻译时的核心问题。因此，以跨文化传播理论为指导进行旅游资料翻译是译者必然的选择也是对译者提出的合理要求。

（二）旅游资料翻译现状分析

近年来，随着经济全球化对旅游产业的深远影响，旅游翻译也以惊人的速度发展。旅游翻译不同于文学翻译或者科技文献的翻译。作为一种实用文体翻译，旅游翻译有“七最”：① 经济属性最突出；② 跨文化特色最核心；③ 语言要求最特殊；④ 翻译种类变换最多；⑤ 综合素质要求最高；⑥ 综合难度最大；⑦ 服务意识最强。但通过文献检索相关专题，笔者发现旅游资料翻译现状并不如人意。一是缺乏理论的系统指导，景点资料翻译多半出自直译，因而误译错译现象很多，甚至根本没有相关翻译理论的指导，如“AAAA 级旅游区”译成“AAAA Class Touristry Attraction”等。二是有些译本即使语句符合文法，表达正确，却同样让外国游客丈二和尚摸不着头脑。例如，某景点入口处悬挂有一个“意见箱”，上面同时写有“complaining box”的英文标示，外宾疑惑地提出了“how can a box complain?”这样的问题。三是旅游景点名称译法不一，如少林寺的翻译“The Shaolin Monastery”还是“The Shaolin Temple”？黄河游览区“The Yellow River Sightseeing Zone”还是“The Yellow River Scenic Area”？四是文化缺失，造成误译，如河南南阳著名景点“内乡县衙”被译为“Yamen in Neixiang County”。对于中国人来说，“衙门”内涵意义丰富深刻。但对于不懂中国封建文化的国外游客来说，“Yamen”为何物？可见很难达到跨文化传播的目的。但是如果译为 China’s first feudal County Office—Neixiang County Office，则相对容易理解，能激发参观兴趣，留下深刻印象。文化缺失造成的问题无疑影响很大。

那么，如何才能使旅游资料翻译活动体现“跨语言、跨文化、跨情感”的多重特征，从而满足外国游客需求，达到跨文化传播的目的呢？下面以我国一些著名景点名称翻译为例，以跨文化传播的理解模式理论为指导，以文化取向和译文作重点为原则，对一些旅游资料翻译中出现的问题予以实践探讨。

二、跨文化传播视角下的景点名称翻译及策略选择

旅游资源范围很广，种类繁多，陈刚教授认为，旅游资源可分为三大类，即自然旅游资源、人文旅游资源、无形旅游资源。本文主要选取翻译难度较大的我国各大旅游景点名称翻译为例探讨跨文化翻译的必要性。景点名称的翻译主要侧重对文化内涵的理解，当然还须结合语言的传达。诗情画意、意义深刻的汉语景点翻译之难不言而喻，很多专家认为这是专

名翻译中最难的一种，称其为最难理解、最易出错、最难表达，但也是翻的人最多，翻错的最多，翻不好的最多，翻错不知其错的最多，索性将错就错、以讹传讹最多，真乃“十最”也。如何翻译旅游景点名称？陈刚教授认为，景点名称的翻译不外乎直译、意译、音译加意译、直译加音译、意译加直译几种，然而在什么情况下运用什么方法，尤其需要译者具备敏锐的跨文化意识，其指导原则始终是以中国文化为取向为原则的。比如，在翻译如下景点时，我们采用了音译加意译法：

“大观园”—Daguanyuan (Grand view Garden)

“稻香村”—Dao Xiang Cun (paddy-sweet cottage)

“孤山”—Gu Shan (solitary hill)

另外，很多汉语旅游景点都包括了特定的文化内涵，因此在遇到特殊承载民族文化信息的词语表达时，译者应首先从文化角度出发挖掘它的真实表达。比如“楼”在英语中有许多个对应语，并不是可以随意调用的，“浩然楼”译为 Haoran Mansion，因为这个是一座公馆大楼式建筑。“岳阳楼”译为 Yueyang Tower，因为其形状像塔。而“天安门城楼”是众所周知的类似检阅台、主席台的建筑，故译为 the Tiananmen Rostrum。

下面具体分析几个译法有失偏颇的例子，笔者同时提出一己之见。先看杭州“西湖十景”之一“断桥残雪”。这一说法源于南宋画家张远等以画“一角”“半边”之景讽刺当时的朝廷不图恢复中原而只顾偏安江南。“断桥残雪”描绘的是苔藓斑驳的古桥和雪已残却未融的景象。这一景点究竟如何英译？首先，对于这一景点的历史背景译者并非都很清楚，如下译文足以见证。Snow on the Broken Bridge（断桥之雪）；Snow Scene On the Broken Bridge（断桥雪景）；Last Snow on the Broken Bridge（断桥上最后的雪）；Melting Snow on the Broken Bridge（断桥上正在融化的雪）；Melted Snow on the Broken Bridge（断桥上融化了的雪）；Melting Snow Hanging Over the Broken Bridge（正在融化的雪悬挂在断桥之上），等等。显然，上述译文对于“残”和“断”并未很好地诠释出其中的文化意境。陈刚（2004）认为可以采用“近似对应”的译法将之翻译为“Remnant Snow on the Broken Bridge”或者“Lingering Snow on the Broken Bridge”。笔者认为陈刚将“残”字进行了较好的诠释，但对于“断”的理解依然欠妥。事实上，“断桥”不断。“断桥”指的是从一个特定的角度看，白堤与此桥中间似乎是断的。因此，结合历史文化意境，“断桥残雪”可以翻译成“Remnant Snow on the Seemingly Broken Bridge”。这样，异国游客在游到此处时不至于再会担心自身安危了。

再看南京中山陵景区一景点名称的翻译问题。“中山陵”的英译为“Dr. Sun Yat-sen's Mausoleum”，这一翻译并无不妥，但笔者却发现在风景区内的“中山植物园”被翻译成了“Nanjing Botanica Garden Mem. Sun Yat-sen”。这一译法中的后半部分“Mem. Sun Yat-sen”显然错误严重。首先，Mem. 一词为 memorial 的缩写，意思是“纪念堂”或“纪念馆”，并非是“陵墓”（Mausoleum）的意思，但是，“中山陵”之所以得名是因为这里是中国民主革命的伟大先行者孙中山的安息之地。再者，Mem. Sun Yat-sen 这一表达中的另一问题是 Sun Yat-sen 之前没有加上表示对孙中山这位伟人足够尊重的 Doctor（博士）的缩略形式 Dr.，而我国官方在用英文宣传介绍孙中山的时候从来都是将其尊称为 Dr. Sun Yat-sen，“中山陵”的官方英文译名 Dr. Sun Yat-sen's Mausoleum 也即由此而来。最后，Nanjing Botanical

Garden Mem. Sun Yat-sen 这一英文名称明显由两部分组成，即 Nanjing Botanical Garden 加上 Mem. SunYat-sen，但是，这样的排列顺序却无法让人辨明它们之间的关系，因为这两部分之间缺乏必要的修饰手段作为联系纽带，而按照名称排序的一般先后顺序，甚至有可能会被误解为“中山陵”是属于“南京植物园”的一个下属机构，而事实恰好相反。笔者以为，Nanjing Botanical Garden of Dr. Sun Yat-sen's Mausoleum 才是合乎历史事实与文化传播双重理念的合适译法。

再看一例。黄鹤楼(Yellow Crane Tower)风景区内有个费袆亭，源于人名。据说有个江陵人旬襄在黄鹤楼遇见仙人驾鹤并与之交谈，此驾鹤人就是费袆。这一典故无疑增强了这一景点的文化底蕴，但译文 Feiyi Pavilion 显然过于简单，异国游客也无法领略其中的文化内涵。笔者建议应用增译法，译为“Pavilion of Feiyi, a Crane-riding Immortal”更妥。

最后，看看十三陵的译法。十三陵是明朝迁都北京后十三位皇帝陵墓的总称。考虑到在西方“13”被认为是不幸的象征，是背叛和出卖的同义词，直译会造成西方游客对景点的误解从而无法吸引游客，普遍采用的译法为意译，即“Ming Tombs”。但笔者认为这一译法过于简略，并未真正传播这一景点的文化讯息。13 虽为西方游客所不喜欢，但这一景点地处中国，且为 13 位皇帝陵墓之所在，这一文化信息是不可缺省的，而且此处非一般人葬地，乃皇帝陵墓。笔者建议明十三陵可以译为“Thirteen Emperors' Tombs of Ming Dynasty”。上述多例旅游资料翻译的分析与探讨均体现了跨文化传播尤其是理解模式所强调的意义建构与互动协调等特征。“断桥残雪”“中山陵”“黄鹤楼”“十三陵”等无疑都是最具中国文化特色的景点。在进行此类旅游资料翻译实践时，译者必须时时记住自己作为跨文化传播者的使命，不仅要作为母语文化传达者诠释景点名称后的特质文化内涵，也要作为目的语文化理解者从目的语游客的角度，用符合目的语文化表达的方式阐释和再现旅游资料背后的文化讯息。

三、结　语

旅游景点的翻译是对外宣传的窗口，绝非小事。译文需以读者为本，符合英语的习惯表达，并且最大限度地考虑到文化内涵，让国外朋友一看就懂，真正达到对外交流和宣传的目的。在跨文化传播中，人们容易受到先入为主意识的影响，倾向于认为对方也用与自己相同的方式进行思维，用自己的文化标准去理解和衡量对方的文化行为。在旅游资料翻译活动中，作为跨文化传播的中间桥梁，翻译工作者必须了解跨文化传播的特点，明白两种文化在思维方式上的差异，在翻译活动中灵活转换思维方式，以文化传播为基点，选用恰当的翻译策略，做文化传播的使者，让异国游客不仅领略景点的美更能感悟景点文化之魅。本文以跨文化传播理论的理解模式为指导，就我国一些现存的著名旅游资料翻译做了一定的分析与探讨，希冀能抛砖引玉，有更多译者关注旅游资料翻译的跨文化特性，传播更多中国特色文化。

选文三

旅游景点名称翻译的原则与方法

——以庐山等旅游景区为例

桑龙扬

导　言

此文选自《中国科技翻译》2011年第4期。选文共分四部分。第一部分和第四部分分别为引言和结语。第二部分探讨了旅游景点名称的翻译原则，即以读者为中心的原则、规范性原则、译名统一原则和“名”副其实的原则。第三部分聚焦景点名称主要的翻译方法，即音译法、直译法、语义翻译法、替换法、增词法、加注法和异化归化结合法。

1. 引　言

景点名称从属性上是一个称谓和标志，属于公示语范畴。正如我国公示语的翻译存在着诸多问题，许多地方旅游景点名称翻译的问题也相当严重，如语言不规范、译名混乱、未能体现历史文化特色等。因此，景点名称翻译的关键是依据一定的翻译原则，采用恰当的翻译方法。既要体现文化内涵，也需结合语言的表达。

2. 旅游景点名称翻译原则

2.1　以读者为中心的原则

赖斯的学生汉斯·威密尔(Hans Vemeer)创立的功能学派的重要理论“翻译目的论”(Skopos Theory)认为，翻译是有目的的行为活动，译者应根据服务对象的不同，进行有针对性的翻译。他还特别强调，应当把行为发生的环境置于文化背景之中，不同文化又具有不同的风俗习惯和价值观，翻译也并非一对一的语言转换活动。“翻译目的论”为翻译研究提供了全新的视角，对旅游景点名称翻译有重要指导意义。旅游景点名称翻译具有很强的目的性，就是要让外国游客看得懂，听得懂，并且能够认可和接受，能够从中获得中国文化知识。

2.2　规范性原则

规范性一是指语言层面的规范性，即语法、词汇的正确性；二是规约性。“规约性”(罗选民、黎士旺，2006)或者说“严格的规范性”和“标准性语汇”(戴宗显，2005)是公示语的一大特点，景点名称翻译自然不能例外。

目前，景点名称翻译的突出问题是词汇拼写和书写错误，语法错误也相当严重。例如，

(1) 五老朝圣(上饶三清山)Fice old wprshing god,这一景点牌四个词竟然有两个拼写错了。Five 写成了 Fice,worshiping 写成了 wprshing。

南昌滕王阁里有多处浮雕、壁画、漆画和碑文等,还有几处文化娱乐项目,所有名称都配有英文,但拼写和语法错误很多。例如:

(2) 西山待渡图(Someone waited to cross the Rive by west mountain)中 Rive 掉了"r"。

(3) 滕王阁诗序("Botes on Tengwang pavilion" written by Wang Bo, a famous poet in Tang Dynasty)中的 Botes 可能是 Notes 的误写,pavilion 在这里是专有名词,p 应该大写。

(4) 百蝶百花图(A hundred flowers in bllom and a hundred butterflies was dancing in the air)是悬挂在滕王阁西厅的磨漆画的名称,如果直译应为"A Hundred Flowers are in Bloom and a Hundred Butterflies are Dancing in the Air",原译既有单词拼写错误,也有明显的语法错误。

2.3 译名统一的原则

译名统一原则有两层意思,一是要避免一名多译,二是外形和内涵相近的景点名称的译名应该统一。在江西省众多景区内,译名不统一、一名多译现象比较普遍。上饶的"三清山"有的译成"Mount Sanqingshan",有的译成"Sanqing Mountain"。庐山有四种译名:"Lu Mountain","Lushan Mountain","Mount Lu","Mount Lushan"。权威的译名应该是"Mount Lushan"。"龙虎山"在三个不同的场合目前就有三个不同的译文,如"Dragon and Tiger Mountain","Dragon tiger Mountain"和"Long Hu Mountain",应统一为"Dragon and Tiger Mountain。"庐山"三叠泉"竟然有"Three Steps Waterfall","Sandie Spring"和"Sandie Water Fall"三个不同译名,应该采用"Three Steps Waterfall"为好。就连我国最大的淡水湖鄱阳湖在几种出版物上也分别有"Poyang Lake"和"Boyang Lake"等不同拼写。正确拼写应该是"Poyang Lake"。

黄鹤楼、岳阳楼、滕王阁和蓬莱阁是古代四大名楼。从历史记载和用途来看,这四座楼基本功能大体相当,目前的建筑布局和风格也基本相同。但"黄鹤楼"和"岳阳楼"中的"楼"官方译为"Tower","滕王阁"和"蓬莱阁"中的"阁"大都译为"pavilion"。其实,不管是"楼"或者"阁",英美等国未必有与我国完全相同的建筑物。但"tower"的意义更接近我国四大名楼的意义,我国四大名楼都应统一译为"tower"。

2.4 "名"副其实的原则

在我国目前使用的旅游景区景点名称中,尚存在着输出语和母语之间意义不对等的现状。中国译者按照中文的思路翻译出景点名称,在表面上看是不存在词语使用错误和语法搭配等错误的,但翻译后的意思与母语所表达的意思是大相径庭的。在九江的白鹿洞书院内,有为数不少的历史文化遗迹。作为景点,都有中英文对照的名称和牌示解说词。但由于译者对这些具有历史文化内涵的景点名称没有深入理解,望文生义,没有把真正的含义表达出来,"名"不副实。比如"行台",被直译成"Walking Terrace"。回译就是"行走的台子"。行台在旧时是地方大吏的官署与居住之所,白鹿洞行台是接纳官员和聚会生徒之所,根本不是什么台子,更不是行走的台子。黄庭坚《送顾子敦赴河东》诗"揽辔都成风露秋,行台无妾护衣篝”和《官场现形记》第十八回“其时城内早经预备把个总督行台，做了钦差行辕”都有行台的描写。“行台”可以译成 the Mansion for High Officials and Famous Scholars。

3. 景点名称翻译主要方法

景点名称涉及自然地理名称、自然地理景观、人文景观、历史典故等，形形色色、各种各样，内涵丰富，汉语在表达上也是丰富多彩。有的景点名称既是自然景观，又有人文景观的特征，包含了历史典故，所以必须采取多种译法。一般采取音译、直译、释义和音译、直译、释义相结合的方法，并借助异化翻译和归化翻译方法。

3.1 音译法

凡用人名、地名或诗句中浓缩词命名的景点，名称均可采用音译法，即人名、地名、浓缩词用汉语拼音加通用名意译。将景点名直接用汉语拼音标注，是景点名翻译中最简单的一种，也是最常见的一种。最大限度地保留源语文字的读音，对于扩大景点的影响力有很大作用。但是，在景点名称翻译中单独使用音译的并不多见，大多是用汉语拼音加通名来翻译，即音译＋直译或＋意译结合起来使用，如九江的甘棠湖(Gantang Lake)、浔阳楼(Xunyang Tower)等景点，没有必要表达汉字专名的字面意义，音译即可。应该注意的是，用拼音标注的专名部分不表意，只将其作为一个语素单位，音译一般是合写，如 Nanchang(南昌)，Wuyuan(婺源)。若专有名词词尾的通名是单音节，如江河湖海、园林建筑等，应顾及音韵和英语习惯读法，通常将种类名词作为专有名词的一部分，按专名处理，即先采用音译方法与专名连写，将名字后隐含的“湖”“山”等同时音译出来。双名则不必，如井冈山(Jinggang Mountain)、赣江(Ganjiang River)等。

3.2 直译法

景点名称是专有名词的，一般可遵循英语专有名词翻译的规则，用英语直接代替中文，也称为逐字翻译，如庐山上的黄龙洞(Yellow Dragon Cave)和望江亭(River-Viewing Pavilion)、九江的南湖(South Lake)、狮子洞(Lion Cave)、聪明泉(Spring of Wisdom)等。

3.3 语义翻译

语义翻译也称为释义法，指不局限于单个字、词的意义，而是追求译文与原文所表达意思上的等值。由于汉语词语意义的多样性，有的景点名称意义比较夸张，只可意会，而不能完全按照字面含义理解。比如庐山上的著名景点“锦绣谷”多年来都被翻译成“Brocade Valley”或“Embroidered Valley”。“Brocade”作名词意思是“华锦缎”，作动词意思是“织锦缎”。“embroider”意思是“刺绣”。译者完全按照汉语的字面意思进行翻译，未能表达其真实含义。这里“锦绣”内涵只是表示非常漂亮，如锦缎绣花，否则“锦绣中华”就可能被译成“Brocade China”了。似应译作“Valley of Splendor”或“Gorgeous Valley”。九江鄱阳湖中的鞋山，各种英文标牌和资料介绍都是“Shoe Hill”或“Xieshan Hill”。从字面上看，译者采取的是直译手法逐字翻译，似乎没有毛病。但到现场看，鞋山其实不是山，而是鄱阳湖中的岛屿，因此应译成“Shoe Isle”或“Xieshan Isle”。汉语词汇在描述地名和景点名称时，往往具有丰富的感情色彩，极富夸张性和渲染性。比如“庐山西海”中的海实际上不是海而是水库汇集成的湖，因此只能按照实际含义，译成湖，“庐山西海”应该译为“Lushan West Lake”而不是“Lushan West Sea”，以免引起误解。一定要“名”副其“实”。

3.4 替换法

替换法指用当今的称谓替换历史称谓或者用通俗常用的名称替换不为大众所熟悉的名称。例如，古代九江称为柴桑、浔阳、江州等，如这些地名出现且特指九江这个地方的时候，应用九江替换。庐山别称匡庐，也应该用通俗名称庐山替换。有的景点当以人名为专名的时候，专名部分并不为大众所熟悉，为了简明易懂，名称统一，既不能音译翻译，也不能直译，而应该按照大家熟悉的通用名翻译。例如，关帝庙就不能音译为“Guan Di Temple”或者直译为“Emperor Guan Temple”，应该译为“Guan Gong Temple”。陶靖节祠不能音译为“Taojinjie Temple”。陶靖节指的是陶渊明，所以应该译为通俗名称“Tao Yuanming Temple”。

3.5 增词法

增词法指增加景点名称中原文没有出现的词语，以使含义更明确的方法。比如庐山的美庐，应该补充“别墅”，译为“Meilu Villa”，“白居易草堂”应译为“Poet Bai Juyi's Thatched Cottage”，这样，就交代得很清楚了。

3.6 加注法

加注法包含音译加注(transliteration＋annotation)、直译加注(literal translation＋annotation)。为了表达方便、清晰，使译名更接近汉语声音传递，很多景点名称可以采取音译的方式。这也是目前我国外宣翻译的一个趋势。但音译的缺陷就是无法体现景点名称中所包含的真实意义、文化特色和历史典故。因此，旅游资料、景点介绍和导游口译的时候，可以先用音译或意译表达，然后用加注的方式进行解释，如九江的“周瑜点将台”，可以采取从简的方法，先用“General Zhou Yu's Military Command Platform”，但在牌示解说及宣传资料中再用英语加注，如“a platform on which General Zhou Yu of Wu State in the Three Kingdoms Dynasty, assigned his military men tasks”，这样就不难理解了。

对于大量的自然景观和人文景观名称，大都可以采用加注法。例如，石门涧，可以先用英译＋直译，然后用释义法加注，译为 Shimen Valley (Valley of Stone Gate)，双剑峰 Shuangjian Peak(Peak of Double Swords)，锦绣谷 Jinxiu Valley(Valley of Splendor)等。

3.7 异化与归化相结合

翻译时可一部分用异化法包括音译，一部分用直译和归化法。异化译法(foreign-oriented translation)则可以保留源语中的文化色彩，让目标语读者感受“异域”风格。归化译法(domestication)就是用本土化的陈述来转译异质因素(foreign elements)，亦即用译入语读者易于理解的语言表述译出语的异质文化。

陶渊明《桃花源记》和毛主席诗词中的“桃花源里可耕田”中描写的桃花源，位于九江庐山南麓，现在是一个著名旅游景点，有的资料里将这一景点按照拼音法＋直译法译成了

"Taohuayuan Garden",这一译法丝毫没有反映桃花源所蕴含的文化内容,对外国人而言,字面上也就是普通的园子而已。其实,这个"源"并非"园",而是一个大峡谷。即使按照归化法翻译,译成"Taohuayuan Paradise",也很难体现陶渊明《桃花源记》中的"忽逢桃花林,夹岸数百步,中无杂树,芳草鲜美,落英缤纷"的桃花遍地的美丽景象。桃花源,虽然是自然景观,但文化积淀很丰富。桃花源既可以译为"Peach-Blossom Fountain Valley",也可译为"Peach-Blossom Promised Land"。

4. 结　语

翻译是跨语言(cross-linguistic)、跨文化(cross-cultural)、跨社会(cross-social)的创作过程。翻译的过程不仅是语言转换过程,而且是反映不同社会特征的文化转换过程。在翻译过程中,从文化形象及其内涵方面说,切勿望文生义,一定要查阅相关资料再确定译法。一般来说,要综合考虑多种标准,根据不同的标准采用不同的翻译原则或译法(任小玫,2008:191)。既要简明易懂,又不必完全迁就外文读者而丧失中国文化特色。

【问题研讨】

1. 中英文旅游景点名称各自有何特点?
2. 中文旅游景点名称有哪些分类和结构?
3. 中文旅游景点名称英译应采用何种翻译原则?
4. 旅游景点名称的翻译主要有哪些翻译方法?
5. 简述国内中文景点名称的翻译存在的主要问题,并提出应对策略。

【延伸阅读】

[1] 丁衡祁. 努力完善城市公示语逐步确定参照性译文[J]. 中国翻译,2006(6).
[2] 段玲琍. 贵州省旅游景区英语翻译规范的调查与分析[J]. 贵州大学学报(社会科学版),2007(5).
[3] 高照明,赵建峡. 河南景区景点现场导游英语[M]. 郑州:郑州大学出版社,2003.
[4] 郭建中. 再谈街道名称的书写法[J]. 中国翻译,2005(6).
[5] 李怀奎,李怀宏. 景观标识名称汉译英的语用等效研究[J]. 上海科技翻译,2004(1).
[6] 李丽. 译者可以做什么?——功能翻译理论视角下的旅游牌示英译[J]. 中国科技翻译,2014(3).
[7] 孟俊一. 贵州旅游翻译的跨文化审视[J]. 贵州师范大学学报(社会科学版),2008(4).
[8] 孙利. 语言景观翻译的现状及其交际翻译策略[J]. 江西师范大学学报(哲学社会科学版),2002(6).
[9] 万正方等. 必须重视城市街道商店和单位名称的翻译[J]. 中国翻译,2004(2).
[10] 杨永林. 中文标识英文译法手册[M]. 北京:商务印书馆,2010.

第十二章　中西菜肴翻译研究

导　论

民以食为天，旅以食为先。在“吃、住、行、游、购、娱”旅游六要素中，饮食居于首位。饮食文化不仅可以满足旅游者的多种需求，也可以促进旅游地的经济发展，因此在旅游产业中扮演着重要角色，其作用体现在：饮食可以满足游客的口腹之欲，饮食可以满足游客求新、求异和好奇的心理，饮食文化可以满足游客的文化需要，很多饮食产品可以作为旅游购物品。从这些意义上说，旅游与饮食文化之间是一种相互促进、相互影响的关系。

中国饮食文化源远流长，达数千年之久。由于气候、地理、历史、物产及饮食风俗的不同，逐渐形成各具特色、自成体系的烹饪技艺和风味，其中以鲁菜、川菜、粤菜、苏菜、闽菜、浙菜、湘菜和徽菜“八大菜系”最为有名。菜肴文化可谓是中国饮食文化这座宝库中一颗璀璨夺目的明珠。中国菜肴既注重营养价值，又注重文化氛围，尤其是在菜肴的命名上更是下足功夫。菜肴命名蕴含着丰富的艺术手法，菜肴名称是中华饮食文化的一面镜子。中国菜肴的命名方式与其讲究“色、香、味、形、器”协调统一的理念密切相关。

提及中国饮食文化，许多国外游客对中国食谱和对中国菜的色、香、味、形赞不绝口。品尝美味佳肴是外国游客来华观光旅游必不可少的项目。一个好的中文菜肴译名，不仅能使国外游客产生精神上的愉悦，而且还能勾起他们的食欲，激发起他们一睹为快、一尝为快的冲动。因此，菜肴的翻译成为弘扬中华饮食文化、促进旅游业发展的一个十分重要的课题。

选文一

中式菜肴英译方法初探

陈家基

导 言

此文选自《中国翻译》1993年第1期。选文将中式菜肴名称分成六大类型，即“写实”型、“写意”型、半“写实”半“写意”型、地方风味型、典故型和药膳型，并提出了与之对应的英译方法，即直译法，直译为主、意译为辅，直译＋意译，直（意）译＋解释性翻译，药名“简译”＋注释。

《中国翻译》1990年第5期上刘增羽的文章《中式菜肴英译名亟须审定》一文指出，当前中式菜肴英译译名相当混乱。本文试图就中式菜肴名称的分类及其相应的译法问题做初步的探讨。

中式菜肴历史渊源久远，原料丰富，菜式林林总总。然而仔细分析归纳，中式菜肴名称可大体分成下列几种类型，其英译也可采取几种相应的方法：

一、“写实”型→“直译”法

中式菜肴名称中大部分都是“写实”的，这类名称的特点是真实地描述了菜肴的原料、制作方法及特点。当然，有些名称包括上述三要素，有些只含其一或其二。例如：

火腿鸡片、菠萝鸭片、青椒肉丝（纯原料）；红烧全鱼、笋炒鸡丝（烹调方法＋原料）；肉冻、香酥鸭、五香荷花雀（色、香、味、形＋原料）。

对于“写实”型的菜名，翻译时一般采取“直译”法，直接译出该菜肴的原料、烹调方法及菜肴的特点。例如，火腿鸡片译作 Sliced Chicken with Ham；菠萝鸭片 Sliced Duck with Pineapple；青椒肉丝 Shredded Pork with Green Pepper；红烧全鱼 Braised Fish in Brown Sauce；笋炒鸡丝 Fried Shredded Chicken with Bamboo Shoots；五香禾花雀 Spiced Rice Birds。

1. 烹调方法一般以动词的过去分词形式出现。以下是常见的烹调方法的译法：

煎——pan-fried，fried，sautéed。如煎咸鱼 Fried Salted Fish；蚝油煎鸡脯 Sautéed Chicken with Oyster Sauce；

炒——stir-fried，fried。如炒鸡丝 Stir-fried Chicken；杏仁炒虾仁 Fried Shrimps with Almonds；

炸——deep-fried。如炸春卷 Deep-fried Egg Rolls；

烧——roast（这是唯一不用过去分词的译法）。如烧鹅 Roast Goose；

烤——roast，barbecued。如叉烧肉 Barbecued Pork；烤乳猪 Roast Suckling Pig；

炖、焖——stewed，simmered。如炖鸭 Stewed Duck；油焖笋 Stewed Bamboo Shoots with Soy Sauce;

蒸——steamed。如香菇蒸鸡 Steamed Chicken with Mushrooms;

熏——smoked。如香熏鱼 Smoked Spicy Fish;

填、酿——stuffed。如酿豆腐 Beancurd Stuffed with Minced Pork;酿鲫鱼 Stewed Carp Stuffed with Minced Pork;

白灼、氽——scalded。如白灼基围虾 Scalded Shrimps。

2. 一个菜式中如果有不止一种原料,翻译时一般译作"烹调方式+主料 with 其他配料"。

例如,青椒牛肉丝 Stir-fried Shredded Beef with Green Pepper;笋尖焖肉 Simmered Meat with Bamboo Shoots。

3. 一种菜式中,如采用特别的酱料或作料,可在译名后加上"with/in 酱(作)料"。

油浸鲳鱼 Steamed Pomfret in Oil;蚝油鸡球 Chicken Balls with Oyster Sauce。

4. 有些菜式,烹调方式并不十分重要,可以不译出。如:

蟹粉鱼唇 Shark's Lip with Crabmeat。

二、"写意"型→"意译"为主,"直译"为辅

中式菜肴名称中还有相当一部分是"写意"的。这类名称往往利用菜肴原料的色、香、味、形的特点,烹调方式的特点及造型上的特点,迎合食客的心理,赋予菜肴美丽动听(一般象征如意吉祥)的名字。与"写实"型相反,这类菜名往往不出现原料及烹调方式。初次品尝的食客面对着食谱,往往会感到莫名其妙。例如:

一卵孵双凤——孔府名菜。以两只雏鸡及干贝、笋、口蘑等放入西瓜内蒸熟。

全家福——北京名菜。由二十多种原料和辅料组成,其中主要有海参、鱼肚、鲍鱼、银耳、鸽蛋、干贝、鸡、虾、肉、鱼丸、鸡腰子、猪腰子、冬笋、鲜蘑等。因为常用于节日全家团聚会餐,故名。

龙虎凤——广东名菜。以蛇为"龙",猫为"虎",鸡为"凤"共煮。

"写意"型菜肴名称翻译时一般以"意译"为主。特别是餐厅饭店的菜谱,如果单纯用"直译"的方法,如把"一卵孵双凤"译成 Two Phoenix Hatched from One Egg,外国食客一定会感到莫名其妙。反之,如译作 Chicken Steamed in Watermelon 则简单明了——吃什么,如何制作一目了然。

为了解决意译失去原名的象征、吉祥等意义的问题,可把直译加括号附于意译名后面,让食客去品味其中的乐趣,例如,一卵孵双凤 Chicken Steamed in Watermelon (Two Phoenix Hatched from One Egg);全家福 Stewed Assorted Meats 或 Hotchpotch (Happiness to the Whole Family)。

下面是一些"写意"型菜式的"意译"名:

游龙戏凤——Stir-fried Prawn & Chicken;

雪积银钟——Stewed Mushrooms Stuffed with White Fungus;

龙凤会——Stewed Snake & Chicken;

玉皈禅师——Stewed Potatoes with Mushrooms;

蚂蚁上树——Bean Vermicelli with Spicy Meat Sauce。

三、半“写实”半“写意”型→“直译”+“意译”

这类菜式名称中有一部分是“写意”的，但基本上还知道大体上是吃什么，或者是何种方式加工烹调的，如雪耳汆袈裟（竹荪）、翡翠虾仁（豌豆炒虾仁）、生蒸鸳鸯鸡（广东人称青蛙为田鸡）。

在翻译时一般应采取“写实”部分“直译”+“写意”部分“意译”的方法。例如：

雪耳汆袈裟——Scalded White Fungus with Veiled Lady；

翡翠虾仁——Stir-fried Shrimps with Peas；

生蒸鸳鸯鸡——Steamed Frogs。

四、地方风味型

这类菜肴名称一般突出地名，如成都仔鸡、东江酿豆腐、广东炒饭、四川钟水饺等。

翻译这类菜式名称时一般用下面两种方法：

1. 在菜名前加地名。如：

北京鸭——Peking Duck；

蒙古烤肉——Mongolian Barbecue；

西湖醋鱼——West Lake Vinegar Fish。

2. 在菜名后加 style。如：

成都仔鸡——Stir-fried Spring Chicken，Chengdu Style；

东江酿豆腐——Beancurd Stuffed with Minced Pork，Dongjiang Style。

五、典故型→“直(意)译”+“解释性翻译”

中国饮食文化源远流长，在中式菜肴中，有一部分是由某个人始创，或与某人有关，因而以其名字命名的，如东坡肉、狗不理包子、宋嫂鱼羹、叫花鸡等；有一部分则是与某个历史事件或传说有关而直接以该事件或传说命名的，如佛跳墙、大救驾（安徽寿县名点。传说赵匡胤围困寿县九个月才得以占领，进城后又劳累过度致病。厨师以猪油、面粉、果仁等精制一种圆饼进呈，赵食后不久即恢复健康。赵当皇帝后，赐该点心名“大救驾”）。

这类菜肴名称一般按以下方法译出：

1. 以人名命名的，人名用音译或直译，菜名用直译方法。例如：

东坡肉——Dongpo Braised Pork；

宋嫂鱼羹——Sister Song's Fish Potage；

叫花鸡——Beggar's Chicken。

2. 以传说、典故命名者，按“写实”型菜名译法直接译出该菜式的原料及烹调方法，然后用括号加上该菜名的直译。例如：

佛跳墙——Assorted Meat and Vegetables Cooked in Ember (Fotiaoqiang—lured by its smell，even the Buddha jumped the wall)；

大救驾——Shouxian County's Kernel Pastry (Dajiujia—a snack that once came to the rescue of an emperor)。

3. 由于这类菜式含有很深的文化内涵，短短的菜名翻译无法解释得清楚，笔者赞同刘增羽文中的意见，“在英译名之外再提供一个简短的背景说明”，以便食客在兴趣盎然之中加深对中国饮食文化的理解。

六、药膳型→药名“简译”十注释

药膳是中国古代传统饮食疗法的一种。由于药膳既具有营养作用，又有防病治病、健体强身、延年益寿的医药功效，因而受到广大食客的欢迎，不少餐厅、饭店的菜谱中都包含药膳菜肴；品尝药膳成为“92 中国友好观光年”推出的十四项专项旅游之一。做好药膳菜式名称翻译是一项十分有意义的工作。

常见的药膳菜式有：枸杞粥、龙眼山药糕、双鞭壮阳汤、杜仲腰花、银杏鸡丁、茯苓包子等。

翻译药膳菜名的困难在于除银耳、人参、菊花等小部分药材外，绝大部分中药材并无对应的英文名称。如果直接译成拉丁文学名，如把当归译成 Angelica sinensis，天麻译成 Gastrodia elata，相信绝大多数食客是不会知道它们是什么药物的，更不用说知道它们的疗效及滋补作用了。因而，这类菜名的译法应从简，除少数有相应英文名称或较为熟悉的几种药物外，一般都简单译成 herbs，如天麻炖山鸡可译作 Stewed Pheasant with Herbs，然后将其疗效及滋补作用译出附在菜名后面。

对于某些形象不雅的中药，如“牛鞭”，按字面译成 whips 令人误解，如按实际意思译则有伤大雅且令人倒胃。广州有一家大宾馆的餐厅的菜谱将其译成 ox-tail(采用 euphemism 以求与中文用“牛鞭”的委婉说法相一致)，笔者认为这种做法是明智可取的。

以上仅为笔者一孔之见，希望有更多的翻译工作者开展这方面的研究工作，早日实现中式菜肴英译名的标准化。

选文二

中式菜名英译的技巧和原则

刘清波

导　言

此文选自《中国科技翻译》2003 年第 4 期。选文分三部分。第一部分介绍了中式菜名的英译技巧，即确定中心词、过去分词作前置修饰语、过去分词词组作后置修饰语、介词短语作后置修饰语，以及前置修饰语与后置修饰语并用。第二部分探讨了中式菜名的英译原则，即避虚就实原则、舍繁就简原则。第三部分简述并主张中式菜名应坚持音译原则。

中国菜肴虽按地域划分为八大菜系，但各系菜命名却具有相似的理据。一般来说，一道中式菜的名称主要包含主料、配料、刀法和烹调方式四个方面。从语法结构来看，菜名绝大多数为偏正词组，分别以名词为中心词表示主料、刀法形状，以表示烹调方法、配料和调料的词构成修饰结构。以家常菜"辣子炒鸡丁"(stir-fried chicken cubes with peppers)为例，主料"鸡丁"为中心词，配料"辣子"及烹调方式"炒"为修饰结构。中式菜的命名模式和构词方式使菜名的英译有规可循、有据可依。本文试图揭示菜名英译的一些技巧和原则。

1. 英译技巧

1.1 确定中心词

中式菜一般按主料分为肉类(meat)、素菜类(vegetarian dishes)和汤类(soup)，英译时将主料名称译成相应的中心词。值得注意的是中国厨师擅长使用各种刀法(如切、剁、劈、剔)将鸡鸭鱼肉和蔬菜水果加工成不同形状：块、条、片、丁、丸、卷、丝、末、泥。它们与主料名称一起构成中心词来体现主料的形状，从而展现菜名的美感和技艺。例如，羊肉片/mutton slices，鱼块/fish fillets，猪肉丝/pork shreds，鸡丁/chicken cubes，肉丸/meat balls，蛋卷/egg rolls，牛肉末/beef mince。表示刀法的词可译成动词的过去分词形式。例如，鱿鱼丝/shredded squid，鹅肉丁/diced goose，牛百叶/sliced ox tripe，肉末/minced meat。此外，还有一些用炊具作中心词的菜名，尤其是时下流行的煲类菜，可译成 hotpot 或音译为 huoguo(火锅)。在确定中心词后，接着选择表示烹调方式、调料和配料的词作修饰结构，从而把汉语的偏正词组转化为英语的名词短语。

1.2 过去分词前置修饰语

中式菜的烹调方式繁多，主要有煎、炒、炸、烹、烧、烤、焖、炖、煨、蒸、酱、拌、熏、腌。英译时的一般原则是用相应动词的过去分词来翻译，它在菜名中作前置修饰语。如：

炸鸡卷 fried chicken rolls

红焖肘子 braised pork joint

清炖甲鱼 steamed turtle

干炒牛肉丝 stir-fried beef shreds

叉烧肉 barbecued pork

盐水大虾 salted prawns

涮羊肉 instant boiled mutton

1.3 过去分词词组作后置修饰语

如：

酒烤香肠 sausage roasted in wine

红烧肉 pork braised in brown sauce

姜汁松花 eggs preserved in ginger sauce

烤羊肉串 mutton cubes roasted on spit

鸭焖海参 duck stewed with sea cucumber

1.4 介词短语作后置修饰语

中式菜绝大多数主料、配料和调料都十分明确。翻译时大多用 with 表示配料、in 表示调料构成后置修饰语修饰中心词(主料)。如：

青豆虾片 prawn slices with green beans
松子黄鱼 yellow croaker with pine nuts
陈皮牛肉 beef with orange peel
鲜菇扒鱼柳 fish fillets in mushroom sauce
蚝油菜心 green cabbage in oyster sauce

1.5 前置修饰语与后置修饰语并用

有些中式菜名组合成分复杂，其构成含主料、配料、调料及烹调方式等，翻译时既要用前置修饰语也要用后置介词短语修饰语。如：

炝腰花泡菜 boiled kidney with pickled vegetables
烤桂花鱼 baked mandarin fish in foil
番茄汁填鸭 stuffed duck with tomato sauce
鱼露白肉 boiled pork in anchovy sauce
荷叶燕鸡 steamed chicken wrapped in lotus leaves

2. 英译原则

中式菜的命名除含主料、配料、刀法和烹调方式等直接理据外，还涉及中国历史地理等文化因素。为了提升菜肴的品位和档次，许多菜名文化蕴含丰富，牵涉到人名、地名、动植物名、贵金属和玉石名、自然景色以及谐音词等。菜名的翻译要跨越语言和文化上的双重障碍。想要让英美人确实理解并接受中国菜名，翻译时必须遵循一些相关的原则。

2.1 避虚就实原则

有些菜名通过比喻、联想的方式融合了动植物名称、自然景物甚至成语典故。其独特的文化含义是西方人无法解读的。在这种情况下，通常的做法是避虚就实，将实质性的菜名理据英译，损失其中的一些文化含义。例如，“百鸟归巢”实际上是鸡腿、猪肉、鹌鹑蛋加上竹笋丝的组合，鸡腿、猪肉、鹌鹑蛋象征“百鸟”，竹笋丝表示“巢”。要对等翻译的话，解释上要下一番功夫，而且不符合译名的规范。因此最好根据菜名组合实译为“chicken and pork with egg and bamboo shoots”。在许多星级宾馆的菜谱上都有一些寓意深远的菜名，姑且称之为“文化菜名”(culturally loaded dish names)，它们相当部分是不可译的，所以一般只译其实名。如：

红烧狮子头(红烧猪肉丸) braised pork balls
白云凤爪(白醋腌鸡爪) pickled chicken paws
霸王别姬(甲鱼烧鸡块) broiled chicken cutlets with turtle

金玉满堂(虾仁鸡蛋汤) shrimp and egg soup

凤凰投林(韭菜炒鸡丝) stir-fried chicken shreds with Chinese chives

此外,在中国传统文化中,一些赋予深刻象征意义的高贵植物和晶莹透亮的玉石被用来为一些色泽鲜艳、爽心悦目的菜肴冠名。人们常用“芙蓉”代表“蛋白”,“玉兰片”代替“笋片”,把虾仁、豆腐比作“白玉”,蚕豆、青豆比作“翡翠”,甚至萝卜丝也成了“珊瑚”,豆芽变成了“银芽”。但这种高雅的联想与另一种语言文化是无法相融的,英译的原则只有:实译。如:

芙蓉虾仁 shrimps with egg white

炒玉兰片 stir-fried bamboo shoot slices

银芽炖雪梨 Chinese pear with bean sprouts

琥珀花枝饼 cuttle fish cake with walnuts

2.2 舍繁就简原则

与西餐菜名相比,中式菜名显得过于冗长繁杂,翻译后很难被外国人接受,因此翻译时不必逐字逐意,应力求简明扼要。有的菜名并不强调烹调方式,或者根据主配料的搭配可知其烹制程序,翻译时可将其省去。例如,“莲子薏米炖鸭汤”可译成 duck soup with lotus seeds and barley,省去 stewed(炖),因为汤本来就是“炖”出来的。又如“海参烩双蔬”可省去 braised(烩),译成 twin vegetables in seafood sauce。同样的道理,有些英译菜名可省去调料,甚至可省去配料。如“蒜茸猪红拌时蔬”菜名太烦琐,把“蒜茸”省去,用 spiced 表示其部分语义,译为 spiced pig's blood with vegetables。有一道菜名译得简洁明了,那就是 corned beef(罐头碎牛肉)。corned 的英文释义为 preserved in salt or brine(用盐或盐卤腌制的),在这里涵盖了大量的信息。

3. 音译的原则

应该说菜名的音译在翻译实践中获得了很大的成功,尤其是英译汉。既然“肯德基”(Kentucky)、“三明治”(sandwich)和“沙拉”(salad)能广泛被中国人所认同,相信中国的 jiaozi(饺子)、mapo tofu(麻婆豆腐)同样会被英美人所接受,而不需要把“饺子”翻译 dumpling,再加一串很长的注释。如把“豆腐”译成 bean curd 并不可取,此译名既不准确,也难理解,因为 curd 在英语中是一种“凝乳”(coagulated acidic milk)。由于“豆腐”在华夏文化中根深蒂固、家喻户晓,其音译 tofu 已被收录入英语词典中,成为英语词汇中的一分子。由此可见,对菜名中那些汉文化所特有的词或英译时困难的词,不妨进行音译,如“龙虎斗”(longhudou),“麻辣火锅”(mala huoguo)。

中式菜名的英译是一个不断实践和探索的过程。随着人们生活水平的提高、饮食结构的改变以及中西餐融合趋势的增强,传统中式菜的命名方式将发生变化,由此会给其英译带来诸多不确定因素。但只要我们恪守一些基本原则,就能够不断提高译名的质量。

选文三

中西菜肴命名对比及中式菜肴英译方法探究

卢巧丹　卢燕飞

导　言

此文选自《沈阳农业大学学报》(社会科学版)2008 年第 5 期。选文主体分为四部分。第一、二部分分别介绍了中式菜肴和西式菜肴各自命名的特点。第三部分探讨了中式菜肴英译原则的理论依据。第四部分重点分析中国菜肴的几种英译方法，即直译法、解释加意译法、音译法、借译法。

随着中国旅游产业的快速发展，越来越多的外国人来到中国。2006 年外国人入境旅游达 1.24 亿人次。许多外国游客被中国博大精深的文化吸引的同时，也日益喜欢上了中国的美食。但是外国游客在饭店吃饭看不懂中文菜单而大失所望的事情时有发生。有人把“四喜丸子”简单地翻译为“Four Glad Meat Balls”，意思是“四个高兴的肉团”；“麻婆豆腐”被译为“The Bean Curd Made by the Women Who Has Fleck on Her Face”(满脸雀斑的女人制作的豆腐)，相信这样的豆腐没有几个外国游客会感兴趣。因此，有必要了解中国饮食文化，了解中西菜肴命名特点，在翻译时充分考虑接受者心理，以归化为主，达到功能对等。为中国文化的发展与融入世界文化的大家庭做出一定的贡献。

一、中式菜肴命名特点

中国丰富的饮食文化决定了中式菜肴的丰富多彩。中式菜肴有许多特殊的命名方式，也有着与西式菜肴截然相反的命名特点。在翻译时，人们一定要意识到中西菜肴命名的文化差异，才能达到通畅的交际功能。

(一) 以菜肴的发明者或盛放菜肴的容器命名菜肴

中式菜肴常以菜肴的发明者命名，如“东坡肉”“宋嫂鱼羹”“太白鸭”“张一品酱羊肉”“李鸿章杂烩”。

中式菜肴讲究色、香、味俱全，中国人比西方人更注重盛放食物的陶皿、煲、罐、砂锅、铁板等容器，而这些容器与西式容器是完全不同的。以盛放菜肴的容器命名，如“八珍豆腐煲”“铁板牛柳”“麻辣火锅”“砂锅鱼头”。

(二) 以蕴含吉祥、古诗、传说或趣事命名菜肴

中国是四大文明古国之一，中国的烹饪艺术也是历史悠久，许多菜肴都在诉说着动人的传说或趣事，如“油炸鬼”“它似蜜”“叫花鸡”“过桥米线”“佛跳墙”。在中式菜谱里，以龙、凤、

鸳鸯、如意、芙蓉、翡翠、元宝、荷包等中华民族象征吉祥意义的动植物和象征着荣华富贵的物品来命名的菜名比比皆是，如“吉祥如意”“龙凤呈祥”“游龙戏凤”“步步高升”。一些雅致的菜名取之于中国的古诗，如菜肴“鸳鸯相对浴红衣”：婚庆酒宴的上品，取自唐代杜牧的诗句：“尽日无人看微雨，鸳鸯相对浴红衣”；菜肴“越鸟巢南枝”：欢迎宴会中的一道名菜，取自汉朝的古诗：“胡马依北风，越鸟巢南枝”；菜肴“鹏程万里”：取自李白的名诗：“大鹏一日同风起，扶摇直上九万里”。

(三) 用数字、读音、夸张、拟人等手法命名菜肴

中国人比较喜欢在菜肴中使用蕴含特别意思的数字。只有掌握了菜肴中这些数字的特别含义，英译才能地道，如“一品酱肉”“红烧双冬”“三元鸭”“四喜丸子”“五香牛肉”“六拼”(六种冷菜组成的拼盘)以及“七星鱼丸”“八宝豆腐”“九转大肠”“什锦火锅”。中国人也注重表达形式和读音的美学效果，非常典型的就是精心挑选的四个字菜肴名称，如“椒盐乳鸽”“竹叶子排”“白沙红蟹”“武林熬鸭”。中式菜肴也经常使用夸张、拟人等手法，用来推销各自的菜肴，如“百果年糕羹”“天下第一菜”“千年老蛋”“带子上朝”“母子相会”。为了能有吉祥的意蕴或使食客对历史故事产生联想，中国人往往在菜名中使用双关语，如“霸王别姬”，“别”的发音同“鳖”，“姬”的发音同“鸡”，这道把鳖和鸡放在一起蒸煮的菜就使用了西楚霸王项羽的故事来命名。再如“八仙过海”：“仙”表示神仙，发音同“鲜”，就用“八仙”(八个神仙)来指代“八鲜”(八种可口的配料)。

二、西式菜肴命名特点

西方人的思维模式比东方人要直接明了，西式菜肴中使用的词汇简洁、扼要、明白，菜肴命名比较简单。

(一) 按配料命名

例如，Mushroom Soup(蘑菇汤)、Onion Soup French Style(法式洋葱汤)、Sea Food Soup(海鲜汤)、Clam Chowder(杂烩，蛤与咸肉、洋葱、土豆或西红柿、蔬菜等煨成的浓汤)、Macaroni and Cheese(通心面奶酪)。

(二) 按烹饪法命名

按烹饪法命名即按煎、炸、炒、蒸、煮等命名，再以主要配料为中心词。例如，Roast Beef(烤牛肉)、Steamed Clams(蒸蛤蜊)、Baked Potato(烤土豆)、Mashed Potato(土豆泥)、French Fries(炸土豆条)、Grilled Trout(烤鲑鱼)、Boiled Cabbage(水煮卷心菜)、Fish Fry(油炸鱼)、Fried Pork Chops(炸猪排)、Grilled Sirloin Steak(烤牛排)。

(三) 按菜肴形状或地点命名

按菜肴形状命名，例如，Fillet of Fish(鱼片)、Potato Chips(薯条)、Veal Loaf(小牛肉块)；按地点命名，例如，Yorkshire Pudding(约克夏布丁，英国的一种传统食物，由面粉、牛奶和鸡蛋做成)、New York Steak(纽约牛排)。

三、中式菜肴英译原则的理论依据

Newmark 按不同功能把文章大致分为三类：一是以表达功能（expressive function）为主的文章，二是以信息功能（informative function）为主的文本，三是以呼唤功能（vocative function）为主的文章（Newmark, 2001）。Nida 的功能对等论（functional equivalence）强调翻译的交际功能和读者的反应（Nida, 1993）。以 Vermeer、Nord 等为首的翻译目的论（Skopos theory）学者认为原文和译文是两种独立的具有不同价值的文本，会有不同的目的和功能。原文文本在翻译中只起到提供信息的作用，具体翻译要求取决于目的语文化而不是原语文化环境（Nord, 2001）。从这一观点出发，译者在翻译中完全可以根据译文的预期功能，结合译文读者的社会文化背景知识、对译文的期待、感应力或社会知识以及交际需要等来决定文本处于特定语境中的具体翻译策略和手法。郭建中也谈到文本的类型往往要求译者遵循不同的翻译原则，一些实用性文体的文章，如公告、新闻报道乃至科普著作等，一般可遵循以目的语文化为归宿的原则（郭建中，1998）。菜名翻译是以信息功能和呼唤功能为主的文本。菜肴翻译的目的是让外国朋友了解菜肴的内容，进而“呼唤”起他们吃的欲望。如果把“红烧狮子头”直译成“Braised Lion's Head in Brown Sauce”，外国人看到这样的译文，肯定没有胃口；而把“佛跳墙”译为“Buddha Jumping over the Wall”，外国游客肯定不知所云，这样的翻译就达不到它的目的。因此菜肴英译时，应参照外国菜肴的命名特点，以信息传达为目的，采用归化方法，实现功能对等。具体翻译时应遵守以下原则：注重菜名英译的交际功能，强调接受者需求，即通过译文知道、了解某菜肴的原料、烹饪方法和调味品等，提起食欲。一般原则是：一是翻译时要强调功能对等，而不要太拘泥于字面，为了功能的对等，要对原文进行必要的保留和割舍；二是翻译时要求实避虚，力求简洁，应以目的语文化为归宿；三是中国饮食文化丰富多彩，但最重要的是信息传达的效果。如果可能，也可以兼顾介绍中国饮食文化，达到传播中国饮食文化的目的。

四、中国菜肴英语翻译方法

（一）依据配料、烹饪技巧或辅料直译法

西方菜名一般按配料、烹饪技巧或辅料等命名，中国菜名英译时也可以参照西方菜肴命名特点，简单地译出配料、烹饪技巧或辅料。《每日商报》曾刊登读者为杭州十道大菜翻译英文名的报道，有些读者把“武林熬鸭”译成“The Martial Arts Circles Boil Ducks”（回译为“武林圈煮鸭子”）；将“笋干老鸭煲”翻译成“Tough duck stews the dried bamboo shoots”（回译为“硬的鸭子炖干的竹子”）；还有“白沙江蟹”译为“White Sand Red Crab”；“手撕鸡”译为“Hand Tear Chickens”，这些翻译让老外看了是一头雾水。而椒盐乳鸽、竹叶子排、过桥鲈鱼、钱江肉丝的译文更是五花八门，引人发笑，如“笋干老鸭煲”最大的特点是用文火慢慢煨炖，所以最好译为“Duck Stewedwith Bamboo Shoots and Ham”。“武林熬鸭”译为“Wulin Duck Cooked in Soup”有所不妥。这道杭州名菜起源于南宋，在当时，杭州称为“武林”，但现在外国人可能不知道“武林”是什么地方，因此这道菜可以译为“Thick Duck Soup in

Hangzhou Style”。“过桥鲈鱼”是采用高温油汤烫熟鲈鱼片的方法，突出鲈鱼肉质滑嫩的特色，所以可以译为“Perch Slice in Boiled Soup”。“钱江肉丝”译文“Stir-Fried Pork Shreds with Wild Rice Stem”中的“Wild Rice Stem”令人费解，可以改译为“Fried Griskin Shreds in Spicy Sauce”。“手撕鸡”的特点是皮脆肉酥，撕而食之，“手撕”译成“hand-tear”肯定不妥，而“Shredded Chicken”的意思是已切碎或撕碎的鸡肉，与原菜名不符。实际上这道菜强调的是鸡肉的酥脆，所以可以简单译为“Tender Chicken Dipped in Soy Sauce”。包含烹饪技巧、原料或辅料、调味品的中式菜肴，可以直接译出其组合元素，以主要原料为中心词。例如，冬菇菜心（Green Cabbage with Mushrooms）、青椒肉丝（Fried Shredded Pork with Green Pepper）、虾仁豆腐（Braised Bean Curds with shrimps）。中式菜肴名称讲究“雅”。许多原料做成菜以后，便以行话、隐语出现，这时只需用意译法将其涉及的原料、调味品和烹饪法等介绍给外国朋友，如积雪银钟（Stewed Mushrooms with Tremella）、烂糊肉丝（Deep-braised Chinese Cabbage with Pork Shreds）、椒盐排骨（Fried Spareribs with Pepper and Salt）。

（二）依据配料、烹饪技巧或辅料解释加意译法

中国人喜欢用明喻、暗喻、夸张和双关等手法来命名，这些词汇应该意译以使外国朋友更容易理解。例如，红烧狮子头（Large Meat Balls Braised in Brown Sauce）、翠虾仁（Stir-Fried Shelled Shrimps with Green Pepper）、财鸡卷（Stir-Fried Chicken Rolls with Mosses）、麻婆豆腐（Bean Curds with Minced Pork in Chili Sauce）、虎皮肉卷（Meat Rolls Wrapped with Bean Curd Sheets）、金银豆腐（Two-Color Bean Curds）。

中国人注重表达形式和读音的美学效果，因此很多菜肴名都是四个字形式，其中有些词汇是为了朗读时的音感而增加的，对菜肴的意思没有多大影响，所以在英译时往往省略，反而能使菜名简明扼要。例如，八宝锅蒸（Steamed Pudding with Eight Treasures）、水煮肉片（Boiled Pork Slices）、拌辣油菜（Cole with Chili Oil）、墨鱼大烤（Baked Cuttlefish）。

在翻译一些蕴含传说故事以及蕴含吉祥意义的菜名时，可以先把主要配料、烹饪方法等译出，然后直译菜名，以保持中国饮食文化特色。例如，佛跳墙（Stewed Seafood, Chicken, Duck, Pork Trotter, etc.—Buddha Jump over the Wall）、游龙戏凤（Squid with Chicken Strips—The Dragon Playing with the Phoenix）、龙虎斗（Stewed Snake and Wild Cat—The Dragon Fighting with the Tiger）、百花朝凤（Chicken with Fish and Shrimp Cakes Around—A Hundred Flowers Paying Homage to the Phoenix）。

（三）根据中文发音的音译法

一些菜肴和主食只有中国才有，并且具有民族特色，这些词和词组往往被音译，这样也能保留中国原汁原味的文化信息。例如，烧卖（Sui Mai）、炒面（Chow Mein）、汤圆（Tang Yuan）、馄饨（Won Ton）、点心（Dim Sum）。中文“点心”（字面意思是：触摸你的心），已经被音译为“Dim Sum”。虽然不是根据汉语的标准发音进行音译，但是却与广东的地方语言一致，因为这个词汇来源于广东，而广东厨师也把“Dim Sum”推向了全世界。有些菜名并不是按照标准的发音进行音译，但是它们在英文中已经成为固定用语，受到广泛接受，直接采用音译法即可。另外一些用地名、人名、象声词、地方语来命名的菜肴，为了保持原有特色及风

味，就采用音译的方法，如龙井虾仁(Shrimps with Longjing Tea)、北京烤鸭(Beijing Roast Duck)、东坡肉(Dongpo Stewed Pork)。

(四)“移花接木”法

为了更简单、有效地传递中式菜肴的信息，翻译有时采用西方人熟悉并了解的菜名或主食名来译部分中国菜名与少数主食，因为它们之间有许多相似之处，可以借为我用，这样的译文会更加通俗易懂并容易被接受。例如，八宝饭(Eight treasure rice pudding)、烤鸡翅(Barbecued chicken wing)、凉拌芦笋(Fresh asparagus salad)、鸡肉串(Teriyaki Chicken Stick)、盖浇面(Chinese-style Spaghetti)、锅贴(Pot Stickers)。布丁、烧烤、沙拉等都是西方人非常熟悉的词汇，“Teriyaki”一词是从日语来的借用词，即“烤”的意思，该字在美国的餐馆里十分流行。另外，“Spaghetti”源自意大利语，其含义与吃法恰巧与我们的“盖浇面”非常相似，外国人都非常熟悉。“Pot Stickers”乃是一种通俗、诙谐的译法，较之呆板的译文“pan-fried dumplings”更显出其幽默而传神。在英译时借用欧洲菜名来翻译部分中式菜名能帮助减少文化差异。

上述几种翻译方法并非孤立，而是相互联系，可以并用的。不管采用哪种翻译方法，译者都要以非常严谨的态度对待每一个菜名的翻译，首先必须弄清楚菜肴的主料、辅料和制作方法，然后仔细推敲定夺，读者反应是检验译文质量的标准。

总之，中国菜肴流派纷呈、丰富多彩，要把菜肴中的字、词、韵、味及文化底蕴在英译中完全对等传达难度很大。译者为了达到特定的交际目的，只能在诸多选择中，对原文进行适当的保留和割舍。功能派和目的派翻译理论为菜名英译提供了一个动态、开放的理论视角。菜名英译应该在中西菜名比较的基础上，带着介绍中国菜肴的目的，参照西方菜名表达习惯，采取归化的方法，达到功能对等。

【问题研讨】

1. 饮食文化在旅游产业中发挥着怎样的作用？
2. 中式菜肴的命名方式有何特点？
3. 与中式菜肴相比，西式菜肴的命名方式有何不同？
4. 英译中式菜肴名称时可以采取哪些翻译方法？
5. 当前中式菜肴翻译存在的主要问题有哪些？应如何解决？

【延伸阅读】

[1] 北京市人民政府外事办公室、北京市民讲外语活动组委会办公室. 美食译苑——中文菜单英文译法[M]. 北京：世界知识出版社，2012.
[2] 冯源. 简明中餐餐饮汉英双解辞典[M]. 北京：北京大学出版社，2009.
[3] 黄海翔. 中式菜名英译的技巧和原则[J]. 中国科技翻译，1999(1).
[4] 金惠康. 贵州旅游英译——吃在贵州[J]. 中国科技翻译，2000(3).
[5] 刘彩霞. 民族特色菜肴翻译研究——以苗族菜肴为个案[J]. 中国翻译，2015(1).

[6] 刘萍. 中式菜肴名称的口译[J]. 中国科技翻译,2003(3).
[7] 刘赠羽. 中式菜名英译名亟须审定[J]. 中国翻译,1990(5).
[8] 任静生. 也谈中菜与主食的英译问题[J]. 中国翻译,2001(6).
[9] 文珊. 华人菜名英译的对比研究[J]. 中国科技翻译,2012(2).
[10] 吴伟雄. 跳出菜名译菜谱,食家了然最适度——从省长欢宴英女王菜谱的英译谈起[J]. 上海翻译,2007(4).

第十三章　自然景观翻译研究

导　论

自然景观，顾名思义，指的是自然景色，如美丽的海边、壮丽的山川等；而人文景观是指融合了人文因素的景观，如故宫、敦煌石窟等。与人文景观相比，自然景观具有天然赋存性、地域性、科学性、综合性、审美差异性几个特点。从发生学的角度看，一切自然景观都是大自然长期发展变化的产物，是大自然的鬼斧神工雕造而成，具有天然赋存的特点。地域性指自然景观是由各种自然要素相互作用而形成的自然环境，因此具有明显的地域性特征，如中国风景"北雄南秀"的特征反映了南北自然景观总的差异。同时，自然景观的具体成因、特点和分布，都是有其科学道理的。大多数自然景观都是由多种构景因素组成的，它们相互配合，融为一体，并与周围环境相协调，体现出综合性的特点。此外，只有具备引起人们美感属性的自然景观，只有使观赏者获得美的享受的自然景观，才是自然美的代表。

换言之，自然景观是指由一定美学、科学价值并具有旅游吸引功能和游览观赏价值的自然旅游资源所构成的自然风光景象。陈刚教授所划分的地文景观、水域风光、生物景观和天象与气候景观均属于自然景观，如断层景观、丹霞地貌、冰川堆积体、岛区岩礁、天然湖泊与沼泽、瀑布、泉水、草原、花卉地、野生动物栖息地、海市蜃楼等。

自然景观的旅游介绍主要通过说明性描写和联想性描写形式来表达。在英语和汉语中，对自然景观的说明性描写手法大同小异。而在联想性表达方面，由于中西文化传统、思维方式和审美习惯的不同，对自然景观的联想性描写手法风格迥异：英文行文大多简明实用、语言直白朴实，而汉语行文讲究工整对仗、言辞华美。因此，在翻译自然景观的文字介绍时，译者应充分考虑目的语读者的阅读习惯，坚持内外有别的翻译原则。

选文一

地文景观的翻译

赵友斌

导　言

此文选自外语教学与研究出版社2018年出版的《旅游翻译》第12章第1节。选文首先对地文景观的定义做了简要概述，然后通过翔实的译例，分析翻译过程中译者对原文的具体处理技巧，如增益法、词序调整、选词等方面的灵活运用。

地文景观旅游资源是指由于各种自然力或地质作用而产生的具有一定的美学价值、科普教育价值、探险健身价值、文化价值等的自然资源。它包括山川名胜、岩溶景观、风沙地貌、海岸地貌以及特异地貌等。请看下面四个例子：

例1：

Cape Breton Highlands National Park stretches across the northern part of Nova Scotia's Cape Breton Island, embracing the best the island has to offer. Flanked on the east by the Atlantic Ocean and on the west by the Gulf of St. Lawrence, this magnificent preservation of highland plateau offers steep headlands, rich bogs, and windblown barrens (home to rare arctic and alpine plants), crystalline lakes and swift-running streams, sandy beaches, Acadian forests, and deep canyons, made of some of the oldest visible rock on the planet, this rugged land was shaped by uplift, erosion, and Glaciers, beginning between one billion and 345 million years ago. (*National Geographic*)

译文：

布里多尼角国家高地公园位于加拿大布里多尼岛，东临大西洋，西傍圣劳伦斯湾。公园地处该岛最佳位置，方圆覆盖新斯科舍省北部全境。岛上景色壮丽，一派原始山地高原风光：海岬陡峭，泥沼肥沃，深峡幽谷，碧涧清潭，急沙走溪水，沙滩遍海滨。山风呼啸，掠过稀有北极高山植物的家园；林地片片，呈现出阿卡迪亚原始森林。海岛由地球上仅存的最古老岩石构成，3.45亿年到10亿年前经地壳隆起、自然风化和冰川的作用，形成了岛上巨石叠嶂的崎岖山地风貌。(《国家地理》)

原文是典型的英文旅游景点介绍文本，全文表达客观，风格简约，用词简练，极为注重信息的准确性和简明易懂性。如果将原文用直译的方式，以简明直白的汉语翻译出来就会违反汉语的写作传统和审美习惯，使表达显得过于平淡，缺乏文采，破坏读者的阅读情趣，无法起到吸引汉语读者的目的，因而在翻译的时候译者按照汉语的表达习惯，在忠实再现原文信息的基础上，对原文的意思进行引申，采用了汉字的四字对偶结构，将原文的神韵和意境充

分展示出来。具体方法有:

第一,增益法。这是译文最突出的特点。原文中使用了较为平实的表达“steep headlands, rich bogs, crystalline lakes and swift-running streams, sandy beaches”,以传达信息为主要目的。对于英语读者而言,这样简洁的表达足以实现旅游文本的目的。但是在翻译成汉语时,译者采用了汉语的四字对偶结构“海岬陡峭,泥沼肥沃,深峡幽谷,碧涧清潭”,从而赋予译文以美感,迎合了汉语读者的审美需求。

第二,词序调整。为了实现对称的目的,译文将原文中“windblown barrens (home to rare arctic and alpine plants)”和“Acadian forests”的顺序进行了调整,形成了相对较为工整的“山风呼啸,掠过稀有北极高山植物的家园;林地片片,呈现出阿卡迪亚原始森林”表达结构。不仅如此,第一句和第二句中的“Cape Breton Highlands National Park stretches across the northern part of Nova Scotias Cape Breton Island”和“Flanked on the east by the Atlantic Ocean and on the west by the Gulf of St. Lawrence”由于都是对景点的地理位置进行介绍,也在译文中调整了顺序,放在一起,从而更加符合汉语的表达习惯。

第三,选词。汉语的行文讲究骈对仗,音韵俱佳。在翻译时,译者根据汉语表达地理位置时“东濒,西邻,北连,南接”等惯用双字的习惯,将“Flanked on the east by ... on the west by”译为“东临大西洋,西傍圣劳伦斯湾”。

第四,转换。原句中“Made of some of the oldest visible rock on the planet, this rugged land was shaped by”用的是被动语态,体现了注重客观性的特点。在译文中,则由“海岛由地球上仅存的最古老岩石构成……形成了岛上巨石叠嶂的崎岖山地风貌”的表达形式所替代,从而更加符合译文的行文习惯和逻辑结构。

例 2:

Death Valley is one of the most famous deserts in the United States, covering a wide area with its alkaline sand. Almost 20 percent of this territory is situated well below sea level and Badwater, a salt water pool, is about 280 feet below sea level and the lowest point in the United States.

Long ago the Panamint Indians called this place “Tomesha”—the land of fire. Death Valley's present name dates back to 1849, where a group of miners coming across from Nevada became lost, in its inhospitable vastness and their adventure turned to tragedy. Today Death Valley has been declared a National Monument and is crossed by several well-marked roads where refreshments and accommodations can be found easily. Luckily the change created by human settlement has not spoiled the special beauty of this place.

Here nature created a series of amazing, almost lunar landscapes, ever-changing as the constant wind moves the sand about, revealing the most incredible colors. One of the most extraordinary and variable parts of Death Valley is the Devil's Golf Course, where the border between reality and nightmare seems confused. Sand sculptures stand on a ghostly ground, as evening shadows move and lengthen.

The desert is a place where man feels his own impotence and inferiority,

where it is most difficult to make nature submit to this will ...

In fact, the desert reminds one again and again that nature is superior to man, asking the passerby eternally to respect what has been crew nature and inviting him to consider the future in the light of his past mistakes.

译文：

死谷是美国最著名的沙漠之一，大片面积为碱性沙漠所覆盖。几乎百分之二十的谷地远低于海平面。被称为“坏水”的盐水湖约为负海拔 85 米(280 英尺)，是全美最低点。

很久以前，帕纳明特部落的印第安人把此地叫作“托密夏”，即“火之地”。“死谷”的现名源自 1849 年，当时一群淘金者从内华达州横越此地，却迷失于这片荒凉的无垠黄沙，他们的历险之旅成了一场悲剧。今天死谷早已设为“国家保护区”，开通了数条标识清晰的公路穿越其间，沿途各点心店和膳宿可以轻松找到。幸运的是，人在此安营扎寨所带来的变化，却没有破坏死谷那种特殊的美。

大自然在此创造了类似月球上的系列景观，令人惊讶，变幻莫测，如同永不停歇的风将谷地黄沙吹得四处飞扬，展示出最难以置信的各种色彩。死谷最令人称奇、变化多端的景观之一是“魔鬼的高尔夫球场”，那里的场景似乎难以分清哪些是现实，哪些是噩梦。座座沙雕矗立在此地，鬼影幢幢，仿佛每当暮色降临后之阴影在移动、变长。

在此地，人类感到了自己的无能为力并且自惭形秽；在此地，人类很难让自然服从他们的意志……

事实上，这片沙漠一再提醒人类：天尊人卑。任何造访此地的人，请永远尊重大自然所创造的一切！人类应惩前毖后，思考未来。

本文选自大型画册 California，文字文本由 V. M. De Fabianis 撰写。文本翻译涉及文化解读、时空转换、文学性描写以及人文观念等，因而具有一定的难度。译者在处理此类语篇时采用了综合性重写的译法。具体分析如下：

第一，专有名词的灵活译法。文中出现了多个专有名词，译者在处理这些名词的时候采用了非常灵活的处理方法。如：

Death Valley“死谷”(直译；译名出自《简明不列颠百科全书》)；

Badwater“坏水”(直译；据《美国地名译名手册》，也可译为“巴特沃持”。但考虑到上下文的语境，译文“坏水”更能让汉语读者体会到这里环境的恶劣)；

Tomesha“托密夏”(音译，译名保留了原文的异国情调，使读者意识到这个名称出自印第安语；后面附有的解释则让读者明白了该名称的意思)。

第二，归化译法。原文中的计量单位“280 feet below sea level”被转换成了“负海拔 85 米(280 英尺)”，括号中的注释使读者对原文的表达方式一目了然。

第三，增益法。原文的语言平实质朴，在翻译成汉语的时候译者根据汉语的行文习惯进行了增益，以增加译文的文学性。例如，将“inhospitable”译为“荒凉的”，“impotence and inferiority”译为对仗的四字格“无能为力并且自惭形秽”。

第四，选词。译文的选词非常准确。原文中的“miners”结合美国历史可知是指 1849 年“淘金热”之时前往加州淘金的人，因而译成“淘金者”是非常准确的。“monument”原意是指“纪念碑”，但结合语境可知，此处指的是美国联邦政府为保护具有历史和科学价值的文物和地点而划出的地区，译为“国家保护区”就非常恰当了。

第五，语序调整。译者将“Here nature created a series of amazing, almost lunar landscapes, ever-changing as the constant wind moves the sand about, revealing the most incredible colors. ”一句中的“amazing”“ever-changing”“constant”等词汇的顺序进行了调整，形成了“令人惊讶，变幻莫测”这样的四字格结构，可谓音韵俱佳的创造性翻译。

例 3：

庐山的奇峰峻岭，怪石异洞，深峡幽谷，飞瀑流泉，古树名木，与雄浑长江、碧波鄱阳浑然一体，组合成一幅瑰丽多姿的自然图景。千百年来，无数的先贤逸士，文人墨客，辉子道侣，富豪政客，纷至沓来，投身于这座奇秀大山的怀抱。在这幅美妙的自然画卷上，留下了浓墨重彩的一笔又一笔，充分展示着他们对美的意蕴的追求，把那巧夺天工的亭台楼阁，宏大壮观的梅院寺观，精巧奇妙的祠塔桥榭，风格迥异的中外别墅，镶嵌在这奇山秀水当中，与自然景观交相辉映，互为表里，构架形成了一道独具魅力的亮丽风景线。

襟江带湖的优越地理位置，自然景观与人文景观的和谐交融，组合成以庐山为主体，呈环状向四周辐射的风景名胜区。在这座完整的山岳型风景名胜区，散布着远古文化遗迹 20 余处。中古文化遗迹 600 余处，景点 474 处，现存摩崖石刻 900 余处，碑刻 300 余处，它们以瀑泉、山石、气象、植物、地质、江湖、人文、别墅建筑为类型错落在景区内，与长江、鄱阳湖相依，相融，相映，形成了它鲜明的个性和独特的魅力，使人们在与自然的亲和中，随深邃的人文而进入一个崇高的心灵之壤，去认识庐山的真面目。

译文：

Enhanced by the vast waters of the Yangtze River and the Poyang Lake, Mt. Lushan boasts of its beautiful natural panorama filled with peaks, rocks, caves, valleys, waterfalls, woods, etc. It distinguishes itself with many historic remains left by men of letters or marks in Chinese history on the base of its natural landscapes and geographic wonders. Its natural and cultural charms are represented by more than 600 cultural relics, 474 scenic spots, 900 inscriptions on rocky cliffs, 300 tablet inscriptions as well as its architectures both in Chinese traditional and western styles dotted in the mountain's scenic areas.

由于中西方不同的民族文化心理和审美意识，汉英两种语言在旅游景点介绍上往往会采用不同的写作风格。汉语的写作美学一贯强调“意与境混”的上乘境界，追求天人合一，常常追求那种客观景物与主观情感高度和谐、融为一体的浑然之美。景物描写大多文笔优美，用词凝练、含蓄。景物刻画不求明细，讲究“情景交融”，追求一种意象的朦胧美，在语言上讲究四言八句，平行对偶，骈俪铺陈。而英语的写作美学由于受到西方“主客分离”“天人各一”的哲学的影响，主张从文字的角度去客观地再现和描绘外界。在描写景物时注重客观具体，重写实。在语言上注重逻辑严密、行文简洁、上下递进、前后呼应的自然流畅的语言。因而在翻译时主要以英语的表达习惯为规范，对原文进行了“改写”。具体的分析如下。

第一，省略法。第一句“庐山的奇峰峻岭，怪石异洞，深峡幽谷，飞瀑流泉，古树名木，与雄浑长江、碧波鄱阳浑然一体，组合成一幅瑰丽多姿的自然图景”中应用了大量的四字格词语，纯粹是出于汉语行文需要，渲染气氛，感染读者。如果按照原文译出，势必会造成行文堆砌、语义重复、逻辑混乱。因此，译文省略了许多四字格的表达结构，用简单的“Enhanced by the vast waters of the Yangtze River and the Poyang Lake”来翻译“与雄浑长江，碧波鄱阳浑然一体，组合成一幅瑰丽多姿的自然图景”，用“peaks，rocks，caves，valleys，waterfalls，woods，etc”来翻译“奇峰峻岭，怪石异洞，深峡幽谷，飞瀑流泉，古树名木”。同样的译法在第一段第二句中也有所体现。

第二，意译法。第一段第二句由多个分句构成，而且和第一句一样，也有大量的四字格，译文用 27 个单词“It distinguishes itself with many historic remains left by men of letters or marks in Chinese history on the base of its natural landscapes and geographic wonders.”译出了原文 156 个汉字所表达的基本意思。尽管文字不像原文那样优美抒情，却符合英语写实为主的审美需求。

第三，分句与合句译法。原文第二段共有三个句子，内含多个小句。译文将原文译成一句，并对原文的表达顺序进行了调整。用“Its natural and cultural charms are represented by ...”的表达结构作为句子的主体，转换表达视角，将其他信息通过或省略，或调整语序，或转换词性等形式，按照英语的表达习惯进行了改写。

例 4：

中国张家界

张家界是 1988 年 5 月 18 日经国务院批准建立的省辖地级市，辖管永定、武陵源两区和慈利县、桑植县。张家界市位于中国湖南西部，其气候属中亚热带山原型季风湿润气候，年平均气温 16 ℃，全市总面积 4,536 平方公里，总人口 15.24 万人，居住有汉族以及土家族、苗族、白族等少数民族。

由中国第一个国家森林公园张家界、天子山自然保护区和索溪峪自然保护区三大块组成的核心景区叫武陵源。这里保持着长江流域五千年以前原始的、古朴的自然风貌。自然景观兼有泰山之雄、桂林之秀、黄山之奇、华山之险。境内奇峰林立，怪石嶙峋，树茂林丰，溶洞群布，沟壑纵横，溪水潺潺，珍禽竞翔，奇花争妍，藏峰、桥、洞、湖于一体，汇名山大川之大成。被著名园林学家，清华大学朱畅中教授誉为“天下第一奇山”。

张家界在 20 世纪 80 年代初为世人所认识。张家界以独特的自然风景和原始神韵，一展雄姿，成为闻名遐迩的旅游胜地，1982 年被国务院批准为中国第一个国家森林公园。1998 年 10 月，国务院公布武陵源为国家重点风景名胜区。1992 年 12 月 7 日，联合国教科文组织世界遗产委员会批准将武陵源作为世界自然遗产列入《世界自然遗产名录》。2000 年 12 月，武陵源同时获国家 AAAA 级质量认证，并捧回“全国文明风景名胜区”金牌，《国际自然与自然资源保护联盟技术评价报告》中指出：“武陵源在风景上可以和美国西部的几个国家森林公园及纪念物相比。武陵源具有不可否定的自然美。因为它拥有壮丽而参差不齐的石峰、郁郁葱葱的植被以及清澈的湖泊、溪流。”

张家界市旅游资源丰富，除张家界核心景区外，周边景区丰富多彩，市境内有雄伟壮观的天门山，浪漫而刺激的茅岩河漂流，有江南名刹——普光禅寺，有亚洲第一洞——九天洞，有贺龙元帅等历史名人故居，还有当地古朴的民族风情和那惊世骇俗的张家界硬气功，使中外游客兴趣盎然，流连忘返。

经过二十多年的努力，全市已开发旅游区（点）12 个，建成游览线 30 多条，建成景区游道 300 多公里和景区索道两条，张家界火车站已与国内 10 多个大、中城市开通了旅游列车。张家界机场与国内 20 多个大、中城市开通了航班，张家界的邮电通信已达到国内先进水平。全市有饭店 400 多家。床位总数达 3 万多张，其中星级宾馆 20 余家，全市有为旅游服务的旅行社 50 多家。

随着张家界知名度的不断提高。张家界的旅游事业不断发展，旅游设施不断完善。张家界的各族人民正从封闭走向开放，正在加快步伐走出国门，走向世界。

朋友，张家界欢迎您！

译文：

Zhangjiajie, China

Zhangjiajie was approved as a prefectural city on May 18, 1988 by the State Council with the jurisdiction over Yongding and Wulingyuan districts and Cili and Sangzhi Counties. The city is situated in the west of Hunan Province, covering an area of 4,536 square kilometers with the total population of 152,400, and here live some nationalities of Han, Tujia, Miao and Bai. Its climate belongs to a subtropical monsoon humid climate and annual average temperature is 16 ℃.

The main scenic spot is Wulingyuan consisting of Zhangjiajie National Park, Tianzi (Emperor) Mountain Natural Reserves, and Suoxi Gully Natural Reserves, which still preserve the features of primitiveness, simplicity and nature of Yangtze Valley 5,000 years ago. The natural scenery can equal Mount Taishan in magnificence, Guilin in elegance, Mount Huangshan in uniqueness and Mount Huashan in precipice. Professor Zhu Changzhong, a famous horticultural expert at Tsinghua University, once highly praised it as "Number One Miracle Mountain in the World" for its uniqueness of all famous mountains and valleys with the combination of lofty peaks, bridges, caves and lakes; within sight are the forested stone peaks and steep cliffs, densely growing jade-green plants, birds soaring and flowers in full blossom, and the stone caves, valleys and streams which can been seen all over the forest park.

Zhangjiajie got known to the world in the 1980s, and has become a famous tourist spot for its uniqueness of natural features and primitive charm. In 1982, it was granted the name "the First National Forest Park" by the State Council. In October 1998, Wulingyuan was listed as one of the key historical scenic spots by the State Council. On December 7, 1992, it was put into the World Natural Heritage Catalogue by the World Heritage Committee of UNESCO, and in December 2000, certified the State AAAA Quality and awarded a golden medal of "the State-Level Civilized Scenic Resort". It was pointed out in the Technical

Appraisal Report by the Alliance of International Nature and Natural Resources Protection that Wulingyuan can be comparable with some national reserves in the western part of the United States of America. Indeed, Wulingyuan has undeniable natural beauty for its innumerable fantastic rock formations, luxuriant green plants and clear lakes and streams.

Zhangjiajie City boasts abundant tourist resources, such as Tianmen Mountain, romantic and exciting drifts on Maoyan River, Puguang Temple—a famous Buddhist temple in southern China, Jiutian Cave—the number one cave in Asia and here is the former residence of Marshall He Long. And what's more, visitors both abroad and at home are extremely attracted by the simple folk customs and Zhangjiajie hard Qigong performance. Apart from all these, there are some other neighboring scenic spots.

After more than 20 years' development, there are now 12 scenic spots, 30 tourism routes, 300-kilometer-long tourism road and 2 cableways. Zhangjiajie railway station is linked with more than 10 large and medium-sized cities by passenger trains and its airport is connected with more than 20 cities by flight routes. Its telecommunications and postal service are well developed, reaching the total number of 30, 000 beds, among which more than 400 hotels, and also more than 50 travel agencies here.

Zhangjiajie now is becoming well-known to the world so as to improve the development of tourism and the facilities for tourism of Zhangjiajie. Zhangjiajie people are carrying on the reform and open policies and trying their best to play an important role in the world tourism.

Welcome to Zhangjiajie.

原文对张家界景区的介绍，文字表达以平实为主，内容以介绍景点的基本信息为目的，突出了语篇的信息表达功能，翻译的时候以直译作为主要手段。主要的翻译技巧有：

第一，省略法。第一段第一句为"是"字句、"是"字省略未译；同一句中的"省辖"因为有暗示，也被省略。此外，下文中一些华丽的辞藻，如"怪石嶙峋""惊世骇俗""兴趣盎然，流连忘返"等基本上略去。

第二，分句与合句。第一段第二句较长，译文将其切分为两个句子进行翻译，并对句序进行了调整。第二段一、二句合为一句，第二句用一个非限制性定语从句表达。第二段的最后两句存在因果关系，译者果前因后地将其合译为一个长句。

第三，选词。第二段第三句"兼有"译为"can equal"，第四段首句增加动词"boasts"，都显得比较贴切。

第四，夹注。"天子山"的"天子"的翻译采用"音译＋释义"的办法，释义紧随音译，放在圆括号内。

第五，词序调整。第二段的"泰山之雄、桂林之秀、黄山之奇、华山之险"(包括其中的"泰山""黄山""华山")，第四段的"江南名刹——普光禅寺""亚洲第一洞——九天洞"等的翻译，根据英文习惯调整了词序。

第六，转换。一是语态转换。原文第三段的六、七句，第四段的末句，第五段第二句等，由主动语态转换为被动语态。二是直接引语转换为间接引语。原文第三段的直接引语被译为间接引语。三是逻辑转换。原文第六段首句各部分为并列关系，在译文中转换为目的关系。

选文二

建设国际海岛旅游目的地海外营销翻译研究

——以舟山为例

董丽颖

导　言

此文选自《浙江海洋大学学报》(人文科学版)2018 年第 3 期。选文分三部分。第一部分提出建设国际海岛旅游目的地文案翻译营销观。第二部分探讨适用于旅游目的地翻译的营销理念和启示。第三部分从品牌定位、差异推介、情感需求三个方面分析了舟山建设国际海岛旅游目的地海外营销的翻译示例及策略。

一、建设国际海岛旅游目的地文案翻译营销观的提出

据世界旅游业理事会(WTTC)预计，到 2020 年，全球国际旅游消费收入将达到 2 万亿美元，另根据国家文化和旅游部《2017 年全年旅游市场及综合贡献数据报告》，2017 年全年，我国入境旅游人数 13 948 万人次，其中外国人 2 917 万人次，国际旅游收入达 1 234 亿美元。中国不仅是世界上最大的旅游市场，也是世界上最大、最富潜力、最佳的旅游投资市场。

我国乃至世界旅游业的发展态势对舟山的发展意味着巨大机遇。作为我国第一大群岛，舟山拥有丰富的旅游资源和独特的自然人文景观，具有世界特色海岛旅游目的地的潜质。多年来，在国家到地方的共同努力下，为打造国际海岛旅游目的地，舟山每年都举办丰富多彩的国际盛事，包括世界海岛旅游大会(IITCZS)、国际沙雕节、海鲜美食节、观音文化节、国际马拉松、环浙江舟山群岛新区女子国际公路自行车赛，等等，吸引全球目光，扩大舟山旅游资源的国际影响力。《浙江舟山群岛新区(城市)总体规划(2012—2030)》明确提出，将舟山新区建设成为全国性海洋经济先导区和国际性的港口与海岛旅游城市，包括普陀国际旅游岛群，形成世界级佛教旅游胜地，打造世界一流的海洋休闲度假岛群，建设海岛休闲旅游目的地，全面实施海岛休闲度假和佛教文化体验“两轮驱动”，扩大舟山海岛旅游在国内外的知名度和影响力。相关各部门在大事件平台基础上，面向世界推广旅游目的地品牌，融合多渠道的媒体信息投放，如电视台、旅游杂志、机场轮船等交通枢纽和各景点的宣传手册等传统媒体，以及政府官网、旅游官微等新媒体，为全世界游客提供丰富的品牌信息，强化品

牌认知。

据舟山市旅游局的统计数据，2017 年全年接待游客总计 5 507.16 万人次，其中境外游客人数为 34.43 万人次，同比增长仅 1.49%，入境游市场还具有极大开发空间。毋庸置疑，翻译文案的感召力和影响力是旅游目的地国际营销全局决胜的重要因素，这与近年来全球旅游目的地国际营销文案花样翻新的态势相符合。目前舟山国际海岛旅游目的地国际营销工作已颇具规模，下一步需关注旅游营销信息的翻译质量。本文认为，不同于编撰地方志以及地方旅游资源专著的传统翻译策略，处于营销前沿的媒体传播旅游信息翻译模式有必要探索创新路径，鼓励译者利用自身的跨语言与文化素养和商务素养等专业优势，将目的地国际营销理论作为传统翻译方法的有益补充，服务于目的地海外营销的宗旨，适当采用编译与重写策略，从信息与文字层面提升翻译语篇的海外传播力和感召力。

二、适用于旅游目的地翻译的营销理念及启示

（一）目的地国际营销

菲利普·科特勒最早提出“国家营销”理念，认为一个国家、地区也可以像一个企业那样用心经营和营销(Kotler, 1993;2002)。而“目的地国际营销”主张挖掘地方的各种资源，包括自然环境、文化氛围和人居环境等，以国际营销的理念进行宣传推广，营造品牌效应，激发国际游客的向往和度假渴望(Morgan, 2004)。

目的地国际营销的核心是合理定位。在如今全球一体化的背景下，目的地品牌的建设面临着在全球范围去同质化的挑战，有特色的定位和形象塑造能够整合资源。城市的定位和形象的基础，有些来源于人文历史资源，有些则有赖于城市建设和管理的成就，如著名的山西乔家大院所在地晋中市以明清民居建筑为特点建立自己城市的品牌定位；再如，杭州曾先后提出“休闲之都”“住在杭州”，近年又着力打造“电子商务之都”和“创业创新中心”等城市品牌定位及发展战略。

差异化也是目的地国际营销的重要构成，即在现有资源优势基础上，明确品牌带给受众的核心价值。品牌的核心价值是一个地方精神的沉淀，环境、资源、文化、历史和居民等构成要素共同定义目的地内涵。例如，英国北爱尔兰通过高尔夫、骑小型马旅行和远足等各种形式的户外体育活动，让受众亲身体验北爱尔兰品牌的核心价值：“触摸精神，感受热忱。”一个旅游城市将自己推广给目标受众时，要充分利用旅游资源，注重提炼所拥有特质价值，并将定位和价值附着在各种宣传项目和战略规划中加以实施。反面的例子如近年来兴起古镇主题旅游，很多地方盲目追求商业利益，模仿丽江兴建仿古新建筑，千镇一面，特色缺失，旅游体验无非是白天逛街购物，晚上泡酒吧，导致游客审美疲劳。

（二）情感营销

情感营销就是把顾客的情感需求作为企业品牌营销战略的核心，借助情感策略影响顾客的内心。菲利普·科特勒把顾客的消费行为分为三个阶段：量的满足、质的满足和感性的满足(Kotler, 2013)。当前随着经济的发展，顾客需求层次日益提高，消费行为已上升至满足情感需求阶段。情感营销从顾客的情感需要出发，寓情感于营销之中，唤起顾客的情感需

求，赢得顾客心灵上的共鸣。例如，我国乌镇提出的"来过，便不曾离开"旅游宣传语就是情感营销的典型范例，营造出一种宁静安详，令人心生向往的归属感。

三、舟山建设国际海岛旅游目的地海外营销翻译示例与策略

虽然目前还鲜有著述专门研究旅游目的地国际营销传播中的信息翻译效用，但在我国各旅游城市的海外营销实施过程中，这无疑是一个需要重视并亟待改善的环节。国际营销专家菲利普·科特勒曾强调城市信息向目标市场的传递必须便捷有效，以确保潜在顾客对其独特价值和形象的充分认知(Kotler，1993)。在我国城市旅游品牌总体发展水平前十的城市中，天津、北京、深圳、广州、杭州、上海、武汉及成都8个城市入围旅游营销传播前十名，说明营销传播对旅游品牌塑造与培育至关重要。

当前舟山已经通过多种渠道投放营销信息，向海内外宣传当地的旅游胜境。在这一背景下，本文认为海外营销信息在语言翻译中应结合目的地国际营销的理念，对国际海岛旅游目的地远景规划进行生动描画，即全力打造国际著名的海岛休闲旅游目的地和世界一流的佛教文化旅游胜地，以具有个性化和富于感染力的营销语言向目标旅游市场传递信息，触发海外潜在游客对舟山的向往，提升海外营销的影响力。本文拟以舟山市政府官网的旅游版面英译为例，根据前述目的地国际营销相关理念，探索旅游营销文案的翻译策略。

(一) 舟山国际海岛旅游目的地品牌定位的营销翻译示例

目的地国际营销的重点是品牌运营，即环境优势的提炼和升华，应用于旅游目的地国际营销，就是自然风貌与历史文化积淀共同构成的特色旅游资源的高度形象提炼。国际营销大师菲利普·科特勒曾在其专著中就中国地区(城市)营销的提出建议，目的地的附加值在于创造吸引目标群体的明确的额外利益，而目的地越小，其独特的真实价值就越重要(Kotler，2001)。例如位于菲律宾中部巴拉望省库屿市的私人小岛阿曼普罗(Amanpulo Pamalican)专心注重为希望从日常压力中得到解脱的富豪阶层提供服务，长期以奢华与高保密度著称，在网页宣传中着力打造奢华私密的形象"luxury resort"，将其特色描述为"a private island resort in the Philippines ringed by a white-sand beach and coral reefs"(位于菲律宾的私人海岛，拥有白色沙滩和珊瑚礁的度假天堂)，吸引了包括伊丽莎白·泰勒和罗伯特·德·尼罗在内全世界的众多演艺界和商界名人。虽然面临越来越激烈的国际市场竞争，但阿曼普罗始终致力于将"小"做到极致，赢取了度假产业的顶峰。

再如，成都"熊猫快铁·穿越成都"VR宣传片首次亮相欧洲，依托代表城市形象并广受世界各地人民喜爱的熊猫，利用VR技术为当地民众带来一场身临其境的跨国之旅与城市体验，提升当地受众对成都的认知度，是成都城市营销的又一次水平升级。再以香港为例，香港特区政府商务及经济发展局局长苏锦梁将香港旅游品牌定位内涵概括为中西文化荟萃的独特历史与文化旅游体验，同时，各景点仅是咫尺之遥，配合四通八达的交通网络，短短数天已可享有丰富多元的行程。而我们打开香港旅游官方网页，就可以看到对这些独特旅游体验引人入胜的描述：

You don't have to venture far beyond the fast-paced energy of Hong Kong's downtown to discover a slower side to the city. A side that is rich in history, culture and natural wonders. Escape the crowds by trekking on rugged hiking trails, into rural hamlets and along scenic coastline. Experience the city's unique East-meets-West culture by exploring its ancient past and traditional heritage. Whether you're visiting the temple of a "great immortal", roaring with the crowd as the houses thunder to the finish line or rambling on an outlying island, you'll be getting closer to the heart of the real Hong Kong.

无须舟车劳顿即可同时体验乡村风情与城市繁华,尽揽东西文化与历史的交汇,香港的独特气息尽皆渗透在开篇的寥寥数语之中。

毋庸赘言,旅游目的地定位是海外营销的点睛之笔,需要考虑自己的资源优势,基于其不可替代的个性和发展战略,并结合前期市场认知,确定在国际目标受众心目中的形象。按照舟山市战略规划,舟山国际海岛旅游目的地的品牌定位是"海天佛国·渔都港城—中国舟山群岛"主题形象,与舟山的前期海外形象高度一致,并且两方面相促相生,形成强大的国际营销合力。而舟山作为海岛旅游目的地对海外旅游市场感召力的营建,无疑有赖于准确而生动的译文来传达。但查阅相关资料时发现,舟山的各种旅游营销英文信息的翻译尚处于最基本的文字对应阶段,诚然,有些关于舟山形象特质的描述尚需译界深入探讨(如"海天佛国"的英译),但这种现状更多的根源在于我们对翻译在旅游目的地国际营销时的关键作用还没有充分重视,中文宣传文字虽然已极尽渲染之能事,但在翻译中如只进行传统意义上的文字与文化转换,原文魅力必然折损过半,对目标市场的感召力难尽人意,正所谓"言之无文,行之不远",因而,要保持营销文案力,以目的地国际营销的思维对译文进行加工润色是我市旅游资料译者的职责所在。现节选我市政府官方网站的旅游板块英文信息如下:

About Zhoushan

Zhoushan is situated on the southeast of the East China Sea and west bank of north Pacific Ocean, which is a beautiful island city composed of 1390 islands, and featured sunshine, blue sea water, stretches of sand beach and beautiful islands, where are the ideal destinations for you, your friends and family enjoying the leisure vacation.

从旅游目的地国际营销的角度,信息开篇的功能在于在第一时间吸引海外旅游市场的注意力,传递舟山独特的旅游资源,这段文字存在个别欠准确之处,整段介绍总体在内容和语言上过于平淡无奇,对海外游客的感染力自然无从谈起。"blue sea waters"未能描绘海洋资源的丰饶,再如"sunlight""sand beach"和"beautiful islands",这些是所有海岛的共性,而事实上,从世界著名渔场的角度,"fertile"是远比"blue"更适合舟山海域的词汇,所以,译者可以用"the world's most fertile sea waters"来处理此处的翻译,而"beautiful islands"不妨替换为"idyllic and mysterious islands",或者"idyllic oriental islands",可以与"海天佛国"形成更好的照应效果。此外,舟山作为旅游目的地的另一大特色在于禅修,因此"ideal destination"的定位描述建议改写为"for an adventure of self discovery in serenity and inner peace"。

(二) 舟山国际海岛旅游目的地差异化营销翻译示例

众所周知,如今世界上的著名国际海岛旅游目的地已经处于灿若繁星的局面,舟山旅游除了宣传主题资源，还需要关注与其他成熟海岛旅游品牌的差异化营销。美轮美奂的海景风姿，丰富多彩的休闲项目，都还不足以使舟山脱颖而出，因此，译者在旅游信息翻译中要特别重视对舟山独有特质的提炼和润色。

例如，依托中国稳定的政治环境，舟山良好的社会治安与当今世界尤其是亚太地区多地的风云暗涌形成鲜明对照，典型的事例如印尼和泰国，两地都是世界最受追捧的海岛旅游目的地，也都曾遭受政治动荡带来的旅游业滑坡。另如，美国的佛罗里达州在二十世纪九十年代中期曾经经历过一场品牌危机，当地犯罪和袭击外国游人给旅游业带来了很多不利的影响。为了扭转这一局面，专门负责旅游的官员采取了一系列的安全措施防范各种犯罪，特别是在旅游景点集中的地方，警方都加强了巡逻。佛罗里达州甚至还专门召开国际性的新闻发布会，或举办有关打击本地犯罪活动的巡回展览来推广其在治安方面取得的成就。

在查阅舟山的海外历史文献时发现了 Sir James Brabazon Urmston 对其亲历的历史上的舟山(Chusan)社会治安状况这样描写道：

The island is fertile, and contains a dense, industrious, agricultural population, which though more than ten times the number of the Chinese inhabitants of Hong-Kong, requires not one-fifth part of the police establishment for keeping them in order. (Urmston, 1847)

事实上，在舟山市的各种旅游宣传中文资料中，类似“安宁”这样的文字也并没有得到强调。本文认为，译者应该采用编译手段，结合全球旅游目的地当前的发展动态，将舟山安全的旅游环境信息补充进来，例如：

No matter where you are from, welcome to Zhoushan, the most exotic but safest corner in the world, to explore the sea and islands together with the locals of a friendly and peaceful nature, nurtured by the affluent land and their religious beliefs.

作为东南一隅的“海天佛国”，物产丰饶，本地居民生活富足、礼佛向善、勤劳质朴、注重修身怡情的风尚培育出的平静祥和的地域气息在文字中得到充分体现，有助于在海外游客心目中建立对舟山的信任感，对舟山国际海岛旅游目的地的积极形象有极大的助推作用。

(三) 舟山国际海岛旅游目的地情感营销翻译示例

国际营销的实践研究表明，有效地将情感营销活动和顾客个人情感需求联系在一起，转化为品牌价值的认同，是品牌营销的核心内容。(李劲、李锦魁，2005)海岛旅游因其具有远离尘嚣的特点而引发游客情感上的向往：“Islands have a unique tourism appeal related to the feeling of separateness and difference, which can increase the desire for diversity in potential tourists, while in pursuit of leisure, different climates, physical environments and culture. ”(Loureiro, 2015)舟山的独特旅游资源有巨大的开拓空间，前文曾讨论到以幽静和田园化的自然与人文环境唤起海外游客踏上追寻人性回归之旅。我市国际海岛旅游目的地建设规划还提出“挖掘中国好空气、中国好海鲜、中国好渔村等概念，触发旅游欲望”，其中体验渔村风情也是营销亮点之一。舟山得天独厚的自然条件造就了鱼类天堂，加之舟山海洋风光秀丽、气候宜人，成为户外休闲的绝佳所在。这方面的见闻史料在国外也有文字记述，时任英国驻殖民地香港财政司司长(1844—1845)罗伯特·蒙哥马利·马丁(Robert

Montgomery Martin)写道：

The shores around Chusan around with fish, some of excellent quality, such as the pomphlat, sole, seer, salt water trout, herring, rock cod, sturgeons, mackerell, and eel; oysters, and crayfish are in perfection. It is stated that forty thousand fishing vessels arrive annually from different parts of the coast of China, and remain three months fishing off Chusan. "The 'yellow madarin' fishing is analagous to the herring fishery of Great Britain or of Holland. About 300,000 dollars capital is invested in this lucrative trade. Ice-boats attend the fishing-boats off Chusan, and as soon as the fish are caught they are packed in ice, and sent to the most distant parts of the empire." (Martin, 1847)

"渔都"风情是舟山有别于亚太地区其他国际著名海岛的特质，而目前舟山市关于营销信息的翻译仍然局限于铺陈罗列。如：

Zhoushan has long been known as the place to go for the benefits of fish and salt, of convenient marine transport and its rich resources and beautiful scenery. With its unparalleled nature and special geography adding centuries-old history, Zhoushan has not only various landscapes, such as blue sky and sea, green islands, golden sand, white cap, wizard peaks and intelligent stones, but also many human landscapes, cultural relics, war remains, old temples and ancient petroglyphies.

我们认为，推广休闲旅游有必要运用饱含情感因素的营销语言，关注海外目标游客寄托于异国亚热带东方海岛风情的精神需求，强化其对探访舟山的向往。下面我们来探讨一段岱山岛旅游宣传文案翻译实例。原文如下：

岱山岛听海季

逃离都市的喧嚣，钢筋混凝土的冷漠，一起狂欢，一起对海歌唱，一起拥抱，张扬个性，挥洒青春。就在东海边，在岱山岛，留下我们青春的印记。不要迟疑，岱山听海节主题活动形式多样，精彩纷呈，游客可参与不同的活动，充分体验和感受岱山的秀美海岛风光和深厚的海洋文化底蕴。

Daishan Chanson of the Sea

The mind is eager for an escape from the bustle and hustle of the city? The heart is hungry for a retreat from the cold steel and concrete? Come to Daishan Island on East China Sea and set free the self and youth in you! It's the right time to sit by the sea and listen to the healing melody of waves. Yet you will never feel bored. Be a child again and have fun in the hors d'oeuvres of colorful activities with a variety of themes. Your footprints on the beach will record your love story with the dreamy world of sea, island and culture!

中文原文精准捕捉到游客远赴海岛的期待和向往，然而文字上一贯而终的祈使语气缺乏应有的情感渲染，而英语译文摒弃了平铺直叙，在原文信息转换的同时，以燃情的文字描绘人与原生态海景其乐融融的优美画境：探访神秘岛屿，听海浪的声音，自在悠然，在沙滩上礁石边寻觅鱼蟹，重拾童趣，享受激情狂欢，这些倾注情感的语言对于海外潜在游客的精神诉求具有更强大的情感撼动力。

如今全球旅游业蓬勃发展,许多著名海岛旅游目的地正遭遇游客的审美疲劳期,中国作为旅游资源大国备受海外旅游市场瞩目,舟山旅游适逢崛起的大好时机。综合全文议述,我们建议译者结合目的地国际营销理论的重要观点,切实做好舟山建设国际海岛旅游目的地的国际营销翻译,如在品牌定位方面,对“海天佛国”“禅修胜地”相关的文字精心雕琢,描绘休闲放松、远离尘嚣的东方海岛灵境;在差异化营销方面不局限于原文,从史料与现代记录中提炼补充舟山特质和风姿的信息,并通过译文的遣词用字着力突显舟山独有的丰饶、静谧以及居民礼佛向善等鲜明的地域品格;在情感营销方面,译文的文字宜摒弃平铺直叙,极致追求生动和画面感,以入心至灵的情感笔触刻画出渔都文化、禅修文化等具有舟山风情的游客期待体验,提升舟山作为国际海岛旅游目的地的品牌感召力。

选文三

旅游景点翻译亟待规范

王秋生

导　言

此文选自《中国翻译》2004 年第 3 期。选文针对南京雨花台烈士陵园景区的翻译错误进行了分析,围绕雨花石博物馆、二忠祠、忠魂亭、梅廊、御碑亭、江南第二泉、雨花石之歌雕塑、烈士群雕塑的英译问题展开了资料查询,并提供了参考译文。

近日出差到南京,顺便游览了全国最大的烈士陵园——雨花台烈士陵园。陵园内郁郁葱葱,幽静恬然,景色宜人,相信烈士们一定会在这里安息的。但除了瞻仰烈士,欣赏美景外,作为一名外语工作者,无论走到哪里,总会下意识地注意到一些英文标识,哪些翻译还有待考究。没想到此次出游还真发现颇多。笔者注意到雨花台景区很多翻译都不大规范。当然作为一名外乡人给南京提意见似乎有点够做耗子之嫌,况且南京又有那么多的英语权威,好像又有点班门弄斧之疑。但是,出于对英语语言爱好之缘故,笔者只能冒言以教了。

来到雨花台,北门左侧便有一个很大的导游牌,上书“雨花台风景名胜区导游图”(Yuhuatai Scenic Spot Tourism Map),首先说这里的 tourism 一词用得不妥,因为一般我们用形容词 tourist 来修饰别的词构成短语,如 tourist industry 旅游业,tourist attractions 旅游点,tourist guide 导游(或旅游手册)以及 tourist track 旅游路线等。北门右侧有四排大字映入眼帘:全国爱国主义教育示范基地(National Patriotism Education Normal Base)和国家 AAAA 级旅游风景区(State AAAA Grade Scenic Zone)。“全国爱国主义教育示范基地”的翻译有两处不妥,其一是“爱国主义教育”一般译成 patriotic education;其二是“示范基地”译成 normal base 似乎不妥,问了两个外教,他们都不知道是什么意思。因为“示范”

的汉语意思是做出榜样或典范，供人们学习，而 normal 作为形容词的意思是“正常的、正规的、标准的”，即便是在 normal university 一词中，它表示的也是“师范”大学，而不是“示范”大学。那么“示范”到底该用哪个词呢？北门左侧导游牌下由中国保护消费者基金会和中国风景名胜区协会颁发的铜匾上的“全国保护旅游消费者权益示范单位”(National model unit [model unit 首字母应大写] for Trotecting [应为 Protecting] Tourists' Rights and Interests)似乎能给我们一些启示。来看一下 model 作为形容词的意思：“模范的、榜样的”，如 a model student 模范学生、a model farm 模范农场、a model household 示范户。model 一词似乎比较合适，但 model base 这种搭配好像有歧义。因为从网上搜索的结果来看，绝大部分的 model base 似乎都是“模特基地”的意思。那还有没有更合适的词呢？笔者突然想起了 demonstration 这个词，因为当老师的总要给学生做示范。这个词行不行呢？来看一下其例子：a demonstration factory 示范工厂、a demonstration forest 示范林。所以笔者觉得 demonstration 一词比较合适，至少不会引起歧义。“国家 AAAA 级旅游风景区”的翻译也存在问题。“风景区”的译法一般有两种，其一是 scenic zone；其二便是 scenic area。两者哪个地道通过网络搜索器 www. google. com 一搜索便知，搜索 scenic zone 的结果几乎全是中国的网站或非英语国家的网站，如日本，韩国。而搜索 scenic area 的结果便迥然不同，美国网站居多，如 Columbia River Gorge National Scenic Area，Bald Mountain Scenic Area 等。这些牌匾都在雨花台北大门，应该是游客进出最多的地方，给外国人见了，定会雅兴大减。门面是很重要的，应该把它搞清楚。

雨花台景区翻译的最大问题还不是上述的问题，而是同一个景点在两到四个不同地点竟会有两到四种不同译法。两到四个不同地点指的是景区北门入口处的雨花台风景名胜区导游图、烈士群雕塑左前方的雨花台风景区导游图、景区内多处皆有的雨花台风景区功能分布图和景点指示牌。因景点较多，只找出其中有代表性的几个做一比较。

1. 雨花石博物馆

北门导游图：Rain Flower Stone Museum
群雕前导游图：Yuhua Pebbles Museum
景区功能分布图：The Museum of Yuhua Stones
景点指示牌：Rain Flower Pebbles Museum

雨花石的“石”到底该用哪个词呢？先来看一下雨花石的汉语解释：“一种光洁的小卵石，有美丽的色彩和花纹，可供观赏，主要盛产在南京雨花台一带”。再来看 pebble 一词的意思：“small stone made smooth and round by the action of water”，小圆石，卵石。好像从外形来说，这个词比较合适。但雨花石的形状除了圆的，还有其他形状的。但 pebble 一般总是和 beach 出现在一起，或者说总是和水相关的，而且经询问外教得知，pebble 一词在外国人看来有肮脏的含义。因此 pebble 似乎不太合适。最后来看看 stone 一词，它是石头的总称，除了表示一般的石头外，还可以表示 precious stone，即珍贵的石头。综上所述，应该用 stone 更合适些。那“雨花”要不要译出来呢？笔者认为译不译皆可，反正我们得向外国人解释它的来历，光凭名字是说明不了问题的。似乎第三种更可取，因为雨花石毕竟只有中国南京才有，是我们引以为荣的东西，所以还是保留中国说法为妙。但是 Yuhua Stones 后置于 Museum 好像没必要，直接说 Yuhua Stone Museum 是不是更简明呢？

2. 二忠祠

北门导游图：Temple Honoring Faitkful and Upright Officuls（估计应为：Temple Honoring Faithful and Upright Officials）

群雕前导游图：Memorial Temple of Two Loyal Officials

景区功能分布图：Er-Zhong Ci

第一种译法的缺点是用了两个意思差不多的形容词作定语，有点啰唆，毕竟是景点名，越简洁明了越好。第三种翻译中译出了两位大臣的名字，其实没必要。因为和一些美国人聊天得知，他们除了对自己的国家有所了解外，对其他国家可以说是一无所知的。如果他们碰巧知道毛主席，那就是很了不得了。所以干脆不必译出人名，直接说“二忠”即可。所以，笔者认为第二种译法比较到位，一个 loyal 就解决了问题，因为 loyal 的意思是：steadfast in allegiance to one's homeland, government, or sovereign（对自己的祖国，政府或主权无限忠诚的），所以修饰大臣的忠诚该用这个词，而朋友或夫妻之间用 faithful 可能更合适些。

3. 忠魂亭

北门导游图：Zhonghun Pavilion

群雕前导游图：Loyal Souls' Pavilion

景区功能分布图：The Loyal Souls' Kiosk

首先笔者认为还是把“忠魂”（Loyal Souls）二字译出比较好。关于“亭”到底该用哪个词，先来看忠魂亭到底是一个什么样的建筑：用花岗石砌成，主体建筑长、宽各边长 5.8 米，高 8.3 米，尖顶四门方型钢筋混凝土结构。再来看 pavilion 和 kiosk 的解释：pavilion: a light, sometimes ornamental roofed structure, used for amusement or shelter, as at parks or fairs（亭，一种用于娱乐或遮蔽风雨等的轻型的、有时为装饰的有顶结构，如在公园或交易市场）；kiosk: small open-fronted structure, esp. a round one for the sale of newspaper, sweets, cigarettes, etc. eg in a park[小亭（尤指圆形的，如公园内卖报纸、糖果、香烟等者）]。从两者的词义对比来看，pavilion 应该更合适些。综上所述，笔者取第二种译法。

4. 梅廊

北门导游图：Plum Corridor

群雕前导游图：Plum Blossom Corridor

景区功能分布图：The Plum Flower Corridor

第三种译法肯定是不对的，因为 plum 和 flower 是不能搭配到一起的。第一种翻译的缺陷是 plum 既有“梅子”的意思又有“李子”的意思，外国人见了可能会不知我们指的是哪一个。似乎第二种翻译较好，因为 plum blossom 就是“梅花”的意思。但三种翻译的共同问

题是“廊”字的翻译。corridor 的确有“廊”的意思，但 *OED* 对它的解释是：long narrow passages from which doors open into rooms or compartments（有门通至各房间的狭长通道；走廊）。由此可以推断，corridor 一般是指建筑物内部的走廊。而梅廊是建在室外供游客观赏梅花用的走廊，因此 corridor 一词在这里不合适。通过查阅汉英词典查到了 colonnade 这个词，即柱廊。其英文解释是：a structure composed of columns placed at regular intervals，也就是说，colonnade 是指有柱子的走廊。通过查找英语国家语料库，随机检索到 50 条有关 colonnade 的例句，仅举其中相关的几例。

AOL 1348　I watch you freewheeling along a vine-wrapped colonnade, and pause under an archway wrought in stone and lovely with purple flowers ringing in the new light.

ADW 487　A colonnade along the west side above a raised pathway provides a sheltered dais for the chairmen of the popular communities who sat behind a table with two or three microphones.

AEA 80 Garden furniture had been neatly stacked under the colonnade.

AEA 765　Elisabeth knelt on the window-seat and looked out at the ancient trees through the columns of the colonnade.

通过比对，colonnade 用在这里比较吻合。

5. 御碑亭

北门导游图：Imperial Handwriting Tablet of Emperor Qian Long
景区功能分布图：The tablet of Emperor Qianlong's Inscriptions

根据历史记载，乾隆帝先后六次到江南巡游。在驻南京时，三到雨花台游览并题诗。此御碑即为三次题诗的诗碑。第一种译法显然不大妥，因为回译过来就是“乾隆皇帝的书法碑”。第二种翻译较好，因为 inscription 的意思就是 something inscribed, especially words cut on a stone, e. g. a monument, or stamped on a coin or medal，题字，铭文。《现代汉语词典》对“铭文”的解释是：器物、碑碣上面的文字（大多铸成或刻成）。仅摘录英语国家语料库（http://thetis. bl. uk/lookup. html）中的几例以为佐证。

AC7 1071　There was an inscription on the stone, and I paused to read it: Sacred to the memory of John Wetherby Wilson of this Parish then the date of his birth, and of his death, and then a long empty blank.

AHX 896　A judge in De Funiak Springs, Florida, ordered that an inscription of the Ten Commandments on a courthouse wall must be covered during a murder trial, after the defense lawyer argued that the words “Thou Shalt Not Kill” might deprive jurors of their freedom of conscience.

ANB 1230　Inside there is a black marble stone with an inscription stating that entombed below are the remains of Bernabo Visconti transferred from a neighbouring church which was demolished.

B13 797　As the inscription on the stone says:“He loved God and his neighbour.”

6. 江南第二泉

北门导游图:Second Spring of Jiangnan
景区功能分布图:The Second Spring South of the Yangtsa(应为:Yangtze)

咨询了一下外教,了解到外国人一般不知道江南代表什么,一般的汉英词典好像也没有列出这一词条。而大多数外国人都知道长江,所以第二种译法更可取。

7. 雨花石之歌雕塑

北门导游图:Sculpture of the Song of Rain Flower Stone
景区功能分布图:The Sculpture in Praise of the Yuhua Stone

先来了解一下雨花石之歌雕塑的来历:歌颂雨花台风景区的《雨花石之歌》荣获全国旅游景点歌曲大赛第一名,为纪念这一盛事,雨花台风景名胜区与南京市文联青春杂志社、六合烟草公司通力合作,完成了雨花石之歌雕塑,雕塑的基座状如雨花宝石,高3.1米不锈钢制成的白色音符,仿佛吟奏着天籁之乐。由此可见,《雨花石之歌》是歌颂雨花石的,而雨花石之歌雕塑是纪念《雨花石之歌》的,那么第二种译法就是理解错误了。根据笔者前边提到的雨花石的译法,该景点建议译成Sculpture of the Song of Yuhua Stone。

8. 烈士群雕像

北门导游图:Statue of Martyrs' Execution
景区功能分布图:The Sculpture of Revolutionary Heroes on the Execution Ground

烈士群雕像由179块花岗石拼装而成,栩栩如生地再现了九位先烈在就义前英武不屈、视死如归的光辉形象。那么"雕像"到底该用哪个词呢?查词典好像不能解决问题,因为两个词意思很相近,甚至sculpture还包括statue。所以只能咨询外教了。他们解释说,sculpture一般是从艺术角度而言的,而statue常从纪念角度而言。比如他们一致认为毛主席的雕像应叫作The Statue of Chairman Mao。具体例证参见英语国家语料库的检索结果:

AOU 2415　The Statue of Liberty had just arrived from Parris and was being assembled so it was not in New York harbour when they arrived.

ANB 430　Many years after his death, Carlo was sanctified and a successor as Archbishop of Milan-; another member of the Borromeo family, Feferico-; had a statue to him erected near Arona.

APT 1815　In the courtyard is a wooden statue of Hercules from the second quarter of the 18C, attributed to L. Widmann.

EBW 638　In 1893, the citizens of Bassano del Grappa commemorated their most

famous son, the painter Jacopo dal Ponte, known as Bassano, with a statue.

所以这里的“雕像”用 statue 一词更好一些。仅就此而言,第一种翻译是对的。但第一种翻译存在逻辑上的错误,因为人死之后才能被称为烈士,因此烈士陵园可以译为 martyrs' cemetery,但怎么能在被执行死刑之前就叫烈士呢?因为该雕像全称为烈士就义群雕像,那么就这一点而言,第二种翻译又是对的,似乎两者结合到一起就行了。但“群”字好像没译出来。我首先想到的是 group statue 这个搭配,但恐有 Chinglish 之嫌。遂上网检索,查到很多相关网站,仅举其中几例。

网站 1: http://www. let. leidenuniv. nl/saqqara/Excavaton/rmo_objects/Hathor_cow. html

相关信息: This group statue depicts the sacred cow of Hathor protecting two worshippers.

网站 2: http://www. toynk. com/catalog/teenage_mutant_ninja_turtles_leonardo_statue_1968901. htm

相关信息: The statue itself measures 9 inches and around 10 inches with the base. Features an interlocking base so that all four turtles can eb combined to produce a group statue. The other statues have not been released yet.

网站 3: http://www. Museum. upenn. edu/new/exhibits/galleries/upperegypt. html

相关信息: In a case behind the stela is a selection of other objects from the Amarna period, including a beautifully sculpted limestone torso of a young princess, once part of a group statue portraying the loyal family.

网站 4: http://www. vcdh. virginia. edu/lewisandclark/encounter/projects/commemoration/aitken. html

相关信息: As a commentator in the University of Virginia Alumni News wrote, “the group statue will make an imposing scene at the entrance to the University.” (Alumni News v. 10, 1921, 326)

网站 5: http://www. umich. edu/-kelseydb/Exhibits/Womenand Gender/ambi. im. html

相关信息: The statue fragment at left once belonged to a seated human figure with right hand on lap. Although no signs of gender survive, it would have been definitely male or female. Parallels make it clear that it was originally part of a group statue, very possibly representing a husband and wife.

网站 6: http://www. ancient-egypt. org/kings/0406_mykerinos/pair_statue. html

相关信息: This extraordinary group statue was found in 1910 in the Valley Temple of the funeray complex of Mykerinos. It is extraordinary, not only because it has been so beautifully preserved, but even more so because it shows the king accompanied by a woman who embraced him lovingly.

网站 7: http://www. salemhistory. net/events/venus. html

相关信息: A more suitable statue by Salem public vote was created by Avard

Fairbanks of Salt Lake City. Salem's choice is called "Guidance of Youth" and presents a pioneer father with a hoe, a pioneer mother property attired with skirt sweeping the ground and a pioneer youth. This group statue is sited in Bush Park's southeast corner quite off th beaten path.

网站 8:http://nymuseums.com/ps03051t.htm

相关信息:From the Old Kingdom, comes a limestone group statue of a scribe of the granary and his wife and small son. The first major work of Egyptian art ever exhibited in America, this group shows how Egyptians subordinated actual size and proportion to cultural and spiritual needs.

由此可见,group statue 这一搭配尽管在一般词典中查不到,但在国外是被认可且应用的。因此,最佳的译法应为 The Group Statue of Revolutionary Heroes on the Execution Ground。

综上所述,为给外国游客看懂也好,为给先烈们一个交代也罢,雨花台景点的翻译亟待规范。

【问题研讨】

1. 什么是自然景观?
2. 自然景观有哪些属性?
3. 中英文对自然景观的描写有何异同?
4. 将中文的自然景观材料翻译成英文时,译者应该采取哪些翻译方法?
5. 收集一段中文的自然景观介绍及其英文译文进行对比分析。

【延伸阅读】

[1] 陈刚. 导游业务[M]. 北京:高等教育出版社,2000.

[2] 封小雅. 论旅游宣传资料诗词典故翻译的主题信息凸显[J]. 广西民族大学学报(哲学社会科学版),2010(1).

[3] 高存,张允. 旅游文本的英译——问卷调查与策略探讨[J]. 上海翻译,2005(3).

[4] 何建友. 武当山旅游翻译问题及对策研究[J]. 成都理工大学学报(社会科学版),2017(5).

[5] 江碧玉. 英汉旅游翻译的功能语篇对比分析——以伦敦和杭州旅游翻译为例[J]. 浙江工业大学学报(社会科学版),2013(2).

[6] 刘建刚. 旅游资料汉译英典型错误评析[J]. 中国科技翻译,2001(3).

[7] 陶全胜. 旅游翻译规范研究[J]. 安徽理工大学学报(社会科学版),2012(4).

[8] 田传茂. 以湖北三国景点为例谈文化旅游翻译[J]. 中国科技翻译,2010(3).

[9] 王璐. 论旅游景区介绍翻译中的主题信息突出[J]. 长沙大学学报,2012(3).

[10] 熊力游,刘和林. 旅游网页文本的编译策略[J]. 中国翻译,2011(6).

第十四章　人文景观翻译研究

导　论

人文景观，又称文化景观，是指大自然与人类创造力的共同结晶，反映区域独特的文化内涵，特别是出于社会、文化、宗教上的要求，并受环境影响与环境共同构成的独特景观。蒋小兮(2004)认为，人文景观是指历史形成的、与人的社会性活动有关的景物构成的风景画面，它包括建筑、道路、摩崖石刻、神话传说、人文掌故等。人文景观是社会、艺术和历史的产物，带有其形成时期的历史环境、艺术思想和审美标准的烙印，具体包括名胜古迹、文物与艺术、民间习俗和其他观光活动。换言之，所谓人文景观，是指可以作为景观的人类社会的各种文化现象与成就，是以人为事件和人的因素为主的景观。

我国人文景观与华夏文明和中国文化传统息息相关，因此人文景观介绍不可避免地渗透着浓郁的民族气息，包含着丰富的文化意蕴。人文景观的翻译要求译者对源语文化内涵有全面的了解，以避免望文生义，产生翻译失误。在目的语中存在着语义空缺或错位的情况，因此给译者在翻译人文景观介绍时带来极大的挑战。

人文景观区别于自然景观，与人类社会的联系密切，受到当地文化、历史、地理、政治经济、宗教信仰和社会风俗的影响。人文景观的翻译不仅仅是语言形式的对应，还要考虑历史文化赋予该景观的含义，保证翻译在译入语文化中达到信息传达和文化传递的效果。

选文一

旅游文本中的中国古建筑术语英译研究

方　梅

导　言

此文选自《浙江工业大学学报》(社会科学版)2014 年第 4 期。选文分三个部分。第一部分指出中国建筑术语英译存在的问题:由于术语具有多样性和迷惑性,译文往往缺乏统一的标准和指导。第二部分阐述了旅游文本中古建筑术语的英译原则:交际目的原则和简洁明了原则。第三部分重点论述了古建筑术语的英译策略:移译、音译加注释、意译及图文结合。

中华民族在五千年悠久的历史中,创造了灿烂的建筑文化,留下了许多古建筑不朽之作。中国古建筑独树一帜,集中体现了中华民族的精神价值观和审美情趣,是中华文化的重要组成部分,亦是世人了解和学习中国文化的一扇窗口。随着越来越多的中国古建筑被联合国教科文组织列入世界遗产名录,大批遗留下来的古建筑被世人所瞩目,吸引着海外大批学者和游客来中国进行学术交流和观光旅游。随之而来的是关于古建筑介绍文本的英译本数量也日益增多。这些英译本质量的好坏直接影响着外国学者和游客的游览兴致,对能否很好地传播中国建筑文化和中华传统文化起着至关重要的作用。古建筑术语植根于中华文化的土壤,深受中国传统文化和文学底蕴的滋养,其名称往往辞藻华丽、富含修辞;并且由于许多传统施工工艺已然失传,想要对其进行详尽的了解较为不易,因而给译者带来了极大的困难。古建筑术语的英译工作要求译者不仅要具备较高的双语水平,还需具备一定的建筑知识素养。目前仍少有专家学者涉及古建筑术语英译的研究,然而对此的需求却已与日俱增。要准确、生动地将中国古建筑文化介绍给全世界,关于术语英译的研究必不可少。

一、古建筑术语英译存在的问题

在古建筑术语的英译中主要存在两方面的问题,一是由于中文术语本身的多样性和词汇的迷惑性导致英译过程杂乱无章,翻译过程难上加难;二是由于术语英译工作缺乏统一的标准和指导而引起的混乱。(于淼,2013:132－133)

(一) 术语具有多样性和迷惑性

中国古建筑的发展历史悠久,深受不同时代、民族和地区的影响。不同的历史时期对同一建筑构件会有不尽相同的称谓;同时由于我国幅员辽阔,方言众多,不同地区和民族对同一构件亦会有多种称谓,如屋面檐口的瓦在南方被称为“滴水”,而在北方则被称为“瓦当”;徽派建筑中的“美人靠”到了苏州则被称为“吴王靠”。这种由于不同时空造就的建筑术语的

多样性给其英译过程带来了难题。如若多样化的中文术语本身不能得到统一，再对其进行英译，其过程必然会缺乏标准化和规范化，结果也只会更加杂乱(于淼，2013：132－133)。

中国古建筑术语中相当一部分都有很强的文化负载或富含华丽辞藻，如“雀替”“惹草”“吻兽”等术语都具有很强的隐喻性，给译者对原语的理解造成极大的困难，翻译不当亦会给游客带来困惑。同时很多术语所指的结构或样式是中国古建筑独有的，如古建筑中对建筑宽度和深度的描述多用“间”和“进”来表达，如此表达极具中国古建筑特色，在现代建筑和西方建筑中都找不到类似的特点，自然也找不到相对应的英文表达。以上这类迷惑性很强的或是极具中国古建筑特色的术语在英译的过程中很容易被误译或使译者束手无策。

(二) 统一的标准和指导缺乏

目前国内关于古建筑术语英译的著作、书籍甚少。国内介绍中国古建筑的英文专著最早的是1984年出版的由已故著名的中国建筑大师梁思成所创作的中英双语的《图像中国建筑史》，此后有1988年Alison Hardie所译的计成所著之《园冶》，1996年东南大学出版的中英对照《徽州古建筑丛书》系列，以及2009年上海交通大学出版的《江南水乡》《江南民居》和《江南木构》系列译著。此外虽有部分书籍谈到中国古建筑，但都涉及不深，因而译者在翻译术语的过程中，由于缺乏权威的英译书籍或双语词典作为参考和指导，其英译在很大程度上仰仗译者的原创(陈香美，2011：15－18)。例如，“斗拱”一词在不同的英译书籍中会出现“Dougong”“Tou-kung”或“bracket set”多种译法。缺乏统一的标准和权威的指导将使术语英译工作面临更为严峻的挑战。

由于术语的多样性、迷惑性以及在英译过程中缺乏统一的标准和指导，建筑术语英译的过程中出现了多方面的问题。如同样的建筑构件可能会出现不同的英文版本；同一术语会出现一词多译的情况；同时由于术语的迷惑性，并非建筑专家的译者本身都很难弄清楚术语所指的真正含义，因而在翻译过程中常出现误译、漏译或过多使用音译的现象，让读者不知所云，译文交际目的无法得以实现。

二、旅游文本中的古建筑术语的英译原则

笔者认为应该将旅游文本和建筑专业书籍中古建筑术语的英译区别对待。译文的目标受众不同，对译文必然会有着不同期待。古建筑专业书籍的译文目标受众主要为国外建筑专业人士，他们期望通过译本详尽地了解中国古建筑的特点及营造方法等，译文应尽量做到专业和详细。旅游文本则是大众化通俗读物，其译文目标受众为普通外国游客，旅游翻译的主要目的“是要让普通游客看懂并喜闻乐见，从中获取相关的自然、地理、文化、风俗等旅游方面的知识”(贾文波，2012：151)，从而实现其传递信息和诱导游客的交际目的。在翻译旅游文本古建筑术语时，笔者认为应遵循以下原则。

(一) 交际目的原则

功能翻译理论认为翻译行为的目的决定翻译的过程，而决定翻译目的的重要因素之一为预期的译文接受者。旅游文本译文的目标受众是来自各行各业的外国游客，他们教育背景各异、知识储备不同，对景点有着不同的期待。但他们来到景点参观，都是想欣赏中国的

古建筑艺术，进而学习中国悠久的历史和灿烂的文化，包括园林风貌、建筑样式、文化象征、社会历史，等等。然而大部分游客并不从事建筑相关行业，在这些方面的知识储备不多，同时亦不期待学习过于详细和专业的建筑知识。笔者认为在翻译旅游文本中的古建筑术语时，其交际目的应该是帮助外国游客了解该术语所表达的建筑特色及样式，或者该术语所表达的建筑构件的特点、形状和功能。在译文的选择上，译者应尽量避免生僻和隐晦的专业术语，而选用大部分游客能够读懂和接受的词汇，以更好地实现其交际目的。

（二）简洁明了原则

对于译文受众的外国游客而言，他们的知识结构中必然缺乏对中国文化、语言等方面知识的了解，并且由于文化差异，很多建筑样式、装饰和构件是中国古建筑特有的，因而要让目标受众读懂译文，译者在翻译的过程中应充分考虑到他们在相关背景知识方面的缺失以及文化的差异，对原文进行必要的补偿性操作，补充背景知识，进行解释说明，等等。如果要做专业细致的解释说明，有时候一个术语可能需要很长的篇幅；然而由于旅游文本的时效性以及篇幅的限制，译者无法作如此详细的解释说明；同时过多、过细的建筑专业知识会对普通游客造成负担，使游客偏离重要的信息，甚至影响游客的游览兴致。对大部分的普通游客而言，对古建筑的特点、样式或装饰有一个大致的了解便已经足够了。因而在涉及对极具中国特色的建筑术语进行增补性翻译时，译者应尽量做到简洁明了，缩短篇幅。

三、旅游文本中的古建筑术语英译策略

要对中国古建筑术语进行准确、生动、传神的翻译，让游客了解其特点、形状和功能，需要译者熟悉古建筑、查阅相关书籍并掌握适当的翻译策略。通过反复查证、斟酌，尽可能找出易于目标受众接受的译文，以期译文在游客读懂的前提下实现和原文等效的功能。以下是笔者根据自身的经验和研究提出的一些翻译策略。

（一）移译

移译是指借用目的语中相对应或基本对应的词语，即借用英语语言中已有的词来转译旅游文本中的古建筑术语，这不失为一种“拿来主义”的翻译策略（陈亚杰、王新，2011：79－81）。由于文化的普遍性，一些主要的建筑技术和构架在中外建筑中都是存在的。不同的民族对这些共性或者类似的概念会用不同的语言加以描述，在翻译中如果能将它们一一对应，既能够很好地解释清楚原术语的指称含义，又能够为目的语读者所接受，如古建筑中的承重结构“梁”和“柱”便可直接译为“beam”和“column”，虽然中国古建筑中的梁和柱均为木质结构，不同于西方传统建筑中的石材结构，形状也有所不同，但是从功能的角度来说是一致的，因而这样的译法是可以被游客接受的，亦达到了和原文同样的交际效果。同样中国古建筑装饰中的“阴刻”和“阳刻”艺术与西方建筑装饰中的“intaglio”和“relief”在翻译中亦可以互为替代。而对于一些形状特别的古建筑构件，则可以加上适当的修饰成分以对其进行更好的解释说明，如“梭柱”“月梁”可译为“shuttle-like column”和“crescent-moon-shaped beam”；徽派建筑中典型的构件“马头墙”则可译为“horse-head-shaped wall”。

（二）音译加注解

所谓音译，即用相同或相近的语音将原语中的词语表达出来。凡是有中国特色的独一无二的东西大多宜采用汉语拼音音译以最大限度地保留中国传统文化的特色和民族语言的风格（金惠康，2003：152）。每一民族的语言都在各自独特的文化背景下产生，其中都有一些别的民族所没有的、独一无二的词汇，随着跨文化交际的发展，这些词汇多会成为世界性词汇，以音译的方法为各民族所借用，如美国的爵士（jazz）、中国的饺子（jiaozi）以及日本的榻榻米（tatami），等等。音译加注解的方法是指在音译的后面加上必要的注释以传达该建筑术语的指称含义和文化内涵。纽马克认为对一些尚不为他国读者熟悉的文化专有项进行注释是对他国文化的一种尊重（Newmark，2001：83）。由于汉语词汇文化内涵的独特性以及深厚性，再加上中国古建筑的独特性，很多古建筑术语在英语中很难找到相对应的词汇，有些看似对应的译文并不能反映原术语的真实含义，如“间”和“bay”，“进”和“row”。使用音译的方法可以避免直译过程中的混乱以及不恰当的对应，能够最大限度地保留原术语中的文化负载，有利于词汇和文化的传播及保真。随着中国文化对外传播工作的日益发展，这些音译词日渐增多地曝光在外国读者面前，它们会逐渐成为合法的英文词汇，而在初始阶段，其后的注释能够帮助游客了解原文的真正含义。现阶段，中国的古建筑对大部分外国游客而言仍较为陌生，一些极具中国特色的建筑术语仍不为他们所了解，因而在音译的后面大多需加上注解以确保译文的可读性。需要注意的是，注解部分应解释该术语表示的建筑构件或样式的材质、功用和特点等，用词应尽量做到简单易懂，尽量避免太过专业的表达，易于目标受众接受。例如，“木踬”可译为“Mu-zhi”（a wooden piece between the column and the plinth to prevent the columns from moisture，corrosion and earthquake），“斗拱”可译为“Dou-gong”（interlocking wooden bracket set）。

（三）意译

音译加注释的方法固然能够最大限度地展现中国古建筑的独特魅力，保留原术语的文化内涵，提升中国文化和语言的影响力，然而在很多情况下，这种翻译方法却会影响语篇的连贯性，降低译文的可读性。例如，在翻译“宅子有三间两进”时，如果分别对“间”和“进”加以音译再对其进行解释的话，整个句子就会变得支离破碎，国内现有的很多译作则沿用了“bay”和“row”这两个词，如此译法有失偏颇。那么在翻译中应该如何处理这两个词呢？在我国明代园林建筑著作《园冶》（*The Craft of Gardens*）的译著中，Alison Hardie 对“间”采用的是汉语拼音的零译法，后加上注解：“Jian is the measurement of the width and length between beams in ancient Chinese architecture ... ”（刘秀芝等，2008：101）。在学术著作中这样的译法最为严谨，它既保留了原语的风格，同时又通过注解将其具体含义阐释清楚。然而在旅游文本中如此译法过于冗长，并且对于不是建筑专家的普通游客而言，这样的译文会分散他们的注意力，让他们难以掌握主要的景点信息。而在另外一些描写中国古典建筑的英文著作，如在 Keswick 所著的 *The Chinese Garden：History，Art and Architecture* 中，一些国外学者用了“beams of widths/length”来翻译“间”一词（刘秀芝等，2008：101）。这样的译文简洁明了，通过此译文和对建筑物本身的参观，游客能够清晰地了解中国古建筑中“间”的含义。对于“进”一词，辞海中的解释为“房屋分成前后几个庭院的，每个庭院成为一进”，笔者认为其译文可借用“courtyard”一词。因而在旅游文本中笔者建议可将“宅子有三间两进”译为“The residence is composed of three beams in width and two courtyards in depth”。再则，当术语本身已经是以解释说明的方式呈现在原文读者面前的时候，对其进行音译也是没有意义的，如一些描述建筑屋顶形态的术语“重檐庑殿顶”，“单檐歇山顶”等，对它们进行音译只会降低译文的可读性，解释性的意译法是译者的首选。作为译者，我们不可能像建筑师那样精通这些建筑结构，但至少可以在动手翻译前了解清楚这些屋顶的大体形状，然后用意译的方法将其呈现在译文读者面前。例如，以上两种屋顶样式可分别译为“a double-eave hipped roof”和“a hipped gable roof with single eave”(刘秀芝等，2008：101)。

(四) 图文结合

功能翻译理论认为“翻译是基于源语文本的一种翻译行为。这种行为可能包括语言的或非语言的成分(如插图、计划、图标等)”(诺德，2005：15)。在翻译旅游文本中的古建筑术语时首要任务是要让译文读者了解该术语所指建筑样式的特色或所指的建筑构架的形状、特点和功能，而由于术语的迷惑性以及其文化负载含义的丰富，要用一个或者几个简单的英语词汇对其进行描述很多时候是不够的，而用图文结合的方法则可以一目了然地将其特点展现在读者面前，并且能够增强译文的趣味性，吸引读者阅读的兴趣。旅游文本英译的过程中在晦涩的建筑术语边上配以图片不失为一种好的翻译方法。上文中的古建筑屋顶样式，要想更好地介绍中国古建筑屋顶的特色，最好的方法就是配以图片，如在对“重檐歇山顶”进行翻译时可插入如下鸟瞰图。

重檐歇山顶(a hipped gable roof with double eaves)

文字只能给我们以抽象的概念，而加上图片以后，游客就能直观地感受到此类屋顶的样式和特色，更好地吸引外国游客。在各类的旅游宣传册中，我们都能看到类似的图片。如此不仅可以实现译文传递信息的目标，同时还可以实现其吸引游客的交际目的。

要向世界人民推广中国的建筑文化，一个重要的措施就是请海外游客来中国参观、游览，采用文化“体验”的形式了解中国的建筑文化。旅游文本的英译对中国建筑文化的传播至关重要，而翻译中的难点则为建筑术语的准确表达。译者应分析译文的预期交际目的，充分考虑译文目标受众的知识背景和心理期待，灵活选择翻译策略，选择适当的译文，准确、生动地翻译古建筑术语，以促进中国建筑文化的对外传播。

选文二

潮汕地区人文景观翻译初探

聂炎威　原明明

导　言

此文选自《汕头大学学报》(人文社会科学版)2018年第2期。选文分为五个部分。第一部分为引言。第二部分探讨潮汕地区的历史文化特点。第三部分分析了后殖民主义翻译视角与厚译,以及人文景观翻译。第四部分从近似翻译、音译加注释和翻译不足三个方面论述了潮汕地区人文景观的厚译现象,并反观了翻译不足现象,强化了厚译的必要性。最后一部分为结语。通过对汕头八景的翻译分析,作者指出,这些景观的译者有意识地使用了厚译的方法整合语言知识和百科知识,使中国文化渗透到强势的英美文化中,不断争取应有的文化地位;通过对译文进行大量的信息添加,译者希望中国文化逐渐地被接受、理解和欣赏。

我国的旅游资源丰富,既有名山大川等自然景观,也有历史文化类的人文景观。随着旅游业的蓬勃发展,我国每年都吸引了大批外国游客前来观光,这就要求各个景点提供相应的翻译,特别是英语翻译,以迎合来自不同国家和文化的游客的旅行需求。人文景观的翻译不仅仅是语言形式的对应,还要考虑历史文化赋予该景观的含义,保证翻译在译入语文化中达到信息传达和文化传递的效果。本实例研究着眼于潮汕地区的人文景观翻译,探讨在文化转向的框架下,在强势文化与弱势文化的博弈下,如何将各个人文景观翻译成英语,是否呈现一个特定的趋势,以及形成这个趋势的影响因素。

一、潮汕地区的历史文化特点

潮汕地区位于广东省东部沿海地区,被誉为“海滨邹鲁”。因为潮汕地区的沿海之便,在19世纪之前一直是东北亚和东南亚的移民和商业枢纽。1858年10月25日,恩格斯在《俄国在远东的成功》一书中把汕头评价为中国“唯一有一点商业意义的口岸”,可见汕头的地位举足轻重。汕头于1860年被迫开埠通商后,与西方的联系更加紧密。潮汕地区一方面保留着浓厚的中华民族文化特色,一方面呈现出中外文化兼收并蓄的特点。

近代潮汕地区担任了中西交流的重要角色,但也见证着中西文化权力不对等状态下的相互碰撞。1860年汕头开埠通商的时候,中国正遭受外国列强的侵略,是一个半殖民地半封建制的国家。外国文化的引入实质上是一种强行插入的形式,是一种强势文化,与此同时,中国文化是弱势文化,因此西方中心主义是当时的主流。随着中国步入现代,国家的强盛和全球多极化的趋势促使文化从西方中心主义思维向多元思想转变,文化开始以一个平视的角度进行交流。

二、后殖民主义翻译视角、厚译与人文景观翻译

(一) 后殖民主义翻译视角与厚译

在文化导向的翻译理论框架下，翻译不仅仅是从一种语言到另一种语言的转码，更是一项复杂而深刻的文化活动，与政治、经济、文化等因素密切相关。后殖民主义的翻译研究借鉴后殖民的批判话语，主要研究翻译活动中的文化帝国主义、文化中心主义、宗主国和殖民地文化话语权力关系、殖民地国家文化和文化权力身份等因素对翻译策略的影响。其中，宗主国和殖民地国家的概念可以采取较宽泛的定义，即包括一切文化活动中优势力量与弱势力量的对比，尤其是处于强势的英美文化与其他相对处于弱势的文化的对比。本实例研究探讨的译入语英美文化和译出语中国文化正是这样的一个关系。在翻译活动中，由这些弱势文化译入英语，多采用归化的译法，改变译出语文化以迎合英美文化。劳伦斯·韦努蒂(Lawrence Venuti)在由西语译入英语的文本中，观察到大量的归化译法案例。他指出，这种翻译策略的选择，反映了文化中心主义的暴力行动，是不平等交流的体现(Venuti，1995)。我国学者陈历明(2004)在研究中发现，霍克斯对《红楼梦》的翻译也采用了大量归化译法，体现了一种俯视的殖民主义态度；与之相对，杨宪益和戴乃迭的翻译侧重于介绍中国文化，体现了一种平视的视角。

所谓人文景观，是指可以作为景观的人类社会的各种文化现象与成就，是以人为事件和人的因素为主的景观(周春华，2002)。人文景观区别于自然景观，与人类社会的联系密切，受到当地文化、历史、地理、政治经济、宗教信仰和社会风俗的影响。人文景观的翻译要求译者对源语文化内涵有全面的了解，以避免望文生义，产生翻译失误。王佐良说过，翻译者必须是一个真实意义的文化人。为了使译文充分体现源语文化因素，克瓦米·安东尼·阿皮亚(Kwame Anthony Appiah)(1993)提出了厚译的概念(thick translation)，指在翻译过程中充分运用批注、词汇注解等手段，将译文置身于丰富的源语文化和语言环境中。西奥·赫曼斯(Theo Hermans)(2003)从后殖民主义的视角探讨了这一问题，指出厚译可以凸显译者的作用，对抗过度归化的翻译方法，从而避免弱势文化在翻译中被强势文化所同化。目前，国内对厚译的研究主要集中在文学翻译领域，研究普遍肯定了厚译在传播文化中的积极作用。章艳和胡卫平(2011)认为厚译是“文化交流的必经之路”；王雪明和杨子(2012)认为厚译对于弘扬中华文化、传播中华典籍有重要的借鉴意义。在厚译的形式方面，李雁(2014)做了文本外和文本内的划分：文本外厚译主要指各种介绍、图表、图片、评论、注释等；文本内厚译则包括背景翻译、描述性翻译等文内解释或增译方法。

(二) 人文景观翻译

人文景观翻译是一种跨文化交流活动，然而，文化间的强弱、转型与稳定等客观因素对文化交流会造成干扰或影响，导致译者翻译选择的不同(林竹梅，2014)。“翻译并不像人们曾经设想的那样，是‘原文的忠实再现’，相反，翻译过程渗入了权力因素。”(吕世生，2013)“从文化权力关系的视角看，翻译观是对待他者文化心态的直接反映，对待他者文化的心态是文化权力关系现实的产物”(吕世生，2013)。潮汕地区经历了西方文化中心主义到多元文

化的时代变迁，因此对潮汕地区人文景观翻译的研究能揭示背后的强势文化和弱势文化之间的角力。

在中国知网上检索到58篇跟人文景观翻译相关的文章，大多数研究集中在语言功能和文化功能层面，探讨翻译能否实现语言交流和文化交流目的。如王婷(2006)、刘峰(2013)的研究谈论了人文景观翻译中因为对文化欠缺了解导致的误译错译问题。韩孟奇(2008)、张志刚和孙燕燕(2013)等人则讨论了人文景观翻译的指导方向应该是文化导向和游客导向的。这些学者都引用了彼得·纽马克(Peter Newmark)的"诱导型概念"，认为人文文本的主要功能应该是唤起读者去行动，去思考，去感觉。翻译应该传达景点的文化信息，从而吸引游客，而为了让游客更加容易理解，翻译多以归化为主。尹惠、田翠芸(2013)则以翻译适应选择论的角度分析，认为人文景观翻译要顺从适者生存的原则。国内关于人文景观翻译的研究虽然都涉及文化，但是极少数研究是从两种文化互动关系的角度出发，从后殖民主义的视角剖析人文景观翻译策略是否受到文化帝国主义、文化中心主义、宗主国和殖民地文化话语权力关系、殖民地国家文化和文化权力身份等因素的影响。

三、潮汕地区人文景观的厚译

本研究收集了众多翻译范本，包括潮汕地区旅游景点、历史古迹、园林景观、各类建筑、街道店铺中的文本(如名称、介绍、指南、通告、标语等)及其对应英文翻译。在收集的过程中发现大部分的人文景观仅有名称的英文翻译，却没有详细介绍的英文翻译。因此，本论文将重点分析具有详细翻译资料的汕头八景的中英文文本，并以此作为潮汕地区人文景观翻译讨论的切入点。汕头八景的英文翻译刊登在汕头市政府英文网站(http://english.shantou.gov.cn)，是最官方和正式的翻译，体现了最主流的翻译价值取向。对汕头八景翻译的分析讨论，将从不同的厚译方法展开，以揭示译者如何在英文中构建中国文化语境，彰显他者，以抵制英美文化的优越感。汕头八景涉及较多文化负载词和专有名词，主要的翻译方法有近似翻译和音译加注释，而近似翻译又包含了使用通用词、添加限定词、简略翻译和描述翻译四种方法。

(一) 近似翻译

1. 使用通用词

例1：塔山的摩崖石刻"春潮八百里，南国第一州"。

The cliff inscriptions in Mount Tashan, e. g. "the spring tides roll 800 miles in front of the first prefecture in the south".

在描写礐石风景区山景雄伟这一特点时，原文引用了塔山石刻上的诗句"南国第一州"。"州"是古代的一种行政区划分。然而"州"的概念因不同朝代有所变化，如秦朝实行的是郡县制，没有州。西汉设置的州不是行政区域。东汉末年形成了州、郡、县三级行政制度。魏晋南北朝时期州的面积不断减少，数量不断增多。隋唐宋元时期州的概念变得更加错综复杂。因此，译者翻译的时候直接把"州"翻译成现代更通用的 prefecture(行政区域)。"南国"则指的是中国南方，翻译成 the south。

例 2:兵部尚书

Chief of the War Department

兵部尚书是中国古代的一个官职,是六部之一兵部的长官,掌管武官的选用奖惩及兵籍、军械粮草、军令、关禁等。译者使用现代更通俗的词语 Chief of the War Department(军部长官)来近似翻译。

例 3:整个院落由"郎中第""寿康里""善居室"和"三庐"书斋 4 座宅院构成。

The 4 complex houses are Langzhong Mansion, Shoukang Dwelling, Shanju Chamber and Sanlu Study.

陈慈黉故居结合了传统潮汕民居"驷马拖车"和西式洋楼的设计。"驷马拖车"是以中间的大宗祠象征"车",左右两边的次要建筑象征着拖车的"马"。"郎中第""寿康里""善居室"和"三庐"书斋就是陈慈黉故居的"马"。这四座宅院属于传统潮汕民居,名称带有中国独有的建筑物名词。其中"第"指封建社会官僚贵族的大宅子,"里"指居住的地方,"室"指居室、房间,"书斋"指专门储藏书和读书的房间。译者分别翻译为 Mansion,Dwelling,Chamber 和 Study,忠实地传达了原文四座不同宅院的含义。

2. 添加限定词

例 4:游泳跳水馆是汕头最具现代化气息的大型公共体育设施,也是九运会的比赛场馆。

The natatorium is a large public sports facility and the most modernized of its kind in Shantou. It was also a venue for the Ninth National Games.

"九运会"指的是 2001 年举办的中华人民共和国第九届运动会,因此译者在翻译中加上"national"(全国)这一限定词,即 the Ninth National Games。

例 5:故兵墓园

Qing Soldiers' Cemetery

南澳岛另一景点故兵墓园是为了纪念清朝道光至同治年间驻守台湾和澎湖列岛殉职的 199 名官兵。因为是纪念这一批忠心耿耿的清朝官兵,而不是其他时代的官兵,译者特意加上限定词"Qing"(清)使译文更准确。

3. 简略翻译

例 6:七日红革命政权

Seven Day revolutionary regime

中文的"红"代表革命和流血牺牲。七日红革命叙述的是 1927 年 9 月 23 日"八一"南昌起义军进入潮汕地区,顽强抵抗国民党军队的攻击,30 日撤离潮汕的七日革命斗争。译者为了减少赘述,省略"红"字的翻译,概略地翻译成 Seven Day revolutionary regime。

例 7:礐石的风景洞穴幽奥,山岩幽境,石阶通幽,层次幽远,清静幽然,都突出"幽"字。

In Queshi Scenery Area, all the caves, rocks and steps are quiet and peaceful.

磐石风景区的特点之一是幽静，原文使用了不少跟“幽”字有关的词语进行生动描述，语言整齐华丽。中文讲求意境美，通过不同意象的拼接展现景区的清幽。但是英文侧重逻辑，如果逐字翻译成英文，会使译文啰唆拖沓，影响游客的理解。因此译者对“幽”字的五个词语统一概略地翻译成 quiet and peaceful。

4. 描述翻译

例 8：海纳三江，气吞百粤。

absorbing all sources from across the world and exerting an influence over the Cantonese region

磐石风景区的一个特点是雄伟壮观。“百粤”源自“百越”一词，秦汉时期泛指长江以南地区诸多部落，现在多指岭南地区。“气吞百越”即气势磅礴，影响足以覆盖整个岭南地区，因此译者描述性地译作 exerting an influence over the Cantonese region。

（二）音译加注释

例 9：礐，音确（què）。可于《辞海》或《康熙字典》查到此字的二个析义。

The word Que is defined in *Cihai* (*the Grand Dictionary of Chinese Language*) and *Kangxi Dictionary*.

《辞海》是中国最大的综合性词典，具备词典和百科全书的功能。译者添加了注释 *the Grand Dictionary of Chinese Language*。《康熙字典》是康熙年间张玉书、陈廷敬等编的一本词典，则音译为 *Kangxi Dictionary*。

例 10：总兵府

Zongbing Fu (Regional Military Commander's Headquarters)

南澳岛景点之一总兵府是位于深澳镇明清两代南澳总兵的衙署，因此“总”指的是南澳地区，而不是全省或者全国的总兵府。为了避免歧义，译者在翻译注释中加入“regional”（区域的）一词，以指明总兵府的地区含义。

（三）翻译不足

虽然汕头八景的译者使用了各种翻译策略来提供丰富的背景描述，帮助外国游客理解和尊重中国文化，但是译文仍然有不足的地方，具体体现在补充的信息引起歧义、补充的信息不足和关键的信息遭到删减等三方面。

例 11：南澳岛虽隶属粤地，清代康熙二十四年至民国时期，驻扎岛上的总兵府却管制闽粤二省及台湾的海防军务。

However, from the 24th year of the Qing Kangxi Emperor's reign to the Republic of China (1912—1949), the regional commanders stationed on the island were actually in charge of all the coast defense of Fujian and Guangdong Provinces and Taiwan Island.

外国游客一般对中国历朝年代知之甚少，因此译者加上具体年份来填补这一信息差。但是译者加上的年份是 1912 年到 1949 年，这仅仅指的是民国时期，而不是清代康熙二十四年至“民国”时期这两百多年的时间，外国游客极有可能被这一补充信息误导。因此，建议在“康熙二十四年”和“民国时期”两处都加上具体年份以消除歧义，即翻译为“from the 24th year of the Qing Kangxi Emperor's reign (1685) to the Republic of China (1912—1949)”。

例 12：还有带浓郁潮汕民俗气息的双咬鹅广场舞表演和工夫茶道表演。

... and local Shuangyao'e (geese fight) square dance and tea performance are staged in the residence.

双咬鹅舞是汕头澄海的传统舞蹈，用于表现澄海狮头鹅的神态和习性。狮头鹅因头部似狮而得名，体型庞大，有“鹅王”之称，在潮汕地区饮食文化中占有重要地位。然而，译文注释简短，只是添加了“geese fight”，无法解释双咬鹅的意思，也无法传达狮头鹅在潮汕文化中的独特地位，若翻译为“Shuangyao'e costume dance (a traditional local square dance mimicking the lion-head geese fight)”会更佳。

工夫茶道主要指广东潮汕和福建闽南地区的茶道形式，不仅包括沏茶、赏茶、饮茶等步骤，还涉及学习礼仪和修身养性等精神内涵。译者简单地翻译成 tea performance，会使译文丢失部分珍贵的潮汕文化，最好翻译成“Gongfu tea performance (a ritualized ceremony of the preparing and presentation of tea)”。

在文化转向的视角下，翻译活动需要考虑强势文化和弱势文化的互动关系。在两种文化冲突的情况下，译者要么顺应强势的目的语文化，减少源语文化元素，要么彰显文化差异，抵制强势的目的语文化。以上汕头八景的厚译分析反映了译者希望译文忠实于中国传统文化，因此提供了大量文化的解释性内容，使译文置于一个丰富的语境中，给外国游客理解和尊重中国文化提供了一个可能性。然而，译者在添加解释性内容的选择和方法上仍有进步和改进的空间。

在后殖民主义的视角下，翻译不仅是语言形式的转换，更是深刻而复杂的跨文化交际活动，与政治、经济、文化等因素密切相关。潮汕地区经历了殖民社会的变迁，其人文景观的翻译反映了强势文化和弱势文化博弈下的社会价值取向。通过对汕头八景的翻译分析，不难发现这些景观的译者有意识地使用了厚译的方法整合语言和百科知识，使中国文化渗透到强势的英美文化中，不断争取应有的文化地位。通过对译文进行大量的信息添加，译者希望中国文化逐渐地被接受、理解和欣赏。然而，翻译的目的和效果不一定完全契合，译文也存在补充的信息产生歧义、信息不足和关键信息缺失等问题。今后，众多的翻译工作者应该深入探讨潮汕地区的人文景观翻译在多大程度上走进强势文化，思考如何更有效地传递文化信息、体现文化差异、协调文化冲突和促进文化的平等交流。

选文三

佛教圣地旅游文本英译探讨

——以九华山风景区的汉英翻译为例

陈珊珊　高嘉正

导　言

本文选自《上海翻译》2008年第3期。选文通过对九华山风景区旅游文本的研究，剖析当前佛教圣地旅游文本英译中存在的种种问题，并针对这些问题提出相应的改进方案和有效的翻译策略。选文主要分两部分。第一部分对佛教圣地旅游文本英译的基本原则进行了探讨；第二部分针对九华山旅游文本英译问题进行了归类，并从句法结构、文体修辞、文化语境、跨文化意识、统一译名五个方面提出改进译文的相应措施。

1. 引　言

佛教自汉代传入中国以后，经过与中国传统文化如儒教、道教的交流、碰撞和融合，成为中国文化重要的组成部分。佛教也与华夏诸多名山结下不解之缘，可谓是“天下名山僧占多”。其中最受推崇的当数四大佛教名山：山西五台山、四川峨眉山、浙江普陀山和安徽九华山。这些名山不仅有秀丽的自然景观，更有灿烂的佛教文化。自然风光和人文景观交相辉映，吸引了大量的国内外香客和游客前来朝拜和观光。

本文拟以九华山风景区为例，对佛教旅游文本的英译本进行研究与分析，指出问题，并针对现存问题提出修改建议以及翻译时宜采取的一些策略和技巧。

2. 佛教旅游文本英译的基本原则

旅游文本承载了大量的文化信息。如何将这些文化信息有效地传递给文化背景迥异的国外读者，是旅游资料翻译的重点和难点。佛教旅游文本当中有关佛教的深奥词汇和教义比比皆是，需要译者不仅拥有扎实的双语能力和敏锐的跨文化意识，还须具备一定的佛教知识和素养。

英国翻译理论家彼得·纽马克(Peter Newmark)借用德国语言学家卡尔·比勒(Karl Bühler)的语言功能理论将文本分为三大类：表达型文本(expressive texts)、信息型文本(informative texts)和召唤型文本(vocative texts)。他认为大部分文本是以一种功能为主同时兼具其他两种功能，因此译者必须首先确定文本的主要功能以便采取相应的翻译策略(Newmark，2001：39－41)。旅游文本作为一种对外宣传材料，目的在于吸引游客，激发他们游览的兴趣，并增强对异国文化的了解。根据纽马克的划分，旅游文本应属于以召唤功能为主、信息功能和表达功能为辅的文本。此类文本的核心是目标语读者。其翻译须偏向译文，侧重国外游客。译者应充分考虑译文的可读性与读者的可接受性，而不是单纯地追求语言文字的对等转换或信息的等量传输。鉴于以上考虑，笔者提出佛教旅游文本英译的基本原则：以传播中国文化和佛教文化为导向，用符合外国读者的心理习惯和阅读习惯的方式准确自然地传达原文的文化内涵。

3. 九华山旅游文本英译分析及改进

笔者在对收集到的九华山佛教旅游文本的英译进行分析的过程中，发现问题主要有两大类：一是语言问题；二是文化问题。语言类的问题如拼写错误、语法结构、文体、修辞错误等；文化类的问题主要集中在用词不当、译名不统一、对本国文化、异国文化以及佛教文化不甚了解以及缺乏跨文化意识等问题上。拼写错误一般是由于疏忽大意所致，当属低级错误，不再赘述。本文将就其他类别的问题分别举例进行点评和分析，并给出相应的改进方案。以下汉语原文和原译除另有注明外均出自《九华山宣传手册》。

（1）句法结构

由于英汉民族思维差异，汉语的句式结构松散，重在意合。而英语的句式结构逻辑严谨，外部形态鲜明，重在形合。而某些译者不明白这两种语言结构上的差异，在译文的处理过程中难以摆脱母语传统思维习惯的束缚，从而导致语言松散，结构汉化。例如：

例 1：九华山位于安徽省青阳县西南，面积 100 余平方公里，有 99 座雄伟的山峰，主峰十王峰海拔 1 342 米。

原译：Mount Jiuhua covers more than 100 square kilometers in the southwest of Qingyang County, Anhui Province. Ninety-nine peaks stand out for their magnificent beauty. The Shiwang Mountain, the main peak, is 1,342 meters above sea level.

改译：Lying in the southwest of Qingyang County, Anhui Province, with an area of more than 100 square kilometers, Mount Jiuhua boasts ninety-nine peaks standing out for their magnificent beauty. Shiwang (Ten-King) Peak, the main peak, is 1,342 meters above sea level.

小析：可以看出原译结构照搬原文模式，因而译文结构便显得重复单调，遣词造句带有明显的汉语思维的痕迹。“十王峰”应译作“Shiwang Peak”，既是峰，peak 比 mountain 更妥当些；且十王峰为单座山，非山脉，前面不应用冠词“the”。改译抓住了原文的内在逻辑，行文注重英语习惯，因而结构紧凑，布局更为合理，语气更为自然。

例 2：众生渡尽，方证菩提；地狱未空，誓不成佛。

原译：I will get the right fruit after I delivered all living creatures from torment. If I can not realize this, I swear not to be the Buddha.

改译：Only after all the sufferers are delivered from misery could the truth of the Bodhi be vindicated. I vow never to become a Buddha till the Hell is emptied.

小析：这 16 字为九华山地藏菩萨的大愿。原译与原文意思虽然基本吻合，却无诗词的

韵味和神采。改译不仅做到了押韵，在用词、句式结构上都更符合英语的行文习惯。更重要的是，这16字是对地藏菩萨一生最好的诠释，翻译出来对外国游客理解地藏文化起到至关重要的作用，极富感染力。

（2）文体修辞

汉语旅游资料中常常伴有大量的对偶、平行结构和四字结构，意在声律对仗，行文工整，文意对比，达到音、形、意皆美的效果。且用笔华美，多主观性形容词。而英语旅游文本行文简明实用，语言直观通达，具有一种朴实自然之美（贾文波，2003:20－21）。所以对于汉语旅游资料的英译，译者可采取一些变译的手段，对原文的信息进行筛选和删减，从而使译文更加贴近目标语读者。若不了解这点而一味追求文字的对等的话，译文就会容易出现辞藻堆砌，言之无物的毛病。这时候即使原文再美，大概也很难引起英语国家读者的共鸣。试举一例：

例3：九华山群山众壑，溪流飞瀑，怪石古洞，苍松翠竹。奇丽清幽，相映成趣；名胜古迹，错落其间，素有"东南第一山"的美称。

原译：There are multiple ranges of hill in Mount Jiuhua, which have marvelous ridges and peaks, exotic-shaped stones, slender bamboo, curled pine tree, flying waterfall and clear stream. The natural beautiful sceneries form a delightful contrast. The scenic spots are scattered in the mountain, therefore it enjoys the fame of "First Mountain in Southeast China".

改译：Mount Jiuhua is an enchanting and secluded place, full of high ridges and deep valleys, in which there are waterfalls, streams, rocks and caverns, with historical sites scattering among pine trees and bamboo groves. Hence the reputation of "First Mountain in Southeast China".

小析：原译拘泥于原文，行文呆板，不仅修饰语过多，流于花哨，且有多处语法错误和搭配错误。改译则对原文做了大胆的删减，以突出实质内容，使行文简洁流畅，符合英语的表达方式和读者的阅读习惯。

过多的修饰语会使文章失之于累赘沉重。译者在进行翻译创作的时候，要清楚目标语读者为英语国家的普通游客。而目标语读者对译文的反应无疑是翻译优劣的一条重要的标准。

（3）文化语境

佛教文化博大精深，而我国有史记载的翻译活动也是从佛经的翻译开始。从支谦的"因循本旨，不加文饰"的译经原则，到道安的"五失本""三不易"之说，以及玄奘提出的"既须求真，又须喻俗"的翻译标准和"五不翻"原则，对现今的翻译还有一定的指导意义（方梦之，2005:405－407）。译者在处理佛教词汇的时候应谨慎小心，须知我们熟悉的佛教用语起初也是舶来品，然后逐渐成为中国佛教文化的一部分。而佛教用语和世俗的日常用语也不太能一一对应，因为其深层意义并不一致。例如，对"圆寂"一词的处理，很多资料都用"pass away"和"die"来翻译。而这恰恰是一般人对"圆寂"的误解。"圆寂"其实是梵文"Nirvana"的中文意译，"圆"为圆满；"寂"为寂静；"涅"一词为其音译。"圆寂"的意义是灭生死、灭烦恼而达到解脱无为的境界，即是不生不灭（赵朴初，2005:56）。所以将"圆寂"和"涅"翻译成

“pass away”和“die”是不恰当的，最好还是用“Nirvana”。又如：

例 4:仁义师太肉身(1999)——目前世界上唯一的比丘尼肉身。

原译：Mummy of Nun Renyi (1999)—the unique mummy of nun in the world.

改译：Flesh body of Nun Renyi (1999)—the unique flesh body of nun in the world.

小析:肉身与埃及木乃伊不同:木乃伊需将内脏、大脑等组织取出，然后将尸体用药物处理保存，而肉身保存的是完整的遗体。任何人的尸体都可以处理而成木乃伊，可只有得道高僧的遗体才有可能变成不腐的肉身，原译所采用的类比的翻译方法，会误导外国游客，也是对得道高僧的大不敬。若译作“flesh body”或许更为妥当。

九华山不仅是风景名山，还是历史名山和佛教名山，文化内涵非常深厚。极具中国传统特色的词汇和佛教专有名词在九华山旅游文本里比比皆是，可信手拈来。这给翻译造成了一定的困难。例如，寺庙在中文里有多种表达法，如檀林、丛林、禅林、萧寺、兰若、精舍、伽蓝等。每个词都有其掌故或来历。我们来看一段介绍旃檀林的文字。

例 5:旃檀林，在小琵琶峰下，与化城寺相对，建于清代。

原译：Under the small Pipa Peak, standing opposite each other with HuachengTemple, Danzhan Forest is constructed in Qing Dynasty.

改译:Below the Little Pipa Peak, standing opposite to Huacheng Temple is Zhantan (Sandalwood) Temple, which was built in the Qing Dynasty (1644—1911 AD).

小析:旃檀林为九华名刹，全称是“旃檀檀林”。据传初建寺时，采伐寺后琵琶形山上异香古树，这种树与南印度被佛家视为珍品的旃檀香木极为相似，因此冠名(焦得水，2002:37)。“旃檀”即檀香，是一种名贵的木材，拼音为“zhantan”，而译者不识此二字，便想当然音译为“Danzhan”。其次，“檀林”为旃檀之林，是古时对佛寺的尊称。译者不知“檀林”为何物，望文生义，竟译成“forest”，不免贻笑大方。笔者还曾见过，有些资料将“九华山四大丛林”译为“Four Jungles on Mount Jiuhua”。外国游客见了准会瞠目结舌，大惑不解，这佛门清静之地怎会出现四处热带丛林？这些都说明佛教知识的匮乏对翻译的负面影响。

(4) 跨文化意识

一般而言，中文作者在创作时，心目中的对象仅为国内读者，并不包括外国读者，因此中文作者和中文读者之间的这种默契，不可能天然地存在于中文作者和外国读者之间。这就要求译者不仅要有驾驭两种语言的能力，还要具备敏锐的跨文化意识，对文化缺省的部分进行补偿。何谓文化缺省？“文化缺省是指交际双方在交际过程中对双方共有的文化背景知识的省略。”(王东风，2000:230)外国游客由于文化差异和社会背景的不同，对含有大量文化信息的译文会产生理解上的困难，这时我们应调整信息，在忠于原文思想内容的前提下，做一些灵活处理，增补相关背景知识或注释。

例 6:九华山自辟为地藏菩萨的道场后，便大规模兴建寺庙，历经宋、元、明、清，日益兴盛。(肖潜辉，2000:75)

原译：Mount Jiuhua thus became the domain of Kshitigarbha, and this triggered a large-scale construction of temples on the mountain, a construction spree that lasted from the Song Dynasty until the Qing Dynasty.

改译：Mount Jiuhua thus became the Bodhimandala of Ksihtigarbha, and this gave rise to a large-scale construction of temples lasting from the Song Dynasty (960—1279 AD) to the Qing Dynasty (1644—1911 AD).

小析：遗憾的是，原文译者没有看出原文中的文化缺省，而将自己的理解转嫁给译文读者，认为外国游客对中国的历史以及朝代的变迁亦像自己一样了如指掌。而实际上，大部分外国游客对此毫无概念。所以在译朝代名时，译者应对这块文化缺省的部分进行补偿，增添朝代的公元年份，让外国游客一目了然。

同理，对旅游文本中出现的历史人物、历史事件、文物、地名和典故，我们都应该进行适当的翻译补偿，保证文化信息的有效传递，让外国游客更好地了解中国文化。作为译者，也应在平常的工作中加强学习，提高对文化缺省的辨别能力。

（5）统一译名

纵观整个九华山，标识译名不统一的问题亦相当突出。同一座寺庙在不同的对外宣传资料里有着不同的名称。这真会让初来乍到的外国游客"丈二和尚摸不着头脑"。例如：

中文名称	百岁宫	肉身宝殿	祇园寺	旃檀林
英文名称	Baisui	Roushenbaodian	Qiyuanshi	Datanlin
	Baisui Temple	Yueshen Pagoda	Zhiyuan Temple	Zhantanlin
	Temple of Longevity	Non-rotten Body Palace	Qiyuan Temple	Sanda Woods
	Longevity Hall	Corporeal Body Hall		Zhantan Temple
	Hundred Year Palace	Roushen Hall		Danzhan Forest

这几座寺庙都是全国重点寺庙，也是九华山最具代表性的庙宇。而这些五花八门的翻译确实会让前来观光的外国游客如堕五里雾中。景点名称是游客接触到的第一道风景。上乘的译名对吸引游客注意力，提高其游览兴趣，增加对中国文化的认知至关重要。一般来说，景点名称的译法有音译、直译、意译以及多种译法相结合等方法。选择恰当的译法也是对译者水平和经验的考验。九华山很多景点的中文名称古朴典雅，寓意深刻，回味悠长。完全采取音译虽然可以使译名简洁，便于记忆，但对外国游客而言，却是一堆毫无意义的符号的堆砌而已，其中的文化因素丧失殆尽，因此不能简单地采用音译法。而完全采取意译虽然可以保留景点名称的文化历史内涵，便于理解，却割断了外国游客与中文发音之间的联系。

景点名称一般由专名＋通名组成。因此，对其名称的翻译，如果可能的话，尽量采用音译、意译、直译相结合的方法，即专名【音译＋（意译）】＋通名【直译】。如：

百岁宫 Baisui (Longevity) Temple

旃檀林 Zhantan (Sandalwood) Temple

甘露寺 Ganlu (Sweet Dew) Monastery

二圣殿 Ersheng (Two Sages) Hall

龙池庵 Longchi (Dragon Pond) Nunnery

在涉及佛教人物名称的一些景点名称的翻译上，我们则应该参照其正规的英文翻译。关于这些，国际佛教界早有定论。译者只要查阅相关的佛教词典即可。例如大雄宝殿，笔者看到不少版本的翻译：① The Grand Hall；② Daxiong Treasure Hall；③ Daxiongbaodian。其实这里的"大雄"是佛教徒对释迦牟尼的尊称，意思是说他像大勇士一样，无私无畏，并有降伏群魔的神力。根据词典，标准译法为 Mahavira Hall(陈观胜，2004：66)。译者也可根据需要增加中文音译。又如：

观音峰 Avalokitesvara (Guanyin) Peak

地藏禅寺 Kshitigarbha (Dizang) Temple

指出景点的中文读音，同时又译出景点名称的文化含义，使旅游者既知其名，又了解其中隐含的文化信息，这对外国游客了解中华文化和佛教文化大有裨益，同时也可以解决译名不统一的问题。

【问题研讨】

1. 什么是人文景观？
2. 人文景观有哪些属性？
3. 中英文对人文景观的描写有何异同？
4. 将中文的人文景观材料翻译成英文时，译者应该采取哪些翻译方法？
5. 收集一段中文的人文景观介绍及其英文译文进行对比分析。

【延伸阅读】

[1] DANN G. The language of tourism：a sociolinguistic perspective[M]. Wallingford：CAB International，1996.

[2] 曹波、姚忠. 湖南旅游英语[M]. 长沙：湖南师范大学出版社，2002.

[3] 陈观胜. 中英佛教词典[M]. 北京：外文出版社，2004.

[4] 陈香美. 浅谈古建筑术语标准化建设及英译策略[J]. 标准科学，2001(1).

[5] 黄永新，张黎黎. 导游词平行语料库的构建及应用[J]. 吉首大学学报(社会科学版)，2011(2).

[6] 蒋晓萍，杨春园. 基于语料库的中美游客凝视分析及其对旅游翻译的启示[J]. 广州大学学报(社会科学版)，2015(5).

[7] 林菲. 旅游网站平行文本的受众意识与英译调适——以当代西方修辞学为视角[J]. 西南交通大学学报(社会科学版)，2018(2).

[8] 刘和林. 旅游景点山水诗的英译艺术[J]. 湖南农业大学学报，2003(2).

[9] 刘秀芝等. 北京世界文化遗产人文景观介绍翻译研究[M]. 北京：光明日报出版社，2008.

[10] 殷优娜，李杉杉. 旅游文本中文化意象的翻译策略——以泉城济南为例[J]. 西南民族大学学报(人文社会科学版)，2013(3).

参考文献

（按选文顺序排序）

[1] 吕和发，周剑波．旅游翻译：定义、地位与标准[J]．上海翻译，2008(1)．

[2] 陈刚．应用翻译研究应是基于实践的研究——以旅游文本及翻译的多样性案例为例[J]．上海翻译，2008(4)．

[3] 覃晓霞．从旅游翻译看“翻译标准多元互补论”[J]．武汉科技大学学报，2006(4)．

[4] 白蓝．湘西旅游翻译策略应用效果研究——基于目的论视角的调查与分析[J]．吉首大学学报(社会科学版)，2010(5)．

[5] 陆国飞．旅游景点汉语介绍英译的功能观[J]．外语教学，2006(5)．

[6] 王立松，包妍妍．目的论指导下新疆旅游文本翻译策略[J]．天津大学学报(社会科学版)，2018(5)．

[7] 康宁．青岛市文化旅游资源的译介与国际传播研究[J]．青岛科技大学学报(社会科学版)，2013(4)．

[8] 郑周林．旅游网站文本翻译：传播学诠释——兼评长沙市岳麓山风景名胜区网站汉英翻译[J]．湖南商学院学报，2011(5)．

[9] 董丽颖．翻译亦营销——以营销为导向的旅游目的地官方网页翻译探究[J]．中国翻译，2013(2)．

[10] 贾文波．旅游翻译不可忽视民族审美差异[J]．上海科技翻译，2003(1)．

[11] 洪明．论接受美学与旅游外宣广告翻译中的读者关照[J]．外语与外语教学，2006(8)．

[12] 顾森．接受美学视角下的旅游翻译[J]．内蒙古农业大学学报(社会科学版)，2012(2)．

[13] 潘为民．景点翻译变译的审美理据[J]．求索，2005(8)．

[14] 李静，屠国元．旅游外宣文本英译的读者关照与顺应性变译[J]．中国科技翻译，2016(3)．

[15] 吴云．旅游翻译的变译理据[J]．上海科技翻译，2004(4)．

[16] 麻金星，刘洋．外宣旅游翻译的认知修辞研究[J]．长春大学学报，2013(1)．

[17] 李庆明，同婷婷．认知图式理论视角下的旅游资料翻译[J]．重庆交通大学学报(社会科学版)，2015(6)．

[18] 戴桂玉，蔡祎．认知图式理论关照下旅游文本的生态翻译研究——以广州旅游景点介绍的中译英为例[J]．西安外国语大学学报，2018(4)．

[19] 李德超，王克非．新型双语旅游语料库的研制和应用[J]．现代外语，2010(1)．

[20] 吕和发，蒋璐，周剑波．公示语翻译语料库的研究与建设[J]．当代外语研究，2015(10)．

[21] 熊兵．基于语料库的旅游文本英译词汇特征及翻译研究[J]．华中师范大学学报(人文社会科学版)，2016(5)．

[22] 牛新生．关于旅游景点名称翻译的文化反思——兼论旅游景点翻译的规范化研究[J]．中国翻译，2013(3)．

[23] 张宁. 旅游资料翻译中的文化思考[J]. 中国翻译,2000(5).
[24] 朱益平. 论旅游翻译中文化差异的处理[J]. 西北大学学报,2005(3).
[25] 姚宝荣,韩琪. 旅游资料英译浅谈[J]. 中国翻译,1998(5).
[26] 叶苗. 旅游资料的语用翻译[J]. 上海翻译,2005(2).
[27] 陈刚. 跨文化意识:导游词译者之必备——兼评《走遍中国》英译本[J]. 中国翻译,2002(2).
[28] 杨红英. 旅游景点翻译的规范化研究——陕西省地方标准《公共场所公示语英文译写规范:旅游》的编写启示[J]. 中国翻译,2011(4).
[29] 王文彬. 旅游景区牌示解说英译失误分析及对策——以辽宁红色旅游经典景区为例[J]. 沈阳师范大学学报,2016(5).
[30] 王银泉,张日培. 从地方标准到国家标准:公示语翻译研究的新里程[J]. 中国翻译,2016(4).
[31] 乌永志. 文化遗产类旅游景点名称汉英翻译规范研究[J]. 外语教学,2012(2).
[32] 刘德军,陈艳君. 跨文化传播下的旅游资料翻译策略选择——以景点名称翻译为例[J]. 南华大学学报,2013(3).
[33] 桑龙扬. 旅游景点名称翻译的原则与方法——以庐山等旅游景区为例[J]. 中国科技翻译,2011(4).
[34] 陈家基. 中式菜肴英译方法初探[J]. 中国翻译,1993(1).
[35] 刘清波. 中式菜名英译的技巧和原则[J]. 中国科技翻译,2003(4).
[36] 卢巧丹,卢燕飞. 中西菜肴命名对比及中式菜肴英译方法探究[J]. 沈阳农业大学(社会科学版),2008(5).
[37] 赵友斌. 地文景观的翻译[M]//旅游翻译. 北京:外语教学与研究出版社,2018.
[38] 董丽颖,周敏. 建设国际海岛旅游目的地海外营销翻译研究——以舟山为例[J]. 浙江海洋大学学报(人文科学版),2018(3).
[39] 王秋生. 旅游景点翻译亟待规范[J]. 中国翻译,2004(3).
[40] 方梅,赵进,纵兆荣. 旅游文本中的中国古建筑术语英译研究[J]. 浙江工业大学学报(社会科学版),2014(4).
[42] 聂炎威,原明明. 潮汕地区人文景观翻译初探[J]. 汕头大学学报(人文社会科学版),2018(2).
[42] 陈姗姗,高嘉正. 佛教圣地旅游文本英译探讨——以九华山风景区的汉英翻译为例[J]. 上海翻译,2008(3).

图书在版编目(CIP)数据

旅游翻译读本 / 蒋林，余叶子主编. -- 南京 ：南京大学出版社，2021.9

ISBN 978-7-305-23948-9

Ⅰ. ①旅… Ⅱ. ①蒋… ②余… Ⅲ. ①旅游—英语—翻译 Ⅳ. ①F59

中国版本图书馆 CIP 数据核字(2020)第 222949 号

出版发行 南京大学出版社
社　　址 南京市汉口路 22 号　　邮　编 210093
出 版 人 金鑫荣

书　　名 旅游翻译读本
主　　编 蒋　林　余叶子
责任编辑 张淑文　　编辑热线 025-83592401

照　　排 南京南琳图文制作有限公司
印　　刷 南京玉河印刷厂
开　　本 787×1092　1/16　印张 18.5　字数 451 千
版　　次 2021 年 9 月第 1 版　2021 年 9 月第 1 次印刷
ISBN 978-7-305-23948-9
定　　价 50.00 元

网址：http://www.njupco.com
官方微博：http://weibo.com/njupco
官方微信号：njupress
销售咨询热线：(025) 83594756